广东哲学社会科学成果文库
Guangdong Achievements Library of Philosophy and Social Sciences

# 经济学理论的前提假设与解释能力
## ——计量经济史视角的研究

JINGJIXUE LILUN DE QIANTI JIASHE YU JIESHI NENGLI

刘巍　陈昭　著

中山大学出版社 SUN YAT-SEN UNIVERSITY PRESS

·广州·

版权所有　翻印必究

**图书在版编目（CIP）数据**

经济学理论的前提假设与解释能力：计量经济史视角的研究/刘巍，陈昭著. —广州：中山大学出版社，2018.7

（广东哲学社会科学成果文库）

ISBN 978-7-306-06387-8

Ⅰ.①经… Ⅱ.①刘… ②陈… Ⅲ.①经济学—研究 Ⅳ.①F0

中国版本图书馆 CIP 数据核字（2018）第 153560 号

| | |
|---|---|
| 出 版 人： | 王天琪 |
| 策划编辑： | 金继伟 |
| 责任编辑： | 廖丽玲 |
| 封面设计： | 曾　斌 |
| 责任校对： | 杨文泉 |
| 责任技编： | 何雅涛 |
| 出版发行： | 中山大学出版社 |
| 电　　话： | 编辑部 020-84110771，84110283，84111997，84110779 |
| | 发行部 020-84111998，84111981，84111160 |
| 地　　址： | 广州市新港西路 135 号 |
| 邮　　编： | 510275　传　真：020-84036565 |
| 网　　址： | http://www.zsup.com.cn　E-mail: zdcbs@mail.sysu.edu.cn |
| 印　刷　者： | 广州家联印刷有限公司 |
| 规　　格： | 787mm×1092mm　1/16　20.75 印张　398 千字 |
| 版次印次： | 2018 年 7 月第 1 版　2018 年 7 月第 1 次印刷 |
| 定　　价： | 78.00 元 |

如发现本书因印装质量影响阅读，请与出版社发行部联系调换

# 《广东哲学社会科学成果文库》
# 出版说明

  《广东哲学社会科学成果文库》经广东省哲学社会科学规划领导小组批准设立，旨在集中推出反映当前我省哲学社会科学研究前沿水平的创新成果，鼓励广大学者打造更多的精品力作，推动我省哲学社会科学进一步繁荣发展。它经过学科专家组严格评审，从我省社会科学研究者承担的、结项等级"良好"或以上且尚未公开出版的国家哲学社会科学基金项目研究成果，以及广东省哲学社会科学规划项目研究成果中遴选产生。广东省哲学社会科学规划领导小组办公室按照"统一标识、统一封面、统一形式、统一标准"的总体要求组织出版。

广东省哲学社会科学规划领导小组办公室
2017 年 5 月

# 内 容 提 要

本书把近代以来各国经济的总供求态势划分为供给约束型、需求约束型和新供给约束型,并将此视为经济学理论框架的"上位前提假设"。供给约束型经济,亦称短缺经济,经济增长的发动机在总供给一侧,总需求被迫适应总供给。需求约束型经济,亦称订单经济,潜在供给能力强大,经济增长的发动机在总需求一侧,总供给被迫适应总需求。新供给约束型经济是一种新的总供求态势,需要"新供给"来引领和诱致总需求,经济增长的发动机在总供给一侧。

本书考察了几个著名经济学理论的上位前提假设,亦即分析了这些理论框架有效的条件。本书认为,贸易条件只适合在供给约束型经济中考量贸易绩效,在需求约束型经济中无效。李嘉图的"2×2"模型也只适用于供给约束型经济,需求约束型经济态势下该模型无效。同时,也讨论了"2×2"模型暗含的其他假设。本书认为,凯恩斯经济学的投资函数与需求约束型经济前提有矛盾,凯恩斯不经意间退回到了古典经济学暗含的供给约束前提之下,本书将需求约束前提下的投资函数修正为包含消费和出口两个自变量的三元函数。凯恩斯原汁原味的"流动性陷阱"学说暗含的前提假设在金属本位和不兑现的纸币制度下都不成立,迄今为止,"流动性陷阱"学说应该是一个假说。柯布-道格拉斯生产函数暗含的假设是供给约束型经济,在需求约束型经济中,资本存量会发生不规则的闲置,参与生产的有效资本小于资本的统计数据,且无法得到有效资本在统计资本中的占比。本书认为,日本经济已经处于新供给约束型态势之下,由于理论框架的前提发生冲突,凯恩斯经济学对于日本无效。

本书适合经济史和经济学说史领域同行参考。

# 目　录

序 ··············································································································· 1

导　论 ······································································································· 1
　　一、上位前提假设1：供给约束型经济 ········································· 2
　　二、上位前提假设2：需求约束型经济 ········································· 11
　　三、上位前提假设3：新供给约束型经济 ····································· 18

**第一章　供给约束型经济：贸易条件有效的条件** ······························· 24
　第一节　文献综述 ············································································· 24
　　一、"贸易条件恶化论"评述 ························································· 25
　　二、对贸易条件变化趋势的实证研究综述 ································· 26
　　三、对贸易条件的质疑 ································································· 27
　第二节　贸易条件学说的逻辑分析 ················································· 29
　　一、价格贸易条件 ········································································· 29
　　二、收入贸易条件 ········································································· 30
　　三、贸易条件与经济现实发生矛盾的原因分析 ························· 32
　第三节　贸易条件与马勒条件的冲突根源分析 ····························· 35
　　一、马勒条件的有关逻辑分析 ····················································· 35
　　二、贸易条件与马勒条件的理论冲突及根源分析 ····················· 37
　　三、贸易条件适用于供给约束型经济的实证分析——以近代中国
　　　　为例 ························································································· 39
　第四节　贸易条件的现实困境：遭遇反倾销 ································· 43
　　一、倾销、反倾销的定义 ····························································· 44
　　二、倾销、反倾销实践的历史回顾及现状 ································· 44
　　三、贸易条件理论在反倾销实践中的困境 ································· 47
　第五节　本章结论 ············································································· 48
　本章附录 ····························································································· 49

## 第二章 当今中国贸易条件的适用性研究 …………………………… 54
### 第一节 贸易条件的一般均衡分析 ………………………………… 55
### 第二节 当今中国经济态势下的逻辑分析 ………………………… 58
　　一、当今中国经济态势的直观感受 ……………………………… 58
　　二、中国经济态势的理论模型 …………………………………… 61
### 第三节 中国经济态势的实证分析 ………………………………… 63
　　一、平稳性检验标准 ……………………………………………… 64
　　二、总供求角度的实证分析 ……………………………………… 65
　　三、马勒条件角度的实证分析 …………………………………… 67
### 第四节 当今中国条件下贸易条件的适用性分析 ………………… 71
### 第五节 本章结论与政策建议 ……………………………………… 74
　　一、本章的主要结论 ……………………………………………… 74
　　二、政策建议 ……………………………………………………… 75

## 第三章 李嘉图"2×2"模型之暗含前提假设研究 ………………… 76
### 第一节 文献综述 …………………………………………………… 76
　　一、放松前提假设下的国际贸易理论演进 ……………………… 77
　　二、当代学者的补充与失误 ……………………………………… 79
### 第二节 李嘉图比较优势学说暗含假设之研究 …………………… 87
　　一、世界经济从供给约束向需求约束过渡 ……………………… 87
　　二、对李嘉图"2×2"模型逻辑的讨论 ………………………… 89
　　三、对李嘉图"2×2"模型暗含前提的讨论 …………………… 91
　　四、需求约束和国家安全意识条件下的分析 …………………… 98
### 第三节 不同经济态势下的贸易模式讨论 ………………………… 99
　　一、贸易双方均处于供给约束型经济态势下的分析 …………… 99
　　二、一方为需求约束型,一方为供给约束型的分析 …………… 100
　　三、贸易双方均处于需求约束型经济态势下的分析 …………… 101
### 第四节 本章结论 …………………………………………………… 103

## 第四章 凯恩斯投资函数:需求约束前提下的修正 ………………… 104
### 第一节 文献综述 …………………………………………………… 104
　　一、从古典经济学到凯恩斯经济学 ……………………………… 105
　　二、国内相关研究 ………………………………………………… 110
　　三、国外相关研究 ………………………………………………… 111

第二节　对凯恩斯投资函数的检讨与修正尝试 …………………… 115
　　　　一、对凯恩斯投资函数前提假设的讨论 ………………………… 115
　　　　二、对凯恩斯投资函数逻辑的修正尝试 ………………………… 118
　　第三节　对修正后的投资函数实证检验 …………………………… 123
　　　　一、欧洲国家面板数据的实证分析 ……………………………… 123
　　　　二、美国时间序列数据的实证分析 ……………………………… 125
　　　　三、日本时间序列数据的实证分析 ……………………………… 128
　　第四节　新投资函数的理论价值和政策含义 ……………………… 130
　　　　一、新投资函数的理论价值 ……………………………………… 130
　　　　二、新投资函数的政策含义 ……………………………………… 130
　　本章附录 ……………………………………………………………… 131

第五章　对凯恩斯"流动性陷阱"学说的质疑 …………………… 142
　　第一节　文献综述 …………………………………………………… 143
　　　　一、"流动性陷阱"理论的发展历程 …………………………… 143
　　　　二、国内外研究现状 ……………………………………………… 145
　　第二节　对"流动性陷阱"暗含前提假设的讨论 ………………… 150
　　　　一、当局货币供给能力的讨论 …………………………………… 151
　　　　二、公众对证券收益率是否存在着"不能再低"的一致认识 … 154
　　　　三、结论 …………………………………………………………… 155
　　第三节　迄今最低迷经济的案例分析：美国"大萧条" ………… 156
　　　　一、美国在"大萧条"时期的经济状况 ………………………… 156
　　　　二、货币供给能力 ………………………………………………… 157
　　　　三、有价证券交易量变动、有价证券收益率和 $M_1$ 的变动 …… 167
　　　　四、总结 …………………………………………………………… 173
　　第四节　非金本位案例分析：1973—2011 年的美国 …………… 174
　　　　一、实证分析 ……………………………………………………… 174
　　　　二、对 1973—1980 年、2007—2011 年美国的讨论 …………… 178
　　　　三、结论 …………………………………………………………… 185
　　第五节　本章结论 …………………………………………………… 186
　　本章附录 ……………………………………………………………… 188

第六章　柯布-道格拉斯生产函数之暗含前提研究 ……………… 202
　　第一节　文献综述 …………………………………………………… 203

一、柯布-道格拉斯生产函数与经济增长……………………203
　　二、柯布-道格拉斯生产函数前提假设的研究……………………206
　　三、不同经济态势下的经济学理论框架……………………207
　第二节　柯布-道格拉斯生产函数的暗含假设研究……………………209
　　一、对柯布-道格拉斯生产函数逻辑的讨论……………………209
　　二、柯布-道格拉斯生产函数暗含前提的讨论……………………212
　　三、供给约束型经济态势下柯布-道格拉斯生产函数的有效性……………………214
　第三节　柯布-道格拉斯生产函数失效的条件……………………222
　　一、需求约束型经济态势下柯布-道格拉斯生产函数的无效性分析……………………222
　　二、需求约束型经济态势下柯布-道格拉斯生产函数应用的不良后果……………………237
　　三、对柯布-道格拉斯生产函数修正的思路……………………237
　第四节　本章结论……………………238
　本章附录……………………239

## 第七章　新供给约束与凯恩斯经济学：以日本为例……………………245

　第一节　文献综述……………………246
　　一、日本泡沫经济形成原因综述……………………246
　　二、日本政策治理萧条经济失效原因综述……………………247
　第二节　日本泡沫经济的逻辑分析……………………248
　　一、战后日本经济发展回顾……………………248
　　二、日元升值后日本经济中出现的问题……………………249
　　三、日本经济结构讨论……………………252
　　四、日本泡沫经济的发生……………………256
　　五、逻辑判断：内需饱和、积极的经济政策与泡沫……………………261
　第三节　经济低迷时期的政策调控效果分析……………………266
　　一、日本经济长期低迷状况的简要回顾……………………266
　　二、财政政策无效的原因分析……………………267
　　三、货币政策无效的原因分析……………………277
　第四节　新供给约束条件下日本经济可能的出路……………………282
　　一、不同时期日本的经济态势……………………282
　　二、日本新供给约束型经济机理的假说……………………286

三、日本经济几种可能的前景 …………………………………… 290
　第五节　本章结论 ……………………………………………………… 291
　本章附录 ………………………………………………………………… 292

参考文献 …………………………………………………………………… 295

后　　记 …………………………………………………………………… 315

# 序

多年来，我所供职的广东外语外贸大学中国计量经济史研究中心一贯秉承"经济史研究的最高境界是修正、补充和发现经济学逻辑"之理念，从经济史微观问题到宏观问题的研究，基本上都能纳入最终瞄准一个经济学理论问题的基本框架。我们的研究人员和研究生都能自觉地遵从这一研究思路，逐渐做出了一批极富挑战意义的研究成果。我们知道，任何经济学理论都有自己的"生日"和"出生地"，一个伟大的经济学家所发现的经济学逻辑，一般只能对该理论"生日"的当时和之前特定市场的经济现象做出合理的解释，而对市场发生重大变化之后的时代则解释能力不足。于是，世界经济星移斗转、沧海桑田之后，简单地套用前辈经济学家的理论是难以解释当今之困惑的。

我的很多研究生在刚入学时，都曾对我提出过差不多一样的问题：既然经济学理论不能套用了，我们还学这么不好懂的经济学干什么？每每有学生胆怯地发问，我都会耐心地告诉他们，经济学和经济学理论的结论不是一回事。经济学是一整套的推理范式，而不仅仅是书中的结论。当下的经济学范式是"前提假设—逻辑推理—实证检验"，是典型实证主义哲学的产物。显然，学习经济学就是学习这种研究范式和思维模式。经济学理论的各种结论都是使用这种范式推导出来，而且是在不同历史时期得出的结论，例如，古典经济学的各种结论大多是一两百年前得出的。于是，问题来了：百年前的市场条件、技术水平和制度安排与当下是一样的吗？如果不一样，究竟哪里不一样？如何从当年的经济环境中"捕捉到"某一经济学逻辑结论暗含的前提假设，从而和当下的经济环境做出科学比较？如果工作能够做到这个份上，就应该是发现了某种理论在当下的适用性了，即知道了"理论正确不等于理论有效"，也就是说"前提消失了，结论就不存在了"。进一步地，如果能够根据当下的经济环境特征修正前提假设，进而增减模型中的解释变量，则功莫大焉。显然，经济史研究就是从经济学理论的前提假设入手，力求达到其研究的最高境界。研究生们听到这里，大都似懂非懂地点头，于是，他们的计量经济史的研究过程就算开始了。慢慢地，他们也能和本科生说这些道理了。目睹学生们在学术领域中的成长，可以套用著名相声演员郭德纲的一句口头禅："我很欣慰。"近年来，我们的硕士研究生毕业后有很多考到别的学校读博士去了，我们为兄弟院校输送了人才，并且得到这些院校同行的好评。

广东外语外贸大学中国计量经济史研究中心的主要工作有两项：一是计量经济史研究，二是培养研究生。近几年，研究中心的学术梯队建设工作也令人欣慰，实实在在的9个研究人员，除我之外都是45岁以下的博士，且以"80后"为主力。我时常和他们唠叨，我们是在经济系做经济史研究，不是在历史系做经济史研究。在广东外语外贸大学的经济学同行中，我们计量经济史研究中心的员工应该是经济学理论修养最高的，而不是一般般的，更不是最差的，因为我们的工作就是从经济史角度考察经济学理论。几个年轻人接受了我的主张，都很努力。从今年开始，研究中心交由陈昭教授负责全面工作，相信这些朝气蓬勃的青年学者会做得更好！

本书从总供求态势这一上位前提假设入手，将近代以来的经济态势分为供给约束型、需求约束型和新供给约束型，进而对古典经济学的贸易条件学说、李嘉图的"$2 \times 2$"模型、柯布-道格拉斯生产函数的适用性做了初步讨论，对凯恩斯的"流动性陷阱"学说和投资函数做了一定的分析，对凯恩斯经济学在日本经济中的适用性做了尝试性考察。本书的写作分工如下：

刘巍负责制订研究思路和写作大纲；

导论由刘巍执笔；

第一章由陈建军（女，中国联通广州分公司）和刘巍执笔；

第二章由叶景成（男，广州市兴邺冷气设备有限公司）和陈昭执笔；

第三章由张阳（女，南开大学经济研究所博士研究生）和刘巍执笔；

第四章由倪坤（男，南开大学经济研究所博士研究生）和刘巍执笔；

第五章由龙竞（女，湖北省电力装备有限公司）和刘巍执笔；

第六章由经孝芳（女，南开大学经济研究所博士研究生）和刘巍执笔；

第七章由蔡俏（女，广东省机电设备招标有限公司）和刘巍执笔；

最后，由刘巍和陈昭为全书统稿。

诚望读者提出宝贵意见。

刘　巍

2017年9月于广州南沙区名苑别墅

# 导　　论

　　经济学家们基于自己对市场的观察，将纷繁复杂的制度、习俗、追求、惯常行为等抽象为几个扼要的重要条件，这是展开分析的逻辑起点。这有点像数学上的充分必要条件，接下来的逻辑推理要受制于或受益于这些"充分必要条件"，经济学家们将这些条件称之为"前提假设"。不仅如此，经济学理论的进步和完善也是从对前提假设的重新认识开始的，各家各派经济学理论的分歧也在于各自理论的前提假设不同。例如，凯恩斯经济学在研究货币需求时，做短期分析自不待言，又提出了不同于剑桥方程式的前提假设——存在着一个完善的金融市场，于是，货币需求理论函数就与剑桥方程式显著不同，影响因素变成了收入和市场利率两个变量。麦金农在研究发展中国家的货币需求时，提出了完全不同于凯恩斯经济学的前提假设：发展中国家不存在完善的金融市场，没有齐一的收益率，甚至国内市场都不甚统一……于是，麦金农的货币需求理论函数就是另外一种模样了。

　　计量经济史的特点之一是使用经济学的逻辑框架和分析方法研究历史上的经济运行，对不同历史时期的不同国家，选用何种理论框架作为分析工具是非常重要的问题。计量经济史研究的时间跨度较大，地域范围较广，除了考察特定时空中的研究对象的制度、习俗、追求、惯常行为等因素之外，首先应该考察的是研究对象处于供给约束型经济态势下还是需求约束型经济态势下。我们将总供求态势称之为"上位前提"，而把对制度、习俗、追求、惯常行为等因素的抽象称之为"下位前提"。众所周知，古典经济学理论的上位前提假设应该是供给约束，即经济增长的发动机是总供给，理论模型中的变量均为影响供给的因素，而现代经济学的上位前提假设是需求约束，经济增长的发动机是总需求，模型中的变量均为影响需求的因素。因此，在计量经济史研究中，学者们关注的前提假设必须比其他领域经济学家们所关注的前提假设增加一个层次，即"上位前提假设"——总供求态势。这样才能确定选用现代经济学还是古典经济学的理论模型。

## 一、上位前提假设 1：供给约束型经济

凯恩斯在其巨著《就业、利息和货币通论》中已经断定，1929—1933 年"大萧条"发生的病因是"有效需求不足"。有效需求不足是一种"经济病"，它可能是发生在什么样的机体上？一个正确的逻辑是，应该在"需求约束型经济体"爆发"有效需求不足"病。接下来的问题是，是不是 1929 年世界经济才开始转化为"需求约束型经济"？如果不是，那么，世界经济是在何时发生的转变？大概任何经济学家都不能对此不假思索地回答。

### （一）供给约束型经济的基本逻辑

首先，我们来讨论"大萧条"之前的世界经济总供求态势。这恐怕要追溯到亚当·斯密时代。在亚当·斯密看来，勤劳和储蓄是好的，而奢侈浪费则是可憎的，这位"经济学之父"强调积累，赞美积累，因为"资本占优势的地方，多勤劳；收入占优势的地方，多游惰"。他认为："资本的增减，自然会增减真实劳动量，增减生产性劳动者的人数，因而，增减一国土地和劳动的年产物的交换价值，增减一国人民的真实财富与收入。""资本增加，由于节俭；资本减少，由于奢侈妄为。""节省了多少收入，就增加了多少资本。这个增多的资本，他可以亲自抽下来雇用更多的生产性劳动者，抑或借给别人以获取利息，使其能雇用更多的生产性劳动者……""资本增加的直接原因，是节俭，不是勤劳。诚然，未有节俭以前须先有勤劳。节俭所积蓄的物，都是由勤劳得来。但是若只有勤劳，无节俭，有所得而无所贮，资本决不能加大。"[①]

这如果是非经济学人士的言论，也许他会因观察的偏颇和自身的好恶造成判断失误，但是，作为经济学大师的力作，这应该是对市场充分观察之后才发表的言论，是可信的。从亚当·斯密的论述中可以看出这位伟大的经济学家对市场总供求态势观察的结果。倡导节俭，倡导资本积累，说明经济增长的发动机在供给一端，并且，亚当·斯密几乎用语言表达了柯布–道格拉斯生产函数。可见，总供求态势应该是供给约束型的。这使我们想起了 1978 年之前，在中国短缺经济状态下，城市里到处可见"储蓄一元钱，支援社会主义建设"的宣传标语。我们也记得那凭票凭证供应的年代，别说是正货，就是残次品都有大把人抢购。采购员满天飞，各工厂几

---

① 何正斌：《经济学 300 年（上册）》，湖南科学技术出版社 2000 年版，第 68～69 页。

乎用不着销售科，卖商品根本不是问题，供给不足体现在各个行业的各个层面上。当年的欧洲虽然不是计划经济，但由于市场经济起步时间不长，供给约束市场态势应该是和我们经验中改革前的中国、苏联、东欧各国大同小异的（见图0.1）。

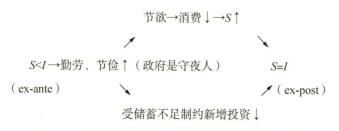

**图0.1　"供给约束型经济"从事前不均衡到事后均衡**

到了19世纪初，欧洲经济出现了某种结构性的商品滞销，著名经济学家萨伊提出了"供给自动创造需求"的理论命题。这一命题可以归纳为简略的叙述：一个人之所以卖出商品是为了买回商品。换一句更符合萨伊观点的话说，市场的实质就是产品和产品相交换。这个观点还可以表述为：每个卖主都是买主，而每个买主又都是卖主，由此形成"卖主和买主形而上学的均衡"。萨伊认为，这是他的发现，是个"重要真理"。① 萨伊的命题很清楚，即国民财富的增长在于供给而不在于需求，即使有暂时的商品滞销，那也应该是结构性的（是因为其他商品生产少了），一旦其他产品的生产跟上来，暂时的积压就会消除。换言之，在供给约束型经济态势下，市场出了问题，要从供给方面治理。

后来的批评者认为，萨伊的学说是把市场经济与简单商品经济混淆了，他以物物交换来解释商品流通，忽视了货币的作用②。我们认为，批评者也该被批评。显然，批评者是以现代市场经济提供的证据来定萨伊的罪了。出售商品或劳务之后是否立即购买商品或劳务，取决于人均可支配收入的高低。在不算富裕甚至仍显贫困的时代（如果可支配收入离生命预算线很近），人们的储蓄是微乎其微的，几乎全部可支配收入都得用来购买生活必需品才能维持生存。如果储蓄的份额在可支配收入中占比微小，那么，"卖主和买主形而上学的均衡"之命题成立也无不可。也就是说，人们必须将取得的收入马上用于购买，由于不富裕，货币的贮藏功能没有发挥作用的

---

① 何正斌：《经济学300年（上册）》，湖南科学技术出版社2000年版，第135页。
② 刘凤岐：《当代西方经济学词典》，山西人民出版社1988年版，第153页。

余地，萨伊"忽视"的正是货币的贮藏作用，而这种忽视也不无道理。在经济学史上，萨伊是一个顶尖级的经济学家，因为我们不怀疑萨伊的智慧，所以，我们也不相信萨伊会睁眼看着法国人大把大把的储蓄却闭着眼睛制造"卖主和买主形而上学的均衡"之谬误。我们这一代人还清楚地记得中国实行计划经济的贫困年代，一个五口之家，年人均储蓄恐怕不会超过10元，而且是从牙缝里挤出来的，甚至有许多家户是负储蓄的。那时候，有点儿额外的收入就立刻补充家用，根本不会进入储蓄范畴。我们的人均储蓄额突飞猛进不过是近30年的事而已。可以想象，欧洲在18—19世纪，人均收入也高到哪里去。当然，这是个实证问题，用18—19世纪的经济史数据完全可以解释。

### （二）供给约束型经济的短期总供给曲线

在供给约束型经济中，短期供给和长期供给的区别并非仅仅是指时间的长短。那么，怎样区分供给约束型经济中总供给的短期和长期呢？在宏观经济学理论中，虽然经常出现短期和长期的术语，对长短期总供给界定的标准也不少，[①] 但是，用于供给约束型经济态势下的总供给长短期划分均嫌不甚适用。因此，我们拟从供给约束型经济本身的特质出发，做初步的推断。

短期中，总供给一端几乎是满负荷开工的，总需求增长拉动的主要是价格，而产量增长的幅度很小，总供给曲线的斜度应该是非常陡峭的。为分析方便，新古典经济学家往往将其描述为与横轴垂直。其实，这应该是新古典主义者对短期总供给曲线所做的简化，历史上的（或当今某些不发达国家现实中的）总供给曲线斜度虽然很陡峭，但不可能是与横轴垂直的。事实上，总需求变动在拉动价格的同时，多少也能拉动产出（见图0.2）。

图0.2中，$AS_0$是新古典经济学的总供给曲线，而$AS_1$则是实际的总供给曲线。$AS_1$虽然陡峭，但还是有些斜度的，当总需求向上拉动时，价格涨幅远大于极其有限的产出增幅。在新古典经济学家生活和工作的时代，欧美国家总供求态势也大都是供给约束型的，因此，他们的理论框架暗含的假定大都是短缺经济，在他们的文献中，大都将总产出既定作为理论框架的基本假设，在凯恩斯所著《就业、利息和货币通论》一书的序言、德文

---

① 如曼昆的《宏观经济学》和帕金的《宏观经济学》等著作，对总供给的长期和短期都有定义。

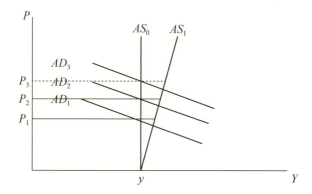

**图 0.2　极端的和通常的供给约束型经济**

版序言和日文版序言中，都对此做了批评。① 在当今许多著名的经济学教科书中，一些作者仍把总供给曲线与横轴垂直的图形称之为"古典情形"。例如，多恩布什教授在诠释古典总供给曲线时，有这样的表述："古典总供给曲线是垂直的，说明无论是什么价格水平，供应的产品数量一样。"② 接下来，多恩布什教授用两个解析几何图描述古典曲线（见图 0.3）。

毫无疑问，多恩布什教授认为图 0.3（b）平面上的古典总供给曲线会向右移动，并从 $AS_0$ 逐次移动到 $AS_3$ 的位置。那么，总供给曲线为什么右移呢？多恩布什教授的解释是，"经济积累资源并出现技术进步时，潜在 GDP 随时间推移而增长，因而古典总供给曲线右移"③，如图 0.3（a）。笔者认为，这样的解释不是十分清晰和准确，应该把原因落实到影响 AS 右移的主要影响因素上来。根据柯布－道格拉斯生产函数的逻辑分析，图 0.3 显然应该是资本存量不变或无显著变动时的情形，如果持续投资导致资本存量显著增长，总供给曲线就应该向右移动。也就是说，影响古典总供给曲线右移的主要因素是资本存量的显著增长。即，在图 0.3（b）中，随着时间的推移，资本存量有了显著增长，进而推动了短期总供给曲线从 $AS_0$ 持续右移至 $AS_3$ 的位置。

综上所述，我们可以这样认为，在供给约束型经济中，如果资本存量发生了显著的正向变动，就意味着总供给的一个短期结束，下一个短期开始。换言之，短期中资本存量不变（价格可变）（见图 0.4）。

---

① 凯恩斯：《就业、利息和货币通论》，魏埙译，陕西人民出版社 2004 年版，见"序""德文版序"和"日文版序"。

② 多恩布什、费希尔、斯塔兹：《宏观经济学（第七版）》，范家骧等译，中国人民大学出版社 2000 年版，第 80 页。

③ 多恩布什、费希尔、斯塔兹：《宏观经济学（第七版）》，范家骧等译，中国人民大学出版社 2000 年版，第 80 页。

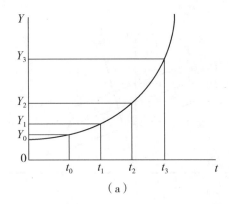

（a）

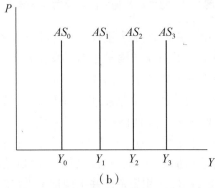

（b）

图0.3 多恩布什的"时间跨度上产量增长转化为总供给曲线的移动"图示①

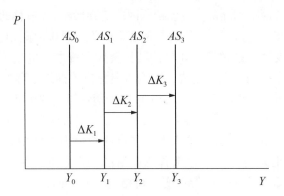

图0.4 短期总供给曲线的移动

---

① 多恩布什、费希尔、斯塔兹：《宏观经济学（第七版）》，范家骧等译，中国人民大学出版社2000年版，第80页。

需要进一步讨论的是,短期总供给曲线在右移到一定程度时,即若干个短期之后,其斜度必将逐渐平缓,直至变成需求约束型经济中的总供给曲线。由于这与本书主题关系不大,此处略去对总供给曲线的斜度变化问题的分析。

### (三) 供给约束型经济的长期总供给曲线

接下来,我们讨论一下长期总供给曲线。图 0.5 中有三条短期供给曲线 $AS_1$、$AS_2$ 和 $AS_3$(也可以更多),分别与总需求 $AD_1$、$AD_2$ 和 $AD_3$ 相交于 $E_1$、$E_2$ 和 $E_3$ 点。为分析方便,我们也使用新古典经济学家的简化形状。在任一短期中,由于事前总供给小于总需求,厂商开足马力生产,没有闲置产能,潜在供给约等于有效供给,所以,总需求提升只影响价格而不会拉动产出量,如 $AD_1$ 上下方的虚线与 $AS_1$ 的交点所示,如前所述,短期总供给曲线与横轴垂直。

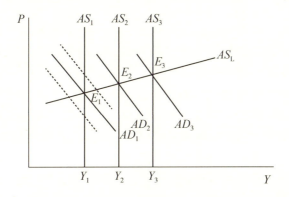

**图 0.5 供给约束型经济中的短期和长期总供给曲线(单调增)**

在供给约束型经济中,经济增长的途径是资本品投资导致资本存量显著增长,进而产能扩大,如 $AS_1$ 右移至 $AS_2$,进入下一个短期,总供求在点 $E_2$ 实现均衡,对应横轴上的产出量增长。如果没有其他负面因素的干扰,净投资不发生负增长;需求不因受货币量变动或其他恐慌影响而出现异常波动,一条理想的长期总供给曲线必是向右上方倾斜的。从时间角度考察,从 $AS_1$ 右移至 $AS_2$ 的时间也许很长,也许不长,这对总供给曲线短期的界定都不重要,重要的是资本存量是否有显著增长。总之,从逻辑层面讨论,供给约束型经济的长短期划分不是以时间绝对长短为标志的,而是根据投资是否显著改变产能(资本存量)来划分的。

把众多的短期均衡点 $E$ 用平滑的曲线连接起来,就形成了长期总供

曲线 $AS_L$。图 0.5 的 $AS_L$ 形状是向右上方倾斜的，当然，这是简化的理想曲线，即产出和价格都是单调增的。实际上，经济中会有许多波折，不可能是一条平滑的直线（如图 0.6）。

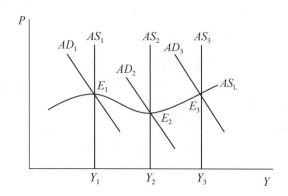

**图 0.6　供给约束型经济中的短期和长期总供给曲线（不规则）**

图 0.6 表明，各个短期的均衡点 $E_1$、$E_2$、$E_3$ 并非如图 0.5 那样逐次向上，即价格和产出并非同步上升。因为每个短期中都是价格可变而产出不变，所以，各短期均衡点的平滑连线——长期总供给曲线 $AS_L$ 的形状是不规则的。当下，有不少学者认为新古典经济学中的"古典情形"是长期总供给曲线。若果如这些学者所见，长期总供给曲线是与横轴垂直的，即长期中产出不变，那么，就无法解释近代以来世界经济总量之翻番增长的现象，也无法解释需求约束型经济是如何面世的了。简言之，在供给约束型经济态势下，短期中，供给曲线与横轴垂直，长期中形状不规则。

根据一些古典经济学家的论述推断，在一个较长的时段中，世界经济应该是供给约束型的。古典经济学家的理论来自当时的经济现实，即来自我们眼中的经济史。如果花些时间研究世界经济史，定会得出有数量依据的结论。从我们接触到的各国经济史数据来看，供给约束型经济态势下的长期总供给曲线既不是与横轴垂直的，也不是规则地向右上方倾斜的。限于篇幅，我们仅以中、日、美三国供给约束型经济时代的长期总供给曲线为例来进行说明。

图 0.7 是近代中国 1887—1936 年的总供给曲线，纵轴为价格指数，横轴为实际 GDP 指数，图中的不规则曲线即为长期总供给曲线，向右上方倾斜的直线是长期总供给趋势线。由于经济不断受到其他因素的干扰，致使价格和总产出都不是单调增的时序数据，长期总供给曲线必然会出现许多波折，加入趋势线之后观察，可见曲线向右上方倾斜的态势。

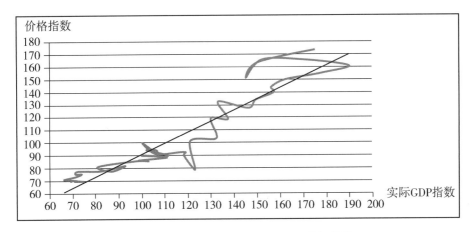

**图 0.7　1887—1936 年中国长期总供给曲线**

数据来源：GDP 数据见刘巍、陈昭：《近代中国 50 年 GDP 的估算与经济增长研究》，经济科学出版社 2012 年版，第 107～108 页；批发价格数据见王玉茹：《近代中国价格结构研究》，陕西人民出版社 1997 年版，第 23 页。

图 0.8 是日本 1885—1938 年的长期总供给曲线，纵轴为价格指数，横轴为实际产出指数，图中的不规则曲线为长期总供给曲线，向右上方倾斜的直线是长期总供给趋势线。和中国一样，在 1885—1938 年间，日本经济不断受到其他因素的干扰，价格和总产出也都不是单调增的时序数据，长期总供给曲线出现许多波折，加入趋势线之后观察，具有曲线向右上方倾斜的态势。

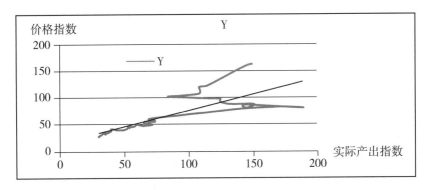

**图 0.8　1885—1938 年日本的长期总供给曲线**

数据来源：刘巍、陈昭：《大萧条中的美国、中国、日本与英国》，经济科学出版社 2010 年版，第 142～146 页。

根据美国价格走势，我们将其 1869—1914 年的总供给曲线分两段作图，见图 0.9 和图 0.10。1869—1896 年美国的总供给曲线形状是不规则的，且趋势线向右下方倾斜；1897 年到第一次世界大战前，趋势线转而向右上方倾斜。如果把两段总供给曲线连接起来，美国 1869—1914 年的总供给曲线则呈 "V" 形趋势。

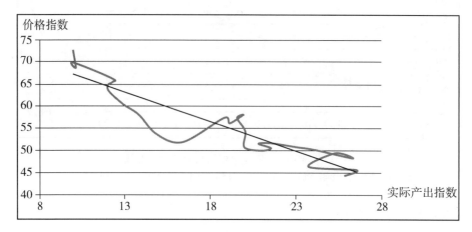

**图 0.9　1869—1896 年美国总供给曲线**

数据来源：弗里德曼、施瓦茨：《美国和英国的货币趋势》，范国鹰等译，中国金融出版社 1991 年版，第 144～145 页。

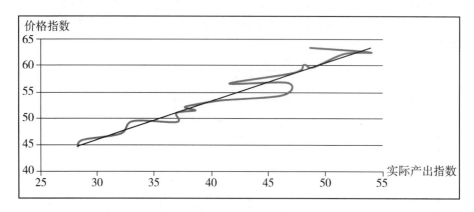

**图 0.10　1897—1914 年美国总供给曲线**

数据来源：弗里德曼、施瓦茨：《美国和英国的货币趋势》，范国鹰等译，中国金融出版社 1991 年版，第 144～145 页。

总而言之，从以上三个国家的经济史数据观察，供给约束型经济中的长期总供给曲线绝非与横轴垂直，并且曲线形状很不规则。

### (四) 经济史中总供求态势的判断工具

受亚当·斯密、萨伊和约翰·穆勒等古典经济学家的启迪，前几年笔者一直用两套分析工具判断总供求态势：

第一，从总供给、总需求与价格的关系角度入手，考察在一定观测点的样本中，决定价格变动的是总需求还是总供给。以费雪的交易方程式为理论基础，如果是总需求重要，那么，经济态势无疑是供给约束型的。以小麦为例，当新小麦没有成熟时，如果麦粉需求陡增，小麦存量的增长可能性为零，那么，只有价格上升来抑制面粉需求了。这无疑是一个供给约束态势，价格变动的主要影响因素是需求。反之，如果总供给取决于总需求，则经济态势无疑是需求约束型的。从技术角度来说，在用最小二乘法拟合回归模型的基础上，用 Beta 系数方法和脉冲响应函数方法都可以得出解释变量的重要性。

第二，净贸易条件与贸易收支是否正相关，如果正相关，则是供给约束型经济态势，反之是需求约束型经济态势。用贸易条件考量国家利益，只有在供给约束型经济条件下适用，于是，从这个角度观察世界经济是合乎逻辑的。也可以从 M–L 条件（马歇尔–勒纳条件）角度做实证，如果 M–L 条件普遍不成立，说明经济态势是供给约束型的，因为"本币贬值——出口价格下降——国外需求增长"，如果仍不能使出口增长，说明产量无法增长，经济态势是供给约束型的。反之，如果 M–L 条件普遍成立，则说明经济态势是需求约束型的。

以上两种研究路径在拙作《计量经济史研究方法》（社会科学文献出版社 2016 年版）一书中已做了比较详细的讨论，在此不再赘述。近来，笔者根据前述对总供给曲线考察所获心得，总结出另一个相对简洁的判断工具：

若某一时段长期总供给曲线形状不规则，可认为这一时段属供给约束型经济，个中逻辑见上节的讨论；若长期总供给曲线规则向右上方倾斜，则属需求约束型经济（其逻辑详见后文）。

刘巍（2010、2011a）先前的实证研究认为，从近代开始中国就处于供给约束型经济态势中，这种局面一直延续到 1995—1996 年。刘巍（2011b）和张乃丽（2011）的实证研究认为，日本在全面侵华战争之前一直处于供给约束型经济态势中。

## 二、上位前提假设 2：需求约束型经济

显然，两种经济态势的转折即使是发生在一个时点上，我们也无法精

确地发现这个时点,只能将其大略地估计在某个不大的区间上。何况,这个转折应该是渐进的,是在一个时段内发生的。从逻辑和经验角度分析,我们把两种经济态势的转折点确定在第一次世界大战前后的一个时间区间内。我们的这个经验主要来自美国经济史。

### (一) 需求约束型经济的案例与逻辑

1913年,亨利·福特首创"传送带生产线",即"流水装配线",大大提高了机械效率和管理效率。这种管理模式逐步由汽车工业传播到其他工业领域,成为制造业等相关产业的主要生产管理方式。汽车制造业的迅速壮大和成熟,给美国经济注入了巨大的活力,石油生产、轮胎制造、钢铁冶炼、公路建设等行业在汽车工业的带动下快速发展起来。工业产业突飞猛进,造就了巨大的生产能力,"只要你下订单我就能供货"。

"一战"之后,分期付款方式在美国普遍推开。这是以未来做抵押,刺激公众的需求的有效手段,这一手段可以保持产业始终正常运转。据经济学家对战后20年代的测算,所有零售额的15%都是用分期付款的形式完成的,1927年用分期付款方式销售的汽车占总交易量的60%,大约60亿美元的商业证券业务也是通过分期付款形式完成的。① 如果说不是经济态势转化为需求约束型,这种产销两旺的局面是不可想象的。"一战"之后,美国的推销员和促销员满天飞。美国的推销员和促销员制度是在20世纪20年代出现的。这一制度的出现,说明厂商已经把销售置于与生产同等重要的地位,甚至置于比生产更重要的地位了。"一战"之后,美国的广告业终于成了一个重要的行业。战后初期,人们还没有认识到广告的重要性,但到了1923年,有人就预言广告将成为一个行业。到了1927年,美国广告费用就超过了5亿美元。

1937年,琼·罗宾逊夫人在马歇尔局部均衡和弹性概念的基础上(勒纳曾加以完善和发展),建立了著名的"马歇尔-勒纳条件(M-L条件)"。经过严格的逻辑推理,货币贬值可以改善贸易收支的条件为:

$$E_x + E_m > 1 \qquad (0.1)$$

当然,和其他经济学理论一样,M-L条件受到多方质疑,并不断修正补充,最后完善为罗宾逊-梅茨勒条件的理论模型。这些修正和补充都不重要,重要的是罗宾逊夫人的四个前提假设中,第二个假设就是"所有有关产量的供给弹性均为无穷大",以另一种方式肯定了市场总供求态势为需

---

① 弗雷德里克·刘易斯·艾伦:《大繁荣时代》,秦传安等译,新世界出版社2009年版,第182～183页。

求约束型经济。显然,这应该是罗宾逊夫人在对欧洲经济,起码是在对英国经济长期观察之后,对市场环境的抽象概括。在 M-L 条件遭到质疑时,这一假设基本上也被认同,说明当时经济学界对市场看法一致,特别是 M-L 条件是在 1936 年凯恩斯的《就业、利息和货币通论》出版之后问世的,这个共识的达成是比较容易的。我国著名经济学家陈岱孙、厉以宁也认为:"应当承认,在 30 年代资源未充分利用时,弹性分析中关于供给弹性无穷大的假设不是不合理的。"[①]

1936 年,凯恩斯的巨著《就业、利息和货币通论》问世,将 1929—1933 年的"大萧条"诊断为"有效需求不足"。有效需求不足之病症,必然在需求约束型经济中发作,就如同供给不足病症必然发作于供给约束型经济中一样。后者用萨伊的药方,前者必须吃凯恩斯开的药。凯恩斯认为,著名的三大心理因素造成的阻碍,使得需求约束型经济中会产生有效需求不足,即较多的收入被储蓄起来了,并未转化为投资,储蓄远大于事前投资。这显然是"富贵病",短缺经济或贫困经济是得不上这种病的。短缺经济或贫困经济(供给约束型)如果患病,那一定是营养不良的"穷病"——有效供给不足(见图 0.11)。

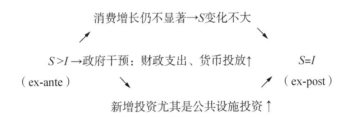

图 0.11 "有政府干预的需求约束型经济"从事前不均衡到事后均衡

1929—1933 年,世界经济重病发作,但不是说世界经济的机体刚刚转变为易于害这种"富贵病"的体质,而至少在 10 年前或更早就发生转变了,用凯恩斯的话说,大萧条"是由一个经济阶段过渡到另一个经济阶段时,在重新调整中的痛苦"。经济学家何正斌认为,在生产不足的年代(供给约束型),鼓励消费与鼓励节约和储蓄相比,后者显然更容易为人们所接受。当已过了生产不足时期进入生产过剩(需求约束型)的时代后,由于仍受传统和习惯影响,在较长的时期中,人们还是固守旧说。终于在出现像 20 世纪 30 年代的"大萧条""大过剩"时,才震醒了像凯恩斯这样敏锐

---

[①] 陈岱孙、厉以宁:《国际金融学说史》,中国金融出版社 1991 年版,第 355~356 页。

的人。而前人的思想不仅给他以反叛传统经济学的信心，同时也为他的学说提供了有益的启示①。

### （二）需求约束型经济的短期总供给曲线

宏观经济学基本是以凯恩斯经济学为基础的，从凯恩斯著名的"有效需求不足"宏论逆推，宏观经济学暗含的前提假设无疑是"需求约束型经济"。宏观经济学设定的短期供给曲线先是与横轴平行的，总产出实现充分就业的产量 $Y^*$ 之后，总供给曲线出现拐点，然后与横轴垂直（见图0.12）。

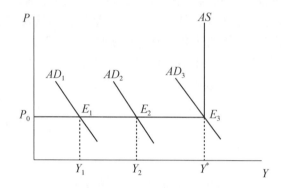

**图0.12　凯恩斯经济学短期总供给曲线**

图0.12表明，短期中价格不变，总供给曲线与横轴平行，总需求从 $AD_1$ 提高到 $AD_3$，总产出便有与均衡点 $E$ 对应的增长。但是，在 $E_3$ 点，总供给曲线出现拐点，$Y^*$ 是充分就业的产出量，一个短期终结。如果总需求曲线继续右移，便只有价格上涨而无产出增长。凯恩斯经济学短期分析的范围就是在 $AS$ 曲线的拐点之左。多恩布什教授对图0.12曲线形状的解释是："短期 $AS$ 是水平的（凯恩斯总供给曲线），长期 $AS$ 曲线是垂直的（古典总供给曲线）。"② 毋庸讳言，我们对多恩布什教授的解释有一定的异议。

在图0.12中，$AS$ 曲线拐点之后的与横轴垂直部分并非是需求约束型经济的长期总供给曲线，而是连接上一个短期和下一个短期的供给曲线调整时期。和在供给约束型经济态势下一样，在需求约束型经济中，长期总供给曲线也不是与横轴垂直的，至少到目前为止没有这样的证据。在短期总供给曲线拐点左侧总产出增长的过程中，经济中各部门和各环节很难保证

---

① 何正斌：《经济学300年（上册）》，湖南科学技术出版社2000年版，第389页。
② 多恩布什、费希尔、斯塔兹：《宏观经济学（第七版）》，范家骧等译，中国人民大学出版社2000年版，第79页。

同步发展。同时，在总需求变动的影响下，某些物理属性的产品需求增长强劲，而某些物理属性的产品需求增长停滞或大幅下降。于是，或许在技术方面，或许在劳动力方面，或许在资源方面，也或许在制度方面会率先出现"瓶颈"状态。未必就一定是达成"充分就业"才会出现总供给曲线拐点，而且拐点之后的总供给曲线也未必一定是与横轴垂直的（斜度可能比较陡峭）（见图0.13）。

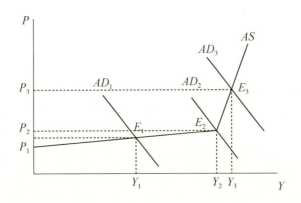

图0.13　需求约束型经济态势下接近现实的短期总供求

如图0.13所示，实际经济中总供给曲线的斜度虽然非常平缓，但不可能是完全水平的，和新古典经济学一样，显然凯恩斯经济学也为简化分析而将曲线做成水平状态。在AS曲线拐点之左，随着总需求增长总需求曲线右移，价格水平涨幅不显著，总产出增幅显著。一旦总需求曲线右移到$AD_2$之后，方方面面的"瓶颈"效应累积到一定程度，总供给的问题就摆到明处了。统计数据一定就是经济增长率下降，价格涨幅可观（低高型）；或者是经济增长率很低，价格涨幅也很低（双低型）。当总需求曲线在总供给曲线的拐点之右达成均衡时，在总需求方面做文章的意义不大，而是需要一国经济当局对总供给做适当的调整。各国发展程度不同，人口资源环境不同，历史文化和制度安排不同，调整的政策也不尽相同，调整所需时间也不可能相同。

（三）需求约束型经济的长期总供给曲线

在对总供给结构做了充分的调整之后，进入下一个短期。依此类推，众多短期组成长期，如图0.14所示。于是，我们重申自己的判断，在需求约束型经济态势下，长期供给曲线应该是向右上方倾斜的，不应该也不可能是与横轴垂直的（见图0.14）。

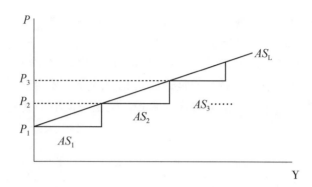

图 0.14　短期供给曲线和长期供给曲线

图 0.14 中，$AS_1$—$AS_3$ 是图 0.12 的简化版，把连续的各短期起点（价格拐点）用平滑的曲线连接起来，就是长期总供给曲线 $AS_L$。从逻辑角度分析，需求约束型经济的短期和长期不在于时间长短，而是以价格水平发生显著变化为划分的临界点。短期中，价格变动不显著，资本存量和产出有一定（或较大）的变动。显然，这和前面讨论过的供给约束型经济的特点恰好相反。

我们先用数据作中国总供给曲线图（见图 0.15）。图 0.15 的横轴是 1996 年为 100 的 GDP 定基指数，纵轴是 1996 年为 100 的价格指数（GDP 平减指数）。中国经济刚进入需求约束态势下，就遭遇了亚洲金融危机的考验，外需急剧下降。在政府多方努力之下，拉动内需政策卓有成效。从 AS 曲线的形状观察，在受亚洲金融危机影响的几年中，1997—2002 年价格总水平基本没有显著变动，总供给的增长率较之前虽有所下降，但环比指数稳定在 8% 左右，没有发生大幅度下滑。从 2003 年起，总供给曲线基本上呈现为一条向右上方倾斜的曲线。2008 年美国"金融海啸"以来，中国经济增长率有所下降，近年来尤为明显，于是，政府根据总需求的变化对总供给结构实施了一系列改革措施——"供给侧结构性改革"。

其实，自从中国进入需求约束型经济以来，供给一端总是随总需求的变化在调整。回头盘点一下，20 世纪 90 年代的时尚产品今天还有几样？在各短期中被总需求逐渐淘汰的有多少（如双卡收录机、盒式磁带、胶卷照相机、MP3 等等）？今天的时尚产品刚问世几年？当下的"供给侧结构性改革"是先前总供给结构调整的继续，前后的区别在于：先前的调整容易一些，当下的结构性改革艰难一些；先前的调整大都可以由市场自发进行，当下的调整需要顶层设计。从易到难，从简到繁，中国总供给的结构性调整任重道远。作为一个经济大国的总供给，面对着国内需求和国外需求两

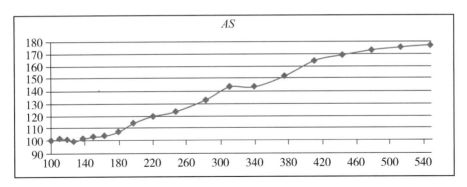

图 0.15　中国 1996—2016 年的总供给曲线

数据来源：根据国家统计局网站（http://data.stats.gov.cn/easyquery.htm? cn = C01）数据整理。

个组成部分，而且，无论哪个部分都是重量级的，都不容忽视。随着总需求的不断变化，在任何一个短期向下一个短期过渡时，中国的供给侧都会面对结构调整问题。

图 0.16 的横轴是以日本 1955 年为 100 的 GDP 定基指数，纵轴是以日本 1955 年为 100 的价格指数。从日本总供给曲线的形状来看，以 1974 年的负增长为界，可分为前后两个阶段。1955—1973 年，经济高速增长；1975—1991 年，经济增长乏力，80 年代之后"经济泡沫"不断加剧。但总体来说，总供给曲线基本上是向右上方倾斜的，和中国需求约束型经济态势下的总供给曲线特征没有本质差异。

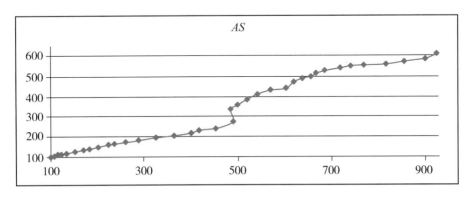

图 0.16　日本 1955—1991 年的总供给曲线

资料来源：根据日本内阁府官方网站发布的原始数据（详见 http://www.esri.cao.go.jp/en/sna/data/kakuhou/files/2009/23annual_report_e.html）整理。

图 0.17 是美国 1960—2000 年的总供给曲线，横轴是以 1960 年为 100

的 GDP 定基指数，纵轴是以 1960 年为 100 的价格指数。在 20 世纪 70 年代中期、80 年代初和 90 年代初，美国发生了两次持续两三年的负增长和一次短暂的负增长，致使长期总供给曲线有 3 个异常段，其余时间都是中低速增长，曲线呈现正常形态——向右上方倾斜，和中国、日本的长期总供给曲线的形状基本一致，支持我们前面所做的逻辑分析。

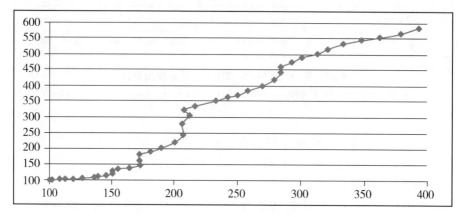

**图 0.17　美国 1960—2000 年的总供给曲线**

数据来源：根据刘巍、陈昭著《大萧条中的美国中国英国和日本》（经济科学出版社 2012 年版）第 178～179 页表 5-1 数据整理。

从实证角度来看，刘巍和陈昭（2010b）的研究认为，美国从 1919 年开始进入需求约束型经济态势；英国更早，在维多利亚时代前期就进入需求约束型经济态势。陈昭（2010）的研究认为，日本是在 20 世纪 50 年代初从供给约束型经济转变为需求约束型经济的。

### 三、上位前提假设 3：新供给约束型经济

"大萧条"之后，各主要工业国家的经济结构和社会结构都发生了巨大变化，第二次世界大战使美国经济又上了一个新的层次。虽然经济态势依然是需求约束型，但由于各国政府的强势干预，周期动荡的幅度大大缩小。正如在评价当前金融危机可能造成的破坏时，伯南克所说，1929—1933 年时没有凯恩斯，现在人人都是凯恩斯。但商业周期循环对于需求约束型经济来说，政府干预就如同感冒吃药，药物只能缓解症状而不能治愈感冒。况且，用凯恩斯投资理论来解释，政府的每一次强势干预事实上都为下一次萧条埋下了伏笔。总之，全世界规模的储蓄大于投资态势是压在世界经济上的一座大山，无论规模大小，无论时间长短，危机总是要爆发的。这

种经济运行模式要持续多久？会朝着哪个方向改变？我们试图从近期世界经济中出现的新现象做一点超前的讨论。

（一）新供给约束型经济的逻辑

20世纪90年代，美国进入新经济时期，强大的技术进步、技术革命创造出了以前从未见过的新产品。于是，新科技拉动了新型的投资，新科技造就了新的消费热点。同时，新科技还无情地淘汰着老旧的存量生产资本和耐用消费品。这样，由新科技发动的大批新产品供给一旦出现，就会从消费和投资两个角度消化储蓄，不仅使平均消费倾向大大提高，也会加速折旧（精神磨损），从而使投资高速增长。于是，我们可以展望，新的经济态势将不是传统的"生产者主权"的供给约束型或"消费者主权"的需求约束型，而应该是"领先科技主权"的"新供给约束型经济"，或称"领先科技约束型经济"。也就是说，不是掌握领先科技生产要素的阶层根据消费者对物品的主观评价得知应该生产什么、生产多少和怎样生产，而是这个专家阶层自行设计产品、自行规定规格，然后通过覆盖面巨大的广告宣传网、通讯网和推销机构向消费者劝说，极力使消费者按照生产者提供的商品品种、规格、价格来购买。所以，既不存在原先的"消费者主权"，也不是传统意义上的"生产者主权"，存在的是科技专家们引导消费的"领先科技主权"（见图0.18）。

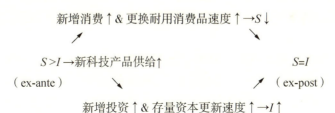

**图0.18 "新供给约束型经济"从事前不均衡到事后均衡**

从图0.18来看，若想实现储蓄和投资从事前不均衡到事后均衡，最关键的因素在于"新科技产品的供给"，它取代了需求约束型经济态势下政府的干预。与原来国家干预不同的是，新科技产品供给不是将储蓄与投资的矛盾顺延，而是在当期内解决二者的均衡问题。从罗斯福新政以来，国家干预大都是在增加投资上不遗余力，而对促进本期消费无能为力。新科技产品供给在促进消费方面将大有作为，同时，在淘汰旧有存量资本方面也是不可抗拒的。因此，将政府调节的任务转向鼓励、扶持和奖励领先科技的发展上来，是最优的选择。这一美好的经济态势何时能成为世界经济的主流态势？目前尚不可预知。加尔布雷斯先生在 1967 年出版的《新工业国》一书中，就认为这时代已经来临，我们不敢苟同。如果说，当代世界经济的主流正处于从传统的"需求约束型经济"向"新供给约束型经济"（领先科技约束型经济）过渡，我们觉得倒不为过。可以预料的是，新科技产品供给一旦卡壳，政府强势干预必将复活，经济态势回归需求约束型。

### （二）日本经济案例

由于近代以来"新供给约束型经济"案例不多，且我们的研究范围有限，所以，仅就日本经济做一点儿初步分析。

1991 年日本"经济泡沫"崩溃之后，宏观经济运行呈现疲态，增长乏力。日本官方数据表明，GDP 指数从 1994 年的 100 增长到 2016 年的 122.65，算术平均年增 1 个指数点位左右，期间不乏负增长的年份。代表价格总水平的 GDP 平减指数一路下滑，从 1994 年的 100 下降到 2013 年的 83.9，2016 年仅反弹到 87.3。CPI（居民消费价格指数）与 GDP 平减指数相关度不高，波动不大，从 1994 年的 100.8（2005 年为 100）涨到 2016 的 103.3，时不时也出现价格下跌的年份。[①] 这无疑反映出日本总需求疲软，当局货币量化宽松政策拉动内需的效果很不显著。1994—2016 年，日本的实际 GDP 和价格指数走出了背离的趋势，虽然背离程度不是很大。这种相关关系说明，总供给和总需求已经脱节，无论总需求曲线位于何处，总供给始终是低位徘徊着。这种价格和产出方向不一致的情况表明，日本不再是典型的需求约束型经济了。

"经济泡沫"崩溃之后，日本经济问题在于总供给一端。在日本政府和民间一致痛心疾首的"失去的若干年"，失去的是先前需求约束型经济时期的高增速，其原因不在需求侧，而在供给侧。日本产品的效用无法诱致国内新需求，也无法在国际市场上从新兴国家手中收复失地。从表面上看，似乎应该归咎于总需求不足，而从内里上观察，则是总供给套路老旧，创新能力萎缩所致。因此，我们将这种经济态势冒昧命名为"新供给约束型经济"。这种经济态势与 19 世纪和 20 世纪上半叶的短缺经济不同，历史上的短缺经济是总量上短缺，是绝对的短缺；当今的新供给约束型经济是增量的短缺，是相对的短缺。

我们将新供给约束型经济短期总供给曲线做初步的归纳（见图 0.19）。图 0.19 中的总供给曲线 AS 斜度比较陡峭，其含义是，新效用的产品受创新

---

① 日本内阁府网站（http://www.cao.go.jp/index-e.html）数据。

约束，供给能力增长比较缓慢。AS 两侧的虚线表达的意义是，受国际市场复杂因素的影响，出口额和出口拉动的投资波动幅度。和历史上的"老"供给约束型经济不同，新供给约束型经济的均衡产出量 $Y_0$ 距原点较远，说明当今日本的经济体量很大，而历史上的"老"供给约束型经济均衡产出量 $Y_0$ 距原点较近，不可同日而语。同时，如果发生经济衰退，新供给约束型经济随着总产出下降会退回到需求约束型经济；而"老"供给约束型经济再衰退还是供给约束型经济，不过是更为贫困的短缺经济而已。

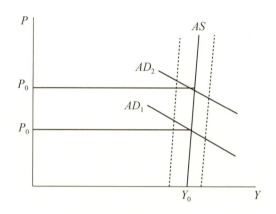

**图 0.19　新供给约束型经济的短期总供给曲线**

新供给约束型经济的短期总供给曲线向右移动恐怕比"老"供给约束型经济还难，因为后者既可以鼓励国内储蓄向投资转化又可以吸纳 FDI（外商直接投资），只要刺激资本存量显著增长即可，而前者则需要科学技术层面的创新、出新产品，绝非一蹴而就。图 0.20 描述了 3 个新供给约束型经济的短期，在科技创新的推动下，短期总供给曲线从 $AS_1$ 移动到 $AS_2$ 的位置，即实现了一个短期结束下一个短期开始。同理，从 $AS_2$ 移动到 $AS_3$ 也是两个短期的转换。在各个不同的短期内，由于总需求结构和当局的调控力度不同，总需求曲线位置也不同（斜率也未必相同），所以，各个短期的总供求均衡点（$E_1$—$E_3$）的水平高度（价格）不同且走势不规则。将各个短期均衡点（$E_1$—$E_3$）用平滑的曲线连接起来，即长期总供给曲线 $AS_L$，从短期总供求形成均衡的过程看，长期总供给曲线注定是不规则的。

我们用日本 1994—2016 年的实际 GDP 指数和 GDP 平减指数（价格总水平）作图 0.21，得到了这一时期的长期总供给曲线。和我们的逻辑分析一致，曲线的形状是不规则的，与需求约束型经济时期的总供给曲线形状显著不同。

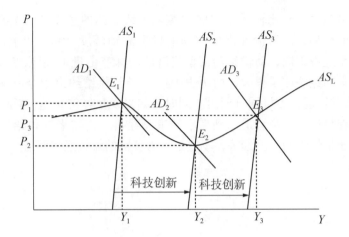

图 0.20　短期总供给曲线的移动与长期总供给曲线

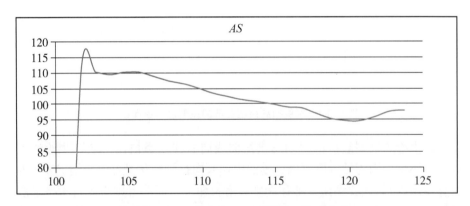

图 0.21　日本 1994—2016 年的总供给曲线

数据来源：日本内阁府网站（http://www.cao.go.jp/index-e.html）。

如果用 CPI 代替 GDP 平减指数，长期总供给曲线走势则更不规则（见图 0.22）。足以见，这一时期日本的消费价格走势与实际 GDP 走势基本不相关，消费需求与总供给自说自话，产能无法诱致消费需求。

总而言之，在新供给约束型经济态势下，日本的总供给曲线发生了新变化。短期中，总供给曲线的位置远离原点且斜度陡峭，总供给缺乏亮点，吸引不了总需求，总供给曲线的右移（总产出的增长）依赖科技创新；长期中，总供给曲线形状不规则，在 1994—2016 年时段中，价格和产出单调增现象不存在。如此说来，日本经济倒是"供给侧结构性改革"问题迫在眉睫了。

综合前面的讨论，笔者认为，世界各国的总供求态势陆续从供给约束

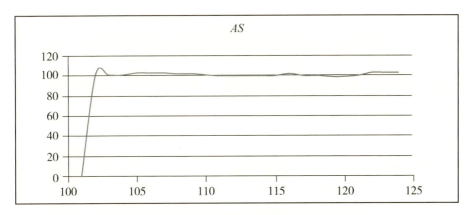

**图 0.22 1994—2016 年日本的 GDP 指数与 CPI**

数据来源：日本内阁府网站（http://www.cao.go.jp/index-e.html）。

型过渡到了需求约束型，或正在过渡。展望未来，主要发达国家将率先从需求约束型经济转向新供给约束型经济，也许已经开始过渡。于是，供给约束、需求约束就构成了计量经济史研究必须关注的上位前提，也许还要关注新供给约束这一上位前提。计量经济史的研究领域囊括了三种总供求态势，研究者在选用经济学理论框架时，要格外注意模型中暗含的上位前提，这样才不至于错用经济学理论框架。譬如，如果一国经济已经处于需求约束型态势下，假如是"大萧条"时期的美国，研究美国产出决定时，柯布－道格拉斯生产函数显然是无效的。以美国的钢铁业为例，开工率只有19.1%，① 另外80.9%的生产能力是闲置的、无效的资本。因此，把美国的资本存量数据代入柯布－道格拉斯生产函数计算产量是有很大问题的。同理，在供给约束型经济时代，如果用刺激消费的政策试图拉动经济，其结果除了造成通货膨胀之外，产量的增长应该是极不显著的。

---

① 威廉·曼彻斯特：《大萧条与罗斯福新政》，朱协译，海南出版社2009年版，第38页。

# 第一章　供给约束型经济：贸易条件有效的条件

对贸易条件的研究可以追溯到亚当·斯密的《国富论》，之后贸易条件逐渐成为国际经济学领域中的重要问题。大卫·李嘉图在其《政治经济学及赋税原理》中以劳动价值论为基础，证明了在贸易发生时，均衡价格贸易条件将存在于两国的比较成本比率之间。

李嘉图的比较成本理论虽然没有解决贸易条件的确定问题，但为后人的研究提供了一条很好的思路。新古典经济学家约翰·穆勒运用"相互需求理论"和"相互需求方程"解决了贸易条件的确定问题，他认为："当两国相互交换两种商品时，这两种商品的相对交换价值，将按照两国消费者的爱好和境况自行调整，两种商品的交换比例所不能超出的界限，是这两种商品在其中一个国家生产费用的比率和这两种商品在另一个国家生产费用的比率。"[①] 之后，马歇尔通过"提供曲线"的几何推导，证明了两国贸易均衡时贸易条件是由原点出发经过提供曲线交点的射线的斜率给定的。此后，贸易条件学说就一直被学界用作考量一国贸易绩效的尺度。但是，这个产生于一两百年前的经济学逻辑今天是否仍然适用？如若不适用，主要问题出在哪里？本章拟从总供求态势角度讨论这一问题，就教于方家。

## 第一节　文献综述

现代国际经济学对贸易条件问题的系统研究始于20世纪50年代初期，由普雷维什的"贸易条件恶化论"引起，此后学界对贸易条件的研究呈现以下特点：一部分卷入"贸易条件恶化论"的争论和探讨之中；一部分对该理论提出质疑，并试图探讨贸易利益分配与贸易条件的不一致性。

---

① 约翰·穆勒：《政治经济学原理（下卷）》，胡企林等译，商务印书馆1991年版，第130页。

## 一、"贸易条件恶化论"评述

阿根廷经济学家劳尔·普雷维什在1949年5月向联合国拉丁美洲经济委员会提交的《拉丁美洲的经济发展及其主要问题》报告中,对1876—1938年这段时期内英国对外贸易的进出口价格指数进行了详细的分析研究。他以这段时期内进出口产品的平均价格指数,分别代表初级产品和工业制成品的世界价格,并且以1876—1880年的世界价格为100,计算出以后各年的初级产品和制成品价格之比。计算结果表明,大部分的价格比率都是递减的,到1936—1938年已经下降到64.1,这就是说,一定量的初级产品在20世纪30年代所能买到的制成品,只相当于19世纪70年代的64.1%。由于发展中国家主要出口初级产品,进口工业制成品,而发达国家主要出口工业制成品,进口初级产品,得出结论,贸易条件变得越来越不利于发展中国家的初级产品出口,发展中国家的贸易条件存在长期恶化的趋势。时隔不久,在联合国工作的另一名经济学家——德国的辛格(1950)也从另一角度阐述了相似的观点。自此,"贸易条件恶化论"引发了学界的广泛争议。

此后,有许多学者从不同侧面对其进行反驳,根据John Spraos(1980)的总结主要有:①英国的制成品贸易条件不能反映发达国家作为一个整体的贸易条件变动。②发达国家之间也相互出口初级产品,因此,把初级产品的出口国等同于发展中国家是不符合现实的。③英国的进口以到岸价格计算,出口以离岸价格计算,因此,英国当时贸易条件的改善可能归功于19世纪30年代以来海运成本的不断降低。④技术进步的因素没能在制成品的价格指数中反映出来。John Spraos(1980)针对这四个方面逐一进行了驳斥,这里不再赘述。

1958年,巴格瓦蒂将贸易条件和经济增长联系起来提出了"贫困化增长"命题。该命题认为,经济增长带来的产量提高可能会被贸易条件的不断恶化抵消,从而使本国居民实际收入水平和消费水平绝对下降。Findlay(1980)认为发展中国家的劳动生产效率的提高或投资增长是引起发展中国家贸易条件恶化和人均收入下降的原因。Cypher & Dietz(1998)在普雷维什思想基础上分析了技术进步条件下贸易条件恶化的经济效应,他们建立了一个"2×2"的南北贸易模型,他们认为贸易条件恶化必将使发展中国家的发展受阻,永远无法实现与发达国家的经济收敛(convergence)。

刘志永、孙建中(2009)计算了1993—2006年中国的贸易条件,他认为从我国贸易条件不断恶化的走势来看,如不从根本上消除我国经济发展中存在的出口结构低级化、贸易条件恶化、出口收入增加主要依靠规模的扩大、加工贸易增值链较短等不利因素，我国就有出现"贫困化增长"或者"相对贫困化增长"的可能。

关于恶化的原因和对贸易利益分配、国民福利的影响方面的研究却是各显身手未能达成一致意见。显然，他们的分析都是在肯定贸易条件理论的前提下来进行的，却恰恰忽视了贸易条件的适用范围问题。

## 二、对贸易条件变化趋势的实证研究综述

根据 Imlah（1950）和 Schlote（1938）等人的计算，英国自 19 世纪初开始到 20 世纪 30 年代为止，其价格贸易条件一直呈现出恶化趋势，但持续的价格贸易条件恶化并没有给英国的国民福利带来什么负面影响。在日本历史上也存在类似情况，日本学者南亮进（1989）分析指出，在 20 世纪初期的二十多年中，日本的贸易条件是下降的，但出口竞争力增强，在国际市场的出口占有率迅速上升。

赵玉敏等（2002）通过计算发现 1993—2000 年间中国价格贸易条件下降了 13%，其中还有一个新的结论：中国对发达国家贸易条件的变化是由进口价格的变动决定的，中国与发达国家贸易条件指数的走势主导了中国贸易条件的变化趋势。武海峰和牛勇平（2004）选取 30 种代表性商品计算，得到中国 1985—2002 年间的价格贸易条件不断下降的结论。联合国贸易和发展会议的一份研究显示（UNCTAD，2002），中国在 1993—2002 年间价格贸易条件下降了 10% 以上，而这一下降在与发达国家的贸易中比与发展中国家的贸易还严重。张烨（2002）对 1980—2000 年间我国贸易条件的变动进行了实证分析，其结论是：20 年间我国价格贸易条件指数在波动中略有下降，总体下降 14%，平均每年下降 0.55%；由于出口量的快速增长，我国收入贸易条件明显改善。曾铮、胡小环（2005）测算了我国 1980—2001 年的价格贸易条件和收入贸易条件，结果发现我国价格贸易条件呈现恶化趋势，但收入贸易条件显著改善。林丽、张素芳（2005）测算了我国 1994—2002 年的价格贸易条件、收入贸易条件，发现价格贸易条件明显恶化，而收入贸易条件是上升的。黄满盈（2006）选取了各类出口商品 147 种，进口商品 79 种，采用帕氏公式计算得出：1981—2003 年间中国价格贸易条件整体下降了 59.3%，且价格贸易条件的变化主要由进口价格指数的变动引起；收入贸易条件上升了 174.3%，且收入贸易条件的显著改善主要归功于出口数量指数的大幅上扬。张昱（2008）测算了中国和欧盟 4 个主

要成员国的价格贸易条件,从 1992 年到 2003 年,中德、中荷、中英和中法的价格贸易条件分别下降了 28%、71%、48% 和 58%,而收入贸易条件却是成倍改善的,分别为 4.1 倍、2.2 倍、5.1 倍和 3.0 倍。

张先锋、刘厚俊(2006)分析了经济增长、技术进步对我国贸易条件的影响,得出我国贸易条件在长期可能会呈"U"型变化的结论,认为在市场有效的前提下,贸易条件的恶化既不能说明社会福利水平必然恶化,更不能说明资源配置的扭曲,指出我国目前需要纠正的是因国内要素市场和产品市场扭曲导致的贸易条件恶化。

诸多学者的研究结果显示,中国的价格贸易条件是不断恶化的,他们都致力于恶化原因、影响因素和如何改善的研究,却忽略了现实的经济状况,无视我们国际收支的改善、人民生活水平的提高,均未对贸易条件理论提出质疑。

### 三、对贸易条件的质疑

#### (一) 对贸易条件理论的质疑

向松祚(2006)从经济学说史的角度做了总结:穆勒的贸易条件学说提出后,事实上,李嘉图以来的所有重要的经济学家,都对贸易条件是否可以衡量贸易利益的变化深表怀疑。边际革命的重要人物之一杰文斯对穆勒的贸易条件理论提出了严厉的批评,认为贸易条件完全无法成为衡量贸易利益的指标,杰文斯认为,穆勒用出口商品对进口商品价格之比,来判断一国从贸易中所获得的利益,的确是非常严重的错误。向松祚在回顾前人对贸易条件的异议之同时,对贸易条件也提出了尖刻的批评。他认为,在当今世界,很难以统计方法算出合理的出口价格指数和进口价格指数,又如何考量贸易条件的恶化和改善?同时,商品价格下降是一个普遍的趋势,怎么可以用来当作国家利益受损或下降的指标呢?虽然"我们至今还没有找到衡量贸易利益和评估贸易政策的好办法,但贸易条件无疑是一个拙劣的指标"[1]。

林德特和金德尔伯格(1985)在《国际经济学》一书中写道:"单单考察贸易条件[2]绝不能很好地计量福利或贸易利益,只是在某些条件下,贸易条件的变动才与福利变动的方向相关联。"他们指出,出口国可以从劳动生

---

① 向松祚:《不要玩弄汇率》,北京大学出版社 2006 年版,第 70 页。
② 这里的贸易条件指价格贸易条件。

产率的提高中获得利益,也可以从出口更多的廉价商品中获得利益。

长期以来,价格贸易条件作为衡量一国从国际贸易中获益大小的重要指标,虽不时有学者提出质疑,但鲜有向其发难者。

### (二) 对贸易条件应用的质疑

Partha Sen (1998) 的研究表明,很多发展中国家在贸易条件恶化的情况下,仍从贸易中获得了利益并提高了国民的福利水平。

中国学者张文朗(1998)从不确定性的角度分析了贸易条件变动与贸易得益之间的关系,他认为,供求关系的不稳定性、汇率的不确定性、劳动生产率的变化性以及经济周期、经济组织的势力等因素导致了贸易条件的不确定性,贸易条件的不确定性会降低其解释力。

张二震、马野青、方勇等(2004)认为,传统贸易条件理论赖以存在的基本前提是国际要素不能流动,因此可以存在独立的贸易利益和确定的贸易利益主体,贸易条件可以反映各国在贸易利益分配中的地位。但是在贸易投资一体化条件下,传统的贸易条件理论存在着很大的局限性。外资在利用东道国的要素优势进行生产时,出口国仅仅是贸易产品的生产国,而非全部贸易利益的归属国。通过进出口价格反映出来的利益不是归贸易品生产国所有,而是为参与贸易品生产的全部要素提供者所有。所以在贸易投资一体化条件下,利益的分配将是十分不确定的,这表现为贸易确实将利益带入本国的前提下,该利益究竟分配给谁是个疑问。从实际情况看,贸易国只能得到全部利益的一部分。

赖寒(2003)认为,条件的基础是一国进出口商品价格,是对于一国产品而言的概念,具有"属地"含义;贸易条件所要反映的利益归属是对于一国国民而言的,因而具有"属人"含义。只有在商品跨国流动而没有资本跨国流动的情形下,一国的利益所得就是本国国民所得,"属地"和"属人"的概念是统一的,贸易条件能够反映贸易利益的分配情况。在 FDI 参与的情形下,用"属地"概念反映一个"属人"概念存在一定的困难。贸易条件的困境还在于:一是贸易条件和贸易利益的基础不能统一,从而影响贸易条件含义的准确性。二是进出口价格的真实性受跨国公司转移价格手段的影响从而影响贸易条件的真实性。三是回答加工贸易利益分配的问题存在困难。

这些学者能够看到贸易条件不能真实地反映贸易利益的分配这个问题,是十分难能可贵的,他们从不同的侧面初步探讨了导致价格贸易条件与实际贸易利益分配不一致的原因,但这些都没有触及本质,且只是从逻辑上进行分析，缺乏实证依据。

## 第二节　贸易条件学说的逻辑分析

在新古典经济学中，贸易条件是用来衡量在一定时期内一个国家出口相对于进口的赢利能力和贸易利益的指标，在双边贸易中尤其重要。常用的贸易条件有3种不同的形式，即价格贸易条件（Net Barter Terms of Trade，NBTT）、收入贸易条件（Income Terms of Trade，ITT）和要素贸易条件（Factor Terms of Trade，FTT），它们从不同的角度衡量一国的贸易所得。

### 一、价格贸易条件

价格贸易条件又称为净实物贸易条件，最初指的是一国进口商品平均价格与出口商品平均价格的比率，简称进出口比价或贸易比价。其计算公式为：

$$NBTT = (P_x/P_m) \times 100 \qquad (1.1)$$

式（1.1）中，$P_x$ 和 $P_m$ 分别表示出口价格指数和进口价格指数。如果设定某一参照年的贸易条件指数为100，那么大于100的贸易条件指数意味着贸易条件的改善；反之，则意味着贸易条件的恶化。实际上，价格贸易条件反映了一国的进口能力，即出口一个单位价值的产品能够进口多少单位价值的产品。当贸易条件恶化时，表明出口同一单位价值的产品，换回的进口产品的单位价值比过去少了，也就是进口能力下降了。因此，一般而言，价格贸易条件改善意味着一国的国际收支改善、贸易利益或经济福利增加，反之则对该国不利。[①] 长期以来，贸易条件被用来衡量一国在国际贸易中所处的地位和从国际贸易中获益的能力。如今，它能否真实反映贸易国之间的利益分配状况，却有待于进一步的研究。

长期以来，价格贸易条件作为衡量一国从国际贸易中获益大小的重要指标，虽不时有学者对其提出质疑，但鲜有向其发难者。让我们对其做简单的分析：

$$国际收支 = P_x \times 出口量 - P_m \times 进口量 \qquad (1.2)$$

---

[①] 这只是目前绝大部分国际经济学教科书的通行说法，随着本文的展开，读者将会发现，这个结论是相当不准确的。

当我们用贸易条件来衡量贸易得益时，就隐含了这样一个前提假设：进口量、出口量近似常数，不会发生大的变动，即供给量不变，供给曲线与横轴垂直。所以笔者认为，穆勒的贸易条件学说其实暗含着"供给约束型经济"这一假设，即使穆勒时代没有这个词，也有萨伊的"供给自动创造需求"思想存在了。恐怕也只有在此前提下，方可以此学说考量贸易绩效。不管穆勒时代（或之前）供给"瓶颈"在哪个层面上，只要是供给约束成立，供给曲线就与横轴垂直，供给量就与价格无关了。当然，当供给量一定时，要提高利润率只有提高价格。假定贸易双方都是相同前提的国家，于是，两个价格之比绝对就是利益之比了，如果进出口价格指数能大略算出来的话。这应该适用于"靠天吃饭"的农业和畜牧业及这两个产业附属的加工行业——小麦、葡萄酒和呢绒，这是国际贸易早期理论常用的案例。

后来，随着贸易条件与经济发展现实矛盾（例如，英国自19世纪以来持续的价格贸易条件恶化，但低价格的强势竞争力出口大幅增加，巨额外汇收入为其进一步工业化奠定了良好基础；日本20世纪初期的二十多年中，贸易条件下降，但出口竞争力增强。）显现，学界开始修正价格贸易条件，出现了收入贸易条件（ITT）。

## 二、收入贸易条件

### （一）收入贸易条件

收入贸易条件试图将一国以出口为基础的进口商品的能力数量化，而不仅仅体现出口与进口之间的价格关系。其值为价格贸易条件与出口量指数的乘积，即：

$$ITT = NBTT \times Q_x = \frac{P_x}{P_m} \times Q_x \qquad (1.3)$$

式（1.3）中，$Q_x$为出口量指数。收入贸易条件与价格贸易条件最本质的区别在于，出口量指数的纳入，供给瓶颈消除了，贸易量是可变的，提高贸易利润的途径不再单一，扩大贸易量，薄利多销也不失为正确的贸易思路了。贸易量一旦可以变动，价格贸易条件与收入贸易条件便同室操戈了，一国价格贸易条件改善的同时必然意味着其贸易伙伴国的价格贸易条件恶化，但双方的收入贸易条件却可能会同时改善，往往会出现价格贸易条件恶化而收入贸易条件改善。不仅前面提到过的英国和日本是这样，中国的情况也是如此。我们前面提到过的张烨（2002），曾铮、胡小环（2005），林丽、张素芳（2005），黄满盈（2006），张昱（2008）的研究，也都得出了类似的结论。

从表1.1和表1.2中可以看出，在1980—2000年间，各个类型的价格贸易条件变化趋势有着较大的差异：在这20年间，发达国家的价格贸易条件上升12.2%；发展中国家和地区的价格贸易条件下降了32.9%；美洲、非洲、亚洲地区，主要石油出口国、其他发展中国家和地区、主要制成品出口国的价格贸易条件都呈下降趋势。与之形成鲜明对比的是，不管是何种类型的国家（主要石油输出国除外），其收入贸易条件都呈现出不断改善的趋势，整个世界收入贸易条件增长了2倍。

我们不清楚收入贸易条件为何假定进口量指数不变，这种逻辑在国际贸易现实中是绝对行不通的。这个指标并不能反映贸易双方在贸易中所处的地位，如果借用双要素贸易条件的思路，纳入进口量指数，逻辑上还可以是通顺的。

表1.1 世界大类国家和地区价格贸易条件变化

（1990年=100）

|  | 1980 | 1992 | 1993 | 1994 | 1995 | 1996 | 1997 | 1998 | 1999 | 2000 |
|---|---|---|---|---|---|---|---|---|---|---|
| 发达市场经济国家 | 90 | 102 | 107 | 106 | 106 | 106 | 105 | 106 | 105 | 101 |
| 发展中国家和地区 | 152 | 97 | 97 | 97 | 97 | 99 | 100 | 95 | 98 | 102 |
| 按地区分 | | | | | | | | | | |
| 美洲 | 160 | 98 | 98 | 103 | 107 | 108 | 110 | 103 | 101 | 107 |
| 非洲 | 161 | 93 | 87 | 85 | 88 | 95 | 91 | 82 | 86 | 116 |
| 亚洲 | 147 | 97 | 97 | 97 | 96 | 97 | 99 | 94 | 97 | 100 |
| 按类别分 | | | | | | | | | | |
| 主要石油出口国 | 180 | 84 | 78 | 78 | 73 | 88 | 86 | 65 | 85 | 121 |
| 其他发展中国家和地区 | 127 | 100 | 101 | 102 | 102 | 101 | 103 | 101 | 101 | 99 |
| 主要制成品出口国 | 124 | 101 | 100 | 100 | 100 | 99 | 100 | 98 | 97 | 95 |

资料来源：联合国贸易与发展会议：《国际贸易和发展统计手册（2002）》，第42页。

表1.2 世界大类国家和地区收入贸易条件变化

（1990年=100）

|  | 1980 | 1992 | 1993 | 1994 | 1995 | 1996 | 1997 | 1998 | 1999 | 2000 |
|---|---|---|---|---|---|---|---|---|---|---|
| 世界 | 65 | 110 | 116 | 128 | 141 | 149 | 163 | 167 | 176 | 193 |
| 发达市场经济国家 | 53 | 109 | 115 | 125 | 137 | 144 | 158 | 166 | 173 | 185 |
| 发展中国家和地区 | 83 | 115 | 122 | 138 | 153 | 165 | 181 | 173 | 187 | 218 |

续表 1.2

|  | 1980 | 1992 | 1993 | 1994 | 1995 | 1996 | 1997 | 1998 | 1999 | 2000 |
|---|---|---|---|---|---|---|---|---|---|---|
| 按地区分 | | | | | | | | | | |
| 美洲 | 87 | 104 | 113 | 130 | 152 | 170 | 193 | 195 | 209 | 247 |
| 非洲 | 145 | 87 | 80 | 86 | 91 | 104 | 107 | 94 | 110 | 148 |
| 亚洲 | 73 | 122 | 129 | 147 | 162 | 172 | 189 | 177 | 191 | 221 |
| 按类别分 | | | | | | | | | | |
| 主要石油出口国 | 187 | 94 | 90 | 93 | 88 | 109 | 121 | 101 | 118 | 171 |
| 其他发展中国家和地区 | 48 | 122 | 133 | 154 | 176 | 185 | 203 | 199 | 212 | 237 |
| 主要制成品出口国 | 36 | 128 | 142 | 163 | 187 | 199 | 213 | 206 | 225 | 250 |

资料来源：联合国贸易与发展会议：《国际贸易和发展统计手册（2002）》，第43页。

## （二）要素贸易条件

要素贸易条件分为单要素贸易条件（Single Factoral Terms of Trade，SFTT）和双要素贸易条件（Double Factoral Terms of Trade，DFTT）。单要素贸易条件把进口价格的变化与生产要素的劳动生产率的提高联系起来。$SFTT$ 是用商品价格贸易条件乘以出口行业的劳动生产率指数而得，即：

$$SFTT = NBTT \times O_x \qquad (1.4)$$

式（1.4）中，$O_x$ 是生产率指数。双要素贸易条件则把一国的贸易伙伴国的劳动生产率的走势也纳入单要素贸易条件中。因此，双要素贸易条件是用单要素贸易条件除以贸易伙伴国出口行业的劳动生产率指数而得，即：

$$DFTT = (\frac{P_x}{P_m})(\frac{O_x}{O_m}) \qquad (1.5)$$

式（1.5）中，$O_m$ 指外国生产本国进口品行业的劳动生产率指数。这一指标看似科学，但在实证计算中劳动生产率的数据难以准确掌握，缺乏可操作性，本章不做讨论。本章以下内容所提及的贸易条件（如无特别说明）均指价格贸易条件，即净贸易条件。

## 三、贸易条件与经济现实发生矛盾的原因分析

国际贸易利益是指一国通过国际贸易而获得的经济福利的改善，最终体现在参与国际贸易国家的经济增长和国民生活水平的提高上。约翰·穆

勒是首位比较系统地论述对外贸易利益对经济增长的作用的古典经济学家①，他提出的贸易条件概念最初的含义只是进出口之间的比价，所谓贸易条件的恶化或改善也只是进出口价格指数的相对上升或下降。在之后的贸易实践中，贸易条件的改善（恶化）成了一国国际贸易绩效的重要考量指标。"贸易条件恶化论"和"贫困化增长"正是在这样的背景下产生的，中国改革开放以来的贸易条件变化情况也引起多方热论。《财经时报》报道，商务部的一份研究报告根据中国海关公布的进出口价格指数编制了中国贸易条件指数。报告认为，从1993年至2000年，以1995年为基期的中国整体贸易条件指数下降了13%。经贸专家对于中国贸易条件恶化的解释是，就出口方面而言，是企业过度竞争、低价竞销造成的。而该报道同时说，北京大学宋国青教授明确反对这一观点，他认为从根本上说，贸易条件恶化是货币汇率扭曲导致的，只是反映到价格上而已。② 中国社科院余永定教授认为，随着出口规模的扩大，特别是单项产品的出口增长，会使中国的贸易条件不断恶化，从而造成资源的错配。③

诸多学者如上文提到赵玉敏（2002）、张烨（2002）、武海峰（2004）、黄满盈（2006）、张昱（2008），通过对中国贸易条件的研究测算，得出中国的贸易条件持续恶化。更有甚者认为，中国贸易条件正在不断恶化，若不采取措施扭转这种趋势，中国将陷入所谓"贫困性或悲惨性增长"的泥潭④。如廖发达（1996）、刘志永（2009）等，他们却无视中国的经济现状：改革开放以来中国的贸易顺差和GDP是持续走高的⑤，人民生活水平不断提高，世界各地都可以看到"中国制造"，我们解决了13.14亿（截至2006年末）人口的吃饭问题。中国的GDP总额从1978年的3645.2亿元一路飙升到210871亿元，进出口差额从1978年的逆差19.8亿元增至2006年的顺差14217.7亿元，逆差最大时曾达到701.4亿元（1993年），人均GDP指数以1978为100，到2006年已升至972.9⑥，实现了9.7倍的增长。

---

① 引自郝雁：《近代中国进出口贸易与经济货币化研究》，南开大学博士学位论文，2008。
② 引自人民网 http://www.people.com.cn/GB/jingji/1045/2348150.html。
③ 引自外汇通网 http://www.forex.com.cn/html/2006-12/176443.htm。
④ 向松祚：《不要玩弄汇率》，北京大学出版社2006年版，第56页。
⑤ 数据表见本章附表1。
⑥ 数据来源：《中国统计年鉴2007》。

表1.3　1978—2006年居民收入情况和恩格尔系数

| 年份 | 城镇居民人均可支配收入指数（1978年=100） | 农村居民人均纯收入指数（1978年=100） | 城镇居民家庭恩格尔系数% | 农村居民家庭恩格尔系数% |
| --- | --- | --- | --- | --- |
| 1978 | 100.0 | 100.0 | 57.5 | 67.7 |
| 1980 | 127.0 | 139.0 | 56.9 | 61.8 |
| 1985 | 160.4 | 268.9 | 53.3 | 57.8 |
| 1990 | 198.1 | 311.2 | 54.2 | 58.8 |
| 1991 | 212.4 | 317.4 | 53.8 | 57.6 |
| 1992 | 232.9 | 336.2 | 53.0 | 57.6 |
| 1993 | 255.1 | 346.9 | 50.3 | 58.1 |
| 1994 | 276.8 | 364.3 | 50.0 | 58.9 |
| 1995 | 290.3 | 383.6 | 50.1 | 58.6 |
| 1996 | 301.6 | 418.1 | 48.8 | 56.3 |
| 1997 | 311.9 | 437.3 | 46.6 | 55.1 |
| 1998 | 329.9 | 456.1 | 44.7 | 53.4 |
| 1999 | 360.6 | 473.5 | 42.1 | 52.6 |
| 2000 | 383.7 | 483.4 | 39.4 | 49.1 |
| 2001 | 416.3 | 503.7 | 38.2 | 47.7 |
| 2002 | 472.1 | 527.9 | 37.7 | 46.2 |
| 2003 | 514.6 | 550.6 | 37.1 | 45.6 |
| 2004 | 554.2 | 588.0 | 37.7 | 47.2 |
| 2005 | 607.4 | 624.5 | 36.7 | 45.5 |
| 2006 | 670.7 | 670.7 | 35.8 | 43.0 |

数据来源：《中国统计年鉴2007》。

从表1.3可以看出，2006年我国城镇和农村居民的人均可支配收入指数均增加到1978年的6.7倍，其恩格尔系数分别从1978年的57.5和67.7下降到35.8和43.0，说明无论是城镇居民还是农村居民的消费水平都是不断提高的。这些无不标示着中国经济实力的增强，国民经济福利的提高，人民生活质量的不断改善，并没有出现"贫困化增长"。林桂军、张玉芹（2007）测算了1995—2004年间我国的贸易条件，其总体上呈现出逐年恶化的趋势，这与我国学者相关研究的结论是一致的，又通过对比经济福利的变动情况和实际人均GDP增长率的情况，得出我国并没有出现所谓贫困化增长现象的结论。

穆勒时期的市场是在忽略技术进步和经济增长的条件下运行的,是萨伊的"供给可以自动创造需求"的时代,贸易条件理论暗含了供给约束假设,所以在供给曲线竖直的状态下可以测度贸易利得。随着生产力不断提高,科学技术不断进步,技术进步对经济增长的贡献越来越大,供给曲线逐渐向外打开,经济状况缓慢地从供给约束型转变为需求约束型,贸易条件的解释力不断降低。后人对贸易条件的修正都是对供给约束假设的放宽,如收入贸易条件纳入了出口量指数,要素贸易条件纳入了生产率指数。所以笔者认为,在当今需求约束型经济时代,用贸易条件来测度贸易利得是不合适的。国际贸易利益何在,我们需要的是社会福利的提高,而不是所谓的贸易条件的改善。

价格贸易条件与当今的经济实践不符,收入贸易条件事实上是在考量贸易收支,但由于测算公式中缺少进口量指数,因此,对贸易收支的测度也是含混的。在此方面分析比较到位的是马勒条件。

## 第三节 贸易条件与马勒条件的冲突根源分析

### 一、马勒条件的有关逻辑分析

马歇尔首先提出国际收支调节弹性理论,勒纳在马歇尔的弹性理论基础之上得出马歇尔-勒纳条件(简称为马勒条件)。它主要被用来衡量一国货币的贬值与该国贸易收支改善程度的关系。后来,英国女经济学家罗宾逊夫人放宽了进口供给弹性无穷大的假设,美国经济学家梅茨勒在罗宾逊的基础之上放弃了供给弹性无穷大的假设,对其进行了修正,得到罗宾逊-梅茨勒条件。日本学者高山晟教授将弹性分析与吸收分析进行了局部融合,推导出高山晟条件。之后,又有哈伯格、斯特恩等学者的观点,本文将给出罗宾逊夫人的修正。

(一)马歇尔-勒纳条件的数学推导

马歇尔-勒纳条件的前提假设:
(1)其他一切条件不变,只考虑汇率变化对进出口市场的影响。
(2)所有有关产量的供给弹性为无穷大,从而按国内货币表示的出口价格不随需求增加而上涨,与出口相竞争的外国商品价格也不因需求减少而下降。上升时,与进口相竞争的商品价格也不上涨。供给弹性分为四种:出口供给弹性,与出口相竞争的外国商品的供给弹性,进口的外国商品的供给弹性,与进口商品相竞争的国内商品的供给弹性。

(3) 不考虑资本流动,国际收支等于贸易收支。

(4) 初始时,贸易收支平衡,汇率变化很小。

在以上假设的基础上,有以下结论成立:

(1) $E_x + E_m > 1$,则本币贬值改善本国国际收支;

(2) $E_x + E_m = 1$,则本币贬值对国际收支没有影响;

(3) $E_x + E_m > 1$,则本币贬值会恶化本国的国际收支。

这就是著名的马歇尔-勒纳条件,其中 $E_x$ 表示对出口品需求的价格弹性,$E_m$ 表示对进口品需求的价格弹性。下面我们讨论它的简单数学推导过程。设:

$$B = PX - M \qquad (1.6)$$

式(1.6)中,$B$ 表示以外币表示的国际收支;$X$ 表示以本币表示的出口;$M$ 表示以外币表示的进口;$P$ 表示汇率,即本币的外币价格。一国国际收支问题的本质是外汇收支,所以进口分析的结果以外币为单位更为合适(如果分析的重点是汇率变化对国内收入和就业的影响,则以本币为单位更加合适)。

如果 $\dfrac{dB}{dP} < 0$,货币贬值将改善国际收支。对式(1.6)微分,即汇率的微小变化,得:

$$\frac{dB}{dP} = X + P\frac{\partial X}{\partial P} - \frac{\partial M}{\partial P} = X\left[1 + \frac{P}{X} \cdot \frac{\partial X}{\partial P} - \frac{P}{M} \cdot \frac{\partial M}{\partial P} \cdot \frac{M}{PX}\right]$$

假定出口的国内价格不变,$-\dfrac{P}{X} \cdot \dfrac{\partial X}{\partial P}$ 为对出口需求的价格弹性($E_x$)。如果出口对汇率的下降反应为正,则 $E_x > 0$。同理,$\dfrac{P}{M} \cdot \dfrac{\partial P}{\partial M}$ 为对进口需求的价格弹性($E_m$)。如果进口随汇率下降而下降,则 $E_m > 0$。只要最初贸易平衡,即 $M = PX$,则有:

$$\frac{dB}{dP} = X(1 - E_x - E_m) \qquad (1.7)$$

当 $E_x + E_m > 1$ 时,有 $\dfrac{dB}{dP} < 0$,这就是我们所熟知的马歇尔-勒纳条件。

**(二) 马歇尔-勒纳条件的修正**

马歇尔-勒纳条件的第二条假定四个供给弹性均为无穷大,对于 $E_x +$

$E_m > 1$ 的提出是必不可少的。琼·罗宾逊把进口的供给弹性加到马歇尔－勒纳条件中，则贬值以后国际收支改善的条件是：

$$(PX)\frac{S_x(E_x - 1)}{S_x + E_x} + M\frac{E_m(S_m + 1)}{S_m + E_m} > 0 \quad (1.8)$$

其中，$S_x$、$S_m$ 分别为出口和进口的供给弹性。

当 $S_x = S_m \to \infty$，$PX = M$ 时，对式（1.8）求极限即可得到式（1.7）的马歇尔－勒纳条件。

马歇尔－勒纳条件后来经过多次修正和补充，有比较复杂精密的形式。本文从分析方便起见，采用马歇尔－勒纳条件的初始表达，用其他形式做分析（如梅茨勒条件）没有实质性区别，只是更复杂而已，且与本文主题相关度不大，故不再做更深入的探讨。

## 二、贸易条件与马勒条件的理论冲突及根源分析

众所周知，对一国来说，货币一旦贬值，在贸易品本币价格不变时，会造成出口商品外币价格的整体下降或是进口商品本币价格的整体上升，无论用哪种货币计算，价格贸易条件必将恶化。马勒条件实际上考察的是，政府行为导致的价格贸易条件主动"恶化"之后，会不会产生"双收入"贸易条件（出口量和进口量的变化同时考虑）的"改善"。剑桥大学的经济学家们为什么会考虑主动"恶化"价格贸易条件呢？问题在于，国际贸易的评价原则主要是考量总体获利程度，获利是目的，价格只是手段而已。罗宾逊夫人之所以做这样的分析，是因为多数西方国家的经济态势和穆勒时代相比，发生了实质性的变化，即产量是可以大幅增加的。在低价格的诱惑下，出口量是可以增长的，生产一端没有问题。此时的供给曲线是向右上方倾斜的，从理论上说，厂商可以满足任何数量的有效需求。在马勒条件的众多假设中，四个供给弹性均为无穷大是很重要的，这基本上说明，罗宾逊夫人的分析框架是在"需求约束型经济"假设之下建立的。因此，降价刺激国外需求，薄利多销，进而在贸易收支差额上获利是新古典主义者们的理性选择。在一系列假设下，马勒条件推导出了价格贸易条件主动"恶化"可以改善总体贸易收支的基本条件。

根据上文的分析，可以得出以下结论：

（1）当 $E_x + E_m > 1$ 时，有 $\frac{dB}{dP} < 0$。贸易收支变动与间接标价法的汇率变动呈反向关系，即币值越低顺差越大（或逆差越小）。

(2) 当 $E_x + E_m < 1$ 时,有 $\frac{dB}{dP} > 0$。贸易收支变动与间接标价法的汇率变动呈同向关系,即币值越低顺差越小(或逆差越大)。

这里我们没有讨论 $E_x + E_m = 1$ 的情况,是因为在现实经济体中这种情况发生的概率几乎为零,即使发生也是不稳定的,$E_x + E_m = 1$ 不是现实经济体的常态。

结论(1)表明,$E_x + E_m > 1$,意味着需求是富于弹性的,同时,罗宾逊夫人的模型纳入供给弹性,则此时的经济体是需求约束型经济,我们套用萨伊定律的句式来描述就是,需求可以自动创造供给。在需求约束型经济体中贸易收支变动与本币币值变动呈反向关系,即本币贬值可以改善贸易收支,马勒条件成立。换句话说,马勒条件在需求约束型经济体中是适用的。

1990 年,Jaime Marguez 发表了一篇贸易需求弹性的学术论文。该文运用许多国家从 1973 年第一季度到 1985 年第二季度的资料,估计了双边贸易弹性,然后加权,得到表 1.4 中多边价格弹性数据。从表 1.4 中可以看出,除英国外,所有其他国家和地区的进口和出口需求弹性绝对值之和均大于 1,说明马歇尔 - 勒纳条件成立。进一步说,短期成立,长期会更适用,因为长期弹性要高于短期弹性①。1970 年以后,经济体应该处于需求约束之中,这一实证结论可以证明我们关于马勒条件适用于需求约束型经济体的结论的正确性。

表 1.4 进出口需求价格弹性估计(1973 年第 1 季度—1985 年第 3 季度)

| 国家或地区 | 进口价格弹性($A$) | 出口价格弹性($B$) | $A + B$ |
| --- | --- | --- | --- |
| 加拿大 | -1.02 | -0.38 | -1.85 |
| 德国 | -0.60 | -0.66 | -1.26 |
| 日本 | -0.93 | -0.93 | -1.86 |
| 英国 | -0.47 | -0.44 | -0.91 |
| 美国 | -0.92 | -0.99 | -1.91 |
| 其他发达国家 | -0.49 | -0.83 | -1.32 |
| 发展中国家 | -0.81 | -0.63 | -1.44 |
| 石油输出国组织 | -1.14 | -0.57 | -1.71 |

数据来源:Jaime Marguez, Bilateral Trade Elasticities, Review of Economics and Statistics 72, No. 1 (February 1990), P. 75 - 76.

---

① 刘巍:《利率与汇率——开放经济分析理论与方法》,中山大学出版社 2002 年版,第 162~163 页。

结论（2）表明，当 $E_x + E_m < 1$ 时，意味着需求是缺乏弹性的，即价格对需求量的刺激能力太弱。国外需求量（出口量）增加产生的利益不能抵补价格下降造成的损失，国内需求量（进口量）下降节省的开支不足以抵补价格上升造成的开销增加。这种情况从表面上看似乎是需求的问题，其实，这无疑是供给方面有较大的问题。首先，在出口外币价格下降时，国外需求不能有效增加，说明供给方面无力调整出口商品结构或商品品质，存在着较大的供给瓶颈，供给弹性无穷大是一句空话。其次，进口商品本币价格上升时，国内替代产品的产量上不来或根本没有，更是与供给弹性无穷大无缘。这说明，当条件 $E_x + E_m < 1$ 时，该国经济是供给约束型的，货币适度升值可以改善贸易收支，即价格贸易条件"改善"与贸易收支"改善"是同方向的。但是，没有实体经济力量的支持，升值是难以维持的。

### 三、贸易条件适用于供给约束型经济的实证分析——以近代中国为例

用贸易条件来衡量国际贸易利得的这种评价机制适用于供给约束型经济体，这需要数量分析来证实，但是，数量分析有较大的难度：第一，由于18世纪的数据资料不完整，难以利用其构造合意的统计量。第二，出口商品价格指数本身的要求比较严格，"选取不同的商品、采用不同的权重，所计算的贸易条件变化趋势可能完全相反"[①]。当代的指数构造尚有争议，对于感性认识薄弱的历史问题来说就更是困难了。第三，如果按马勒条件的思路来做，即以汇率变动情况代替商品价格的全面变动，困难在于18—19世纪属金本位制时期，基本上是固定汇率，只是在输金点的幅度内波动，说明不了问题。

在欧洲数据资料匮乏的情况下，我们用近代中国的经济数据（1868—1936年）作为佐证。中国19世纪中叶20世纪初的经济发展水平应该处于供给约束型经济态势中。近代中国出口商品主要是以农产品和初级产品为主的原料和初级加工品（半制成品）。1870—1936年间，中国的主要出口产品（见表1.5）为茶叶、丝和丝绸、籽仁和油、豆类、生皮和熟皮类、棉花、羊毛、煤、蛋类及矿砂金属类等，都是典型的供给约束型产品。郝雁（2007）选取1870—1936的年度数据对近代中国出口问题进行研究，得出 $E_x = -0.34$ 的结论（按直接标价法计算）。刘巍（2008）曾利用1913—

---

① 向松祚：《不要玩弄汇率》，北京大学出版社2006年版，第58页。

1936 年的中国宏观经济数据讨论过汇率与进口额之间的关系,并得出在此期间 $E_m=0.24$ 的结论(按间接标价法数据计算)。下面将引用他们的分析作为佐证。

表1.5　近代主要年份中国的出口商品构成

(单位:%)

| 年份 | 1871—1873 | 1881—1883 | 1891—1893 | 1901—1903 | 1909—1911 | 1919—1921 | 1929—1931 | 1933 | 1934 | 1935 | 1936 |
|---|---|---|---|---|---|---|---|---|---|---|---|
| 茶 | 52.7 | 46.2 | 26.9 | 11.3 | 9.8 | 2.5 | 3.6 | 5.6 | 6.7 | 5.2 | 4.4 |
| 丝 | 34.5 | 26.2 | 24.6 | 26.7 | 18.2 | 16.0 | 12.1 | 7.8 | 4.5 | 6.3 | 5.2 |
| 豆 | 0.1 | 0.2 | 1.2 | 2.3 | 7.4 | 5.9 | 14.8 | 0.8 | 1.3 | 0.9 | 1.1 |
| 豆饼 | — | — | — | 2.6 | 5.1 | 7.6 | 5.5 | * | * | * | 0.3 |
| 花生 | — | — | — | — | 0.9 | 1.1 | 2.2 | 2.8 | 2.2 | 3.5 | 1.6 |
| 棉花 | 0.2 | 0.4 | 4.8 | 5.1 | 5.8 | 3.1 | 2.9 | 4.9 | 2.8 | 3.8 | 4.0 |
| 棉纱 | — | — | — | — | — | 0.4 | 2.5 | 6.6 | 5.8 | 3.3 | 1.7 |
| 桐油 | — | — | — | — | — | 1.1 | 2.7 | 4.9 | 4.9 | 7.3 | 10.5 |
| 猪鬃 | — | — | — | 1.0 | 1.1 | 0.9 | 1.1 | 2.0 | 2.8 | 2.8 | 3.5 |
| 蛋 | — | — | — | 1.0 | 1.1 | 4.0 | 5.0 | 5.9 | 5.6 | 5.6 | 5.9 |
| 锡 | — | — | — | — | 1.6 | 1.4 | 0.8 | 3.3 | 2.6 | 3.5 | 3.8 |
| 钨砂 | — | — | — | — | — | — | 0.3 | 0.5 | 1.1 | 1.2 | 1.3 |
| 其他 | 12.5 | 27.0 | 42.5 | 50.0 | 49.0 | 56.0 | 46.5 | 55.0 | 59.7 | 56.6 | 56.9 |

数据来源:严中平:《中国近代经济史统计资料选辑》,科学出版社 1955 年版,第 76 页。

### (一)关于出口弹性的分析

依据一般的出口贸易理论,在非充分就业的前提下,一国的出口规模变动主要取决于对该国出口商品的需求,而影响一国出口商品需求的因素主要为出口商品的外币价格和外国的收入水平。结合近代中国出口贸易的具体情况,我们建立以下出口贸易的理论函数:

$$EX = f(\overset{+}{Y}_f, \bar{e})$$
$$\frac{\partial EX}{\partial Y_f} > 0, \frac{\partial EX}{\partial e} < 0 \tag{1.9}$$

式(1.9)中,$EX$ 为出口额;$Y_f$ 为世界 GDP 指数;$e$ 为银汇价。理论函数表示:外国收入水平与出口额之间呈正向相关关系;银汇价与出口额呈负向相关关系。即世界 GDP 数额越大，表示国外的收入水平提高，出口额会越大；同时，在间接标价法下银汇价的数值越低，表示银币贬值，在出口商品的银币成本不变的条件下，出口商品的外币价格将下降，出口商品的需求增加，从而刺激出口规模的扩张，出口额增加。

我们选取 1870—1936 年的年度数据[①]作为样本空间，数据分别来自《中国对外贸易和工业发展（1840—1948）——史实的综合分析》（1984）和《世界经济二百年回顾》（1996）。在变量的选取上，出口总额为这一时期的出口净值；我们发现这一时期美元汇率和英镑汇率呈同方向波动，经计算发现这两个变量的相关系数为 0.98，呈现高度相关。但是考虑到数据的可获得性我们选取了美元汇率（一关平两[②] = 若干美元）；外国的收入水平我们一般用世界 GDP 来衡量，世界 GDP 代表整个世界的经济发展水平，因此选取具有代表性的"龙头"国家的 GDP 来作为替代指标。再考察这一时期英美两国处于世界的龙头地位，从出口贸易规模来看，中美出口贸易自 19 世纪末就接近中英贸易，进入 20 世纪后中美贸易超过了中英贸易。1888 年中英出口贸易和中美出口贸易分别占出口总额的 18% 和 9.7%，到 1896 年这一比重变为 8.6% 和 8.5%，1906 年这一比重分别为 5.6% 和 10.9%。[③]而且两国的 GDP 的相关系数为 0.93，呈现高度相关。鉴于此，我们选取美国的 GDP 指数作为世界 GDP 指数的替代指标来反映外国居民的收入水平。另外，分别将出口额、银汇价、美国 GDP 指数取对数以消除数据中存在的异方差。

通过对 $\ln EX$、$\ln e$、$\ln Y_f$ 进行单位根检验，得三个变量均为一阶单整序列，接下来又对三者进行协整检验，检验结果表明，$\ln EX$、$\ln e$、$\ln Y_f$ 三者之间存在协整关系，估计出如下协整关系式：

$$u_t = \ln EX - 6.36 + 0.34\ln e - 1.35\ln Y_f$$
$$(5.81) \quad (-2.98) \quad (6.13)$$
$$R^2 = 0.99 \quad DW = 2.05 \quad s.e = 0.11 \quad T = 65$$
$$LM_1 = 0.14 \quad LM_2 = 3.03 \quad ARCH = 0.02$$

对 $u_t$ 进行 Mackinnon 协整检验的结果表明，麦氏检验统计量（-8.2866）在 5% 的显著水平上小于临界值（$C_{(p)} = -3.4331$），序列 $u_t$ 是一个平稳序列。综上，我们可以得出 $\ln EX$、$\ln e$、$\ln Y_f$ 三个变量的时间序列存在如下长期

---

① 数据见本章附表 3。
② 清朝后期海关所使用的一种记账货币单位，属于虚银两。
③ 数据转引自郑友揆：《中国的对外贸易和工业发展（1840—1948）——史实的综合分析》，上海社会科学院出版社 1984 年版，第 25 页。

协整关系：

$$\ln EX = 6.36 + 1.35\ln Y_f - 0.34\ln e \quad (1.10)$$

模型表明，银汇价的出口弹性为 0.34，即在其他条件不变时，间接标价法下的银汇价每变动 1%，出口反向变动 0.34%。此时，出口是缺乏弹性的。①

（二）关于进口弹性的分析

根据一般的进口理论，在其他条件不变的情况下，一国进口额的高低主要取决于收入高低，在考虑实际进口额（剔出进口商品价格变动因素）的情况下，汇率是另一个重要的进口影响因素。这一逻辑可用下面的函数表示：

$$IM = f(Y, e) \quad (1.11)$$

$$\frac{\partial IM}{\partial Y} > 0 \quad \frac{\partial IM}{\partial e} > 0$$

式（1.11）中，$IM$ 表示实际进口额；$Y$ 表示实际 GDP；$e$ 表示间接标价法的汇率。一阶偏导数大于 0，说明两个变量均与进口额正向相关。需要说明的是，在贸易理论模型中，汇率与进口额一般表现为负向相关的关系。但是，近代中国的汇率是以间接标价法计算的，即一单位白银等于多少便士、多少美分。因此，汇率与进口额之间的关系与直接标价法下正好相反。基于这样的判断，用 1913—1936 年的宏观经济数据②对此做数量分析。

首先分别对取对数后的进口、收入和汇率进行单位根检验以确定变量的平稳性，ADF 检验结果表明：$\ln IM$、$\ln Y$ 和 $\ln e$ 的 ADF 值均是非平稳的，一阶差分以后，三个变量均在 5% 的显著水平上通过了平稳性检验，即三个变量均为一阶单整序列。Johansen 检验结果表明三变量之间存在协整关系。估计出协整关系式如下：

$$\ln IM = 0.604\ln Y + 0.266\ln e \quad (1.12)$$
$$(12.81) \quad (3.58)$$
$$R^2 = 0.62 \quad DW = 1.64$$

从回归分析的各项数量检验指标上看，模型拟合的不错，可用于结构分析。上述结果表明，在间接标价法下，中国的进口额与国币③汇率是同向变动的，即汇率上升（本币升值），国币购买力上升，进口额增加；反之则

---

① 本部分分析引自郝雁：《近代中国出口贸易变动趋势及其影响因素的实证分析（1870—1936）》，载《中国社会经济史研究》2007 年第 2 期，第 80～83 页。
② 数据见本章附表 2。
③ 1935 年币值改革之前，中国是典型的白银货币（包括可兑现的银行券）流通的国家。

反是。上述结果的系数表明,汇率每变动1%,中国进口额同向变动0.266%左右,即进口额的汇率弹性为0.26。此时,进口是缺乏弹性的。

在上述进出口弹性计算的基础上,我们可得出两个弹性绝对值相加远小于1的结论:

$$E_x + E_m = 0.58 < 1 \tag{1.13}$$

因此,我们基本上可以认定中国在1868—1936年间经济体的供给约束性质。另据袁欣(2008)的研究,1867—1935年期间,国际银价每变动1个百分点,中国的对外贸易条件指数就同方向变动0.18个百分点。国际银价上升,意味着中国本币升值,则中国出口商品的外币价格上涨、外国商品在国内的银币标价下跌,价格贸易条件必然上升;反之则反是。同时,国际批发价格每变动1个百分点,中国对外贸易条件指数就反向变动0.27个百分点。外国商品进入中国的价格高了,中国的贸易条件就恶化,这和我们前面所做的分析是比较吻合的。

马歇尔－勒纳条件与贸易条件相比最本质的分歧在于其供给弹性无穷大的假设,意味着需求约束型经济是马歇尔－勒纳条件的生长土壤,而贸易条件理论暗含供给约束假设。从贸易条件到马勒条件供给曲线由竖直变为水平,经济体类型由典型的供给约束型转变为典型的需求约束型。贸易条件、马勒条件各为其主,短兵相接也就不足为奇了。

到此,我们也就完成了关于贸易条件适用于供给约束型经济体,而在需求约束型经济体中不适用的理论分析。在接下来的一章中我们将分析贸易条件在当今需求约束型经济体中的现实困境。①

## 第四节 贸易条件的现实困境:遭遇反倾销

倾销是国际贸易发展的产物,它起源于重商主义时期推行的"奖入罚出"贸易政策,是寻求和开拓国际市场、排挤驱逐竞争对手以获得和扩大贸易顺差的重要对外贸易工具,至今已有几百年的历史。倾销分为国内倾销和国际倾销,现今所说的倾销、反倾销指的是国际倾销。近十多年,倾销和反倾销在国际贸易中被频繁使用,也成了学者、官方和商人关注的热点,对世界经济贸易的影响越来越大。

---

① 本部分引自刘巍:《1913—1926年中国GDP的估算》,载《中国社会经济史研究》2008年第3期,第90~98页。

## 一、倾销、反倾销的定义

倾销是一种国际市场上的价格歧视行为,根据《关税和贸易总协定1994》(GATT 1994)第六条和世界贸易组织(简称世贸组织,WTO)《反倾销协议》规定,确定某一进口产品是否存在倾销,主要看这种产品是否以低于它的正常价值在国外市场销售。具体来说,是看这一产品的价格是否符合以下任何一个条件:

第一,低于相同产品在出口国正常情况下用于国内消费时的可比价格。

第二,如果没有这种国内价格,则低于相同产品在正常贸易情况下向第三国出口的最高可比价格;或产品在原产国的生产成本加上合理的管理费、销售费等费用和利润。

如果符合其中任何一个条件,则倾销存在,否则不算倾销。

倾销成立是进口国政府实行反倾销的必要条件,但并不充分,进口国是否应对倾销采取反倾销措施还要看倾销是否真正伤害了本国产业。根据WTO规定,实施反倾销措施必须满足三个条件:①倾销成立;②国内产业受到损害;③倾销与损害有因果关系。

当进口国认为外国企业有倾销行为时可以发起调查,一旦证据确凿,进口国可以实施反倾销措施。主要做法是课征"反倾销税",一种不超过倾销差价的特别进口税。进口国当局这种为了保护本国产业,对来自外国的倾销产品所采取的旨在提高倾销商品在进口国国内市场的销售价格或限制进口数量的强制性措施就是所谓的反倾销。

## 二、倾销、反倾销实践的历史回顾及现状

倾销、反倾销是国际贸易发展的产物,距今已有几百年历史。倾销一出现,西方国家就认为它是一种不公平竞争,反倾销与倾销的斗争一直就没有停止过,发达国家纷纷立法以制止倾销行为。1904年,加拿大首先立法对倾销加以制裁,其后,澳大利亚、美国、日本、新西兰、法国和英国等相继立法,现今已知有反倾销法的国家有93个[①],反倾销法的历史已有一百多年。虽然各国政府和学者在收集反倾销活动的数据方面做了努力,但从实践看来,由于GATT不要求各成员方上报反倾销案件,真实准确的数

---

① 杨仕辉:《反倾销的国际比较、博弈与我国对策研究》,科学出版社2005年版。

据已不可得，这里根据一些学者的研究成果和作者收集到的资料进行估计。1921—1957 年国际反倾销活动全部来自美国、澳大利亚、加拿大、南非和新西兰，每年反倾销案约 30 起，且绝大多数未被征税。1958 年 GATT 缔约国的反倾销生效案共有 32 起，另南非有 22 起（Kempton, Holmes and Stevenson 1998）。1958—1979 年全球反倾销案共 900 起（Blonigen and prusa 2001），年均 41 起，比前一阶段年增 35% 左右。1980—1985 年共 1146 起，年均 191 起，是上一阶段的 4.66 倍，1986—1994 年为 1855 起，年均 206 起。

据世贸组织统计，1995—2005 年世贸组织成员共启动 2840 起反倾销调查，年均 258.2 起。随着世贸组织成员不断增加，启动反倾销调查的成员数也不断增加，由 1995 年的 18 个增加到 2005 年的 41 个，年均增加 2.1 个（见表 1.6）。不仅如此，启动调查的世贸组织成员所占的比重也在不断增大，由 1995 年的 16.1% 增至 2005 年的 27.5%，最高达 28.5%（2002 年）。涉案国家更为广泛，1995—2005 年，世贸组织成员启动的 2840 起反倾销案件涉及 98 个国家（地区）。其中，中国是最大的受害者，共遭遇 469 起，占同期反倾销调查总数的 16.5%；其次是韩国，共遭遇 218 起，占比 7.7%（见图 1.1）。反倾销涉案行业越来越广泛，包括贱金属制品、化工、橡胶制品、塑料制品、建材、农业、电子、医药等。在 41 个世贸成员启动的 2840 起反倾销调查中，13 个发达成员启动了 1118 起反倾销调查，占反倾销总案件数的 39.4%；28 个发展中成员启动了 1722 起反倾销调查，占比 60%（见表 1.7）。在 98 个国家（地区）遭遇的 2840 起反倾销调查中，发达国家

表 1.6　1995—2005 年世贸组织成员反倾销立案情况

| 年份 | 世贸组织成员数（个） | 启动反倾销调查的成员数（个） | 占比（%） |
| --- | --- | --- | --- |
| 1995 | 112 | 18 | 16.1 |
| 1996 | 128 | 23 | 18.0 |
| 1997 | 132 | 27 | 20.5 |
| 1998 | 133 | 31 | 23.3 |
| 1999 | 135 | 34 | 25.2 |
| 2000 | 140 | 37 | 26.4 |
| 2001 | 143 | 39 | 27.3 |
| 2002 | 144 | 41 | 28.5 |
| 2003 | 146 | 41 | 28.1 |
| 2004 | 148 | 41 | 27.7 |
| 2005 | 149 | 41 | 27.5 |

数据来源：机械工业信息研究院情报研究所：《贸易救济报告（2006 版）》。

（地区）遭遇的反倾销调查为 1086 起，占反倾销调查总数的 38.2%；发展中国家（地区）为 1754 起，占比 61.8%。可见，发展中国家既是反倾销的主要发起者，又是主要受害者。

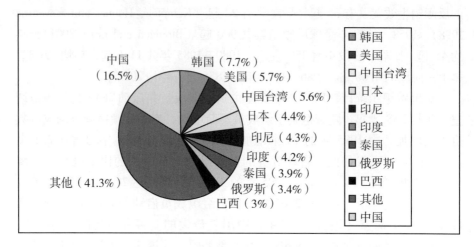

图 1.1　1995—2005 年遭遇反倾销调查各国（地区）分布情况

数据来源：机械工业信息研究院情报研究所：《贸易救济报告（2006 版）》。

表 1.7　1995—2005 年发达成员和发展中成员反倾销立案情况

（单位：起）

| 年份 | 发达成员 | 发展中成员 |
| --- | --- | --- |
| 1995 | 78 | 79 |
| 1996 | 79 | 461 |
| 1997 | 121 | 122 |
| 1998 | 89 | 168 |
| 1999 | 168 | 186 |
| 2000 | 131 | 161 |
| 2001 | 159 | 205 |
| 2002 | 88 | 224 |
| 2003 | 73 | 159 |
| 2004 | 82 | 131 |
| 2005 | 50 | 141 |
| 合计 | 1118 | 1722 |

数据来源：机械工业信息研究院情报研究所：《贸易救济报告（2006 版）》。

以上诸多数据显示，倾销、反倾销呈愈演愈烈之势，从中可以看出反倾销案件数量的变化趋势为：增幅越来越大，呈螺旋式上升态势。反倾销案件涉及的国家越来越多，涉及的行业越来越广泛，所征收的反倾销税税率越来越高，对国际经济贸易的影响越来越大，越来越受到学者和官方的关注。

倾销最早可以追溯到重商主义时期，已有几百年的历史，反倾销法的出现却是在1904年，距今只有百余年，而它闹得红红火火、一夜成名也只是近十几年的事情。当初的星星之火缘何到如今才成燎原之势，其原因是多方面的。该行为本身的因素我们暂不探讨，下文我们将从倾销、反倾销赖以茁壮成长的经济条件着手，给予简单分析。

### 三、贸易条件理论在反倾销实践中的困境

倾销是在外国市场上的低价销售行为。对于倾销国来说，出口价格降低，贸易条件恶化，则倾销就变成了一种自愿恶化贸易条件的行为，奋不顾身，为了贸易伙伴（进口国）的贸易条件改善而进行生产销售。再说进口国，当遭遇倾销时，他们的第一反应是反倾销，事实是一方面进口国的贸易条件大为改善，另一反面却通过复杂的反倾销程序极力地拒绝这种改善。贸易条件理论在此推出了如此荒谬的结论：一边是出口国自愿恶化贸易条件，另一边是进口国不愿接受贸易条件的改善，双方还要通过复杂的倾销、反倾销博弈以示决心。用穆勒的贸易条件理论来考量，当代国际社会交易双方的这种行为是既愚蠢又多余的。问题当然不是这样荒诞不经。理论与实践不符，只能说明理论本身的逻辑出了问题或理论的适用前提发生了质变。穆勒是令人尊敬的大经济学家，犯逻辑错误的可能性不大，较大的可能是社会经济背景变化到了与穆勒模型的前提假设相反的地步。

倾销的历史可以追溯到几百年前，受到普遍的关注也只是近十几年的事情。为什么其在几百年前出现而一直都不成规模，直到近十几年才愈演愈烈呢？我们知道实施倾销行为的前提是要有足够多的产品，在几百年前，社会生产力不发达，社会产品有限，这样的供给约束型经济体性质决定了倾销在其成长过程中的营养不良命运，供给约束型经济体是倾销几百年来不成规模的根本原因。在供给约束型经济体中，整体社会生产力不发达，但局部生产力水平较高是正常的，这时出现偶然性的倾销是合情合理的。所以，供给约束型经济可以用来解释为什么倾销在几百年前出现却不成规模。

近代科学技术推动生产力的飞速发展，资源在世界范围内配置，人类

的生产能力大幅提高，经济体已经从供给约束型转变为需求约束型，也就是说厂商愁销路的时代来临了。这时倾销汲取大量营养茁壮成长，特别是近十几年，随着发展中大国的崛起，以其廉价的劳动力优势，制造出大量的商品，源源不断地输往世界各地。需求约束型经济体是倾销、反倾销愈演愈烈的现实土壤。

经济体从供给约束型转变为需求约束型，是一个从量变到质变的漫长过程，期间还会经历一段你中有我、我中有你的过程。所以倾销、反倾销的成长也是漫长的，要摆脱营养不良命运不是轻而易举的，只要是供给约束型经济占优势，倾销、反倾销就不可能成规模。在前文的探讨中，笔者通过实证检验得出贸易条件适用于供给约束型经济体，而在需求约束型经济体中不适用的结论。本节分析的结论是：需求约束型经济体是倾销、反倾销的现实土壤，而供给约束型经济体却可以扼杀它的成长。如此来看，贸易条件与倾销、反倾销之间的矛盾就不足为奇了。倾销、反倾销是存在于需求约束型经济体中的经济现象，如果说某行业、某厂商所做的倾销是个别现象的话，那么，马勒条件宣扬的本币贬值其实就是一国政府发动的全面倾销行为。这种现象用贸易条件理论完全无法解释，这也使得贸易条件理论不适用于需求约束型经济体的结论在现实的经济实践中又一次得到了验证。

## 第五节 本章结论

第一，贸易条件理论评价机制暗含了供给约束前提，只适用于供给约束型经济。至少对我们验证过的处于供给约束时代的近代中国这个经济体来说，此结论是正确的，且我们还没有发现在哪一个供给约束型经济体中贸易条件不适用。

第二，在需求约束型经济体中，贸易条件理论与马勒条件理论相悖，马勒条件是需求约束型经济的产物。前文给出了 Jaime Marguez 所测算的需求弹性，验证了马勒条件的正确性，从理论的角度证明了贸易条件不适用于需求约束型经济。

第三，在需求约束型经济体中，贸易条件理论与倾销、反倾销冲突，而倾销、反倾销是需求约束型经济的直接产物。前文给出了倾销、反倾销的逻辑分析、现状及其产生根源分析，从实践的角度验证了贸易条件不适用于需求约束型经济。

在当今的需求约束型经济体中,贸易条件的解释力越来越微弱,贸易得益、利益分配又该如何测度呢?我们急需一个新的标准来衡量,这个新的指标应反映出供求弹性的影响。

## 本 章 附 录

附表 1　1978—2006 年我国的进出口和 GDP 数据

(单位:亿元)

| 年份 | GDP 总额 | 出口额 | 进口额 | 贸易顺差额 |
|---|---|---|---|---|
| 1978 | 3645.2 | 167.6 | 187.4 | -19.8 |
| 1980 | 4545.6 | 271.2 | 298.8 | -27.6 |
| 1985 | 9016.0 | 808.9 | 1257.8 | -448.9 |
| 1990 | 18667.8 | 2985.8 | 2574.3 | 411.5 |
| 1991 | 21781.5 | 3827.1 | 3398.7 | 428.4 |
| 1992 | 26923.5 | 4676.3 | 4443.3 | 233.0 |
| 1993 | 35333.9 | 5284.8 | 5986.2 | -701.4 |
| 1994 | 48197.9 | 10421.8 | 9960.1 | 461.7 |
| 1995 | 60793.7 | 12451.8 | 11048.1 | 1403.7 |
| 1996 | 71176.6 | 12576.4 | 11557.4 | 1019.0 |
| 1997 | 78973.0 | 15160.7 | 11806.5 | 3354.2 |
| 1998 | 84402.3 | 15223.6 | 11626.1 | 3597.5 |
| 1999 | 89677.1 | 16159.8 | 13736.4 | 2423.4 |
| 2000 | 99214.6 | 20634.4 | 18638.8 | 1995.6 |
| 2001 | 109655.2 | 22024.4 | 20159.2 | 1865.2 |
| 2002 | 120332.7 | 26947.9 | 24430.3 | 2517.6 |
| 2003 | 135822.8 | 36287.9 | 34195.6 | 2092.3 |
| 2004 | 159878.3 | 49103.3 | 46435.8 | 2667.5 |
| 2005 | 183867.9 | 62648.1 | 54273.7 | 8374.4 |
| 2006 | 210871.0 | 77594.6 | 63376.9 | 14217.7 |

数据来源:《中国统计年鉴 2007》。

附表2  1913—1936年中国与进口有关的数据

| 年份 | GDP（亿元） | IM（进口物量指数，1913=100） | e（英汇间接标价，单位：便士） |
| --- | --- | --- | --- |
| 1913 | 178.09 | 100.00000 | 32.34000 |
| 1914 | 163.39 | 84.11386 | 29.29000 |
| 1915 | 166.10 | 62.21239 | 27.71000 |
| 1916 | 160.75 | 60.21241 | 35.31000 |
| 1917 | 143.97 | 56.03054 | 45.47000 |
| 1918 | 143.51 | 44.96598 | 56.16000 |
| 1919 | 180.88 | 50.19974 | 66.38000 |
| 1920 | 183.02 | 43.19864 | 72.96000 |
| 1921 | 191.31 | 56.57109 | 42.46000 |
| 1922 | 213.43 | 76.70300 | 40.23000 |
| 1923 | 211.45 | 72.96571 | 37.47000 |
| 1924 | 236.58 | 80.37634 | 39.33000 |
| 1925 | 226.87 | 72.78146 | 37.54000 |
| 1926 | 238.63 | 86.53846 | 33.63000 |
| 1927 | 248.58 | 67.90353 | 30.32000 |
| 1928 | 257.11 | 82.65242 | 31.43000 |
| 1929 | 266.26 | 88.48829 | 28.91000 |
| 1930 | 276.21 | 74.98569 | 20.65000 |
| 1931 | 285.70 | 67.34059 | 16.78000 |
| 1932 | 294.70 | 58.85619 | 21.10000 |
| 1933 | 294.60 | 56.29330 | 15.01000 |
| 1934 | 269.00 | 56.02370 | 16.31000 |
| 1935 | 290.90 | 60.53584 | 17.97000 |
| 1936 | 309.40 | 51.14905 | 14.43000 |

资料来源：GDP数据引自刘巍：《对1913—1926年中国GDP的估算》，载《中国社会经济史研究》2008年第3期。其他数据引自南开大学经济研究所：《南开指数年刊》，1937年。

附表3　近代中国进口、出口与贸易收支（1864—1936）

（单位：万关平两）

| 年份 | 出口净值 | 进口净值 | 进出口总值 | 贸易收支 | 出口/进口 |
|---|---|---|---|---|---|
| 1864 | 48665 | 46210 | 94875 | 2455 | 1.05313 |
| 1865 | 54103 | 55715 | 109818 | -1612 | 0.97107 |
| 1866 | 50596 | 67174 | 117770 | -16578 | 0.75321 |
| 1867 | 52158 | 62459 | 114617 | -10301 | 0.83508 |
| 1868 | 61826 | 63282 | 125108 | -1456 | 0.97699 |
| 1869 | 60139 | 67109 | 127248 | -6970 | 0.89614 |
| 1870 | 55295 | 63693 | 118988 | -8398 | 0.86815 |
| 1871 | 66853 | 70103 | 136956 | -3250 | 0.95364 |
| 1872 | 75288 | 67317 | 142605 | 7971 | 1.11841 |
| 1873 | 69451 | 66637 | 136088 | 2814 | 1.04223 |
| 1874 | 66713 | 64361 | 131074 | 2352 | 1.03654 |
| 1875 | 68913 | 67803 | 136716 | 1110 | 1.01637 |
| 1876 | 80851 | 70270 | 151121 | 10581 | 1.15058 |
| 1877 | 67445 | 73234 | 140679 | -5789 | 0.92095 |
| 1878 | 67172 | 70804 | 137976 | -3632 | 0.94870 |
| 1879 | 72281 | 82227 | 154508 | -9946 | 0.87904 |
| 1880 | 77884 | 79293 | 157177 | -1409 | 0.98223 |
| 1881 | 71453 | 91911 | 163364 | -20458 | 0.77742 |
| 1882 | 67337 | 77715 | 145052 | -10378 | 0.86646 |
| 1883 | 70198 | 73568 | 143766 | -3370 | 0.95419 |
| 1884 | 67148 | 72761 | 139909 | -5613 | 0.92286 |
| 1885 | 65006 | 88200 | 153206 | -23194 | 0.73703 |
| 1886 | 77207 | 87479 | 164686 | -10272 | 0.88258 |
| 1887 | 85860 | 102264 | 188124 | -16404 | 0.83959 |
| 1888 | 92401 | 124783 | 217184 | -32382 | 0.74049 |
| 1889 | 96948 | 110884 | 207832 | -13936 | 0.87432 |
| 1890 | 87144 | 127093 | 214237 | -39949 | 0.68567 |
| 1891 | 100948 | 134004 | 234952 | -33056 | 0.75332 |
| 1892 | 102584 | 135101 | 237685 | -32517 | 0.75931 |

续附表3

| 年份 | 出口净值 | 进口净值 | 进出口总值 | 贸易收支 | 出口/进口 |
|---|---|---|---|---|---|
| 1893 | 116632 | 151363 | 267995 | -34731 | 0.77054 |
| 1894 | 128105 | 162103 | 290208 | -33998 | 0.79027 |
| 1895 | 143293 | 171697 | 314990 | -28404 | 0.83457 |
| 1896 | 131081 | 202590 | 333671 | -71509 | 0.64703 |
| 1897 | 163501 | 202829 | 366330 | -39328 | 0.80610 |
| 1898 | 159037 | 209579 | 368616 | -50542 | 0.75884 |
| 1899 | 195785 | 264748 | 460533 | -68963 | 0.73951 |
| 1900 | 158997 | 211070 | 370067 | -52073 | 0.75329 |
| 1901 | 169657 | 268303 | 437960 | -98646 | 0.63233 |
| 1902 | 214182 | 315364 | 529546 | -101182 | 0.67916 |
| 1903 | 214352 | 326739 | 541091 | -112387 | 0.65603 |
| 1904 | 239487 | 344061 | 583548 | -104574 | 0.69606 |
| 1905 | 227888 | 447101 | 674989 | -219213 | 0.50970 |
| 1906 | 236457 | 410270 | 646727 | -173813 | 0.57634 |
| 1907 | 264381 | 416401 | 680782 | -152020 | 0.63492 |
| 1908 | 276660 | 394505 | 671165 | -117845 | 0.70128 |
| 1909 | 338993 | 418158 | 757151 | -79165 | 0.81068 |
| 1910 | 380833 | 462965 | 843798 | -82132 | 0.82260 |
| 1911 | 377338 | 471504 | 848842 | -94166 | 0.80029 |
| 1912 | 370520 | 473097 | 843617 | -102577 | 0.78318 |
| 1913 | 403306 | 570163 | 973469 | -166857 | 0.70735 |
| 1914 | 356227 | 569241 | 925468 | -213014 | 0.62579 |
| 1915 | 418861 | 454476 | 873337 | -35615 | 0.92164 |
| 1916 | 481797 | 516407 | 998204 | -34610 | 0.93298 |
| 1917 | 462932 | 549519 | 1012451 | -86587 | 0.84243 |
| 1918 | 485883 | 554893 | 1040776 | -69010 | 0.87563 |
| 1919 | 630809 | 626998 | 1257807 | 3811 | 1.00608 |
| 1920 | 541631 | 762250 | 1303881 | -220619 | 0.71057 |
| 1920 | 601256 | 906122 | 1507378 | -304866 | 0.66355 |
| 1922 | 654892 | 945050 | 1599942 | -290158 | 0.69297 |

续附表3

| 年份 | 出口净值 | 进口净值 | 进出口总值 | 贸易收支 | 出口/进口 |
|---|---|---|---|---|---|
| 1923 | 752917 | 923403 | 1676320 | −170486 | 0.81537 |
| 1924 | 771784 | 1018211 | 1789995 | −246427 | 0.75798 |
| 1925 | 776353 | 947865 | 1724218 | −171512 | 0.81905 |
| 1926 | 864295 | 1124221 | 1988516 | −259926 | 0.76879 |
| 1927 | 918620 | 1012932 | 1931552 | −94312 | 0.90689 |
| 1928 | 991355 | 1195969 | 2187324 | −204614 | 0.82891 |
| 1929 | 1015687 | 1265779 | 2281466 | −250092 | 0.80242 |
| 1930 | 894844 | 1309756 | 2204600 | −414912 | 0.68321 |
| 1931 | 909476 | 1433489 | 2342965 | −524013 | 0.63445 |
| 1932 | 492641 | 1049247 | 1541888 | −556606 | 0.46952 |
| 1933 | 392701 | 863650 | 1256351 | −470949 | 0.45470 |
| 1934 | 343527 | 660889 | 1004416 | −317362 | 0.51980 |
| 1935 | 369582 | 589994 | 959576 | −220412 | 0.62642 |
| 1936 | 452979 | 604329 | 1057308 | −151350 | 0.74956 |

数据来源：郑友揆：《中国对外贸易和工业发展（1840—1940）》，上海社会科学院出版社1984年版，第334页。

# 第二章　当今中国贸易条件的适用性研究

改革开放以来，中国在长时间内实施"出口导向型"的经济战略，经济高速发展，对外贸易大幅度增长，特别是加入WTO以后，中国的对外贸易更是经历了前所未有的快速增长。然而，中国经济高速发展、综合国力不断增强的同时却伴随着贸易条件持续恶化的尴尬。穆勒的贸易条件理论导致了一个悖论的出现——中国经济腾飞但价格贸易条件持续恶化。于是，我们在运用贸易条件理论评价一国国际贸易绩效和国际贸易利益时，应当谨慎考察该国经济现实与贸易条件理论成立的前提假设是否相符，否则将会错用理论框架，得出南辕北辙的结论。贸易条件能否作为评价当今中国国际贸易利益的指标，如何真实有效地评估对外贸易增长给我国带来的贸易利益，贸易条件理论的适用范围，是中国理论与实践急需解决的问题。因此，基于中国的立场对贸易条件理论适用性的研究有着重大的现实意义。

鉴于上一章已经对贸易条件研究的文献做了评述，本章略去。笔者认为，国内外学者均从不同角度、不同层面探讨了贸易条件问题，使我们对贸易条件的认识有了很大的提高。从以上几个方面的研究和分析情况，我们可以发现：第一，国内外学者对贸易条件的研究主要集中在对贸易条件的实证分析、贸易条件恶化原因及其影响因素、如何改善贸易条件、贸易条件恶化是否会导致的"贫困化增长"这几个方面，很少考虑贸易条件的适用性问题；第二，部分学者注意到贸易条件适用性问题，但都只是理论上逻辑的推理，并没有全面系统的分析，进行实证分析的就更少；第三，关于贸易条件不能真实反映贸易利益分配的研究很少，现有的研究也只是从贸易条件的侧面进行解释，并没有涉及贸易条件赖以成立的经济环境和前提假设；第四，现有的研究暂未能解开中国经济腾飞但贸易条件恶化这一悖论。

## 第一节　贸易条件的一般均衡分析

约翰·穆勒提出的贸易条件其实质就是价格贸易条件,又称净实物贸易条件（NBTT）,为一国出口与进口的交换比价。其计算公式为:

$$NBTT = \frac{P_X}{P_M} \times 100 \qquad (2.1)$$

其中,$P_X$、$P_M$ 分别表示出口价格指数和进口价格指数。NBTT 值增大表示一国贸易条件改善,意味着一国出口价格的上升快于进口价格的上升（或出口价格的下降低于进口价格的下降）,表示该国在贸易中获益增多;反之,NBTT 值减小,则表示一国贸易条件的恶化,该国在贸易中获益减少。

美国经济学家埃德温·查理在其著作中说:"任何理论对于经济现实是否具有可用性,取决于这些理论所赖以存在的假设在多大程度上反映了现实情况。如果假设与实际基本相符,则通过对某一'理论'的运用可以帮助我们理解和预测大量复杂的现实经济的变化。但如果所做的假设与实际不一致,那么,依靠这种理论会把我们引入歧途,从而使经济现实更为神秘莫测。"[①] 因此,我们在运用"贸易条件恶化论"时,首先必须弄清它所赖以成立的主要前提假设。现在我们借助徐建斌、尹翔硕（2002）提出的贸易条件的一般均衡模型进行分析。模型的基本假定为:

（1）整个世界经济存在两个国家,A 国为技术先进的发达国家,B 国为技术落后的发展中国家,A 国专业化生产技术密集型产品 X,B 国专业化生产劳动密集型产品 Y,两国进行贸易,A 国出口 X 换回 Y,B 国出口 Y 换回 X。

（2）A 国有 $M_A$ 个劳动者,B 国有 $M_B$ 个劳动者,且 $M_A < M_B$；A 国劳动者单位产量为 $q_A$,B 国劳动者单位产量为 $q_B$,即 $q_A$、$q_B$ 分别为 A 国和 B 国的劳动生产率。

（3）两国居民的效用函数为:

$$U_i = (X_i^c)^\alpha (Y_i^c)^\beta,\text{且 } \alpha + \beta = 1,i = A \text{ 或 } B \qquad (2.2)$$

其中,$U_i$ 为该国每个居民的效用水平；$X_i^c$、$Y_i^c$ 为该国每个居民对商品 X 和 Y 的消费量；指数 $\alpha$、$\beta$ 代表两国居民基于商品 X 和 Y 的价格的不同偏好程

---

[①] 埃德温·查理:《发展中国家宏观经济学》,刘伟译,商务印书馆1990年版,第245页。

度，一般情况下商品价格越高，其偏好程度越大，即消费高价格的商品比消费低价格的商品所获得的效用大，由此可推出 $\alpha > \beta$。

（4）市场结构为完全竞争市场，劳动力要素在国内完全自由流动，在国际则完全不流动；$p_X$、$p_Y$ 为国际市场上两种商品的价格，则 Y 相对于 X 的价格为 $p_{YX} = p_Y/p_X$，也就是 B 国的贸易条件。

现在我们进行一般均衡分析。A 国单个居民的最优决策问题为：

$$\max U_A = (X_A^c)^{\alpha}(Y_A^c)^{\beta}, s.t.\ p_X X_A^p = p_X X_A^c + p_Y Y_A^c, X_A^p = q_A \quad (2.3)$$

通过拉格朗日方程求解得：

$$X_A^c = \alpha q_A, Y_A^c = (\beta/p_{YX})q_A, U_A = \alpha^{\alpha}\beta^{\beta}(1/p_{YX})^{\beta}q_A \quad (2.4)$$

进一步得出：

$$X_A^s = X_A^p - X_A^c = q_A - \alpha q_A = \beta q_A, Y_A^d = Y_A^c = (\beta/p_{YX})q_A \quad (2.5)$$

我们知道，只有 A 国居民向国际市场供给商品 X，需求商品 Y，则：

商品 X 的总供给为 $X^{As} = M_A X_A^s = \beta M_A q_A$ （2.6）

商品 Y 的总需求为 $Y^{Ad} = M_A Y_A^d = (\beta/p_{YX})M_A q_A$ （2.7）

同理，B 国单个居民的最优决策问题为：

$$\max U_B = (X_B^c)^{\alpha}(Y_B^c)^{\beta}, s.t.\ p_Y Y_B^p = p_X X_B^c + p_Y Y_B^c, Y_B^p = q_B \quad (2.8)$$

通过拉格朗日方程求解得：

$$Y_B^c = \beta q_B, X_B^c = \alpha p_{YX} q_B, U_B = \alpha^{\alpha}\beta^{\beta}(p_{YX})^{\alpha}q_B \quad (2.9)$$

进一步得出：

$$Y_B^s = Y_B^p - Y_B^c = q_B - \beta q_B = \alpha q_B, X_B^d = X_B^c = \alpha p_{YX} q_B \quad (2.10)$$

我们知道，只有 B 国居民向国际市场供给商品 Y，需求商品 X，则：

商品 Y 的总供给为 $Y^{As} = M_B Y_B^s = \alpha M_B q_B$ （2.11）

商品 X 的总需求为 $X^{Ad} = M_B X_B^d = \alpha p_{YX} M_B q_B$ （2.12）

由一般均衡条件可知国际市场出清，即商品的总供给等于总需求，即：

$$X^{As} = X^{Ad} = \alpha p_{YX} M_B q_B = \beta M_A q_A, Y^{As} = Y^{Ad} = (\beta/p_{YX})M_A q_A = \alpha M_B q_B \quad (2.13)$$

由此解得 B 国（发展中国家）的贸易条件为：

$$p_{YX} = (\beta/\alpha)(M_A/M_B)(q_A/q_B) \quad (2.14)$$

B 国（发展中国家）居民效用函数为：

$$U_B = \beta(M_A/M_B)^{\alpha}(q_B)^{\beta}(q_A)^{\alpha} \quad (2.15)$$

一般情况下，人口在短时期内不会发生明显变化，即 B 国（发展中国家）贸易条件改善或恶化由对商品的需求偏好和 $(q_A/q_B)$ 决定。B 国居民的效用水平不仅与本国比较优势劳动生产率正相关，而且与贸易国的比较优势劳动生产率正相关，也就是说，在完全专业化分工模式下，贸易能够使贸易双方都受惠于对方具有比较优势产品的劳动生产率的提高。如果世界处于供给约束型经济态势，也就是 $q_A$、$q_B$ 在短时间内不能改变和提高，供给远不能满足需求，B 国为了增加贸易利益就会提高出口 Y 商品的价格，在其他条件不变的情况下，Y 价格上升会使 Y 商品的需求偏好上升，也就是 $\beta$ 上升，从而 B 国贸易条件改善，B 国居民效用增加，贸易利益增加；反之，B 国降低出口 Y 商品的价格，Y 价格下降使得 Y 商品需求偏好下降，$\beta$ 下降，从而 B 国贸易条件恶化，B 国居民效用降低，贸易利益减少，贸易条件理论成立。

如果世界处于需求约束型经济态势，供给瓶颈已经消除，供给远大于需求，即 $q_A$、$q_B$ 可以根据需求改变。一般情况下，$q_B$ 提高速度要比 $q_A$ 快，这是因为发达国家专注生产技术密集型产品，其技术突破要求的成本更昂贵，而发展中国家多出口劳动密集型产品或低附加值的初级产品，其技术突破要求成本相对便宜。也就是说，B 国可以不提高出口商品 Y 的价格，而直接提高供给满足需求，薄利多销，且 $q_B$ 提高速度要比 $q_A$ 快，从而 B 国贸易条件恶化，B 国居民效用水平上升，B 国贸易利益增加，$q_B$ 提高越快，B 国贸易条件恶化越厉害，B 国贸易利益增长速度越快，从而贸易条件理论失效。

穆勒在提出贸易条件理论时所处的时代供给不足，缺少生产者和生产能力，贸易条件理论赖以成立的一个重要前提假设是"世界经济体处于供给约束型经济态势"。正因为是"供给约束型经济态势"，供给不能满足需求，一国没办法以增加供给来增加国际贸易利益，而只能以提高出口商品的相对价格来提高国际贸易利益，这样一国的国际贸易利益才能用贸易条件来体现，贸易条件改善意味着贸易利益增加，贸易条件恶化意味着贸易利益减少。因此，价格之比才能直接体现为贸易利益之比。然而在"需求约束型经济态势"之下，贸易条件只能表示产品的相对价格之比，价格只是手段，获利才是目的。既然供给瓶颈已经消除，一国增加贸易利益的方法不再单单提高商品价格，降低价格，刺激需求，只要价格下降的幅度小于需求增长的幅度，贸易利益还是可以提高的。因此，在"需求约束型经济态势"之下，贸易条件与贸易利益已经不存在必然的联系，往往是贸易利益增加而贸易条件持续恶化。当今中国大体已经处于需求约束型经济态势，如果我们继续用穆勒的贸易条件理论来分析中国国际贸易绩效和国际贸易利益，显然会误入歧途。

## 第二节　当今中国经济态势下的逻辑分析

### 一、当今中国经济态势的直观感受

经济态势可以分为供给约束型和需求约束型。供给约束型经济态势的最基本特征就是供给不足，物资短缺。改革开放初期，中国明显处于供给约束型经济态势，当时中国商品短缺，城市里头采购员满天飞，各工厂几乎用不着销售科，就算是残次商品也能卖个好价钱，供给不足尤为严重，并体现在各个行业的各个层面上。下面是两个典型的案例：

【案例1】

1979年9月1日，上海旅行社"国庆游"首次开始报名。只是在橱窗里贴了一张告示，8月31日晚，就有人开始在福州路上的上海旅行社的门市部通宵排队，人龙一直甩到云南路上，有百米多长。旅游线路的广告传单上，还注明旅客需"自备半斤粮票"。游客在出门前，则必须先拿着单位出具的出差证明，到粮管站把上海粮票换成全国粮票——只有这样，他们在异地旅游的时候才不会饿肚子。[①]

【案例2】

一位农民模样的中年男顾客正要理发，接待他的是一个三十几岁的男理发员。他看了一眼这位顾客，便皱着眉头问："理什么头？"顾客忙答："请您给理个平头吧。"理发员瞟了顾客一眼，接着问："理个光头不行吗？"顾客解释："大冷的天，不能理光头。"理发员不高兴了，嚷道："你愿意理就理光头，不理光头就另找地方。"他紧接着喊："来，下一个！"这位农民顾客再三请求，但无济于事，只好扫兴离去。[②]

中国计划经济年代最典型的例证——凭票供应、定额分配，最能说明中国处于供给约束型经济态势。从1978年改革开放到1992年这段时期，计

---

[①] 新京报社·日志中国：《回望改革30年》，第一卷，中国民主法制出版社2008年版，第117～119页。

[②] 同上书，第104页。

划经济体制仍然主导着中国经济，直到1992年10月，中共十四大才明确提出"建立社会主义市场经济体制"。1993年2月在北京召开全国"两会"，代表们就餐第一次不再需要使用粮票。3个月之后，北京市政府正式宣布从这一天起取消粮票。此后，各种带有明显计划经济色彩的粮票、肉票、布票、煤票、购货券等票据——从人们的生活中慢慢消失，直到1997年5月10日北京开放粮油价格，最后一批粮票才在北京朝阳区一家粮店里注销。

供给约束型经济态势的另一个基本特征就是需求非常大，只要企业能生产出产品（哪怕是劣质产品）就都能卖出去，这就是萨伊所说的"供给自动创造需求"。吴晓波在《中国巨变：1978—2008》一书中写道："1994年的中国商业界，几乎到处弥漫着保健品行业所带来的激情。随着经济的持续增长，民众的消费能力日渐提高，几乎所有的消费行业都呈现出兴旺蓬勃的景象。企业的高速成长使得企业家们信心爆棚，展现在他们眼前的是一个正在迅速膨胀和无限延伸中的大市场，'扩张、再扩张'的冲动催生出企业史上的第一次多元化浪潮。"① 据此判断，1994年以前中国的经济态势仍然是供给约束型。

需求约束型经济态势的基本特征是供给充足而有效需求时而不足，理论上供给弹性可以无限大，只要有需求就有供给，总供给受到总需求的制约，换句话说，"需求自动创造供给"，最直接的表现就是商品价格的下降。

【案例3】

20世纪90年代中叶，中国的民族彩电业由于缺少核心技术，在与国际品牌的竞争中始终处于劣势。而且当时走私之风盛行，据国家商业部门统计，1995年中国正常进口的彩电是54.9万台，可市场上实际销售的数量是500万台。而当时长虹的库存彩电已高达100万台，总值超过20亿元，到了"每个月建仓库都来不及堆放的地步"。

1996年3月26日，长虹宣布：从即日起，17英寸（1英寸＝2.54厘米）到29英寸所有品种的彩电在全国61个大中城市150家大型商场降价销售，降价幅度为8%～18%不等，平均每台彩电让利从100元到850元不等。

倪润峰（时任长虹电器股份有限公司董事长兼总经理）当时在成都的商场里做起了"促销员"，参加了很多现场签售活动。长虹在自己的宣传册上赫然标注："凡是国外产品有的功能，我们都有；凡是国外产品具备的品

---

① 关晓波：《中国巨变：1978—2008》，五洲传播出版社2008年版，第76页。

种，我们都具备；凡是国外产品提供的服务，我们都提供。但是，在同等功能和同等质量下，我们的价格比国外产品低。"面对长虹突如其来的降价行动，国内的彩电厂商立即出现连锁反应。5 天后，TCL 推出"拥抱春天"大让利活动。1996 年 6 月 6 日，康佳所有彩电让利 8%～20%，单机最大降幅为 1200 元。全国其他十几家彩电企业也纷纷推出降价策略。一夜之间，象征着家庭富有的大屏幕彩电跌下了价格神坛。①

1994 年 1 月 1 日，中国取消了各类外汇留成、上缴和额度管理制度，停止发行外汇兑换券。随着市场商品供应越来越丰富，原用外汇券购买的商品现在用人民币都可以买到，外汇券在流通中的特殊作用逐渐取消。从 1995 年 1 月 1 日起，外汇券停止流通，可于同年 6 月 30 日前兑换成人民币。自此，流通了 15 年的外汇兑换券完成了它的历史使命，也宣告了中国商品短缺历史的结束。②

1997 年，亚洲金融风暴爆发。在这个时期，中国股市陷入低迷，消费市场冷清，经过几年的宏观调控，通货膨胀的压力日渐释放，通胀率几乎下降为零，但是，消费过冷的景象却同时出现了。随着市场环境的骤然变化，中国民营企业迎来了一个突如其来的"雪崩之年"，一批曾经风云一时的明星企业陷入僵局。根据国家统计局的报告，到 1997 年中期，全国工业库存产品总值超过了 3 万亿元，出现了"结构性过剩"现象，95% 的工业品都是供大于求。6 月份，国家经济贸易委员会、国内贸易部等不得不联合成立了全国库存商品调剂中心，以求加速企业商品流通。③

1998 年春，一年一度的"两会"在北京召开，新任国务院总理朱镕基承诺在 4 年内完成 3 件事情：一是力保人民币不贬值；二是激活经济，启动内需；三是用 3 年时间让国有企业摆脱困境。因此，中国在 1997 年已经处于需求约束型经济态势。

那么具体哪一年才是中国经济态势的转折点呢？我们把中国 1985—2009 年总供给价格弹性（$e$）计算出来，结果如表 2.1 所示。

---

① 新京报社·日志中国：《回望改革 30 年》，第一卷，中国民主法制出版社 2008 年版，第 294～295 页。
② 新京报社·日志中国：《回望改革 30 年》，第一卷，中国民主法制出版社 2008 年版，第 356 页。
③ 关晓波：《中国巨变：1978—2008》，五洲传播出版社 2008 年版，第 88 页。

表 2.1　中国 1985—2009 年总供给价格弹性（$e$）

| 年份 | 1985 | 1986 | 1987 | 1988 | 1989 | 1990 | 1991 | 1992 | 1993 |
|---|---|---|---|---|---|---|---|---|---|
| $e$ | 1.52 | 1.47 | 1.59 | 0.61 | 0.23 | 1.81 | 3.17 | 2.63 | 1.06 |
| 年份 | 1994 | 1995 | 1996 | 1997 | 1998 | 1999 | 2000 | 2001 | 2002 |
| $e$ | 0.60 | 0.74 | 1.64 | 11.63 | -3.00 | -2.53 | -5.60 | -10.38 | -7.00 |
| 年份 | 2003 | 2004 | 2005 | 2006 | 2007 | 2008 | 2009 | | |
| $e$ | -100.00 | 3.60 | 14.13 | 12.70 | 3.74 | 1.63 | -7.58 | | |

资料来源：根据国家统计局（www.stats.gov.cn）、《中国统计年鉴 2010》、中国经济信息网统计数据库计算所得。

我们认为，在供给约束型经济态势下，企业不能生产充足的产品以满足人们的需求，也就是说，在充分利用资源的情况下生产的产品还不能满足人们的需求，商品价格的上涨不能同比例地使供给增加，供给上升幅度比价格上涨幅度小，因而供给价格弹性小于 1。从表 2.1 中可以看出，1996 年以前，总供给价格弹性小，基本在 1 附近变化。虽然 1990 年、1991 年、1992 年这 3 年总供给价格弹性大于 1，但 1994 年之前我国仍处于供给约束型态势，这很可能与我国当时实施的价格双轨制有关。1996 年以后，总供给价格弹性明显大于 1，1997 年已经为 11.63，且从 1998 年开始连续 6 年出现了负数。总供给价格弹性为负数意味着当年物价水平相对于上一年下降了，但物价下降而供给增加，这其实就是社会生产力大幅提高使然，企业商品积压，市场竞争激烈，使得厂商不得不降价以刺激消费，薄利多销的时代到来了。因此我们初步预计 1996 年是中国经济态势的转折点。1996 年以前，中国经济态势是供给约束型；1996 年以后，中国经济态势是需求约束型。

## 二、中国经济态势的理论模型

### （一）从总供求角度分析

通过上文分析可知，在供给约束型经济态势下，一国的总供给价格弹性小于 1。那么，如果观察到一国在某段时期内总供给价格弹性小于 1，我们就可以判断该国在这段时期处于供给约束型经济态势。根据费雪交易方程式可建立供给约束型态势的理论模型：

$$Y = f(p, M_1) \tag{2.16}$$

$$\frac{\partial Y}{\partial p} > 0, \frac{\partial Y}{\partial M_1} > 0$$

其中，$Y$ 表示总供给，用实际 GDP 代表；$p$ 用商品零售价格指数代表；$M_1$ 为狭义货币供应量。假设该函数为柯布－道格拉斯生产函数形式，则可以转化为下列形式：

$$\ln Y = a\ln p + b\ln M_1 + c + u \qquad (2.17)$$

其中，$c$ 为常数项；$a$、$b$ 为待估计参数，且 $a$ 为总供给价格弹性；$u$ 为随机扰动项。

在需求约束型经济态势下，我们认为，企业产能足够大，能满足任何需求，需求自动创造供给。经济增长的发动机就在总需求。因此，如果一国在某段时期内总供给是总需求的函数，即总供给受总需求的约束，我们就可以判断该国在这段时期处于需求约束型经济态势。从逻辑和经验上看，代表总需求的应该是货币流量，而不是货币存量，即货币不仅要投放到市场上，而且还需要周转起来。但货币的流通速度只有事后才知道，事前只能认为它是预期价格和其他某些变量的函数。为此我们用滞后若干期的环比商品零售价格指数替代货币流通速度，因为影响人们支出率的是最近过去几期商品价格之间的变动，而不是定基的价格。理论模型为：

$$Y_t = f(M_{1t}, P_{t-n}) \qquad (2.18)$$

其中，$Y_t$ 表示总供给，用实际 GDP 代表；$P_{t-n}$ 为滞后 $n$ 期环比商品零售价格指数；$M_{1t}$ 为狭义货币供应量。

## （二）从马勒条件角度分析

众所周知，马歇尔－勒纳条件用于考量一国货币的贬值与该国贸易收支改善程度的关系。马歇尔－勒纳条件有一个重要的前提假设，即所有有关产量的供给弹性为无穷大，也就是供给弹性无穷大，这也就暗含着其理论分析框架是在"需求约束型态势"假设之下建立的。

马勒条件的基本结论：

(1) $E_x + E_m > 1$ 时，本币贬值可以改善国际贸易收支；
(2) $E_x + E_m < 1$ 时，本币贬值会恶化国际贸易收支；
(3) $E_x + E_m = 1$ 时，本币贬值对国际收支没有影响。

其中 $E_x$ 为出口商品需求的价格弹性，$E_m$ 为进口商品需求价格弹性。

若 $E_x + E_m > 1$ 成立，意味着需求是富于弹性的，且前提假设是供给弹性无穷大，因而此时的经济体是需求约束型。若 $E_x + E_m < 1$ 成立，意味着需求是缺乏价格弹性的，即价格对需求量的刺激能力太弱。这看起来似乎是需求的问题，但实质是供给方面有较大的问题。第一，出口的外币价格

下降，国外需求不能有效增加，这说明供给方无力调整出口商品数量和结构，存在着较大的供给瓶颈，供给弹性无穷大显然是空话。第二，进口品本币价格上升，国内替代产品的产量上不来或是根本没有，更是与供给弹性无穷大无缘。这说明，当条件 $E_x + E_m < 1$ 时，该国经济是供给约束型的。我们不谈论 $E_x + E_m = 1$ 的情况，是因为在现实经济中这种情况发生的概率很小，即使发生也是不稳定的，$E_x + E_m = 1$ 不是现实经济的常态。

我们根据一般的进出口贸易理论建立以下中国进出口贸易理论函数：

$$EX = f(y_f, e) \tag{2.19}$$

$$\frac{\partial EX}{\partial y_f} > 0, \frac{\partial EX}{\partial e} > 0$$

其中，$EX$ 表示出口额；$y_f$ 为世界 GDP 指数；$e$ 为直接标价法的汇率。理论函数表明：在其他条件不变的情况下，国外收入水平越高，出口额就会越大；国内本币贬值，出口商品需求增加，出口额增加。出口额与国外收入水平呈正相关关系，与直接标价法汇率呈正相关关系。

$$IM = f(y, e) \tag{2.20}$$

$$\frac{\partial IM}{\partial y} > 0, \frac{\partial IM}{\partial e} < 0$$

其中，$IM$ 表示进口额；$y$ 为中国 GDP 指数；$e$ 为直接标价法的汇率。理论函数表明：在其他条件不变的情况下，中国收入水平越高，进口额就会越大；国内本币贬值，进口商品需求减少，进口额减少。进口额与中国收入水平呈正相关关系，与直接标价法汇率呈负相关关系。

## 第三节 中国经济态势的实证分析

近 30 年来，随着非平稳时间序列分析特别是时间序列单位根检验与协整（cointegration）分析技术的发展，经济学家对宏观经济数据的看法已发生了根本性的变化。现在分析宏观经济数据的一般步骤：在建立回归之前，首先检验数据的平稳性，若数据表明是非平稳的（含有单位根），则需要差分以达到平稳性要求；如果多个数据序列非平稳，还要考虑这些变量之间是否存在协整关系。在这样分析的基础上，建立分析模型并进行估计和推断，这已成为宏观数据分析的标准模式。

## 一、平稳性检验标准

### (一) 单整性检验

变量的非平稳性对模型估计与推断都会产生巨大的影响，若分析的序列中含有非平稳序列但不做任何处理，则由此模型得到的估计值及推断可能是错误的。因此，在对经济时序变量数据进行分析时，应首先对时序数据进行平稳性检验，即进行单位根检验，对非平稳性时序数据应做平稳性处理。单位根检验中自回归阶数的选取，一种常见的滞后长度选取方法是通过最小化某一目标函数来决定，即通常所称的"信息准则"，这也是目前用得最广泛的一种方法之一。其中主要的准则有：

(1) AIC 准则 (Akaike Information Criterion)：

$$AIC(k) = \ln(\hat{\sigma}_n^2) + 2k/n \tag{2.21}$$

(2) FPE 准则 (Akaike Minimum Final Prediction Criterion)：

$$FPE(k) = \hat{\sigma}_n^2(n+k)/(n-k) \tag{2.22}$$

(3) SC 准则 (Schwarz Criterion)：

$$SC(k) = \ln(\hat{\sigma}_n^2) + k(\ln(n))/n \tag{2.23}$$

(4) HQ 准则：

$$HQ(k) = \ln(\hat{\sigma}_n^2) + k(2\ln(\ln(n)))/n \tag{2.24}$$

其中，$n$ 是样本容量；$k$ 是解释变量个数（包括常数项）；$\hat{\sigma}_n^2$ 是残差方差的最大似然估计。通过使上面各式达到最小来确定滞后长度。本文采用单位根的 ADF 检验方法，分别就每个变量的时间序列数据的水平和一次或二次差分形式进行检验，其中检验过程中滞后项的确定采用 AIC 准则。

### (二) 协整分析

协整分析技术是近年来出现的处理非平稳经济时间序列的有力工具，现已成为宏观经济动态分析的标准范式，也是研究长期均衡关系的一种有力的方法。协整关系反映的是非平稳时间序列之间存在的长期稳定关系。通用的方法有 3 种：

(1) EG 两步法由 Engle 和 Granger（1987）提出，也就是基于回归残差的 AEG 单位根检验，是目前使用较广泛的协整检验方法之一。它是先对非平稳时间序列变量进行"协整回归"，再对"协整回归"残差进行平稳性检验，以此来检验变量之间协整关系的方法。

(2) 通过对 ADL 模型误差修正项系数的显著性分析进行的沃尔德检验。

(3) 在 VAR 模型基础上进行的似然比检验，似然比检验主要用来分析诸多变量组成的 VAR 系统，借助典型相关理论，进行协整检验的同时确定协整关系。

由于涉及多个变量，考虑到采用 EG 两步法进行协整分析的误差较大，本文采用 Johansen 检验法（即 JJ 检验）进行协整检验，该方法是 Johansen (1988, 1991)、Johansen and Juselius (1990) 所发展出的，它是由 VAR 模型推导而来的，因此需要先对 VAR 模型选取最适滞后阶数。下面开始进行实证分析。

## 二、总供求角度的实证分析

从上文分析可知，我们初步估计 1996 年是我国经济态势的转折点，因而实证分析时要对数据分段处理。我们首先对中国 1984—1995 年的宏观数据进行分析，将数据样本制成表 2.2。

表 2.2　1984—1995 年中国宏观数据

| 年份 | $Y$ | $p$ | $M_1$ | 年份 | $Y$ | $p$ | $M_1$ |
| --- | --- | --- | --- | --- | --- | --- | --- |
| 1984 | 6196.77 | 117.7 | 2845.240 | 1990 | 10268.88 | 207.7 | 6950.7 |
| 1985 | 7031.25 | 128.1 | 3011.390 | 1991 | 11211.44 | 213.7 | 8633.3 |
| 1986 | 7653.26 | 135.8 | 3910.150 | 1992 | 12808.03 | 225.2 | 11731.5 |
| 1987 | 8539.76 | 145.7 | 4622.160 | 1993 | 14596.58 | 254.9 | 16280.4 |
| 1988 | 9503.09 | 172.7 | 5757.311 | 1994 | 16505.92 | 310.2 | 20540.7 |
| 1989 | 9889.22 | 203.4 | 6216.030 | 1995 | 18309.18 | 356.1 | 23987.1 |

资料来源：根据《中国统计年鉴 2010》、《中国金融年鉴》、中国经济信息网统计数据库整理所得。$Y$（1978 年为基期，单位为亿元），$p$（商品零售价格指数，1978 年 = 100），$M_1$（狭义货币供应量，单位为亿元）。

根据计量经济学的基本理论，实证分析之前要判定变量的平稳性，否则容易引起虚假回归。我们首先对 $Y$、$p$、$M_1$ 取对数，消除异方差，然后进行 ADF 检验。ADF 检验结果如表 2.3 所示。

表 2.3　ADF 单位根检验结果

| 变量 | 差分次数 | $(c, t, k)$ | DW 值 | ADF 统计量 | 5% 临界值 | 1% 临界值 | 结论 |
| --- | --- | --- | --- | --- | --- | --- | --- |
| $\ln Y$ | 2 | (0, 0, 1) | 1.23 | −2.91 | −1.99 | −2.89 | $I(2)^*$ |
| $\ln p$ | 2 | (0, 0, 1) | 2.16 | −3.12 | −1.99 | −2.89 | $I(2)^*$ |
| $\ln M_1$ | 2 | (0, 0, 2) | 2.10 | −3.97 | −2.00 | −2.94 | $I(2)^*$ |

注：* 表示变量二次差分后的序列在 1% 的显著水平上通过 ADF 平稳性检验。

上述结果表明，3个变量都是二阶单整序列，做回归分析之前要分析是否存在协整关系，JJ协整检验结果如表2.4所示。

表2.4　JJ协整检验结果

| 特征根 | 迹统计量（P值） | 5%临界值 | $\lambda-\max$ 统计量（P值） | 5%临界值 | 协整个数 |
| --- | --- | --- | --- | --- | --- |
| 0.950 | 43.91（0.00）* | 24.28 | 30.04（0.00）* | 17.79 | 无 |
| 0.749 | 13.87（0.03） | 12.32 | 13.84（0.02） | 11.22 | 至少1个 |
| 0.003 | 0.03（0.89） | 4.13 | 0.03（0.89） | 4.13 | 至少2个 |

注：*表明在1%的显著水平上拒绝原假设，P值为伴随概率。

上述结果表明，3个二阶单整序列在1%的显著水平上存在协整关系，因此可以对3个变量的原序列直接进行回归分析，不存在伪回归。回归结果如下：

$$\ln Y = 0.208\ln p + 0.357\ln M_1 + 4.983 + [MA(3) = -0.951]\quad (2.25)$$
$$(2.56)\quad (9.08)\quad (48.26)\quad (-25.13)$$

$R^2 = 0.99\quad D.W = 2.09\quad S.E = 0.011\quad F = 3393.3(0.00)\quad JB = 0.89(0.64)$
$ARCH\ LM(1) = 2.44(0.12)\quad LM(1) = 0.13(0.72)\quad LM(2) = 2.28(0.32)$
$White = 3.67(0.59)$

上述回归结果表明，总供给价格弹性为0.208。按上文的分析，0.208<1，从而我们可以判断在1984—1995年，中国处于供给约束型经济态势。

同理，根据上文设定的模型，我们选取1996—2009年中国宏观数据，将数据样本制成表2.5。

表2.5　1996—2009年中国宏观数据

| 年份 | Y | p | $M_1$ | 年份 | Y | p | $M_1$ |
| --- | --- | --- | --- | --- | --- | --- | --- |
| 1996 | 20141.66 | 106.1 | 28514.8 | 2003 | 36006.40 | 99.9 | 84118.6 |
| 1997 | 22014.24 | 100.8 | 34826.3 | 2004 | 39637.66 | 102.8 | 95969.7 |
| 1998 | 23738.69 | 97.4 | 38953.7 | 2005 | 44120.69 | 100.8 | 107278.7 |
| 1999 | 25547.54 | 97.0 | 45837.3 | 2006 | 49713.66 | 101.0 | 126035.1 |
| 2000 | 27701.53 | 98.5 | 53147.2 | 2007 | 56754.31 | 103.8 | 152560.1 |
| 2001 | 30000.84 | 99.2 | 59871.6 | 2008 | 62222.40 | 105.9 | 166217.1 |
| 2002 | 32725.54 | 98.7 | 70881.8 | 2009 | 67892.77 | 98.8 | 220001.5 |

资料来源：根据国家统计局（www.stats.gov.cn）、《中国统计年鉴2010》、中国经济信息网统计数据库整理所得。Y（1978年为基期，单位为亿元），p（环比商品零售价格指数，上年 = 100），$M_1$（狭义货币供应量，单位为亿元）。

同理，我们对 $Y$、$p$、$M_1$ 取对数，消除异方差，然后进行 ADF 检验。ADF 检验结果如表 2.6 所示。

表 2.6 ADF 单位根检验结果

| 变量 | 差分次数 | $(c, t, k)$ | DW 值 | ADF 统计量 | 5% 临界值 | 1% 临界值 | 结论 |
| --- | --- | --- | --- | --- | --- | --- | --- |
| $\ln Y$ | 2 | (0, 0, 1) | 2.00 | -3.24 | -1.98 | -2.80 | $I(2)^*$ |
| $\ln p$ | 2 | (0, 0, 1) | 1.72 | -2.92 | -1.98 | -2.82 | $I(2)^*$ |
| $\ln M_1$ | 2 | (0, 0, 1) | 2.07 | -5.01 | -1.98 | -2.82 | $I(2)^*$ |

注：* 表示变量二次差分后的序列在 1% 的显著水平上通过 ADF 平稳性检验。

上述结果表明，$\ln Y$、$\ln p$、$\ln M_1$ 为二阶单整序列。我们再对 3 个变量做协整分析，JJ 协整检验结果如表 2.7 所示。

表 2.7 JJ 协整检验结果

| 特征根 | 迹统计量（P 值） | 5% 临界值 | $\lambda$ - max 统计量（P 值） | 5% 临界值 | 协整个数 |
| --- | --- | --- | --- | --- | --- |
| 0.935 | 43.52 (0.00)* | 24.27 | 32.91 (0.00)* | 17.80 | 无 |
| 0.574 | 10.61 (0.10) | 12.32 | 10.25 (0.07) | 11.22 | 至少 1 个 |

注：* 表明在 1% 的显著水平上拒绝原假设，P 值为伴随概率。

上述结果表明，3 个变量在 1% 的显著水平上至少存在一个协整关系，因此可以对 3 个变量的原序列直接进行回归分析，不存在伪回归。回归结果如下：

$$\ln Y_t = 0.631\ln M_{1t} + 0.732\ln p_{t-1} + [MA(2) = -0.846] \quad (2.26)$$
$$(52.27) \quad\quad (24.39) \quad\quad (-12.44)$$

$R^2 = 0.99 \quad D.W = 1.74 \quad S.E = 0.026 \quad JB = 0.45(0.80)$
$ARCH\ LM(1) = 0.69(0.40) \quad ARCH\ LM(2) = 1.49(0.47)$
$LM(1) = 0.03(0.85) \quad LM(2) = 1.0(0.60) \quad White = 5.25(0.26)$

上述回归结果表明，$Y$（总供给）的变动受总需求和货币流通速度的影响，$M_1$ 每变动 1%，实际 GDP 就同向变动 0.63% 左右，总供给对影响货币流通速度变量的弹性为 0.732，总供给是总需求的函数，从而可以判断，在 1996—2009 年中国处于需求约束型经济态势。

### 三、马勒条件角度的实证分析

我们把中国经济态势实证数据进行整理，如表 2.8 所示。

表2.8 中国经济态势的实证数据

| 年份 | 人民币汇率 $e$ | 出口总额 $EX$ | 进口总额 $IM$ | 世界 GDP 指数 | 中国 GDP 指数 |
|---|---|---|---|---|---|
| 1984 | 232.70 | 261.4 | 274.1 | 62.3 | 170.0 |
| 1985 | 293.66 | 273.5 | 422.5 | 64.5 | 192.9 |
| 1986 | 345.28 | 309.4 | 429.1 | 66.6 | 210.0 |
| 1987 | 372.21 | 394.4 | 432.1 | 69.0 | 234.3 |
| 1988 | 372.21 | 475.2 | 552.7 | 72.1 | 260.7 |
| 1989 | 376.51 | 525.4 | 591.4 | 74.9 | 271.3 |
| 1990 | 478.32 | 620.9 | 533.5 | 75.6 | 281.7 |
| 1991 | 532.33 | 719.1 | 637.9 | 76.7 | 307.6 |
| 1992 | 551.46 | 849.4 | 805.9 | 78.4 | 351.4 |
| 1993 | 576.20 | 917.4 | 1039.6 | 79.8 | 400.4 |
| 1994 | 861.87 | 1210.1 | 1156.1 | 82.5 | 452.8 |
| 1995 | 835.10 | 1487.8 | 1320.8 | 84.8 | 502.3 |
| 1996 | 831.42 | 1510.5 | 1388.3 | 87.7 | 552.6 |
| 1997 | 828.98 | 1827.9 | 1423.7 | 91.0 | 603.9 |
| 1998 | 827.91 | 1837.1 | 1402.4 | 93.1 | 651.2 |
| 1999 | 827.83 | 1949.3 | 1657.0 | 96.0 | 700.9 |
| 2000 | 827.84 | 2492.0 | 2250.9 | 100.0 | 759.9 |
| 2001 | 827.70 | 2661.0 | 2435.5 | 101.5 | 823.0 |
| 2002 | 827.70 | 3256.0 | 2951.7 | 103.5 | 897.8 |
| 2003 | 827.70 | 4382.3 | 4127.6 | 106.3 | 987.8 |
| 2004 | 827.68 | 5933.2 | 5612.3 | 110.6 | 1087.4 |
| 2005 | 819.17 | 7619.5 | 6599.5 | 114.5 | 1210.4 |
| 2006 | 797.18 | 9689.4 | 7914.6 | 119.1 | 1363.8 |
| 2007 | 760.40 | 12177.8 | 9559.5 | 123.6 | 1557.0 |
| 2008 | 694.51 | 14306.9 | 11325.6 | 126.3 | 1707.0 |
| 2009 | 683.10 | 12016.1 | 10059.2 | 123.8 | 1862.5 |

资料来源：人民币汇率（直接标价法，年平均价 USD MYM100）、出口总额（亿美元）、进口总额（亿美元）、中国 GDP 指数（$y$, 1978 年 = 100）根据《中国统计年鉴 1995—2010》、中国经济信息网统计数据库、国家统计局数据整理；世界 GDP 指数（$y_f$, 2000 年 = 100）根据联合国贸易和发展会议（www.uncatd.org，Handbook of Statistics online）数据整理。

我们对 $EX$、$y_f$、$e$ 取对数,消除异方差,依据 ADF 单位根检验方法的基本理论,结合检验形式、差分次数以及 DW 值大小,综合判断变量的单位根情况。ADF 检验结果如表 2.9 所示。

表 2.9 ADF 单位根检验结果

| 变量 | 差分次数 | $(c, t, k)$ | DW 值 | ADF 统计量 | 5% 临界值 | 1% 临界值 | 结论 |
| --- | --- | --- | --- | --- | --- | --- | --- |
| $\ln EX$ | 2 | (0, 0, 1) | 1.83 | -5.76 | -1.96 | -2.67 | $I(2)^*$ |
| $\ln y_f$ | 2 | (0, 0, 1) | 1.62 | -3.64 | -1.96 | -2.67 | $I(2)^*$ |
| $\ln e$ | 2 | (0, 0, 2) | 2.16 | -6.05 | -1.96 | -2.68 | $I(2)^*$ |

注:*表示变量二次差分后的序列在 1% 的显著水平上通过 ADF 平稳性检验。

上述变量的 ADF 单位根检验结果表明,$\ln EX$、$\ln y_f$ 和 $\ln e$ 是二阶单整序列。我们再对这 3 个变量做协整分析,JJ 协整检验结果如表 2.10 所示。

表 2.10 JJ 协整检验结果

| 特征根 | 迹统计量($P$ 值) | 10% 临界值 | $\lambda$-max 统计量($P$ 值) | 10% 临界值 | 协整个数 |
| --- | --- | --- | --- | --- | --- |
| 0.62 | 35.17 (0.05)* | 32.27 | 22.96 (0.04)* | 20.05 | 无 |
| 0.29 | 12.21 (0.43) | 17.98 | 8.09 (0.54) | 13.91 | 至少 1 个 |
| 0.16 | 4.12 (0.39) | 7.56 | 4.12 (0.40) | 7.56 | 至少 2 个 |

注:*表明在 5% 的显著水平上拒绝原假设,$P$ 值为伴随概率。

上述结果表明,3 个变量至少存在一个协整关系,因此可以对 3 个变量的原序列直接进行回归分析,不存在伪回归。

同理,我们对 $IM$、$y$、$e$ 取对数,消除异方差,依据 ADF 单位根检验方法的基本理论,结合检验形式、差分次数以及 DW 值大小,综合判断变量的单位根情况。ADF 检验结果如表 2.11 所示。

表 2.11 ADF 单位根检验结果

| 变量 | 差分次数 | $(c, t, k)$ | DW 值 | ADF 统计量 | 5% 临界值 | 1% 临界值 | 结论 |
| --- | --- | --- | --- | --- | --- | --- | --- |
| $\ln IM$ | 1 | $(c, 0, 1)$ | 1.44 | -4.30 | -2.99 | -3.74 | $I(1)^*$ |
| $\ln y$ | 2 | (0, 0, 1) | 1.62 | -4.41 | -1.96 | -2.67 | $I(2)^*$ |
| $\ln e$ | 2 | (0, 0, 2) | 2.16 | -6.05 | -1.96 | -2.68 | $I(2)^*$ |

注:*表示变量相应次数差分后的序列在 1% 的显著水平上通过 ADF 平稳性检验。

上述变量的 ADF 单位根检验结果表明,$\ln IM$、$\ln y$ 和 $\ln e$ 是二阶单整序列。我们再对 3 个变量做协整分析,JJ 协整检验结果如表 2.12 所示。

表 2.12　JJ 协整检验结果

| 特征根 | 迹统计量（P 值） | 5% 临界值 | λ – max 统计量（P 值） | 5% 临界值 | 协整个数 |
| --- | --- | --- | --- | --- | --- |
| 0.787 | 48.08（0.00）* | 35.01 | 37.21（0.00）* | 24.25 | 无 |
| 0.362 | 10.88（0.40） | 18.40 | 10.79（0.33） | 17.15 | 至少 1 个 |
| 0.004 | 0.09（0.76） | 3.84 | 0.09（0.76） | 3.84 | 至少 2 个 |

注：*表明在 1% 的显著水平上拒绝原假设，P 值为伴随概率。

上述结果表明，3 个变量至少存在一个协整关系，因此可以对 3 个变量的原序列直接进行回归分析，不存在伪回归。

通过上文分析，我们初步估计 1996 年是中国经济态势的转折点。因此，我们把实证数据分成两段处理。我们首先使用 1984—1995 年数据进行回归。各项检验指标表明模型的效果很好，回归结果如下：

$$\ln EX = 4.13\ln y_f + 0.5\ln e - 14.46 + [MA(3) = 0.99] \quad (2.27)$$
$$(4.40) \quad (2.72) \quad (-4.81)(9.27)$$
$$R^2 = 0.99 \quad D.W = 2.11 \quad S.E = 0.048 \quad F = 501.4(0.00) \quad JB = 0.33(0.84)$$
$$LM(1) = 2.64(0.1) \quad LM(2) = 2.65(0.26) \quad ARCH\ LM(1) = 0.001(0.97)$$
$$ARCH\ LM(2) = 0.67(0.71) \quad White = 4.42(0.49)$$

$$\ln IM = 1.59\ln y - 0.4\ln e + [AR(1) = 0.81] + [MA(4) = -0.97] \quad (2.28)$$
$$(19.47) \quad (-5.48) \quad (3.72) \quad (-31.74)$$
$$R^2 = 0.99 \quad D.W = 2.08 \quad S.E = 0.033 \quad JB = 1.74(0.41)$$
$$LM(1) = 0.00(1.00) \quad LM(2) = 0.008(0.99) \quad ARCH\ LM(1) = 0.06(0.79)$$
$$ARCH(2) = 0.77(0.67) \quad White = 4.41(0.49)$$

从上述回归结果可以看出，1984—1995 年间，中国出口商品价格弹性 $E_x$ 为 0.5，进口商品价格弹性 $E_m$ 为 0.4，$E_x + E_m = 0.9 < 1$，因而中国处于供给约束型经济态势。

同理，我们再对 1996—2009 年数据进行回归，各项检验指标表明模型的效果很好，其回归结果如下：

$$\ln EX_t = 4.95\ln y_{ft} + 2.01\ln e_t + 0.53\ln EX_{t-1} - 32.65 + [AR(4) = 0.26] \quad (2.29)$$
$$(3.94) \quad (4.34) \quad (3.56) \quad (-5.97) \quad (2.94)$$
$$R^2 = 0.99 \quad D.W = 2.26 \quad S.E = 0.068 \quad F = 451.5(0.00) \quad JB = 0.33(0.84)$$
$$LM(1) = 0.54(0.46) \quad LM(2) = 1.37(0.5) \quad ARCH\ LM(1) = 2.21(0.14)$$
$$ARCH\ LM(2) = 2.85(0.24) \quad White = 5.68(0.68)$$

$$\ln IM = 1.79\ln y - 0.62\ln e + [AR(1) = 0.64] + [AR(4) = -0.48] \quad (2.30)$$
$$(17.38) \quad (-5.95) \qquad (2.73) \qquad (-2.49)$$
$$R^2 = 0.98 \quad D.W = 1.8 \quad S.E = 0.1 \quad JB = 0.27(0.87)$$
$$LM(1) = 0.04(0.84) \quad ARCH\ LM(1) = 0.00(0.98)$$
$$ARCH\ LM(2) = 0.27(0.87) \quad White = 7.98(0.09)$$

从上述回归结果可以看出：1996—2009 年间，中国出口商品价格弹性 $E_x$ 为 2.01，进口商品价格弹性 $E_m$ 为 0.62，$E_x + E_m = 2.63 > 1$，因而中国处于需求约束型经济态势。至此，我们认为，1996 年为中国经济态势的转折点。

## 第四节　当今中国条件下贸易条件的适用性分析

从本章第二节的理论分析可知，穆勒的贸易条件理论暗含着"供给约束型经济态势"这一前提假设。而在"需求约束型经济态势"之下，贸易条件理论不再适用。改革开放以来，中国在长时间内实施"出口导向"的经济战略，经济高速发展，国际贸易收益迅速增加，综合国力不断增强，与此同时却伴随着价格贸易条件的不断恶化。表 2.13 给出了中国贸易条件实证所需数据。

表2.13　1985—2009 年中国对外贸易数据

| 年份 | NBTT | TB | 年份 | NBTT | TB | 年份 | NBTT | TB |
|---|---|---|---|---|---|---|---|---|
| 1985 | 92.6 | -448.9 | 1994 | 102.0 | 461.7 | 2003 | 98.0 | 2092.3 |
| 1986 | 85.1 | -416.2 | 1995 | 101.9 | 1403.7 | 2004 | 92.4 | 2667.5 |
| 1987 | 94.5 | -144.2 | 1996 | 105.9 | 1019.0 | 2005 | 86.2 | 8374.4 |
| 1988 | 90.7 | -288.4 | 1997 | 110.2 | 3354.2 | 2006 | 82.6 | 14217.7 |
| 1989 | 102.2 | -243.8 | 1998 | 110.6 | 3597.5 | 2007 | 80.5 | 20171.1 |
| 1990 | 102.1 | 411.5 | 1999 | 104.1 | 2423.4 | 2008 | 73.9 | 20868.4 |
| 1991 | 101.0 | 428.4 | 2000 | 100.0 | 1995.6 | 2009 | 79.7 | 13411.3 |
| 1992 | 103.1 | 233.0 | 2001 | 102.2 | 1865.2 | | | |
| 1993 | 101.0 | -701.4 | 2002 | 102.2 | 2517.6 | | | |

资料来源：NBTT（价格贸易条件）见联合国贸易和发展会议 www.uncatd.org，Handbook of Statistics online，2000 年 =100；TB（进出口差额）见《中国统计年鉴 1995—2010》、中国经济信息网统计数据库，单位为亿元。（注：国际贸易利益是一个非常综合的国家收益，不等同于国际贸易差额，但考虑到数据的可得性，故用最直接体现国家收益的国际贸易差额代替。）

在本章第二节中我们认为，1996 年是中国经济态势转折点，因此我们把表 2.13 中的数据分成两段处理：第一段为 1985—1995 年；第二段为 1996—2009 年。

我们先对 1985—1995 年中国贸易条件进行实证分析，其单位根检验结果如表 2.14 所示。

表 2.14　ADF 单位根检验结果

| 变量 | 差分次数 | $(c, t, k)$ | DW 值 | ADF 统计量 | 5% 临界值 | 1% 临界值 | 结论 |
| --- | --- | --- | --- | --- | --- | --- | --- |
| NBTT | 1 | (0, 0, 1) | 1.02 | −5.91 | −1.98 | −2.84 | $I(1)^*$ |
| TB | 1 | (0, 0, 1) | 2.52 | −2.92 | −1.99 | −2.88 | $I(1)^*$ |

注：* 表示变量差分后的序列在 1% 的显著水平上通过 ADF 平稳性检验。

上述变量的 ADF 单位根检验结果表明变量 NBTT 和 TB 是一阶单整序列。我们再对 2 个变量做协整分析，JJ 协整检验结果如表 2.15 所示。

表 2.15　JJ 协整检验结果

| 特征根 | 迹统计量（P 值） | 5% 临界值 | $\lambda-\max$ 统计量（P 值） | 5% 临界值 | 协整个数 |
| --- | --- | --- | --- | --- | --- |
| 0.706 | 11.49（0.06） | 12.32 | 11.030（0.05） | 11.22 | 无 |
| 0.049 | 0.454（0.56） | 4.13 | 0.454（0.56） | 4.13 | 至少 1 个 |

注：表示在 10% 的显著水平上通过协整性检验，P 值为伴随概率。

上述结果表明，2 个变量至少存在一个协整关系，因此可以对这 2 个变量的原序列直接进行回归分析，不存在伪回归。假定模型为线性函数形式，其回归结果为：

$$TB = 38.01 NBTT - 3832.94 + [AR(4) = 2.34] \quad (2.31)$$
$$(4.77) \quad (-5.27) \quad (4.77)$$

$R^2 = 0.853 \quad D.W = 2.60 \quad S.E = 307.3 \quad F = 11.59(0.02) \quad JB = 0.09(0.95)$
$ARCH\ LM(1) = 0.9(0.34) \quad ARCH\ LM(2) = 1.12(0.57) \quad White = 1.7(0.42)$

实证结果表明，在 1985—1995 年间，价格贸易条件每变动一个单位，贸易收支就同向变动 38.01 亿元。在供给约束型经济态势下，贸易条件改善则贸易收支改善，贸易条件理论适用。

同理，我们再对 1996—2009 年中国贸易条件进行实证分析，其单位根检验结果如表 2.16 所示。

表2.16 ADF 单位根检验结果

| 变量 | 差分次数 | $(c, t, k)$ | DW 值 | ADF 统计量 | 5% 临界值 | 1% 临界值 | 结论 |
| --- | --- | --- | --- | --- | --- | --- | --- |
| ln$NBTT$ | 1 | (0, 0, 1) | 1.63 | −2.28 | −1.97 | −2.77 | $I(1)^*$ |
| ln$TB$ | 1 | (0, 0, 1) | 1.30 | −3.06 | −1.97 | −2.77 | $I(1)^*$ |

注：* 表示 ln$NBTT$ 差分后的序列在 5% 的显著水平上通过 ADF 平稳性检验，ln$TB$ 差分后的序列在 1% 的显著水平上通过 ADF 平稳性检验。

上述变量的 ADF 单位根检验结果表明变量 ln$NBTT$ 和 ln$TB$ 是一阶单整序列。我们再对这 2 个变量做协整分析，JJ 协整检验结果如表 2.17 所示。

表2.17 JJ 协整检验结果

| 特征根 | 迹统计量（P 值） | 5% 临界值 | $\lambda$ − max 统计量（P 值） | 5% 临界值 | 协整个数 |
| --- | --- | --- | --- | --- | --- |
| 0.844 | 30.30（0.01）* | 25.87 | 22.20（0.01） | 19.39 | 无 |
| 0.486 | 8.00（0.25） | 12.52 | 8.00（0.25） | 12.52 | 至少 1 个 |

注：* 表示在 5% 的显著水平上通过协整性检验，P 值为伴随概率。

上述结果表明，2 个变量至少存在一个协整关系，因此可以对这 2 个变量的原序列直接进行回归分析，不存在伪回归，回归结果如下：

$$\ln TB = -5.56\ln NBTT + 33.77 + [MA(1) = 0.946] \quad (2.32)$$
$$(-4.35) \qquad (5.81) \qquad (31.14)$$

$R^2 = 0.90 \quad D.W = 1.63 \quad S.E = 0.331 \quad F = 52.84(0.00) \quad JB = 0.72(0.69)$
$LM(1) = 0.33(0.56) \quad LM(2) = 0.34(0.84) \quad ARCH\ LM(1) = 2.04(0.15)$
$ARCH\ LM(2) = 2.41(0.3) \quad White = 0.29(0.86)$

实证结果表明：在 1996—2009 年间，贸易条件每变动 1%，贸易收支就反向变动 5.56%。在需求约束型经济态势下，贸易条件改善使得贸易收支恶化，贸易条件恶化反而使得贸易利益增加，贸易条件理论不再适用。

进一步，我们将表 2.13 的结果绘制成图 2.1，以便对我国贸易条件变化的规律有更直观的感觉。

从图 2.1 中可以看出，1985—1996 年间，中国贸易条件（NBTT）呈持续改善趋势，与此同时国际贸易收益（TB）也持续增加，贸易条件与贸易利益同方向变动；而 1998 年前后，中国贸易条件呈持续恶化趋势，但国际贸易收益非但没有减少，反而迅速增加，贸易条件与贸易利益反方向变动。1996 年是我国从供给约束型经济态势转为需求约束型经济态势的转折点，而恰好也是在这个时段前后，贸易条件与贸易利益同室操戈。1996 年以前，中国处于供给约束型经济态势之下，贸易条件理论在当时仍然适用，贸易

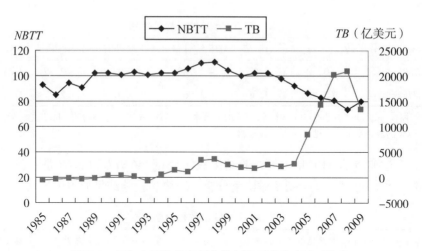

图 2.1　历年中国价格贸易条件与贸易收支变动趋势图

条件与贸易利益变动是一致的。1996 年以后，中国开始进入需求约束型经济态势，贸易条件在宏观层面上失去了解释能力，表现为贸易条件恶化但贸易利益持续快速增长，贸易条件与贸易利益反向变动。

## 第五节　本章结论与政策建议

### 一、本章的主要结论

经济学研究方法的基本思路是"前提假设—逻辑推理—实证检验"。因此，前提假设对于经济理论的运用是非常重要的。在运用经济理论分析当今经济问题之前，我们首先应该注重分析经济理论的前提假设是否发生了改变，如果发生了改变，则应该对该理论的适用性进行分析，进而判断运用该理论分析问题是否合适。

通过理论推理和实证检验两方面的考察，笔者认为，穆勒提出的贸易条件理论赖以成立的经济环境和前提假设是"供给约束型经济态势"，当经济态势转为需求约束型时，贸易条件理论不再适用。因此，贸易条件理论只有在供给约束型经济态势下才成立。贸易条件与贸易利益变动不一致的根本原因也在于贸易条件理论的前提假设——"供给约束型经济态势"：当经济态势处于供给约束型，贸易条件变动与贸易利益变动一致；当经济态势转为需求约束型，贸易条件变动与贸易利益变动不一致，往往是贸易条件恶化而贸易利益增加。

我国经济腾飞但贸易条件持续恶化这一悖论形成的主要原因是未认识到穆勒的贸易条件理论不再适用于评价我国国际贸易绩效和国际贸易利益。通过对中国经济态势的逻辑推理和实证分析，我们发现，1996年是我国经济态势的转折点。1996年以前，中国处于供给约束型经济态势，贸易条件变动与贸易利益变动一致，贸易条件理论适用；1996年以后，中国开始进入需求约束型经济态势，贸易条件与贸易利益已经不存在必然联系，贸易条件与贸易利益变动不一致，表现为贸易条件持续恶化但贸易利益快速增长，贸易条件理论不再适用。

综上所述，我们在运用贸易条件理论评价一国国际贸易绩效和国际贸易利益时，应当谨慎考察该国经济现实与贸易条件理论成立的前提假设是否相符，否则将会错用理论框架，得出南辕北辙的结论。

## 二、政策建议

基于上文分析可知，贸易条件理论只有在供给约束型经济态势下才会成立，本文据此提出以下几点政策建议：

第一，当今中国经济态势已为需求约束型，因此我们不应该再运用穆勒的贸易条件理论来评价我国国际贸易绩效和国际贸易利益，否则将会误入歧途。

第二，无论是在近代还是在当代，一国国际贸易活动的绩效、一国国际贸易政策的效果都需要评估，方能修正错误，发展经济。既然贸易条件理论已不再适用于评价当今中国国际贸易利益，那么我们就应该寻求建立一套简单适用、前提假设与当代中国经济运行特点一致的新的考量指标，例如马勒条件、贸易总量等，从而真正有效地评估对外贸易增长给我国带来的贸易利益。而这也是我们今后要努力探讨的问题。

# 第三章 李嘉图"2×2"模型之暗含前提假设研究

经济史不应该仅仅是讲故事和抒发朴素的议论,而应该致力于修正、补充和发现经济学理论的前提假设,即研究经济学理论框架的适用条件,为经济当局实施宏观经济调控政策提供理论依据和剔除前提假设与当前宏观经济运行环境不一致的经济学教条。比较成本学说奠定了自由贸易的理论基石,萨缪尔森曾称赞过李嘉图"完美的逻辑",高度评价其为"国际贸易理论不可动摇的基础"。从经济史的视角探讨李嘉图"2×2"模型,自然的发问是:该模型成立的前提假设是什么?它依赖何种市场运行环境和制度保障?既然比较成本理论被看作国际贸易理论的理论基石,那么它的逻辑起点又是什么?可以不加判别地遵循该理论制定经济政策吗?如果比较成本理论无效,什么贸易理论才是有效的?本章从前提假设的角度入手,从经济史的研究视角反推"2×2"模型暗含的前提假设。若理论模型赖以运行的前提假设与市场条件发生背离,自由贸易理论的基石则会发生松动。

近年来,滥用比较优势概念的错误经常见诸媒体报道和学术论文。如果在并未真正弄清比较优势内涵的情况下,使用比较成本的理论框架分析问题,势必得出不可靠的结论,该结论衍生的政策效果或大打折扣,或适得其反。经过数代经济学家的反思、批评和修正,国际贸易理论不断演变和拓展。在此基础上,我们尝试分析李嘉图"2×2"模型暗含的前提假设,至少对此做出初步的讨论,力求历史和逻辑的统一,就教于学界方家。

## 第一节 文献综述

比较成本学说揭示的是"两利相权取其重,两弊相权取其轻"的道理,"相对"的思想是其理论精髓,但"2×2"模型不能视为指导国际贸易的普遍原则和思想。当年,英国的自由贸易论者认为他们的论证具有完全的普遍意义,是适用一切时代和一切地域的绝对的和永恒的智慧。这种把特定历史阶段的经济理论看成是普适人类的观念根深蒂固,更有学者不假思索地遵循此道。在经济史的研究中,阶段性特征往往被忽略。古典经济学家所处的时代是供给约束型经济态势,这是古典经济学暗含的前提假设。"大萧条"的爆发催生了凯恩斯经济学,只有在需求约束型经济态势下,依据该理论框架从需求一端制定政策才是行之有效的。如果把某一阶段的宏观经济运行环境看作是任何经济理论的普遍性假设,得出的结论显然有失偏颇甚至完全相反。

李嘉图在《政治经济学及赋税原理》一书中论述了"2×2"模型朴素而深刻的道理,但是简单的数字举例显然不够全面和系统。"2×2"模型逻辑的前提假设是什么,李嘉图没有给出现成的答案,这成为该学说主要的批评点。经过后来学者的解释和发展,李嘉图意义的比较成本理论才逐步具有现代形式,并从中总结出理论适用的范围。总结难免会有遗漏,暗含的前提假设更需要通过历史和逻辑层面的深入思考才能挖掘。从已有的文献来看,国内外相关理论研究不足,从前提假设的层面修正"2×2"模型更是极为少见。

## 一、放松前提假设下的国际贸易理论演进

国际贸易几乎与国家的产生同时出现,为了增进国家财富,实行什么样的贸易政策才是行之有效的?围绕贸易产生的原因、贸易模式和贸易的收入分配这三个基本问题,国际贸易学说不断演进和发展。在重商主义时期,货币被视为财富的来源,出口使货币流入从而带来一国财富的增加,进口则会减少国家财富,正是在这一前提认识下,重商主义主张"奖出限入""多卖少买"的贸易政策。亚当·斯密批判重商主义,他以分工和交换为逻辑起点,认为生产成本的绝对差别是国际分工的根源。"如果外国能以比我们自己制造还便宜的商品供应我们,我们最好用我们有利地使用自己的产业生产出来的物品的一部分向他们购买。"[①] 斯密的绝对成本学说有一个非常重要的前提假设,即两国都至少有一种成本绝对低的产品,这就无法解释一个不具有任何绝对优势的国家如何参与国际贸易。"比较成本"的思想追根溯源,始于1815年出版的《国外谷物贸易论》。在该书中,托伦斯使用了"comparative cost"一词,以波兰和英国两个国家、玉米和棉布两种产品为例首次阐述比较成本的想法,由于李嘉图首先注意到比较成本的

---

① 亚当·斯密:《国民财富的性质和原因的研究(下卷)》,郭大力、王亚南译,商务印书馆2008年版,第28页。

重大意义并加以论证，学界一般认为李嘉图才是比较成本学说的创建者。在继承亚当·斯密的基础上，李嘉图用数字举例表达了比较成本的思想，由于文中使用了两个国家和两种产品的例子，所以简称为"2×2"模型。"2×2"模型突破了"至少有一种绝对优势产品"的前提条件，用相对成本的差异解释没有任何一种绝对优势的国家仍然可以参与国际贸易并从中获益，这是对斯密学说的进步。但是李嘉图没有给出比较优势的明确定义，所以后人把比较成本、比较优势、比较利益理解成同一个概念不加区分，笔者认为"比较成本"的概念更贴近作者本意：其一，"2×2"模型是以劳动价值论为基础，从成本角度来探讨交换问题；其二，托伦斯最开始使用的也是比较成本的概念。

古典经济学强调供给的传统多是从成本角度来探讨交换问题，穆勒则从需求一端解释贸易动因。他认为，贸易各方的需求恰好抵消对方的供给，在以两国的国内交换比率为上下限的范围内进行国际交换，双方均可获益，而具体的国际交换比率由各国对对方商品的相对需求强度决定。"获利最大的是这样的国家：其生产物在其他各国具有最大的需求，外国对他的输出品的需求强度愈大，他获得输入品的代价就越低，该国本身对输入品的需求程度和需求强度愈小，他获得输入品的代价就越低。"① 穆勒的贡献在于提出了"相互需求"概念和"国际需求方程式"，将国际交换模式的确定发展到对交换比例和范围的讨论，从强调供给到注重需求，实质上并没有改变"2×2"模型的前提假设。

李嘉图比较成本学说的另一个重要前提是劳动价值论，即劳动是唯一的生产要素，商品的价值由劳动投入的大小决定。这一前提假设严重脱离现实，受到后来学者的广泛批评。哈勃勒用机会成本定义比较优势，解释国际贸易的发生与贸易方向的决定。他首次论述了现代机会成本模型，并把该机制与一般均衡价格理论有机地联系起来，从而使得比较优势理论初步具有现代形式。资源稀缺的情况下，增加一种产品的生产自然就要牺牲另一种产品的生产，产品间出现此消彼长的关系，"机会成本"概念就是用来描述这种产品之间的替代的，本身就包含了"供给约束"的思想。

赫克歇尔和俄林的要素比例理论将土地、资本加入理论框架，改变了只有单一要素的前提假设，他们用生产要素禀赋和要素相对价格解释国际贸易的动因，只不过是扩展了比较成本学说，其主要贡献在于进一步从生产要素禀赋差异的角度解释了为什么存在比较成本的不同。20世纪50年

---

① 约翰·穆勒：《政治经济学原理（下卷）》，商务印书馆1991年版，第135页。

代，里昂惕夫考察了美国的进出口商品结构，发现结果与要素比例理论预测相反，被称为"里昂惕夫之谜"。在这之后，经济学家在改变了各种前提假定的基础上研究问题、建立模型的思路注重实证分析。以克鲁格曼等为代表的新贸易理论，在放松了"2×2"模型中"完全竞争""规模报酬不变""同质产品"前提假设的基础上，引入规模经济、不完全竞争和产品差异化等概念，取得了新的成果。也有学者侧重从人力资本因素、需求偏向、产品生命周期等视角寻找决定一国比较优势的条件，这些补充"是比较优劣势分析方法在新情况下的具体运用，其反映不同的比较利益来源。理论的形式变化了，相对优劣势的分析方法却继承下来了"①。国际贸易理论围绕比较优势思想不断演进，在逐渐放开前提假设的基础上，解释不断出现的贸易新现象，取得了新的理论成果。不管是新古典主义阶段的要素禀赋理论还是引入规模经济和不完全竞争等概念的新贸易理论，都包含在广义的比较优势体系中。从以上比较成本学说的演变和发展看，自由贸易理论正是在对李嘉图"2×2"模型前提假设不断修正的基础上，逐渐成为国际贸易的主流理论。目前普遍认同的主要假设有：①劳动是唯一的生产要素且是同质的；②两个国家生产两种产品；③生产要素在国内自由流动，国家间不能流动；④规模报酬不变；⑤实现了完全就业；⑥完全竞争的市场结构；⑦无运输费用和交易成本；⑧易货贸易、贸易平衡；⑨各国技术不变。

## 二、当代学者的补充与失误

20世纪80年代初，国内经济学界开始对李嘉图的比较成本学说在对外贸易中的适用性开始探索。袁文祺、戴伦彰、王林生（1980）发表的《国际分工与我国对外经济关系》引起了学术界的热烈争论。由于理论知识薄弱，又受到经济发展水平的限制，多数的文献都是简单的介绍、宣传和评述。他们用马克思主义政治经济学的概念和理论框架去批判或肯定李嘉图比较成本论，集中讨论了国际价值规律、劳动生产率等的"合理内核"，其中有不少学者从理论前提假设不存在的观点出发，认为比较成本说是伪科学。经过学术争鸣，大致达成了共识，承认比较成本说论证的国际分工思想有"合理内核"，可以作为我国对外开放的一种指导思想。这些朴素的理论探索为学界加深理解国际贸易理论奠定了基础，但是由于认识有限，极

---

① 张二震：《国际贸易政策理论的比较研究》，载《江苏社会科学》1993年第3期，第16～21页。

少讨论"2×2"模型前提假设的经济学逻辑和含义,更遑论对前提假设的修正补充。

洪银兴(1997,2010)借鉴了波特教授的国家竞争优势理论,在分析比较利益理论缺陷的基础上,认为中国依据传统的比较利益理论出口资源和劳动密集型产品,进口技术和资本密集型产品,这种贸易模式在初期是有效的,但是随着利用我国资源和劳动力的比较优势为基础的开放型经济模式的发展效应明显衰减,他主张需要将这种比较优势转化为竞争优势,以创新创造国际竞争优势。林毅夫、李永军(2003)则坚持比较优势原则,他们认为一旦违背经济的比较优势进行"赶超",良性的市场竞争就不可能实现。一个国家只有遵循自己的比较优势来发展经济,企业和产业才能够拥有最大的竞争优势,国家才能够最大限度地积累资本,进而使发展中国家的要素禀赋结构与发达国家不断接近。针对比较优势和竞争优势的讨论,李钢、董敏杰(2009)用多个指标测算了中国分行业的产业国际竞争力的比较优势和竞争优势,通过对两者的变化趋势和相互关系的实证分析,得出了中国产业国际竞争优势变化也与比较优势的变化高度相关,两者并不矛盾的结论。

各家各派关于国家竞争优势和比较优势的争论都有合理之处,如洪银兴主张要发展"国家竞争优势",但也承认"比较优势贸易模式在初期是有效的"。我们注意到,洪银兴和林毅夫都缺乏对理论适用的前提条件的讨论,比如一国在什么样的发展阶段应该遵循比较优势原则,又在什么样的发展水平上突出国家竞争优势的重要性,还是这两者实质上是一致的。如果从这一角度出发,可能会有新的发现。更值得我们借鉴的是,李钢在文章的结论部分,提出了一个值得深思的问题:"绝对优势和比较优势概念提出时全球供求矛盾的主要方面是供给,而目前全球供求矛盾的主要方面是需求,供求矛盾变化后绝对和比较优势概念的内涵是否有变化?"他认为,假如中国在两种商品上都具有绝对优势,在中国劳动力与资本都相对剩余的情况下,中国将生产两种商品并大量出口而不是生产有比较优势的产品。李钢的分析已经触及对贸易国供求态势的讨论,这也是理论的重要前提,比较成本理论暗含着"全球供求矛盾的主要方面是供给"。同样,崔殿超(2001)批判了比较成本理论,他强调两国国内的供求状况对分工的影响,不存在超额需求和超额供给的均衡状况是实现分工的前提。如果在两种产品上都有绝对优势的 B 国两种商品的生产能力都过剩时,它将继续生产两种商品,以消化过剩的生产能力。A 国两种商品生产彻底毁灭,完全从 B 国进口。据此,他认为:"比较优势下可以自由贸易是经济学中流行了近二百年的一个误会。"论文从国内供求状况的角度入手,分析了国际分工和贸易的影响因素,这一提法很有创见性,但如果作者对世界经济发展进程略做考察,就会发现李嘉图时代的供求状况下"2×2"模型是有效的,便不会有此质疑。

21世纪初,杨小凯和张二震等人针对比较成本说展开了激烈的讨论。杨小凯、张永生(2001)否定了包括比较利益说在内的四大贸易理论命题,他们用反例说明了李嘉图比较利益学说只适用于两个国家两种产品,多于两种产品该理论不一定成立,只在一定的参数范围内成立。杨小凯把交易效率引入新兴古典贸易理论框架,将李嘉图的比较成本理论理解为一种既定的外生性优势,而通过劳动分工带来生产率的提高进而创造出斯密所谓的内生绝对优势。只要这种内生比较优势超过外生比较劣势,一国就有可能出口外生比较劣势的产品。梁琦、张二震(2002)对以上杨小凯否定四大贸易理论命题提出质疑,批评杨小凯的证伪方法存在问题,"反例"并不能作为反例,恰恰可以用来证实比较利益学说。他们认为"2×2"模型是一个高度简化的模型,具有不完全性和高度抽象性,但并不影响理论的意义。杨小凯也对此做出回应,不再赘述。从他们的争锋中可以看出,双方的分歧也体现在对"两个国家两种产品"前提假设的不同理解。此后,张二震、戴翔(2012)对比较成本的几个基本理论问题做了更深入的探讨,坚持认为李嘉图基于比较成本的分工原理比斯密基于绝对成本的分工原理更具有一般性。在"比较优势陷阱"问题上,他认为李嘉图意在说明分工和贸易的互利性的"道理",但绝不是对国际分工格局的具体规划,发展中国家落后产业结构的形成有多方面的原因,不能归咎于比较成本理论指导的结果。杨小凯、张二震等人的理论探讨实际上是围绕比较优势理论是否有效的争论。传统贸易理论能否指导当代贸易实践,一个绕不开的问题是,当今宏观经济运行环境与传统理论的前提假设是否发生冲突。如果宏观经济态势和运行机制的变化超出了理论适用的范围,显然不能再选用古典经济学理论框架。

崔殿超(2001)批判比较成本理论,他用供求模型证明了对国际贸易起决定作用的是绝对优势和绝对价格,而非比较优势和相对价格,从而主张只有比较优势而无绝对优势的国家就应该实行贸易保护。罗璞、李斌(2004)从DFS模型所包含的比较优势思想入手,利用数学推导对比较优势与绝对优势之间的关系做了进一步的辨析。他指出,DFS模型虽然被称为比较优势模型的扩展,实际上还是绝对成本的概念。绝对优势概念更具一般性,比较优势只有在"2×2"情形下才成立,在多于两种产品的情况下,使用的方法实质是绝对优势的比较。曹明福、李树民（2006）注重考查对外贸易中的成本问题，他们批评李嘉图和斯密的理论有着共同的遗漏：都没有进一步深究用以国际交换的产品成本和交换到的产品成本之间的关系。作者将国际分工和贸易增加的产品数量定义为国际分工和贸易的"产品利益"，将交换到的产品成本和用以交换的产品成本的差额定义为"成本利益"。分析得出，基于绝对优势的国际贸易产生的"成本利益"具有不确定性，而基于比较优势的国际分工和贸易带给先进国的"成本利益"一定为正，带给落后国的"成本利益"一定为负。文章引入"产品利益"和"成本利益"这对新概念，将贸易收益分解为两部分，为国际贸易如何拉大发达国家和落后国家的差距给出了新的解释。文章通过辨析绝对优势和比较优势的关系，从而指出了比较优势理论的局限性，实际上是支持绝对优势理论。以上崔殿超、罗璞和曹明福等人的论文包含一个共同的思想：绝对优势概念更具一般性，从外在形式上看，比较优势决定贸易形式和结构，实质上是绝对优势在起作用。这些讨论不无道理，给出的反例也值得参考，但是他们没有理解比较成本学说"相对"的思想精髓，忽略了理论成立的条件，在没有弄清楚前提假设的基础上就提出批评质疑，那么这种批评本身也是不合理的。

历史学派经济学家李斯特反对"主流经济学"：比较成本原则至多只适合农业，而在工业中，所谓比较优势基本上人为大于天成，起作用的往往是先占原则，即谁先发展谁便占有优势。廖涵（2000）指出，正是由于自由贸易理论将国际贸易的行为主体界定为私人，忽视了私人利益和世界利益与国家利益之间的差异，没有将国家这一主体合理地切入其理论体系之中，因而无法正确地揭示国际贸易的性质发生原因及运行规律。国家作为国际贸易的影子主体，要考虑战略目标与战略思路、意识形态和文化传统等因素。梅俊杰（2008）通过实证考察英国和美国贸易政策与产业发展的历史关系，揭示了英美发达国家恰恰是通过有悖于自由贸易原则的保护主义道路，才确立了自己的优势地位。自由贸易论建立在非现实的前提假设之上，理论本身的缺陷注定了自由贸易论应用于现实世界时的本质弱点。作者推崇李斯特的学说，认为中国应既调整对外保护又强化内部竞争，坚持国家干预与自由市场的混合经济模式。廖涵、梅俊杰都认为经济利益不是贸易的全部动因，国家间的利益冲突是国际贸易不可忽视的因素，因此主张贸易政策选择要遵循国家利益原则。从既有的文献看，不少学者已经注意到国家利益对贸易的重要影响，但是没有将此上升为理论前提假设的高度。

由于理论和实证上的困难，对基于相对劳动生产率差异的李嘉图"2×2"模型的实证检验工作较少，Deardorff较好地解决了这一困难。在他的理论框架下，一国用封闭价格来衡量的净出口向量价值是负的，在一个只有两个商品的世界里，这等同于一国将出口有更低相对机会成本的商品。在超过两种商品的情形下，用封闭价格来衡量，一国将进口价格贵的商品，出口价格便宜的商品。按照这一标准，只需要知道一国的封闭价格和进出口贸易流量，而不需要对不同国家比较优势带来的相对成本和价格进行衡量，这就使得对于比较优势法则的检验大大简化。管汉晖（2007）认为近代中国的宏观经济运行条件更接近自由贸易的假设，他利用鸦片战争之前的封闭价格数据和鸦片战争后自由贸易期间的价格和贸易流量数据，基于Deardorff的理论框架，对于比较优势理论进行实证检验。检验结果证明比较优势学说在近代中国是有效的，这一发现填补了经济史研究中的空白。文章在进入实证检验前，着重分析了鸦片战争之前的封闭经济状态和鸦片战争后自由贸易体制的历史条件，认为当时的经济运行环境大致符合理论框架的假设，作者在此基础上才展开分析。管汉晖的工作对强调"前提假设"之研究有很好的示范作用，笔者基本认可文章的研究方法和结论，但是实证部分用了统计学中的相关分析，却缺乏对其效果机理的分析和相关程度的解释。

20世纪以来，随着经济学界对比较成本理论的认识不断加深、数据的深入挖掘和采用，以及统计和计量工具的广泛使用，学者对比较优势理论的研究主要以实证检验为主，尝试从当代中国贸易实践中总结经验。例如，刘重力、刘德江（2003）选用显示性比较优势指数（RCA）在产业层次上测算了1978—1998年中国比较优势的变化。中国农产品的RCA自1978年以来逐年下降，中国劳动密集型产品的RCA在1978—1998年呈上升趋势，比较优势极强而且变化平稳，中国资本密集型产品RCA总体上呈平稳上升趋势。文中使用的分类方法是SITC（国际贸易标准分类）一位数水平，分类过于粗糙，不能准确地反映比较优势和要素禀赋的关系，如果采用更加细分的行业和产品分类标准，结果可能会更加符合现实。在一国比较优势的稳定性问题上，不同的贸易理论多有分歧，鲁晓东、李荣林（2007）通过构造反映比较优势的指标，考察了中国1987—2005年的贸易结构和比较优势及其变化，并使用面板数据、单位根检验等多种方法对其稳定性进行了检验。结论显示，中国的比较优势总体上已发生变化，只有大约1/3的产品具有平稳的比较优势特征，文章认为在整体上判定中国产品比较优势的稳定性状况是不现实的。鞠建东、马弘（2012）通过对1989—2008年中美贸易 21 个行业的贸易数据统计分析以及利用计量方法进行检验，发现了中美贸易"反比较优势之谜"，即美国在其具有技术上比较优势的行业，对中国出口相对较少，美国对中国的产品出口不完全符合比较优势原理。作者认为其可能由于美国对华出口存在某种程度上的限制或者其他原因，导致比较优势行业对中国过少的出口，部分地造成了两国巨大的贸易逆差。"反比较优势之谜"的发现为两国间贸易失衡提供了一种新的解释。文章虽然没有就原因展开讨论，但这给我们提供了有益的启示：美国缘何限制高科技产品的出口？自由贸易和国家利益出现冲突时，理论的有效性需要重新商榷。

因为高度简化的"2×2"模型与现实脱离，又由于实证操作上的不便，这就给基于相对劳动生产率差异的李嘉图"2×2"模型的实证检验工作造成困难。从以上有代表性的实证研究看，国内学者构建的模型也不反映李嘉图意义的比较优势，主要是验证基于要素禀赋差异的比较优势，如检验中国某类产品和某个产业比较优势理论的有效性等。此外，笔者发现，实证工作中测度比较优势普遍使用显示比较优势指数（RCA），即一国某种出口商品在某国出口中所占的比重与世界此类产品出口占世界出口的比重之比。这一指数最初由巴拉萨于 1965 年提出，后被广泛地应用于各种比较优势的计算，它的特点是从商品的进出口贸易的结果来间接地测定比较优势，不直接分析贸易模式的决定因素，这样就无法判断比较优势的来源是要素禀赋的差异还是李嘉图相对劳动生产率的差异。实证研究可以证实或证伪原命题，它的作用在于对理论的重新认识和修正补充，而不应该成为研究工作的终点。

国内关于比较成本学说的研究汗牛充栋，除了几位经济学家的大作外，相关理论研究极少。有关"2×2"模型的理论研究大多是对理论演进发展的总结和评述，有重复之嫌，缺乏创造性。近几年来，比较成本学说的理论研究成果屈指可数，从前提假设的层面修正理论框架的尝试更是几乎没有。

国外学者的研究工作有较高的参考价值。Shaikh（1999）在他的一系列文章中指出，李嘉图"2×2"模型的一个重要假设——劳动价值理论是国内商品交换的依据，却不适用于国际交换。此外，正是"货币数量论"的自动调节机制将原先的绝对优势转化为比较优势，在物价-现金流动机制作用下实现贸易平衡。如果没有这一自动调整机制，绝对优势不仅决定国内贸易，而且决定国际贸易的模式。只有当一国能决定宏观经济政策和贸易政策的时候，才可以用李嘉图比较优势的模型解释全球贸易模式。李嘉图"2×2"模型建立在易货贸易的前提假设之上，不考虑货币因素和汇率影响，Shaikh 的研究强调物价 – 现金流动机制对贸易平衡的作用，分析了汇率的变化对净出口量的影响，"资本在国家间不能流动"之假设与全球竞争的事实相悖，绝对优势理论更有解释力。Heinz D. Kurz（2015）也认为李嘉图忽略了货币在贸易中至关重要的作用，以致他的观点难于理解。他强调货币作为交换媒介的作用，以金本位制为例，在自由贸易条件下，英国物价都高于葡萄牙，则英国进口，葡萄牙出口，由此带来黄金从英国流入葡萄牙，导致英国物价降低，葡萄牙物价升高。在均衡点的位置，葡萄牙的布匹较英国更贵，葡萄酒在葡萄牙价低。结果是英国出口既具有比较优势又具有绝对优势的布匹，但是在外在形式上，按照比较优势分工。此外，作者认为商人才是国际贸易的主体，而不是国家。实际上，商人以追求利润最大化为目的，积极寻找获利机会以从贸易中直接受益，他们关注的是利润和价格，而不是劳动力数量和就业，国际贸易的宏观经济结果正是商人的微观经济活动带来的。Gilbert Faccarello（2015）认为，李嘉图的比较成本理论存在 2 个未解决的问题：其一，该理论关注宏观层面，以国家作为参与贸易的主体，但是事后的收益无法解释进出口贸易的动机，并不是政府为了提升国家福利的举措，缺乏微观基础。企业才是参与国际贸易的真正主体，通过套汇套利等追求利润最大化，而李嘉图却忽略了这方面的讨论。其二，劳动价值理论决定国内商品交换比率，运用于国际贸易时却失效，关于国际交换比率的依据李嘉图也没有给出答案。Andrea Maneschi（2002）指出，李嘉图在原著中使用了"4 个神奇的数字"，由于穆勒父子的错误理解，后人一直误解成这 4 个数字是两国单位产品的劳动投入系数，他们认为这 4 个数字并不反映投入产出关系，而是代表用以交换的一定量商品中所含的劳动量，两两相减即得出贸易所得，也就是较自给自足节省的劳动。Carmen Elena Dorobat 和 Mihai-Vladimir Topan（2015）在他们的论文中强调了企业家是影响国际贸易的重要因素，专业化分工不是在市场外部完成的，而是由企业家驱动的。国际专业化分工是企业家在特定的技术范围内，基于未来市场条件、最终产品价格和资本品的租金做出的决定。生产的产品满足消费者最重要的需求，当市场条件改变时，企业家经过判断，对市场数据和消费者偏好做出调整，形成了新的专业化模式。

  Nicolás Amoroso（2011）等人在一项研究中，分析了墨西哥等国 1996—2005 年比较优势的类型以及与墨西哥相近的竞争对手的比较优势来源。结果显示，即使是在要素比例相近的竞争者之间，制造业贸易的比较优势模式也是由要素禀赋差异决定的，而不是基于劳动生产率差异的李嘉图比较优势模式，物质资本和人力资本的不同能较好地解释贸易模式。Arnaud Costinot 和 Dave Donaldson（2012）指出，李嘉图把国际贸易归因于相对劳动生产率的不同，而这一变量很难直接衡量。他们以农业部门为研究对象，根据理论建立相应的生产函数形式，突出相对劳动生产率这一重要解释变量，构建了包含 55 个主要的农业国的 17 种农作物的生产率和价格信息的数据库，利用统计分析证明了真实数据与模型预测的产出水平大致吻合。李嘉图比较优势学说不仅理论正确，也得到了实证证实。E. King（2013）梳理了《政治经济学及赋税原理》第 7 章"论对外贸易"中的文本细节及后来学者对"2×2"模型的补充，总结为以下几点：李嘉图"2×2"模型虽有提及劳动生产率变化的情况，但未将动态变化加入模型，静态的分析受到广泛批评；忽视已出现的全球化特征。事实上，18 世纪早期资本较大程度上实现了国家之间的自由流动，这与资本只能在国内流动的假设相悖；回避了国际贸易带来的收入分配的问题，贸易可能带来全球发展的不平衡和发展中国家贫穷加剧；未充分考虑贸易发生的宏观经济环境，现实中不存在模型假设的完全就业和国际收支的自动调节机制，马克思和凯恩斯也因此否定比较优势学说；国家政策影响国际分工，18 世纪到 19 世纪早期英国实行促进纺织品出口的政策。Ron Baiman（2010）从李嘉图原著的细节中提炼出前提假设，加入了消费者价格的反应行为的一般形式，以此构建模型，通过推理和分析，他发现即使所有的假设在现实世界中均成立，也不一定按照比较优势的原则分工，比较成本理论只是说明了某种可能性和潜力。李嘉图比较成本理论依赖数学形式，而难以得到一般解决，为了验证这一说法，假定了固定的消费者需求价格弹性，英国和葡萄牙若要实现可持续和双方受益的贸易，除了市场的力量，还依赖有管制的贸易体制。国外有关研究内容可以总结为以下几个方面：

（1）对李嘉图原著的解读颇见功力，将价值理论、地租学说和利润率等相关章节联系，深刻揭示李嘉图比较成本学说的发现和演进过程。

（2）从运输成本、货币等多角度加以分析，补充前提假设。

（3）基于劳动生产率构造模型做实证研究，而劳动生产率在指标的设计和计算上存在困难。这种实证研究难度较大，数量较少。

（4）总结李嘉图的经济思想及其逻辑抽象的经济研究方法的重要意义。

从以上的文献综述中可以看出，"2×2"模型的研究取得了较大的进步，国外学者将货币因素、汇率、企业家精神、贸易商等变量加入模型，修正不现实的假设，丰富了理论内涵。通过地毯式的搜索和认真研读，笔者并没有发现从总供求态势的角度补充该理论的前提假设的文献，缺乏宏观经济运行层面上的思考。

在经济史和经济学理论的研究中，不同历史阶段里经济运行的前提条件十分重要，因为只有正确的前提条件，才会建立起正确的逻辑分析框架，而这又是得出正确结论的必要条件。任何一种经济理论都以一定的前提假设为起点，离开了适用范围，理论就可能会失去有效性。李嘉图创建的比较优势理论建立在一系列前提假设之上，在一定的范围内有效。从经济史的研究视角考察，李嘉图"2×2"模型还有哪些暗含的前提假设？这些假设与当今历史现实是否一致或贴近？我们不仅要从逻辑上进行推理，也要结合李嘉图理论的历史背景。补充和修正"2×2"模型暗含的前提假设，是本章的研究目标。

## 第二节 李嘉图比较优势学说暗含假设之研究

### 一、世界经济从供给约束向需求约束过渡

"从经济发展规律来看，一国经济如果不是完全停滞，则应该是从供给约束型向需求约束型转变。"[①] 供给约束型经济属于短缺经济，总供给的物质构成完全与总需求吻合，虽然需求并不旺盛，但由于供给不足，销售没有任何问题，总需求被迫适应总供给。简单地说，就是低下的总产出不能满足消费者低水平的购买。产品一生产出来就立刻被买走，居民稍有储蓄，就会被借来用做投资。20世纪60—80年代，在中国短缺经济状态下，城市里到处可见"储蓄一元钱，支援社会主义建设"的宣传标语，其用意不只是倡导"节俭"的美德，当时的中国劳动力丰富而资本短缺，通过增加储蓄和投资提高供给水平是解决问题的主要手段。在供给约束型经济态势下，采购员满天飞，各工厂几乎用不着销售科，卖商品根本不是问题。我们也记得那凭票凭证供应的年代，生活必需品极度匮乏，国家实行限量供应和凭票证供应的办法，各种票证多达数十种，人们只要见到排队，先不问卖什么，排上队再说。城市的商品几乎全都凭证或凭票供应，农村更加困难，根本买不到东西。在这种情况下，别说是正品，残次品也有人抢购。改革开放前，我国居民的收入水平很低，消费需求极其有限，即便如此，也出

---

[①] 刘巍、陈昭：《大萧条中的美国、中国、英国与日本》，经济科学出版社2010年版，第94、190页。

现了供不应求的现象。归根到底，是因为供给约束经济态势下产量太低，满足不了消费者低水平的购买。供给约束型经济的基本机理可用图 3.1 说明。

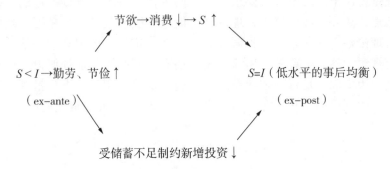

**图 3.1 "供给约束型经济"从事前不均衡到事后均衡**

在需求约束型经济态势下，潜在总供给能力强大，只要有订单，厂商就能供给产品，销售成了企业最大的问题。简言之，总供给被迫适应总需求。相对来说，只有消费者买不起的问题，而生产一端没有太大问题。生产能力大幅提升，无论是产品质量还是产品数量都实现了自给自足，满足国内需求完全不成问题。大量闲置设备未开工，只要有订单，工厂就能开足马力源源不断地供给产品，还可以按照客户要求"量身定制"。在这种情况下，各国面临的问题是如何刺激和创造新的需求，为剩余产品开拓国内和国际市场。

在一个较长的时间段，世界经济是供给约束型的。陈昭（2013）在对英国早期经济的发展进行宏观经济态势的理论和逻辑分析的基础上，利用1830—1936 年的宏观经济数据实证证实了 19 世纪 30 年代英国在工业革命的尾声过渡为需求约束型经济社会。① 从实证的角度考查，刘巍、陈昭（2010）通过数量分析推算出几个主要国家经济态势的时间转折点，日本在 1950 年前后进入了需求约束型经济态势，美国也在"大萧条"前夕进入了需求约束型经济态势，中国在 1995—1996 年前后进入需求约束型经济态势。②

刘巍曾对美国"大萧条"之前的宏观经济表象有过描述。"一战"之后，美国进入需求约束型经济态势，汽车制造业的迅速壮大和成熟，给美

---

① 陈昭：《英国宏观经济态势的转折点——供给约束型经济向需求约束型经济的转变》，载《广东外语外贸大学学报》2013 年第 24 卷第 2 期，第 24～28 页。
② 刘巍、陈昭：《大萧条中的美国、中国、英国与日本》，经济科学出版社 2010 年版。

国经济注入了活力，石油生产、轮胎制造、钢铁冶炼、公路建设等行业在汽车工业的带动下快速发展起来。工业产业突飞猛进，1921年曾出现货物积压成堆的现象。美国国内生产潜力巨大而有效需求不足，经济增长的发动机是需求。为了刺激投资和消费，分期付款方式在美国普遍推开，这是以未来做抵押，刺激公众需求的有效手段；厂商把销售置于与生产同等重要的地位，甚至置于比生产更重要的地位，推销员和促销员满天飞，他们为销售量绞尽脑汁；美国的广告业成了一个重要的行业，广告商用尽各种宣传方式激发消费者的购买欲望。广告和推销员联手，左右或控制了消费者的选择，透支未来的支付方式——分期付款，则使这种选择变为有效需求。

经济发展的历史表明，世界经济逐步从供给约束向需求约束过渡。随着技术进步、资本和劳动的积累，经济不断增长和发展，尤其是工业革命之后，生产能力大幅提高。从资本短缺到大量闲置资源的出现，国际市场上的倾销和反倾销开始盛行，刘威（2010）的学位论文首次系统地研究了世界经济从供给约束型经济到需求约束经济的转变，通过建立实证模型，得出了世界主要国家实现两种经济态势过渡的大致节点。[①]

## 二、对李嘉图"2×2"模型逻辑的讨论

笔者参考原著对"2×2"模型做简单说明。从表3.1看，生产等量的布匹或葡萄酒，无论哪一种产品，葡萄牙都较英国投入更少的劳动，即两种商品均占有绝对优势，但由于葡萄酒比布匹优势更大（33%＞10%），即葡萄酒具有比较优势，布匹具有比较劣势。如果葡萄牙专门生产葡萄酒并以此交换英国的布匹，英国则专业生产并出口布匹进口葡萄酒，两国均能消费更多的商品。所以葡萄牙"宁愿把资本投在葡萄酒的生产上并以此从英国换取更多的布匹，也不愿意挪用种植葡萄的一部分资本去生产布匹"。[②]李嘉图用简单的数字举例法来阐述比较成本学说，表3.1中关于布匹和葡萄酒的4个数字被称为"神奇的数字"，这种方法被多次用到，他在讨论利润、地租时均有使用。在今天看来，"2×2"模型有很大的缺陷，但是在两百年前的古典主义时期，这种思想是超前的。

---

[①] 刘威：《世界经济从供给约束型经济到需求约束经济的转变研究》，广东外语外贸大学硕士学位论文，2010年。

[②] 李嘉图：《政治经济学及赋税原理》，周洁译，华夏出版社2005年版，第93页。

表3.1　英国与葡萄牙的比较优势和绝对优势

（单位：人/年劳动）

|  | 布匹 | 葡萄酒 |
| --- | --- | --- |
| 英国 | 100 | 120 |
| 葡萄牙 | 90 | 80 |
| 绝对优势（%） | 10% | 33% |

资料来源：李嘉图：《政治经济学及赋税原理》，周洁译，华夏出版社2005年版，第93页。

根据对原著的理解，笔者做了更直观的图示，如图3.2所示。

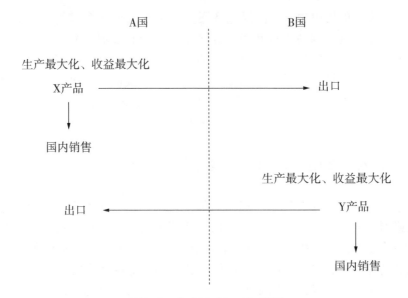

图3.2　李嘉图"2×2"模型

我们用图3.2简单表示李嘉图"2×2"模型的逻辑，在这个高度简化的模型中，假定只有两个国家——A国和B国，这两个国家都有生产X产品和Y产品的能力。其中，A国两种产品的劳动生产率都高于B国，如果按照绝对优势学说的思维框架只做单一的纵向之比较，B国无任何优势可言，从A国进口两种产品似乎更有利，但这显然是不可能的。比较成本理论的进步之处在于其双向的纵横之比较。相对于Y产品，A国X产品的优势更大，也即B国Y产品的劣势较小。李嘉图的思想是，无论两国产品优劣对比如何，选择生产最大优势和最小劣势的产品，即具有比较优势产品，贸易双方均能从国际贸易中获益。"商业完全自由的体制下，各国都必然地将其资本和劳动用于对本国最有利的方面……它能够最有效并最经济地分配劳动。通过提高生产总额，让人们都收益正是……由于这一原则，葡萄在法国种植，谷物在美国和波兰种植。"① 遵循这种逻辑，A 国专门生产 X 产品，除了供给国内市场外，出口一部分到 B 国以交换 Y 产品；同样地，B 国专业化生产 Y 产品，一部分被国内需求消化，一部分出口到 A 国交换 X 产品。"由于劳动分工更为合理，各国都生产适合于本国国情、气候、其他自然优势和人为优势的商品，并且由于将这些商品与其他国家的商品进行交换因而使我们的享受增加，其意义就和我们享受由于利润的提高而得到的增进是一样重要的 。"② 如果这种贸易模式得以实现，消费者将比两国同时生产两种产品的自给自足状态消费的数量要多，社会福利便会提高。在市场供求机制的作用下，存在一个均衡点，在此点处，交换比例和交换数量的组合实现了厂商生产最大化和收益最大化。这种资源配置方式使两国的厂商实现了利润最大化，或者说，正是厂商追求利润最大化的动机促使国际专业化分工形成。

李嘉图 "2×2" 模型只是抽象出最简单的形式，现实世界远比这复杂，但这并不影响我们对比较优势思想的理解。后来的人汲取了李嘉图比较优势的逻辑，以此为出发点拓展到多种产品、多个国家的情况。例如，D - F - S（1977）以 Ricardo 假定为基础，在 [0，1] 的连续产品空间上，利用供求方法分析了一般均衡条件下，本国及外国专业化生产并出口具有比较优势商品的范围。迪尔多夫（1980）证明了在多个国家多种产品一般均衡比较优势模型中，比较成本理论依然有效。在现代国际贸易理论研究中，"2×2" 模型经常作为研究起点，不再深入分析其成立的条件。

### 三、对李嘉图 "2×2" 模型暗含前提的讨论

#### （一）暗含 "供给约束型经济" 之前提假设

计量经济史研究的时间跨度较大、地域范围较广，首先应该考察的是研究对象处于供给约束型经济态势下还是需求约束型经济态势下。对李嘉图 "2×2" 模型，如果不了解理论背景，就很难把握其要义。古典经济学理论的上位前提假设应该是供给约束，即经济增长的发动机是总供给。经济学之父——亚当·斯密鼓励勤劳和储蓄，批评奢侈浪费，他强调资本积

---

① 李嘉图：《政治经济学及赋税原理》，周洁译，华夏出版社 2005 年版，第 94 页。
② 李嘉图：《政治经济学及赋税原理》，周洁译，华夏出版社 2005 年版，第 93 页。

累对增进财富的作用,因为"资本的增减,自然会增减真实劳动量,增减生产性劳动者的人数,因而,增减一国土地和劳动的年产物的交换价值,增减一国人民的真实财富与收入"。"资本增加,由于节俭;资本减少,由于奢侈妄为"。"节省了多少收入,就增加了多少资本。这个增多的资本,他可以亲自抽下来雇佣更多的生产性劳动者,抑或借给别人以获取利息,使其能雇佣更多的生产性劳动者……""资本增加的直接原因,是节俭,不是勤劳。诚然,未有节俭以前须先有勤劳。节俭所积蓄的物,都是由勤劳得来。但是若只有勤劳,无节俭,有所得而无所贮,资本决不能加大"。①

李嘉图在《政治经济学及赋税原理》中提到:"萨伊先生曾经十分令人满意地证明,需求仅受生产所限,因此国家总是运用其全部资本投入生产","在事物的一般发展过程中,所有商品都不可能长期地按人类的需要的愿望得到充分的供给"。在短缺经济中,资本积累是生产发展的重要条件,通过"增加收入"和"减少消费"两种途径积累资本。在赋税理论中,李嘉图反复强调减少对资本征税,避免削弱该国的未来生产能力,因为"一切税收都能减弱积累能力"。同时期的英国经济学家约翰·穆勒也认为"资本是节省的结果","节省是资本赖以增加的方式",因此鼓励增加生产,减少消费。这些古典经济学大师无一例外地倡导资本积累,限制非生产性消费,鼓励生产性劳动,增加国民财富。建立在劳动价值论基础上的比较优势模型正是这一思想的体现,通过实行国际专业化分工,两国节约了劳动,也就是节省了维持劳动的资本。在有关经济中是否存在经济危机的问题上,李嘉图站在马尔萨斯和西斯蒙第的对立面,而信从萨伊。他相信人们的欲望是没有止境的,需求是无限的,并进而相信供给可以创造需求。他曾说:"我把人类的欲望和爱好看作是无限的,我们都希望增加我们的享受或能力。消费增加我们的享受,积累增加我们的能力,他们同样地促进需求。"②李嘉图承认局部生产过剩有可能出现,但否认普遍的生产过剩。古典经济学理论强调从供给的角度分析问题,只要投入劳动和资本,生产的产品就能全部被消化,需求一端没有问题。同斯密、穆勒等人一样,李嘉图的学说实际上暗含了"供给约束型"的经济态势,符合当时的历史现实。

世界经济在较长的历史时期处于供给约束经济态势下,可以想象,李嘉图(1772—1823年)生活的年代,英国产业革命尚未完成,制造业发展迅速却仍然是个农业国,即使是最早发展起来的毛纺织业也较为粗糙。

---

① 亚当·斯密:《国民财富的性质和原因的研究(下卷)》,郭大力、王亚南译,商务印书馆2008年版。

② 斯拉法:《李嘉图著作和通信集(第6卷)》,商务印书馆1987年版,第154页。

储蓄和资本积累不足，有限的土地供给和土地生产力，决定了产品不可能大量供给。劳动力精耕细作，早期的机器代替不了复杂的劳动。李嘉图思考并提出比较优势学说的时代背景是19世纪初，由此反推出当时的英国仍处于供给约束型经济态势。这是一个实证问题，完全可以用经济史数据说明。

从表3.2中1750—1860年的人均工业化水平看，英国工业化进程起步最早也发展最快，分阶段来看，在1830年以前英国工业发展处于比较低的水平，工业革命完成后才突飞猛进。英、法、德是当时欧洲最大的三个国家，其他欧洲国家工业化都很低，世界平均水平更低。

表3.2 欧洲主要国家人均工业化水平（1750—1860年）

（英国1860年=100）

|  | 1750 | 1800 | 1830 | 1860 |
| --- | --- | --- | --- | --- |
| 英国 | 28 | 30 | 39 | 100 |
| 法国 | 14 | 14 | 19 | 31 |
| 德国 | 13 | 13 | 14 | 23 |
| 荷兰 | — | 14 | 14 | 17 |
| 比利时 | 14 | 16 | 22 | 44 |
| 葡萄牙 | — | 11 | 11 | 13 |
| 欧洲 | 13 | 13 | 17 | 27 |
| 世界 | 11 | 9 | 11 | 11 |

资料来源：斯蒂芬·布劳德伯利、凯文·H.奥罗克：《剑桥现代欧洲经济史：1700—1870》，中国人民大学出版社2015年版，第141页。

从表3.3来看，英国的制造、采掘、建筑业从18世纪后期开始在国民部门的产值比重不断上升，至少在1811年前，农业在国民部门的产值比重最大，英国还是农业社会。法国的工业化进程相对滞后，1840年前以农业为主，制造、采掘、建筑业在国民部门的产值比重一直低于农业的份额。"1870年欧洲工业产出超过一半仍然是为了满足基本的生活需要——食物、衣服和住所。其他值得注意的制造业活动是金属和金属加工，其中主要涉及钢铁的生产以及将它们转化成铁轨和机车、船、蒸汽机及其他机器。采矿为一些工业活动提供了原材料和能源，但是它的大部分是作为家庭取暖之用的煤炭。""1770年以后，英国实际收入出现下滑的趋势，尤其是在1790—1815年，实际收入下降的幅度较大。这说明广大劳动者在工业革命初期，付出了生活水平下降的代价。"① 因此，英国工业在发展的早期，无论是总量上还是结构上水平都较低，居民消费水平并不高，甚至出现下降的趋势。

表3.3 英法国民部门的产值比重

(单位：%)

| | 英国 | | | 法国 | | |
| --- | --- | --- | --- | --- | --- | --- |
| | 农业 | 制造、采掘、建筑业 | 商业 | 农业 | 制造、采掘、建筑业 | 商业 |
| 1788 | 40 | 21 | 12 | 49 | 18 | 12 |
| 1801 | 33 | 23 | 17 | — | — | — |
| 1811 | 36 | 21 | 17 | — | — | — |
| 1815 | — | — | — | 51 | 22 | 7 |
| 1820 – 4 | 26 | 32 | 16 | 43 | 40 | 11 |
| 1830 – 4 | 24 | 35 | 18 | 44 | 37 | 12 |
| 1840 – 4 | 22 | 35 | 19 | 40 | 39 | 14 |

资料来源：B. R. 米切尔：《帕尔格雷夫世界历史统计·欧洲卷1750—1993（第四版）》，贺力平译，经济社会出版社2002年版，第982页。

在本章对"2×2"模型逻辑的讨论中，"A国专门生产X产品，除了供给国内市场外，出口一部分到B国以交换Y产品"。从模型逻辑反推前提，这里暗含着一个重要的前提——无论是A国供给国内市场的那部分X产品还是从B国进口的Y产品都不能完全满足国内需求，B国亦如此。也只有这样，比较优势理论的逻辑才是通顺的。李嘉图没有交代清楚，很容易让人误解为国际贸易是在满足国内需求之后，把剩余部分出口到国外，这个问题在下文中会做进一步讨论。

（二）暗含"标准的市场经济"之前提假设

计量经济史研究除了关注某一特定研究对象所处的经济态势，还要关注制度、习俗、追求、惯常行为等因素。在李嘉图所处时代的哲学思潮中，边沁功利主义哲学的影响最大。他认为个人利益是人类行为的准则，"最大多数人的最大程度的幸福"是每个人利益的加总。李嘉图根据他的观点断言，每个人在追求个人利益的同时，并不与整个人类、整个社会的利益

---

① 高德步：《世界经济史》，中国人民大学出版社2005年版，第13页。

冲突。

李嘉图站在工业发展的立场，最重视资本积累和利润增加。国际交换带来的好处之一就是通过进口廉价的基本必需品，降低工人工资，这样利润就会提高。因此，和斯密一样，李嘉图反对国家干预，主张自由竞争和自由放任。他认为，资本发展的正常或最有利的条件就是竞争，只有在自由竞争下，资本才可能充分发展，才能不断保证在最有利的条件下，获取最大利润，从而最快地积累起来。"在没有政府的干预时，农业、商业和制造业最为繁荣"，"需要国家做的全部事情，就是避免一切干预，既不要鼓励生产的一个源泉，也不要抑制另一个源泉"。① 在他看来，最好的财政计划就是支出最少的财政计划，最好的赋税就是税额最少的赋税，应当减少政府干预，听任资本和劳动寻找自然的用途，只有这样，社会资本才会迅速增加。因为不论什么管制措施，其实都是在某种程度上指导私人资本运用其资本，而管制的目的不过是使资本和劳动投入到某个特定部门，结果是使社会产品或其价值总量减少。

这大体上也符合英国的历史状况。18世纪下半期到19世纪上半期英国逐渐形成了自由市场。这一时期，英国经过300多年的发展已逐渐形成有效的市场机制。19世纪20年代起，英国与几个主要国家订立了互惠贸易协定，废除所有输出品的限制；1813年，英国废除了东印度公司对印度贸易的垄断；1846年废除了谷物法；1849年废除了航海条例。在国内，一系列不合理的干预制度也被废除了，"看不见的手"发挥作用，政府的控制不仅多余，而且成为市场运行和经济发展的阻碍。英国实现了自由市场制度，进入标准的市场经济阶段。

标准的市场经济不同于早先的重商主义市场经济形态，充斥着垄断和寻租活动，依靠国家干预维持运转，也不同于凯恩斯革命之后的现代资本主义经济。在18世纪的英国，产业革命引起市场经济转型，由重商主义市场经济形态过渡到自由竞争的市场经济形态。在标准的市场经济体系下，产品和服务的生产及销售完全由自由市场的自由价格机制所引导，按市场信号配置资源，而不是像计划经济一般由国家所引导，政府基本不干预市场，对产权和契约加以保护，充当"守夜人"的角色。由于生产要素和产品的价格都是由市场竞争决定的，能够反映产品和要素的供求状况和相对稀缺性，厂商在依据这样的价格信号从事经营和生产的过程中，会对通过市场价格传递的关于产品和要素的供求状况及相对稀缺性做出反应，实现

---

① 彼罗·斯拉法：《李嘉图著作和通信集（第八卷）》，寿进文译，商务印书馆1987年版，第95页。

利润最大化。

标准的市场经济是李嘉图"2×2"模型的一个重要前提假设,"在商业完全自由的体制下,各国都必然地将其资本和劳动用于对本国最有利的方面,这种对个体利益的追求很好地同整体的普遍利益联系在一起"。也只有在此条件下,产业资本家才能不受政府干预,在利益的驱使下,"把资本投在葡萄酒的生产上并以此从英国换取更多的布匹"①。如果国家利用垄断力量干预资源配置,"2×2"模型将崩溃。

(三)暗含"没有国家间的战争威胁"之前提假设

历史学派经济学家李斯特把政治经济学分为私人经济学、国家经济学和世界经济学三个部分。正如他所批评的,"流行学派理论体系"(亚当·斯密的经济自由主义)存在着缺陷:"漫无边际的世界主义"、"不承认国家原则"、"唯物主义","这个学派没有考虑到国家的本质、特殊利益和条件,没有把这些方面同世界联盟及永久和平联系起来"。② 李斯特认为斯密把研究对象扩展到全人类,而并不以国家为考虑对象,世界上一切国家组成一个社会,生存在持久和平的局势之下的假定脱离现实。同斯密一样,李嘉图是一个世界主义者,受功利主义和经济自由思想的影响,他的理论超越了国家的概念,设想存在着一个大同社会,"通过提高生产总额,让人们都受益,用相互利益和交往这一共同纽带把文明世界的各民族结合成一个大同社会"③。他在这段话中提出,自由贸易可以连接国家间的共同利益,对本国利益的追求能够同整个世界的利益结合起来。穆勒也认为:"国际贸易的高度扩展和迅速增加是世界和平的主要保证。"④ 各国利益的和谐一致保证了互利贸易的顺利进行,而经济的相互依赖又塑造了国家间的共同利益,两者是互为因果的关系。英法战争结束后,相对和平的状态为国际贸易创造了条件,这是自由贸易的"因",而他们只强调了"果"。正如美国经济学家熊彼特所指出的"李嘉图恶习",模型忽略掉了现实世界中纷繁复杂的因素。经济全球化加深了各国间的联系,但理想中的和谐世界远未实现。由于不同的利益,各国在维护国家安全和追求优势方面不可避免存在冲突战争的可能性永远不为零。亚当·斯密也承认"国防比国富重要得多",考虑到国家安全的需要,限制自由贸易也是合理的,一国不可能把国家发展

---

① 李嘉图:《政治经济学及赋税原理》,周洁译,华夏出版社2005年版,第95页。
② 李斯特:《政治经济学的国民体系》,邱伟立译,华夏出版社2009年版,第94页。
③ 李嘉图:《政治经济学及赋税原理》,周洁译,华夏出版社2005年版,第94页。
④ 约翰·穆勒:《政治经济学原理(下卷)》,赵荣潜译,商务印书馆1991年版,第124页。

政策全部交给市场。

战争的爆发会使国际贸易发生根本性的变化。1806—1812 年，拿破仑为战胜英国采取大陆封锁政策，禁止欧洲大陆国家同英国的任何通商通讯往来，并不断扩大对英国的封锁范围。英国用海上反封锁政策回击法国和他的同盟国，封锁和反封锁中断了欧洲的贸易往来，原料不足和市场萎缩使工业基础相对薄弱的法国的工厂企业相继倒闭，英国的工业生产和对外贸易也受到打击。为了维护国家利益，政府不只充当"守夜人"的角色，在受到国家间的战争威胁时，它会很快意识到，比较优势依赖国家间关系的维系，国际贸易不能简单遵循比较优势的理论框架，还需要考虑现实因素。那种因为劣势较小而具有的比较优势本质上依然是一种劣势，而那种因为绝对优势较小在国际分工中放弃的产业，短期内往往无法建立起来。单一的产业结构是脆弱的，存在很大风险，一个明显的例子是，英法战争中，法国军队的服装是从英国进口的。设想英国中止出口贸易，法国又早早放弃了本国的纺织产业，结果不堪设想。又如，在生产谷物上有比较劣势的国家通过进口粮食满足国内需求，战争一旦爆发，无论贸易模式和市场机制设计得如何完美，经济都无法正常运转，这对依赖粮食进口的国家将是巨大的威胁。这时，政府就会为着国家利益考虑而干预资源配置，"2×2"模型失效。历史和现实的情况是，一国总会不同程度地保护国内产业，尝试建立多元的经济结构，这也解释了为什么自由贸易论倡导的完全国际分工和国际贸易从来没有在现实中出现过。由此，我们得出这样的结论：不受国家间的战争威胁是开展自由贸易的基础，也是李嘉图"2×2"模型暗含的重要前提假设。李嘉图却抽象掉了这些现实因素，不提及战争和利益冲突。

通过上文的讨论，"2×2"模型暗含供给约束型经济态势、标准的市场经济和没有国家间的战争威胁的前提假设。在这些前提下，供给方没有销售的困扰，总需求能够消化任何数量的供给，只要国民经济各部门的厂商投入资本和劳动，生产出来的产品就一定能销售出去。在标准的市场经济下，市场机制有效运行，政府也不需要考虑产业结构单一的安全隐患。厂商面临的最大问题是扩大投资生产，实现利润最大化。

宏观上，一国投资只需比较利润与融资成本，无须考量其他因素。利润的大小由技术水平决定，用利润率表示，短期内不存在技术进步，因此利润率可视为常量。融资成本是投资付出的利息，经济学中付息水平的高低是用利率表示的，这恰好可以和各行业平均利润率做比较。资本短缺情况下，利率水平对投资影响很大。假定某行业的利润率是 10%，如果资本市场上的利率也是 10%，显然，大多数厂商不可能投资，因为那是徒劳的；

利润率小于10%，厂商投资成本高于收益，也不会投资，只有利润率水平高于10%的厂商可以投资。于是，市场利率越低，可以获利的厂商越多。也就是说，其他条件具备时，投资是市场利率的一元减函数。

$$I = f(r) \tag{3.1}$$

微观上，所有生产要素就业，不存在闲置的资本和劳动。市场是出清的，产量等于销售量。假定厂商的生产函数为 $Q = f(L, K)$，既定的商品的价格为 $P$，劳动和资本的价格分别为 $w$ 和 $r$，$\pi$ 表示利润，只有在以上条件下，厂商的利润函数才能写成如下形式：

$$\pi(L, K) = Pf(L, K) - (wL + rK) \tag{3.2}$$

由利润最大化的一阶条件：

$$\partial \pi \partial L = P \partial f \partial L - w = 0$$
$$\partial \pi \partial K = P \partial f \partial K - r = 0$$

求出最优的生产要素组合（$K^*$，$L^*$）。

## 四、需求约束和国家安全意识条件下的分析

一切生产的最终目的，都在于满足消费者的需求。在需求约束型经济态势下，只要有订单，厂商就能供给产品，销售成了企业最大的问题。因此，厂商在是否投资和投资多少的问题上，除了要比较利率和利润率的高低，还要考量消费需求能否吸纳总供给。因为即使投资成本很低，如果有效需求不足，生产出来的东西销售不出去转化为大量库存，投资就会毫无意义。产品最终消费群体分为国内消费 $C$ 和国外消费（即出口）$X$ 两部分，无论哪一部分消费量增加都会对带动新一轮的投资活动起到一定促进作用。因此，对于一国产品的国内消费 $C$ 与国外消费 $X$ 均与总投资呈正向关系。于是，投资函数为如下形式：①

$$I = f(C, X, r) \tag{3.3}$$

在图 3.2 中，供给约束型经济态势下，A 国专业化生产 X 产品，Y 产品依赖从 B 国进口。此时，A 国两种产品的投资函数如下：

$$Ix = f(r) > 0$$
$$Iy = 0$$

随着资本积累，A 国 X 产品供给潜力大幅度超过需求，大量机器设备闲置下来。在国家安全意识下，A 国试图改变单一的产业结构，发展本国 Y

---

① 对需求约束型经济中投资函数的深入分析见第四章。

产业以抵御国际贸易的风险。新增投资开始向 Y 产品生产领域转移，即使不能出口，国内消费需求也会促使 Y 产业建立起来。如果国内市场需求很大，在本地市场效应下 Y 产品逐步形成一定的产业规模，A 国不断降低 Y 产品进口数量直至完全摆脱对 B 国的依赖。投资方向必然会转向 Y 产品。于是，A 国两种产品的投资函数发生变化，如下所示：

$$I_x = f(C, X, r)$$
$$I_y = f(C, X, r)$$

A 国国内两种产品的交换将逐步替代国际交换，国内贸易代替国际贸易。无疑地，B 国也会照此办理，这样，以"比较优势"原则维系的"2×2"模型就从本质上走样了。微观上，市场不再出清，厂商根据订单生产，利润最大化的保证条件消失。

## 第三节　不同经济态势下的贸易模式讨论

### 一、贸易双方均处于供给约束型经济态势下的分析

本章第二节补充了"2×2"模型暗含的三个前提假设，并做了初步讨论，得出了在需求约束和国家安全意识条件下模型失效的结论。毫无疑问，经济态势的转变，必然会影响到经济运行机制和理论的逻辑推理。本章参照原著中的一系列假设，将不同经济态势加入模型，考察不同前提假设下贸易模式如何决定。

当两国均在供给约束型经济态势下，由于同处于"吃不饱"的短缺状态建立起更加紧密的经济联系，在两国之间实现资源的最优配置变得至关重要。因此，我们选用一般均衡的分析方法来研究两个市场的关系，在相对价格体系内做简单供求分析。

图 3.3 中，$a_x$、$a_y$ 分别表示 A 国生产 X、Y 的单位劳动投入，$b_x$、$b_y$ 分别表示 B 国生产 X、Y 的单位劳动投入，$L_A$、$L_B$ 分别表示 A、B 两国的劳动总量。相对价格由相对供给和相对需求共同决定，考虑相对需求的一般情况，在点 1 处实现了一般均衡，X 的相对价格介于 A 国生产 X 的机会成本 $(a_x a_y)$ 与 B 国生产 X 的机会成本 $(b_x b_y)$ 之间。此时两国按照比较优势原则实行专业化分工，A 国专门生产 X，B 国专门生产 Y，比较优势在国际贸易中起决定作用。

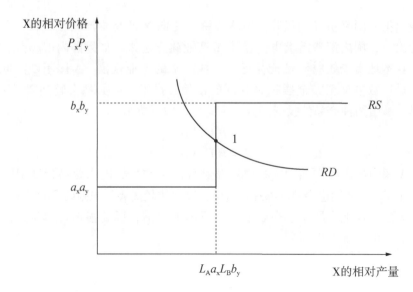

图 3.3　X、Y 产品的相对供给和相对需求

## 二、一方为需求约束型，一方为供给约束型的分析

假设 A 国由于技术进步或经济中可利用的资源大大增加，使得生产可能性曲线向外扩张，由供给约束型经济态势进入需求约束型经济态势。A 国生产能力不仅满足国内需求且有大量剩余，出现了生产过剩。此时，增加 Y 的生产不必减少 X，Y 的机会成本趋近于零。Y 的绝对优势得到加强，或者出现由绝对劣势转化为绝对优势的情形。无论 B 国生产的 Y 产品进口价格低到何种程度，A 国自然不必再进口，而且只要国际市场存在需求，就能以绝对低的价格出口 Y 产品。B 国经济面临短缺，仍处于供给约束型经济态势下。暂且不论 B 国会做何应对，可以肯定的是，Y 产品的出口贸易中止了，原本流向出口部门的资源必然调整。从资源配置的角度讲，贸易模式的改变使处于供给约束型经济一方的国内资源分配状况恶化了。

一旦放开供给约束的前提假设，相对供给和相对需求失去意义，绝对价格体系适用，我们选用局部均衡的方法研究单一的市场，具体分析两国 Y 产品的供求，如图 3.4 所示。

（一）供给约束型经济态势下 Y 产品的供求分析（B 国）

从图 3.4（1）看，$S_0$ 是极端供给约束型经济态势下 Y 产品的供给曲线，垂直于横轴，在需求曲线从 $D_0$ 运动到 $D_1$ 的位置，价格上升较快，产

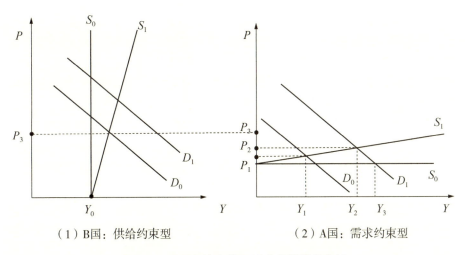

（1）B国：供给约束型　　　　　（2）A国：需求约束型

图3.4　不同经济态势下Y产品的供求分析

出保持的水平不变，增加的需求全部反映到价格上。以此为参考，作出B国Y产品的供给曲线，斜率应该是非常大的。总需求增加时，受生产能力所限，产出增加抑制价格上涨作用不显著。综上，需求一旦增加，B国Y产品的价格优势容易弱化甚至消失。

（二）需求约束型经济态势下Y产品的供求分析（A国）

从图3.4（2）看，供给曲线平行于横轴，表示极端的需求约束型经济态势，当需求增加，曲线从$D_0$向右移至$D_1$，价格处于较低的水平且保持不变，增加的需求全部被产出吸收。考虑较为一般的情形，A国Y产品的供给曲线即使不能平行于横轴也会相当平缓。需求由$D_0$的位置扩大到$D_1$，产量由$Y_1$升至$Y_2$，增幅较大，价格从$P_1$涨至$P_2$，仍低于B国的价格$P_3$，即使需求增加较多，由于供给能有效抑制价格上涨，A国生产的Y产品仍然保持低价优势。

综合考虑A国和B国的情况，由于供给能力不同，需求增加在两国导致不同的结果。B国经济受供给约束，生产能力有限，需求增加容易大幅提升价格。相比之下，A国较早进入需求约束型经济阶段，产量完全不成问题，需求即使增加较多也不会大幅度拉高价格。在这种情况下，B国很可能丧失价格优势，而A国生产的Y产品以低价在国际贸易中占有绝对优势。

### 三、贸易双方均处于需求约束型经济态势下的分析

如果历史不发生倒退，A国和B国迟早会进入需求约束阶段。随着资

本不断积累、要素生产率提高，各国生产能力大大增加，无论是产品种类还是数量都实现了自给自足，满足国内需求完全不成问题。大量闲置设备未开工，只要有订单，工厂就能开足马力源源不断地供给产品。在这种情况下，各国面临的问题是如何刺激和创造新的需求，为剩余产品拓展国内和国际市场，谁还为进口贸易伤脑筋呢？

比较优势最终回归到亚当·斯密的绝对优势原则。按照斯密的理论，国际贸易的模式为：一国生产并出口本国具有绝对优势的产品，进口本国具有绝对劣势的产品。绝对优势主要指由劳动生产率决定的生产成本绝对地低于他国。斯密认为，绝对优势有两个来源：固有的（气候、土地、矿产）的优势和后来获得（资本、技术）的优势。在这里，我们对他的概念进行拓展，绝对优势体现在以下2个方面：其一，与国际市场上的竞争对手相比，一国出口的同质产品成本较低，具有绝对的价格优势。其二，贸易一方通过技术革新，率先创造出与众不同的产品特性适应消费者需求，迅速占领国际市场。更为极端的情况是，新产品暂无替代品，"仅此一家，别无分店"，这种你无我有的优势必然为创新国赢得绝对有利的地位。

世界主要经济体已经进入或正在进入需求约束型经济态势。与此同时，各国打起了"贸易战"，摩擦争端不断，倾销和反倾销盛行，宁可主动恶化贸易条件，也要将产品销售出去。一些国家依靠得天独厚的资源优势或偶然的历史原因，在某些产品的供给上具有无可比拟的优势。例如，欧佩克组织成员国占有全球约2/3的石油储备，通过控制石油输出足以影响国际油价；瑞士的制表工业在历史上率先建立起专业化生产模式，依靠低成本和品牌效应排除潜在的竞争对手。由于这种独一无二的先天条件，其他国家根本无法与其竞争或者需要相当长的时间方可获得优势。总之，要在国际贸易中获益，避免对他国形成依赖，需另辟蹊径，创造新的绝对优势。要在国际贸易中获取绝对优势，最重要的是技术上的领先。惯常的思路是，通过改进生产技术降低产品成本，在国际贸易中占有绝对有利的地位，但因其需求弹性较小，潜力有限。更为可取的是，创造一种新的需求，生产出具有新的物理属性和功能的产品供应世界。以美国的大飞机和高精尖科技产品为例，由于垄断核心技术，美国在出口的数量和价格上享有绝对的话语权。毫无疑问，加大技术研发投入，鼓励技术创新具有长远意义，对发展中国家更是如此。

## 第四节 本章结论

本章从总供求态势这一角度讨论了李嘉图"2×2"模型暗含的前提假设，认为李嘉图意义的比较优势理论在供给约束型经济态势下有效，在需求约束型经济态势下无效。同时，"2×2"模型暗含标准的市场经济以及不受战争威胁的前提假设。如果在需求约束型经济态势下使用该理论框架指导国际贸易实践可能会产生一些不良后果。李嘉图比较优势原则是否有效，要回到对贸易各方经济态势的逻辑判断上去，应该首先考查研究对象处于何种类型的经济态势下，避免误用理论框架。

（1）古典经济学的上位前提是供给约束型经济，"2×2"模型暗含供给约束型经济态势的前提假设，只有此条件成立时，比较成本理论的逻辑才是通顺的。

（2）在标准的市场经济体系下，产品和服务的生产及销售完全由自由市场的自由价格机制引导，按市场信号配置资源，政府基本不干预市场，充当"守夜人"的角色。因此，"标准的市场经济"也是"2×2"模型暗含的重要前提假设。

（3）从国际环境角度分析，没有国家间的战争威胁无疑应该是"2×2"模型暗含的前提假设。但是，纵观世界历史，由于不断产生的利益分歧，各国在维护国家安全和追求优势方面不可避免存在冲突，国家间冲突不断，战争的可能性永远不为零。在世界近代史中，这一前提假设成为现实是间断性的。

综上所述，笔者认为，"供给约束型"、"标准的市场经济"和"没有国家间的战争威胁"构成标准"2×2"模型暗含的前提假设。"供给约束型"经济态势的前提假设是本事的主要结论。两国均为供给约束型经济时，由于同处于短缺状态，在两国之间实现资源配置变得至关重要。使用相对价格、相对供给、相对需求的相对量做"双向的纵横之比较"才有意义。此时，比较优势在国际贸易中起决定作用。经济态势发生改变时，进入需求约束型经济的一方将新增投资转向进口产品，国内交换取代国际贸易，绝对优势原则有效。

# 第四章　凯恩斯投资函数：需求约束前提下的修正

投资函数是凯恩斯经济学中有效需求原理的重要组成部分，凯恩斯在《就业、利息和货币通论》中明确指出，资本边际效率固定的情形下，投资仅仅是利率的一元函数。换句话说，利率下降，投资增加，经济总量上升；利率上升，投资减少，经济总量下滑。如果不考虑函数暗含的前提观察这个逻辑结论，似乎没有问题，但是，利率决定投资水平的结论并没有被实证研究所证实。由于现实中的投资关于利率的低弹性，使得越来越多的经济学家认识到，投资的变化似乎更多地缘于利率以外的因素。本章将重新讨论投资函数的主要自变量，并使用需求约束型经济态势下市场经济国家的统计数据对此进行实证。另外，投资函数往往是一个国家政策导向的参考，按照现在的投资函数，政策制定者们为影响投资也只是通过调控利率的手段。如果我们可以通过数据实证得出影响投资的一些主要影响因子，也许对于现有的宏观经济学理论框架可以提出一定的修正。投资函数是IS－LM模型的重要组成部分，这一函数一旦产生逻辑矛盾，必然影响到IS－LM模型的整体效果，进而对宏观经济学的逻辑通道可能会产生一定程度的阻塞作用。

本章的预期结论是，在需求约束型态势下，尤其在"有效需求不足"显著条件下，投资的主要影响因素应该是需求变量，而厂商的融资成本变量——市场利率应该是次要的影响因素，即投资函数应该是包含需求因素和市场利率在内的多元函数。

## 第一节　文献综述

投资是经济增长的重要推动力，是国民经济持续健康发展的关键因素。投资理论是以投资问题为主要研究对象的理论，所要解决的最基本的问题是：是否投资或退出投资、何时投资或退出投资、投资或退出投资多少。

从古典经济学派到现代经济学派,欧美经济学界在探索解决上述问题的过程中,经过诸多经济学家的努力,提出了许多有价值的投资理论。

## 一、从古典经济学到凯恩斯经济学

古典学派经济学家关注的焦点承袭了重农学派的观点——国民财富的增加,而达到这个目的的首要问题就是如何组织有效的投资活动。他们对投资分析的最大贡献来自于对经纪人的假设,经纪人追求最大化的分析确定了投资主体究竟是国家还是大量的个人或经济组织才能卓有成效地组织投资活动。以马歇尔为代表的新古典学派和边际学派深化了古典学派的投资理论。新古典学派不仅完善了古典学派的投资行为模式,而且完成了一次投资分析方法的革命,他们的投资分析重点开始转向投资的边际成本、边际收益和机会成本,借助这些重要的发现,确定投资选择的一般形式。如果说古典学派说明了"经纪人"作为投资主体能够使投资活动实现个人效益最大化进而实现社会效益最大化,那么新古典学派已经开始将这样的分析转向了可投入要素如何最优化配置以达到利润最大化的问题。[1]

古典和新古典投资理论回答了是否投资、何时投资的问题,但并没有直接回答投资多少的问题。这些理论认为,如果产品价格高于长期平均成本,现有企业将立即进行投资以扩大产能,与此同时,新的企业立即进入这一产业。扩大的产能增加了未来产品的供给数量,在竞争性的市场中产品价格下降,达到新的价格均衡和产业均衡,向理想的投资水平接近是一个不断调整的过程。这些理论在当时的供给约束型经济社会中是成立的。凯恩斯以前的投资理论虽然运用了许多新的方法,如边际方法等,使投资理论得到发展,但并未形成一套完整的投资理论体系。随着20世纪30年代世界经济危机的出现,这些投资理论已经无法解释经济社会现象。

20世纪30年代以来,西方投资理论发展迅速。资本主义的经济危机和两次世界大战以及战后经济增长共同构成了投资理论研究深化和向更宽广范围延伸的背景,与此同时,新数学工具的问世为投资理论及各种计量模型进行定量分析和实证研究提供了有力的支持手段。凯恩斯经济学的诞生源于1929—1933年的"大萧条","大萧条"使美国及整个资本主义世界陷入危机当中,可以说是资本主义制度自产生以来面临的最大挑战。据弗里德曼所述:"'大萧条'期间,美国有20%的商业银行(在'大萧条'开始

---

[1] 陈昭、刘巍:《欧洲主要国家宏观经济运行》,高等教育出版社2011年版,第124～128页。

时，共持有近 10% 的美国存款）由于财务困难而停业。"

20 世纪 20 年代末，美国金融体系接连受到股市下跌、商业破产、银行倒闭和国际事件的打击。在股市崩溃后，公司将其融资的场所从股市转移到债券市场。从 1929 年到 1930 年，新增股票发行额减少了 25 亿美元，而新发行的债券净额增加了 14 亿美元。因此，低等级工业债券的价格在 1930 年后期开始下跌。增加的债券额降低了其价格，而商业和银行破产则提高了债券的风险，从而降低了对它的需求。[①] 1933 年年初，许多州的银行进入了歇业期，而从 3 月 6 日至 3 月 13 日，全国范围内的银行全部歇业，不仅所有的商业银行如此，联邦储备银行也是如此。全国范围内的所有银行在如此长的时间里同时歇业，这在美国是史无前例的。据统计，货币收入在 1929—1930 年间下降了 15%，1931 年下降了 20%，1932 年又下降了 20%，1932—1933 年间又进一步下降了 5%。实际收入水平在这四年中分别下降了 11%、9%、18% 和 3%，四年时间里货币收入下降了 53%，实际收入水平下降了 36%，即分别以年均 19% 和 11% 的速度下降。[②]

弗里德曼将"大萧条"划分成六个不同的阶段。第一阶段是 1929 年 10 月的股市暴跌。第二阶段是 1930 年 10 月的第一次银行业危机，据统计，1930 年 11 月，有 256 家银行破产，流失的存款总额为 1.8 亿美元，同年 12 月，破产的银行达到了 352 家，流失的存款总额高达 3.7 亿美元。第一次银行业危机期间，企业债券的收益率大幅度提高，政府债券的收益率则处于持续跌势之中，这进一步促使债券价格的下降，降低了银行债券组合的市场价值，反过来又降低了银行监管人员对银行资本利润率的评估，由此推动了随之而来的银行倒闭风潮的产生。第三阶段是 1931 年 3 月的第二次银行业危机，从 1931 年 2 月到 8 月的 6 个月时间里，商业银行存款减少了 27 亿美元，即下降了近 7%，下降幅度超过了从 1929 年 8 月周期性顶峰至 1931 年 2 月整整 18 个月的下降幅度总和。第四阶段是 1931 年 9 月英国脱离金本位制，之后，欧洲大多数国家也相继放弃金本位制，"这些国家的中央银行和私人持有者将他们在纽约货币市场的大量美元资产兑换成黄金"，"从 9 月 16 日至 9 月 30 日，美国黄金存量下降了 2.75 亿美元，从那时起至 10 月底，又进一步下降了 4.5 亿美元。这些损失大体上可以抵消近两年来美国黄金存量的净变化，将其大致恢复到 1929 年的平均水平"。第五阶段

---

① 斯坦利·L. 恩格尔曼、罗伯特·E. 高尔曼：《剑桥美国经济史（第三卷）》，高德步、王珏等译，中国人民大学出版社 2008 年版，第 218 页。
② 米尔顿·弗里德曼、安娜·J. 施瓦茨：《美国货币史（1867—1960）》，巴曙松、王劲松等译，北京大学出版社 2009 年版，第 210～228 页。

是 1932 年 4 月的大规模公开市场购买。第六阶段是 1933 年的银行业危机。①

"大萧条"的种种衰退表象下掩藏着丰富的经济哲理,而不同的经济学流派对"大萧条"从不同角度进行解剖分析,正如伯南克先生所说,解释"大萧条"成了经济学的"圣杯"。

凯恩斯主义投资理论正是产生于这一时代,以凯恩斯的《就业、利息和货币通论》中的投资思想为基础,经过凯恩斯的追随者们进一步发展而成的。凯恩斯从总需求角度对"大萧条"进行了系统的解释,从而深深地影响及改变了宏观经济学的发展,他认为,"大萧条"的出现是因为经济中总需求的急剧下降,而总需求的急剧下降又是由于人们边际消费倾向递减、流动性偏好和对未来的悲观预期所造成,即总需求不足是经济社会中人们消费不足和投资不足的结果,边际消费倾向递减趋势使得消费的增长赶不上收入的增长,从而引起消费需求不足。

恩格尔曼却认为,收入分配不公平状况在 20 世纪 20 年代恶化了,而在"大萧条"开始之前就已达到顶峰。这使得一些人认为工人在 20 世纪 20 年代后期买不起工业产品,从而引发了"消费不足"是"大萧条"诱因之说。恩格尔曼认为这种理论没有说服力。他认为 20 世纪 20 年代利润在国民收入中的比重是上升的,达到了国民收入的约 5%。如果资本家的边际消费倾向比工人低 10%,那么由收入变化所造成的消费下降则仅仅占国民收入的 0.5%,这在"大萧条"中还不足以引起衰退。他认为,仅消费一项在 1930 年就下降了 10%,且住宅建筑通常有其自身的运行规律,而几乎所有的经济萧条都伴随着汽车销售的迅速下降。因此,他得出结论:"消费不足"与对应的"过度生产"在"大萧条"的研究中是无用的概念。无疑,恩格尔曼的这一观点等于完全否定了凯恩斯的"有效需求不足"理论。② 但是恩格尔曼并没有在《剑桥美国经济史》中给出自己对于"大萧条"的系统的理论解释,亦没有相关数据进行佐证。

凯恩斯对"大萧条"的理论解释则明显完善而更有说服力。凯恩斯在《就业、利息和货币通论》中提出了资本边际效率(MEC)的概念:资本边际效率等于贴现率,以此贴现率将该资本资产的未来收益折成现值,则该现值恰等于该资本资产的供给价格或重置成本。资本边际效率同利率($r$)

---

① 米尔顿·弗里德曼、安娜·J. 施瓦茨:《美国货币史(1867—1960)》,巴曙松、王劲松等译,北京大学出版社 2009 年版,第 210~228 页。

② 斯坦利·L. 恩格尔曼,罗伯特·E. 高尔曼:《剑桥美国经济史(第三卷)》,高德步、王珏等译,中国人民大学出版社 2008 年版,第 220 页。

的大小关系决定了企业是否进行投资。就一个具体投资项目而言，如果 MEC 大于 $r$，则企业进行投资。利率越高，企业可投资的项目就越少。从宏观上看，资本边际效率曲线是一条向下倾斜的平滑曲线，表示最优资本存量水平和利率存在负相关关系，利率越高，最优资本存量就越低。考虑到资本品生产成本变动的情况下增加一个单位资本品所获得的收益率，凯恩斯继而提出了投资边际效率（MEI）概念，即 MEC 曲线是假设资本品价格不变时的资本边际收益曲线，而 MEI 曲线则考虑了资本品价格上涨的情况。流动性偏好使得资本边际效率递减，产生了与利率水平不相适应的矛盾，最终导致投资需求不足。[1]

如果说凯恩斯是政府干预主义的代表，那么哈耶克就是自由放任主义的代表。通过前文所述我们知道，凯恩斯始终认为，市场机制是不完善的或者说是有缺陷的，哈耶克则充分相信市场机制的完善性，他认为市场中的种种问题是由市场运行中的货币和投资问题所引起，但是市场经济体系完全有能力自行恢复正常运行，因此不需要政府干预。

凯恩斯一贯提倡通过政府干预经济来刺激经济增长和有效增加投资需求，这一点为政府干预经济提供了有效的理论基础，给予绝望中的政府希望之光，于是凯恩斯经济学得以占据战后西方资本主义国家的主流地位。关于凯恩斯的研究结论，在后来得到了汉森、威尔逊以及戈登的进一步研究证实，罗默在 20 世纪 90 年代的研究中从经验上支持了凯恩斯主义的观点。这与货币主义领军人物米尔顿·弗里德曼和安娜·J. 施瓦茨合著的《美国货币史（1867—1960）》中对"大萧条"的解释总体上不谋而合，不同的是前者认为总需求下降是因为自发支出下降，后者认为总需求下降是由金融危机引发。如《美国货币史（1867—1960）》中所述："到 1931 年，货币收入已经低于 1917 年以来任何一年的货币收入水平。尽管在 1916—1933 年间，人口增长了 23%，但是到 1933 年为止，实际收入水平还略低于 1916 年的水平。1933 年的人均实际收入水平与 1/4 世纪前的 1908 年经济萧条时期持平。四年的'大萧条'时期暂时性地抵消了 20 年来的进步，当然，这不是通过技术倒退的方式，而是通过使工人和机器闲置的方式实现

---

[1] 现代奥地利学派最著名的代表人物默里·罗斯巴德认为，汉森将 20 世纪 30 年代的"大萧条"归咎于投资机会的缺乏是由人口增长率不足、新资源的缺乏和技术创新不充分造成的这一说法并未仔细地经由现实佐证，而汉森的投资需求不足学说（实际是凯恩斯主义学说观点）来源于瓦尔拉斯均衡体系的均衡条件，罗斯巴德进一步认为瓦尔拉斯的均衡理论忽略了决定储蓄和投资的关键因素——喜好，也叫时间偏好，即现在消费和未来消费之间的比例。罗斯巴德认为储蓄应该是限制投资的因素，而储蓄又受到时间偏好的限制。详见默里·罗斯巴德：《美国大萧条》，谢华育译，上海人民出版社 2009 年版。

的。在'大萧条'时期，每3个就业人口就对应着1个失业人口。"①

哈耶克阵营中的希克斯最后也赞同凯恩斯经济学，并且和汉森用IS-LM模型清晰地表达出凯恩斯经济学的精髓。而美国的"大萧条"恰好给了凯恩斯一个很好的经济学实验场地，1933年，美国的失业率达到25%的巅峰，第二年失业率跌到17%，1935年则跌到14.3%，1936年，全国生产已恢复到1929年的水平，凯恩斯的政府干预经济学不仅给了美国政府理论上的大力支持，更吸引了诸多美国的年轻经济学者投身于凯恩斯经济学的研究中，可以说凯恩斯经济学席卷了美利坚。② 无论如何，在今天的政府对经济的调控中，我们总是可以看到财政政策和货币政策共同为调节经济发挥着不可忽视的重要作用，这是否也从经验上证实了货币和非货币因素共同促进了"大萧条"，因而市场经济需要政府干预的观点呢？③

凯恩斯论点中和古典学派论点中都提到了总投资函数和利率之间的负向关系。但是在古典学派的分析中，下倾斜线投资表被看作是可贷放基金的需求，同时还有一个相应的储蓄供给表，这些表共同决定市场利率。凯恩斯学派的研究方法创新之处有2个方面：一方面，由于既用了内在报酬率又用了现值方法，$I$与$r$之间的关系得到更清楚的说明。而且据表，这二者间的关系是在宏观基础上资本品行业的需求与供给情况相互作用的结果。另一方面，利率的整个作用颠倒过来了，例如，凯恩斯学派的分析把市场利率看作是既定的，同时（A）将每一投资计划的内在报酬率与这一既定利率相比较，或是（B）用市场利率将资本品的预期报酬贴现，以决定它的现值或需求价格。这样，在投资决策过程开始之前必须从其他方面来确定利率。换句话说，在凯恩斯学派的分析中，利率不是决定于产品市场上投资表与储蓄表的相互作用。事实上，它基本上独立于这两个表之外。而且，现实中的投资关于利率的低弹性使得越来越多的经济学家认识到，投资的变化似乎更多地缘于利率以外的因素。比如，萨缪尔森认为，收入和预期

---

① 米尔顿·弗里德曼、安娜·J. 施瓦茨：《美国货币史（1867—1960）》，巴曙松、王劲松等译，北京大学出版社2009年版，第211页。

② 尼古拉斯·韦普肖特：《凯恩斯大战哈耶克》，闫佳译，机械工业出版社2013年版，第125～138页。

③ 现代奥地利学派最著名的代表人物默里·罗斯巴德承袭米塞斯和哈耶克的商业周期理论，对20世纪30年代的"大萧条"做出了全新解释，他认为危机不是源于自由市场经济本身，也不是货币主义学者所主张的源于1929年后的信贷紧缩政策，而是源于20年代美联储持续的信贷扩张政策。他认为过度繁荣必将带来经济衰退，胡佛总统的干预政策不仅没有延缓经济危机，反而延长了衰退的时间，进而演变成后来的"大萧条"，究其原因，是美国政府破坏了市场自身的调整，即如果没有政府的干预，市场会很快自行结束危机。详见默里·罗斯巴德：《美国大萧条》，谢华育译，上海人民出版社2009年版。

是总投资的重要影响因素，这一点在经济现实中亦受到部分经济学家的认可。凯恩斯主义投资理论为投资行为的研究做出了开拓性的贡献，但是，其利率决定投资水平的观点并未被实证研究所证实。我们循着凯恩斯所处的时代背景，从凯恩斯先生的大作《就业、利息和货币通论》一书出发，深入探究凯恩斯的投资理论究竟是否符合当时的经济现实，凯恩斯对当时的经济危机是否有充分的认识，对社会投资的考虑是否全面，该理论对现代经济社会的发展是否仍有借鉴意义。

我们定义投资为增加物质资本的支出流量，将投资分为固定资产投资和存货投资、住宅投资。固定资产投资的经济周期意义在于：经济衰退时投资份额下降，经济复苏时投资量上升。投资函数是凯恩斯经济学中有效需求原理的重要组成部分，是 IS - LM 模型的重要决定因素。无论哪个国家，欲促进经济增长，都必须要考虑增加投资。凯恩斯在《就业、利息和货币通论》中明确指出，在资本边际效率不变的情形下，投资仅仅是利率的一元函数。换句话说，利率下降，投资增加，经济总量增加；利率上升，投资减少，经济总量下滑。如果不考虑函数暗含的前提观察这个逻辑结论，似乎没有问题，但是，正如奥地利学派的罗斯巴德所说，总需求不足源于投资需求不足，而利率决定投资水平的结论并没有被实证研究所证实。

## 二、国内相关研究

刘涤源（1980）对凯恩斯的投资理论试做了批判分析，刘先生认为在经济萧条时期，资本家面临的最迫切问题是如何处理销路无门的存货，如何解决相对狭隘的市场容量下生产过剩的问题，因此是投资过度而不是投资不足。刘先生还认为，凯恩斯本人是承认"投资增加的两难困境"的，但是对这种困境的解释是错误的，他认为投资的两难困境"根源绝不在于消费倾向基本心理法则，而在于资本主义制度本身，特别在于资本主义的基本矛盾"。刘先生还批判凯恩斯在《就业、利息和货币通论》中定义的术语——资本边际效率——仅仅是"对资产积极市场心理活动的一种概括"，是凯恩斯在利润率基础上添加了心理和时间两个因素转化而来，却忽略了该术语的性质。李柱锡（1982）的学术论文名为《投资函数》，但仅统计了当时学界存在的几种投资函数表达方式，诸如凯恩斯的一元投资函数，萨缪尔森和哈罗德运用加速原理设计的投资函数，日本经济学者、克莱因、卡尔多以及新古典学派等人利用加速原理和利润原理结合实际数据得出的投资函数。王军（2001）认为，理论上影响投资函数的主要因素有国民收入水平、资本的预期收益率、资本利息率。他以中国 1980—1998 年的数据建立了固定资产投资总额模型，认为我国市场体系不完善，利率受行政控制，不能起到调控贷款和投资需求的杠杆作用。王军还通过数据实证建立了资金来源多样化和投资主体多元化情况下的投资函数模型。梁东黎（2008）认为，投资和消费是相互影响的，消费通过影响消费预期和预期利润率来影响投资需求，投资失败导致政府增加补贴和税收，进而减少消费。梁东黎认为企业投资的融资来源包括自有资金、财政补贴和银行存款，在企业投资的自有资金充足的情况下，消费成为影响投资的重要因素；自有资金不足的情况下，消费不会对投资需求产生任何影响。任力（2009）总结了马克思和凯恩斯的投资理论，利润率、利率、劳动生产率等是马克思投资理论中起决定作用的因素，而凯恩斯的理论体系中影响投资的主要因素是资本边际效率与利率，在竞争与投资的理论分析上，任先生认为马克思的分析是一个长期动态分析，凯恩斯的分析是仅着眼于解决就业的短期分析。在投资与失业问题上，任先生认为马克思强调投资引起技术创新，而技术创新又对失业具有吸收与抑制的矛盾性影响，凯恩斯则强调有效需求不足是失业问题的产生原因，而政府干预是凯恩斯赞同的一个有效措施。杨国忠（2009）简单总结了西方各种投资函数模型，认为民间投资应该是去除国有与国有控股以及外资以外的其他投资，他认为，西方的投资加速模型没有资本闲置、资本产出比为常数、不存在自发投资，因此与我国的民间投资实际不符，得出了西方国家的投资函数没有一个符合中国实际情况的结论，并给出了中国的民间投资函数模型，同时给予实证，最终得出中国的投资函数模型应该是一个带跳跃的变系数模型。

### 三、国外相关研究

Michael A. Anderson 和 Arthur H. Goldsmith（1997）认为企业家对预期利润难以准确衡量阻碍了对凯恩斯投资理论的检验。大型企业联合会收集了企业家关于企业利润预期的数据报告，这项数据统计使得企业家对于利润预期的衡量尺度得以建立，企业家将会在对企业更为乐观或对预期利润更有信心时增加投资。Michael 和 Arthur 认为企业家的投资决策依赖于对未来的判断而不是对过去的观察，因此投资函数是上一期的企业家的预期利润和对获得预期利润的信心的二元函数，这两个自变量均可通过大型企业联合会对企业家的心理预期统计数据计算而得出，他们认为凯恩斯对企业家预期形成的本质认识单方面归结为人类的"动物精神"是不准确的。Paul

Stonemn 和 Myung-Joong Kwon（1998）认为技术革新对于总投资的影响通常被忽略，在技术扩散分析基础上他们建立了将技术革新考虑在内的实证模型，以 1984—1992 年间英国 185 家公司的面板数据进行实证分析，结果证实在公司的总投资水平、技术指示变量、体现新技术的资本物品价格以及公司的工业特征变量之间都有着很明显的相关性，而且在投资过程中有明显的滞后效应。最终证实总投资与技术研发、技术回报、新技术成本等其他变量相关，而技术革新是总投资的主要决定因素。Avner Bar-Ilan 和 William C. Strange（1999）认为，对于起伏不定的投资，其时间和力度的比较静态分析是显著的。Aver 和 William 用一维的新观点投资模型和增量投资模型单方面讨论企业投资的时间或力度，得出不确定性会抑制投资的结论。Avner 和 William 还用了一个二维模型研究投资波动，即对于企业来说，时间和投资力度是投资时需要考虑的两个因素，而好消息会降低投资力度且推迟投资，不确定性会推迟投资，但是投资力度会随之加大。资本存量在投资波动和逐步进行的两种情况下发展大不相同。Paul Davidson（2000）对比了卡莱斯基的就业理论和凯恩斯的《就业、利息和货币通论》，在谈到投资决定因素时，Paul 认为卡莱斯基的经济理论体系中投资和储蓄由资本家的决定联系到一起，且资本家储蓄的唯一目的就是为了购置新资本品。与凯恩斯不同的是，卡莱斯基并不认同利息率在总投资决策中有重要的决定性作用，Paul 认为卡莱斯基之所以支持这一观点是由于长期来看商业周期中的利息率波动不大。Paul 总结凯恩斯流动性偏好理论中投资决定三要素是：利息率、（在未来不确定情况下）对准租金的预期、新生产资本品的成本。一旦企业对不确定的未来市场产品需求担心增加时，即便社会储蓄倾向很高，银行在利息率接近于零且愿意贷款时企业的总投资也会降低。Victoria Chick（2003）认为凯恩斯的投资理论有两个关键因素——理性计算和"动物精神"，理性计算依赖于可观察的变量——利率和资本边际效率之间的对比，包括公司的长期利润预期和资本品的供给价格。由于未来是未知的，所以预期不仅依赖于客观环境因素，还依赖于主观预测和解释。如果不是人类的冲动本能驱使，很多企业家可能会因为长期预期的不确定性程度而优柔寡断，最终导致企业瘫痪，而所谓的"动物精神"是主观、难量化且易波动的。Ron Smith 和 Gylfi Zoega（2009）认为虽然投资与失业之间有着高度的实证关系，但是它仍是高失业问题中最为人们忽视的关键变量。通过对实际金融数据的研究发现，个人并非总是理性的，且对于凯恩斯提出的投资过程中人的"动物精神"起到的核心作用，现实中可能并没有一个合理的计算依据。Ron 和 Gylfi 用 OECD 国家的宏观经济数据实证了投资和失业之间的函数关系，他们认为这些国家有一些共同的经济特征：导致失业的总体影响因素一般也是导致投资的影响因素，这些总体影响因素有一个自然解释——总体预期回报率。Mohsen Bahmani-Oskooee 和 Massomeh-Hajilee（2010）认为如若不调整工资来应对货币贬值的通货膨胀效应，则货币贬值会以利润增加的方式重新分配收入——从工人向生产商转移，这反过来会刺激生产商的投资热情。另外，货币贬值会提高进口原材料成本，从而会降低利润，导致投资总量降低。为调查货币贬值对国内投资的短期和长期效应，Mohsen 和 Massomeh 做了 50 个国家时间序列的实证检验，结果发现大体上货币贬值只在短期才会影响到总投资，其中 21 个国家的短期影响持续到长期。除了将总收入和利息率作为影响总投资函数的自变量之外，他们还将实际汇率包含进总投资函数来研究货币贬值对总投资的影响，并证实其也是众多国家的社会总投资函数中不可或缺的一个决定因素。Steven Horwitz（2011）对比了凯恩斯和哈耶克对于市场经济中资本概念的理解和争论，哈耶克关于资本的观点使得经济学学者们考虑宏观经济现象背后的微观基础，同时验证了哈耶克的观点——凯恩斯总量概念隐藏了基本机制变化。而资本边际效率这一概念对于哈耶克的奥地利学派来说完全不相关，因为把资本作为一个有边际效率的整体与奥地利学派的资本结构概念相违背。哈耶克认为凯恩斯在《就业、利息和货币通论》中构造了一个资本物品缺乏不相关的"充足经济体"，因为凯恩斯忽视了相关价格机制，而把资本价值仅视为未来服务的贴现（财政上的利率是确定的）。Brian P. Simpson（2012）认为凯恩斯在《就业、利息和货币通论》中犯了一些错误。比如，凯恩斯混淆了工资率、社会总工资支出、消费与经济支出总量，认为下降的工资率不会降低失业率，Brian 认为这是凯恩斯所犯的主要错误，因为工资率下降并不意味着经济总支出和总工资支出下降，关键取决于劳动需求弹性，如果劳动需求富有弹性，工资率下降会引起总工资支出增加，反之则反是，而且即便劳动需求缺乏弹性，经济总支出并不一定下降。事实上，工资率下降意味着生产成本下降而利润率上升，从而诱发更多投资行为，进一步诱发经济社会的生产支出增加而消费支出减少。Brian 还认为凯恩斯所说的"投资边际效率与总投资呈逆向关系"是错误的，实际上呈直接关系，尤其在凯恩斯一直研究的萧条状态中。因为在经济萧条状态下，净投资很低甚至为负，企业尤其期待生产成本下降，当净投资开始恢复时利润随之增加，因为净投资所带来的支出增加了，也即随着工资、价格和成本下降，净投资上升，从而投资量增大并非意味着投资引诱减少，这与凯恩斯所说的正好相反。Brian 认为凯恩斯所说的"真正阻碍充分就业目标实现的是'不会下降的利息率'"这一观点是没有根据的，也是错误的。实际上，就如经济恢复期新投资的利润率上升一样，利息率也存在同样的问题。短期中，银行的信用扩张会降低利息率，但这和凯恩斯所提出的投资边际效率学说毫无关系，实际上，长期来说，货币供给越多越会导致更高的价格和更高的利率，在其他条件都相同的情况下，利息率不会降低。Brian 认为凯恩斯对于总投资的概念认识有偏差，总投资应当是源自于其他企业支出的本企业收入，凯恩斯的总投资概念中缺乏了投资消费这一变量，这不仅仅包括增加已有的资产，还包括替代已有的资产，也就是说凯恩斯遗漏了"为保持生产性资产的现有存货"[①] 这一项。Brian 认为凯恩斯的这些主要错误使得他所研究得出的关于萧条的理论无效。Agnes Virlics（2013）认为，投资决策本身是一个主观行为，但是却受到主观和客观两方面的影响。客观方面指的是投资的精确分析和可能带来的回报及产出，投资风险或大或小，投资者的主观心理和情绪影响因素包括风险和不确定性。神经经济学家研究显示，风险和不确定性在投资决策过程中有着信息性的和辅助性的作用。因此，从行为经济学观点角度来看投资风险影响因素是极其重要的，而不是仅把它视作客观因素。Edward W. Fuller（2013）讨论了资本边际效率（MEC）是如何影响跨时期的资源分配，文中花了较大篇幅来说明资本净现值（NPV）和 MEC 之间的关系，Edward 认为凯恩斯提倡的是回报率方法（考虑投资计划中的 MEC，凯恩斯认为它是使现值等于供给价格的折现率），提到利率的增加使投资者减少投资，但 Edward 在文中并未深入探究和指出投资函数或者说现实投资的主要影响因素。

纵观以上研究结果，可见国内学界对于凯恩斯投资函数的研究极少，大多停留在理论总结层面，没有更深入的探讨影响总投资的具体影响因素，其他多是结合某一个城市的数据针对性地进行模型构建和实证检验，某些学者对投资函数提出过质疑，但没有结合大量反复的宏观数据实证，缺乏说服力。[②] 国外学者对于凯恩斯投资理论和投资函数研究成果较多，其中不乏一些学者提出自己对投资理论的看法，并从逻辑层面对凯恩斯的投资理论进行批判和修正，重新构建了一些投资函数模型，但同凯恩斯本人一样，对于提出的投资理论和模型并未结合大量的数据进行实证检验，这样得出的投资函数缺乏说服力，在政策指导上意义不大，甚至可能起到反作用。

---

① 即替代性投资。
② 陈昭和刘巍的《欧洲主要国家宏观经济运行研究》一书中对投资理论的由来、发展和前沿知识进行了归总和点评，作者利用计量经济学工具结合了欧洲四大主要经济体的投资数据从历史、逻辑两方面进行了详述并做了严密的实证分析。

我们结合众多符合凯恩斯投资理论研究背景——需求约束的国家的宏观数据，试图建立正确的投资函数模型，以求教于学界方家。

## 第二节 对凯恩斯投资函数的检讨与修正尝试

经济史的研究中，不同历史阶段里经济增长的前提条件十分重要，因为只有正确的前提条件，才会建立起正确的逻辑分析框架，而这又是得出正确结论的必要条件。凯恩斯经济学研究的重要前提假设是有效需求不足，基本经济态势是需求约束，经济增长的发动机是总需求。在这样一个经济态势下，凯恩斯认为，经济中必然出现投资需求不足。在凯恩斯经济学中，投资函数为 $I=fr$，当一国处于需求约束型经济态势下时，该投资函数是否正确，或者说是否抓住了影响投资的主要因素，如果有其他自变量那又是何因素，我们不仅要从逻辑上进行推理，更要结合符合凯恩斯投资理论研究背景的国家宏观数据进行实证分析研究，补充或修正凯恩斯的投资理论，建立有效需求不足前提下与市场一致或相当接近的投资函数是本课题的研究目标。

### 一、对凯恩斯投资函数前提假设的讨论

（一）凯恩斯投资函数产生的历史背景

凯恩斯写作《就业、利息和货币通论》是为了探索西方国家 1929 年"大萧条"的解决之道。凯恩斯认为，消费倾向稳定的情形下，社会总消费增加量不及社会实际收入增加量，为使企业家不蒙受损失和维持既定的就业量，需要有足够数量的现期投资补偿总收入多出总消费的那一部分，所以有效需求充足与否关键在于现期的投资数量，投资数量取决于投资的诱导因素——资本边际效率和利息率。[1]

考察"大萧条"时期的美国和欧洲主要国家的宏观经济运行环境，工厂产出品大量积压，大量机器停止运转，显然当时英国的产品消费通道受阻，而产品的供给毫无问题，所以凯恩斯投资理论的真实社会背景是有效需求不足，即需求约束型经济。有效需求不足时，只要有客户的货物订单，

---

[1] 有效需求＝社会总消费＋社会总投资。

工厂就有投资生产的动力,否则投资生产活动只会造成进一步的产品积压,因此需求约束型经济又可以称之为"订单经济"。

刘巍曾对美国"大萧条"之前的宏观经济表象有过描述。1913年,亨利·福特首创"传送带生产线",即"流水装配线",大大提高了机械效率和管理效率。这种管理模式逐步由汽车工业传播到其他工业领域,成为制造业等相关产业的主要生产管理方式。汽车制造业的迅速壮大和成熟给美国经济注入了巨大的活力,石油生产、轮胎制造、钢铁冶炼、公路建设等行业在汽车工业的带动下快速发展起来。工业产业突飞猛进,造就了巨大的生产能力,只要有人下订单,厂商就能供货;而且,1921年曾出现货物积压成堆的现象,供给的约束力渐渐消失了。从"柯立芝繁荣"出现的新事物中可反映这一新的总供求态势。

第一,第一次世界大战之后,分期付款方式在美国普遍推开。这是以未来做抵押,刺激公众需求的有效手段,这一手段可以保持产业始终正常运转。依靠分期付款的方式,美国人不仅可以购买到一般消费品,而且可以购买20世纪才有的汽车和拖拉机这样的城乡生活和生产必需品了。如果没有分期付款这种商家推出的赊销措施,很多人不知何时才能攒够这笔钱,有效需求不知会被推迟到何年何月。

第一次世界大战之后,美国人已经意识到,自己被现金余额限制了消费是一种过时的行为,应该用"自己的信用"支付账单。这种刺激消费市场和产业发展的方法甚是灵验,据经济学家对战后20年代的测算,所有零售额的15%都是用分期付款的形式完成的,1927年用分期付款方式销售的汽车占总交易量的60%,大约60亿美元的商业证券业务也是通过分期付款形式完成的。① 如果说不是经济态势转化为需求约束型,这种产销两旺的局面是不可想象的。

第二,第一次世界大战之后,美国的推销员和促销员满天飞。美国的推销员和促销员制度是20世纪20年代出现的。这一制度的出现,说明厂商已经把销售置于与生产同等重要的地位,甚至将其置于比生产更重要的地位了。厂商们非常清楚,终端消费者对于他们有多么重要。如果不是消费者被推销员和促销员们耐心说服并且大量地购买各种各样的商品,那么多的六汽缸汽车、收音机、电冰箱、各种化妆品和各种口味的香烟会有多少人问津呢?

20世纪20年代的美国,推销员和促销员(也包括广告商)是架在消费

---

① 弗雷德里克·刘易斯·艾伦:《大繁荣时代》,秦传安、姚杰译,新世界出版社2009年版,第182~183页。

者脚下、通向供给者的桥梁，他们手中掌握着市场大门的钥匙。随着市场竞争的日益加剧，为了销售各种商品，推销员们使尽了全身的解数，促销手段也变得愈加复杂多样。他们已经不满足于仅仅用谦恭直白的语言介绍自己的产品，等着顾客下决心购买的早期做法了，而是把推销当成一种职业，从设计到实施无不精细筹划。推销人员不仅要制订宏大而细致的宣传计划，而且还要请教心理学专家，学会揣摩购买者的心理，然后摇唇鼓舌，用诗一般的甜言蜜语、真诚劝诫（甚至是欺骗和恐吓），千方百计地说服顾客购买他们的产品。①

## （二）凯恩斯投资函数的暗含前提假设

凯恩斯的巨著《就业、利息和货币通论》于1936年出版时，正值美欧"大萧条"临近尾声。不难看出，凯恩斯的研究过程与"大萧条"的时间交集很大，也就是说，凯恩斯推导投资函数时，书斋之外的市场显然处在"订单经济"体系中。但是，从凯恩斯学派对投资函数的逻辑分析层面观察，凯恩斯给出的投资函数暗含的前提假设应该是"销售没有问题"，即产品最终都能被消费掉，这样的逻辑只有在工厂源源不断地接收到订单时才正确，否则我们认为在"订单经济"中投资函数必须要包含影响产品最终消费的因素。按照《就业、利息和货币通论》中凯恩斯原有的逻辑，投资受资本边际效率MEC和利息率$r$的共同影响。MEC属产品需求的影响因素，即在产品可以全部售出（需求没有问题）的条件下，厂商的心理预期；$r$反映融资成本，即厂商以外源融资方式进行投资的利润多大比例可归自己所有。但是，凯恩斯并没有将资本边际效率（即预期利润率）这一投资诱导因素作为自变量放进投资函数中，却将投资函数形式定为$I=f(r)$，其中$I$为总投资，$r$为利息率，总投资成了利率的一元函数。② 也就是说，凯恩斯投资函数只考虑厂商的融资成本，而认为预期利润率短期内变化不大，显然，暗喻着短期中公众对产品的需求既无多大变化，同时，需求也是充分的——基本可以覆盖供给量。

如此看来，虽然凯恩斯的《就业、利息和货币通论》一书整体上要解决有效需求不足的问题，但在投资影响因素分析层面，暗含的前提假设却是有效供给不足——供给约束型经济，这与当时的"订单经济"社会背景

---

① 刘巍、陈昭：《大萧条中的美国、中国、英国与日本》，经济科学出版社2010年版，第8~9页。

② 利率是厂商的融资成本决定因素，也就是说凯恩斯最终的投资函数经济含义是：总投资量只受厂商的产品供给端限制，而产品销售通道的终端——消费是始终不存在任何问题的。

不相符，得出的私人投资函数必然会有逻辑不通之嫌。凯恩斯对利率影响投资这一论点持有非常乐观的态度，在《货币论》一书中，凯恩斯认为利率足够低时具有无限投资机会。这一逻辑在"大萧条"发生之前，与新古典经济学家供给约束假设是一致的，即供给可以完全被需求覆盖。在《就业、利息和货币通论》一书中，凯恩斯颠覆了新古典经济学的假设，发现并提出了有效需求不足的问题，全部分析都围绕着拉动需求而展开。从《就业、利息和货币通论》这一理论体系出发，凯恩斯将厂商的投资需求定义为总需求的一个重要部分，但是，在分析投资影响因素时却回到了《货币论》的思路（新古典经济学的思路）——降低利率和恢复借款人与贷款人的信心。综上所述，凯恩斯投资函数暗含的假设是供给约束，得到供给约束型经济时代经验的支持是应该没有问题的，但是，在"潜在供给"远大于有效需求的需求约束型经济时代却无法得到经验的证实。

经济史的研究中，不同历史阶段里经济增长的前提条件十分重要，因为只有在正确的前提条件下，才能建立起正确的逻辑分析框架，这也是得出正确结论的必要条件。从经济学说史的理论模型反推，古典经济学理论研究的上位前提假设应该是供给约束，即经济增长的发动机是总供给，理论模型中的变量均为影响总供给的因素。① 而凯恩斯经济学研究的上位前提假设是需求约束，经济增长的发动机是总需求，理论框架中的自变量应为影响总需求的因素。尽管凯恩斯投资理论的前提是有效需求不足，但他最终摒弃了资本边际效率这一影响，不经意间将投资函数的前提改为有效供给不足，不但投资函数的前提与整个理论体系发生了矛盾，更与他所处时代的经济现实相背离。克莱因亦认为"凯恩斯在30年代初期主张某些政策是忽视了他的理论背景而非出自他的理论背景"。②

## 二、对凯恩斯投资函数逻辑的修正尝试

凯恩斯的有效需求理论体系属于短期的静态分析，其总需求仅包括消费和投资，短期内的有效需求不足关键在于社会总消费不足，因为在边际消费倾向稳定的情形下，人们的总消费增长总是不及实际总收入增长，因此只能靠社会总投资来补足。总投资取决于两个投资诱导因素——资本边际效率（MEC）和利息率（$r$）。凯恩斯所说的资本边际效率实质上是添加

---

① 有关经济运行中的"上位前提假设"详见刘巍：《计量经济史研究中的"上位前提假设"刍议——经济学理论框架应用条件研究》，载《广东外语外贸大学学报》2012年第2期，第5～11页。
② 克莱因：《凯恩斯的革命》，薛蕃康译，商务印书馆2015年版，第37页。

了时间因素和心理因素的预期利润率。凯恩斯认为 MEC 和 $r$ 是彼此独立被决定的，前者取决于人们对于未来收益的预期和投资前景的信心状态，后者取决于货币供给和人们的流动性偏好。MEC 随着总投资量的增加而递减，短期中是因为资本品供给价格上升，长期中是由投资的预期收益递减导致。凯恩斯认为，由人们的心理预期和信心状态决定的 MEC 这一投资诱导因素极易变动，因此可以从利息率角度考虑去影响总投资，将总投资函数定为 $I=f(r)$。于是凯恩斯投资函数成了市场利率（外源融资时厂商融资成本决定因素）的一元函数，且二者呈负相关——融资成本越低投资越旺盛，其政策意义在于：宽松货币政策压低市场利率，促进私人投资。但是"大萧条"以来的欧、美、日各国的经验数据并不支持该逻辑，利息率作为融资成本决定因素之一，对投资的确有着不可忽略的影响，但是根据各国经验数据分析，很明显在"有效需求不足"前提下函数中缺少更重要的自变量，而在厂商融资便利的情况下，利息率的影响甚至可以忽略。[①]

一切生产的最终目的，都在于满足消费者的消费需求，否则生产出来的产品毫无意义。20 世纪，欧美主要国家的对外贸易市场业已成熟，我们以产品的最终走向为突破口，将产品最终消费群体分为国内消费 $C$ 和国外消费（即出口）$X$，无论哪一部分消费量增加都会对带动新一轮的投资活动起到一定促进作用。因此，笔者认为，对于一国产品的国内消费 $C$ 与国外消费 $X$ 均与总投资呈正向关系。

再看投资，一国的总投资大略可分为三大部分：消费品厂商投资 $I_1$、资本品厂商投资 $I_2$ 和资源品厂商投资 $I_3$。[②] 通常来说，开放经济条件下，一国的消费品、资本品和资源品除了本国消费和使用以外，还要出口一部分供国外消费和使用，按照本文的逻辑思路，$C$ 和 $X$ 对 $I_1$ 有拉动作用，$X$ 对 $I_1$、$I_2$ 和 $I_3$ 均有拉动作用，而无论哪一部分投资活动，利息率对于"外源融资"的企业来说都是融资成本的重要决定因素之一。因此，在封闭经济条件下，拉动投资的起点在于消费；开放经济条件下，出口也会对总投资的各部门均产生拉动作用。由于现代开放经济中的投资都是由"外源融资"拉动，所以，利率的高低成了厂商投资成本收益核算的重要影响因素。于是，消费、出口和市场利率成了总投资的三个决定性因素。[③]

---

① 我们所截取的欧、美、日国家数据所属时间阶段的经济态势确属需求约束，这正符合凯恩斯投资理论研究的上位前提。

② 这三部分并非完全独立，互相之间有交集存在，比如，有的商品既是消费品，又可作为某一阶段投资活动中的资本品。

③ 我们这里所说的利率必须同凯恩斯《就业、利息和货币通论》中的利率含义保持一致，指的都是有价债券收益率。

我们将以上的消费和投资传导机制以图 4.1 表示。

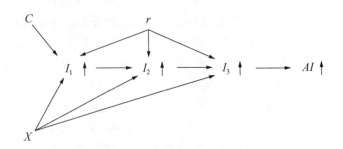

**图 4.1　消费和投资的传导机制**

注：$C$ 为国内消费需求，$X$ 为出口需求，$I_1$ 为消费品厂商投资，$I_2$ 为资本品厂商投资，$I_3$ 为资源品厂商投资，$AI$ 为总投资，$r$ 为市场利率。

图 4.1 表明，在封闭假设下，消费是启动器，消费增长是 $I_1$（消费品生产厂商的投资）的促进因素。试想，无论何种消费品，如果根本无人问津，消费品生产厂商别说是增加投资，就连企业生存都成问题。消费增长导致的 $I_1$ 增长，会导致 $I_2$（资本品生产厂商的投资）的增长。因为消费品生产厂商并不会制造机器设备，必须向资本品生产厂商订货购买，这是促进资本品生产厂商投资的重要影响因素。同理，资本品生产厂商自己也不会生产必需的资源品，如金属、非金属等等，必须向资源品生产厂商订货购买，于是，拉动了 $I_3$（资源品生产厂商的投资）。在开放条件下，笔者加入了出口需求变量。出口与消费不同，商品属性更为宽泛，可以包括消费品，也可以包括资本品和资源品（这两类商品可能占比更大）。于是，从理论上说，出口可以在所有层次上拉动本国的投资。这样，在开放经济中，$C$ 和 $X$ 就是影响 $AI$（私人总投资）的重要因素，这两个变量的增长或预期增长，为厂商投资提供了必不可少的动力，即出现了"赚钱机会"。众所周知，现代经济的融资方式主要是"外源融资"，一旦出现了"赚钱机会"，厂商就会去"找钱"。然而，"找来的钱"不是免费的，厂商必须向出资人付出代价——利息（获红利）。经济学中付息水平的高低是用利率表示的，这恰好可以和各行业平均利润率做比较。假定某行业的利润率是 14%，如果资本市场上的利率也是 14%，显然，就是"赚钱机会"再大，大多数厂商也不可能投资，因为那是徒劳的，只有利润率水平远高于平均利润率的少数厂商可以投资。于是，市场利率越低，可以获利的厂商越多，高水平的厂商赚得越多。也就是说，其他条件具备时，投资是市场利率的减函数。

综上所述，我们预期总投资函数形式为：

$$I = f(C, X, r) \tag{4.1}$$

即总投资是国内消费 $C$、出口 $X$ 的增函数，是市场利率 $r$ 的减函数。从逻辑角度做初步判断，3 个变量对投资的重要性应该是国内消费、出口、市场利率降序排列的。

在本节的分析过程中，有 2 个问题需要进一步说明和讨论。

第一，必须说明，我们对总投资的层次划分可能过于简略，总投资中大概不仅仅只包含消费品生产厂商的投资、资本品生产厂商的投资和资源品生产厂商的投资这 3 个层面。但是，划分到这个程度上已经满足了本文的分析需要，所以到此为止。

第二，从总量角度讨论，消费和投资似有统计意义上的此消彼长问题。具体来说，在产出总量一定时（简化起见，以 2 个部门为例），有：

$$Y = C + I \tag{4.2}$$

按式（4.2）国民经济核算的统计学逻辑，消费不足时应以拉动投资的方法保证产出不下降或增长，即通过增加投资来解决供求矛盾和就业不足的问题，投资决定消费，甚至是投资决定投资，需求管理基本演变成了投资管理。本文理出的消费决定投资之传导机制也曾在很多场合受到质疑或尖锐的批评，在此，我们做一初步讨论。

众所周知，生产过程是连续的，以一年为例，总产出是年内诸多生产周期中产出量的总和。为简化分析，我们假定一年之内只有两个生产周期 $t_1$ 和 $t_2$。假设 $t_1$ 的有效消费下降，消费品出售困难，厂商的库存急剧增加。在国民经济核算体系中，库存算作投资——厂商自我购买。① 这似乎是投资弥补了消费不足，但接下来，在 $t_2$ 中，消费品生产厂商首先要去库存，本周期就要减产（库存虽在本期出售但不算本期的产量，因为上期已经统计过了），固定资产投资意愿减弱或暂停，在足够的时间里，这种不良后果必然会传递到资本品和资源品生产厂商，$t_2$ 的产出就会下降，本年底的总产出必受一定负面影响。假如消费需求下降不算太严重，可能会导致 GDP 环比增长率下降；假如消费需求下降严重，如 1932 年的美国——牛奶往河里倒、大量牲畜被宰杀就地掩埋、大量的棉花不摘烂在田里……那么，出现严重的负增长则是必然。

综上，式（4.2）中的消费和投资此消彼长是统计学事后核算的技术处理，不是经济学的因果关系。在封闭条件下，投资是一定要消费拉动的；

---

① 在实践中，由于某些消费品和资本品难以区分，所以，只能按购买者身份界定——自然人购买算消费品，法人购买算资本品。例如，私人购买的小轿车显然算消费品，而出租车公司购买的小轿车则无疑算作资本品。

在开放条件下,应该进一步考虑出口了。同时,消费拉动的未必都是本国投资,因为必须考虑进口变量的影响,不仅消费品可以进口,而且 3 个投资层次都可能有进口。于是,投资对消费的敏感性就会有一定的折扣,一定时期有一定的弹性。显然,这是个实证问题,本节只做逻辑分析。

最后,还有一个近乎纯想象的质疑:如果消费增长到等于总产出,何来投资呢?笔者认为,这是一个不可能出现的现象,经济学虽然使用数学分析工具,但经济学毕竟不是数学,经济学的函数、自变量都有经验的定义域和值域,不可能类似于数学中常用的正负无穷大。本文从供给和需求两个方面来回答这一质疑。

首先,从供给角度观察,市场经济国家经过多年的竞争和淘汰,各自建立了一套包含各行业与各层次的生产体系,资本品不是同质的,生产挖掘机的资本品不能生产皮鞋,而且,资本品的转换,即厂商转业也是有较大的时间滞后性的。因此,总供给的这一性质制约了消费需求无限增长的幼稚想象。

其次,在世界各国先后所经历过的 100 多年需求约束型经济中,消费需求总量在总收入中的占比从来没有也不可能提高到 100%。从结构上看,富人和中产阶级的占比更低,低收入者的消费需求在收入中的占比会较高。历史经验表明,除"二战"结束之后的日本和北欧国家等少数国家之外,绝大多数国家的基尼系数都不低,也就是说,国民收入分配不公是普遍现象。富人和中产阶级的消费需求在收入中的占比基本上决定了总量上存在着"买得起但没什么好买的"现象——储蓄总量递增。20 世纪 20 年代分期付款等形式的消费信贷在美国盛行——把富人的储蓄借给中低收入者使用,在此后大多数年份中,市场经济国家借此解决了(或推迟了)消费下降的问题,消费信贷推动消费、消费拉动投资基本成了体现在统计数据中的经验。于是,金融部门成了维护经济持续增长的中枢,同时,历史经验也表明,欧美主要国家进入需求约束型经济态势之后,历次重大经济危机首先表现为金融危机。

最后,在需求约束型经济中,消费需求总量在总产出中的占比多大比较合适呢?这是一个实证的问题,需要做大量的实证工作才有可能得出一个初步的经验数据,本文没有能力完成这样宏大的任务。

## 第三节 对修正后的投资函数实证检验

陈昭和刘巍（2011）研究表明，20世纪60—80年代，以英、法、德、意四国为代表的欧洲国家都相继进入了需求约束型经济发展阶段。[①] 这正符合凯恩斯投资函数研究的实际社会情形，我们选定了欧洲20个国家的面板数据和美国以及日本的时间序列数据进行实证分析，结合凯恩斯投资理论和第二章中对凯恩斯投资函数的逻辑修正，拟定新的投资函数为 $I = f(C, X, r)$，其中总投资 $I$ 为各国的固定资本形成总额。由于凯恩斯投资理论中的"利率"指的是放弃货币流动性的报酬，也就是资本市场利率，即有价证券收益率，而不是银行存贷款利率，所以我们用政府债券收益率替代自变量利息率 $r$，消费 $C$ 为私人消费和政府消费总和，出口 $X$ 为产品和服务出口总量。

考虑到数据的可得性和完整性，我们取欧洲20个国家2001—2010年10年的平衡面板数据，截取美国1961—2014年和日本1980—2014年时间序列数据，其中固定资本形成总额 $I$、总消费 $C$、总出口 $X$ 数据均取自 http://data.worldbank.org.cn/country （世界银行数据库），政府债券收益率数据取自 wind 全球宏观数据库。

### 一、欧洲国家面板数据的实证分析

#### （一）单位根检验

一般回归前要检验面板数据（Panel Data）是否存在单位根，以检验数据的平稳性，避免伪回归或虚假回归，确保估计的有效性。因此，基于 EViews 9.0 我们对欧洲20国的平衡面板数据做分变量单位根检验。面板数据的单位根检验有5种：LLC 检验、Breitung 检验和 Hadri 检验法是检验 Panel Data 是否含有相同单位根；IPS 检验和 Fisher-ADF 检验法是检验 Panel Data 是否有不同单位根。其中，除了 Hadri 检验法的原假设为"不含有单位根"外，其余4种检验法原假设均为"含有单位根"。为了方便，我们一般只采用相同单位根的 LLC 检验法和不同单位根的 ADF 检验法，如果它们都

---

[①] 陈昭：《英法德意四国消费对经济增长的贡献度》，载《中国计量经济史研究动态》2011年第1期，详见：http://cliometrics.gdufs.edu.cn/info/1005/1050.html。

拒绝存在单位根的原假设，则可认定该序列平稳，否则不平稳，要进一步差分检验。EViews 9.0 中 $I?$、$C?$、$X?$、$R?$ 分别代表投资函数中的投资、消费、出口、利率（见表4.1）。

表4.1 欧洲国家面板数据的单位根检验

| 检验方法 | | $I?$ | $C?$ | $X?$ | $R?$ |
|---|---|---|---|---|---|
| 水平值 | LLC 检验 | −2.57(0.0051)* | −3.18(0.0007)* | −5.61(0.0000)* | −6.62(0.0000)* |
| | Fisher-ADF 检验 | 55.40(0.0534) | 66.94(0.0048)* | 50.67(0.1203) | 47.62(0.1903) |
| 一阶差分 | LLC 检验 | −8.87(0.0000)* | −6.21(0.0000)* | −9.28(0.0000)* | −6.85(0.0000)* |
| | Fisher-ADF 检验 | 84.32(0.0001)* | 66.22(0.0057)* | 58.98(0.0269)** | 72.07(0.0014)* |

数据来源：本章附表1。
注：变量名称中的"?"是占位符，表示截面识别名，其仅在 EViews 的 Pool 对象中存在。
括号中的数据是该统计量的伴随概率。
*表示在1%显著水平下拒绝原假设，**表示在5%的显著性水平下拒绝原假设。

## （二）协整检验

协整检验的目的是检验变量之间是否存在长期稳定关系。由以上单位根检验结果可知，原序列部分变量不能通过检验，而一阶差分之后，所有变量均平稳，故4个变量均为一阶单整，符合协整检验条件，此处，我们选用 Kao 检验（见表4.2）。

表4.2 欧洲国家面板数据的协整检验（Kao 检验）

| 检验方法 | t-Statistic | Prob. |
|---|---|---|
| Kao 检验 | −6.534793 | 0.0000* |

数据来源：本章附表1。
注：*表示在1%显著水平下拒绝原假设。

由以上协整检验结果可知，$P$ 值为 0.0000，拒绝没有协整关系的原假设，因此，被解释变量 $I?$ 和解释变量 $C?$、$X?$ 和 $R?$ 之间存在协整关系，可以使用最小二乘法进行回归。

## （三）回归模型

我们选择权重为 cross-section weight 的广义最小二乘回归。回归结果为：

$$I = -314.37 + 0.61C + 0.22X - 0.02r + [AR1 = 0.93]$$
$$(-6.56) \quad (47.95) \quad (9.10) \quad (-0.12) \quad (13.68)$$
$$R^2 = 0.9987 \quad \bar{R}^2 = 0.9985 \quad DW = 1.67 \quad F = 5210.97(0.0000)$$

由以上回归结果，我们可以看出，模型拟合效果很好，除了利息率 $r$ 以外，其余解释变量均能在 10% 显著性水平上通过 $t$ 检验，拟合优度近 100%，模型整体的 $F$ 检验也能在 1% 显著性水平上通过。

我们进一步用 Beta 系数分析法来研究各个解释变量的相对重要性，首先我们分析一下 Beta 系数。由于偏回归系数与变量的原有单位都有关系，单位不同，直接进行系数比较毫无意义，因此，我们需要将其转化成 Beta 系数，其公式如下：

$$\beta j * = \beta j S X j S Y = \beta j x j 2 y 2 \ (j = 2, 3, \cdots, k) \tag{3.1}$$

可知 Beta 系数是按照自变量标准差与因变量标准差之比例对估计的斜率系数进行调整，其数值与测定变量时的单位无关，是一个"纯数"，因此可以直接比较，用以确定计量模型中自变量的相对重要性。经计算，$\beta C = 2.4056$，$\beta X = 0.3439$，若将 $\beta X$ 标准化为 1，则 $\beta C = 7$，即总体来说欧洲国家的消费对投资拉动效应是出口的 7 倍。

## 二、美国时间序列数据的实证分析

### （一）单位根检验

为检验美国 1961—2014 年时间序列数据的平稳性，我们做 ADF 单位根检验，结果如表 4.3 所示。

表4.3 美国时间序列数据的 ADF 单位根检验

| 变量 | 差分次数 | 检验形式 $(c, t, k)$ | DW 值 | ADF 值 | 1% 临界值 | 5% 临界值 | 结论 |
|---|---|---|---|---|---|---|---|
| $I$ | 1 | $(c, t, 2)$ | 1.96 | −5.33 | −2.60 | −1.95 | $I(1)^*$ |
| $C$ | 1 | $(c, t, 2)$ | 2.08 | −5.29 | −4.12 | −3.49 | $I(1)^*$ |
| $X$ | 1 | $(c, n, 2)$ | 2.01 | −6.42 | −3.55 | −2.91 | $I(1)^*$ |
| $rr$ | 1 | $(n, n, 1)$ | 2.04 | −6.37 | −2.61 | −1.95 | $I(1)^*$ |

数据来源：本章附表2。

注：$(c, t, k)$ 表示 ADF 检验是否包含常数项、时间趋势以及滞后期数。

\* 表示变量差分后在 1% 的显著性水平上通过 ADF 平稳性检验。

$rr$ 为实际国债收益率，$rr$ = 名义十年期国债收益率 − 以消费者物价指数衡量的通货膨胀率。

由以上单位根检验结果可知，美国时间序列数据变量均为一阶单整，符合协整检验要求。

（二）协整检验（见表4.4）

表4.4　美国时间序列数据的 JJ 协整检验

| 特征根 | 迹统计量（P值） | 5%临界值 | $\lambda-\max$ 统计量（P值） | 5%临界值 | 原假设 |
|---|---|---|---|---|---|
| 0.624481 | 81.3762（0.00）* | 40.17 | 50.9312（0.00）* | 24.16 | 0个协整向量 |
| 0.296605 | 30.4451（0.01）** | 24.28 | 18.2955（0.04）** | 17.80 | 最多有1个协整向量 |
| 0.186555 | 12.1496（0.05）** | 12.32 | 10.7368（0.06）*** | 11.22 | 最多有2个协整向量 |
| 0.026803 | 1.4128（0.27） | 4.13 | 1.4128（0.27） | 4.13 | 最多有3个协整向量 |

数据来源：本章附表2。
注：* 表示变量差分后在1%的显著性水平上拒绝原假设。
* * 表示变量差分后在5%的显著性水平上拒绝原假设。
* * * 表示变量差分后在10%的显著性水平上拒绝原假设。

观察 JJ 协整检验结果，我们可以得出美国时间序列变量之间存在协整关系，可以进行最小二乘法回归。

（三）回归模型

**1. 原变量回归模型**

根据 EViews 9.0 的最小二乘法回归，得出美国的投资函数模型为：

$$I = 0.09C + 0.83X - 3.17rr + AR2 = 0.73 + [MA1 = 0.96]$$
$$(10.79) \quad (3.33) \quad (-0.29) \quad\quad (5.85) \quad\quad (31.08)$$
$$R^2 = 0.9812 \quad\quad \bar{R}^2 = 0.9796 \quad\quad DW = 1.2267$$

利率变量的 $t$ 统计量说明其影响不显著，且其 $P$ 值为 0.7702，即接受"$rr$ 与 $I$ 没有相关关系"的原假设，因此，我们去除利率变量，为消除异方差，做双对数模型再次进行回归。

**2. 双对数回归模型**

（1）双对数模型变量单位根检验。

经 EViews 9.0 对美国的投资 $I$、消费 $C$ 和出口 $X$ 时间序列数据分别取对数后进行 ADF 单位根检验，结果如表4.5所示。

表4.5 美国时间序列数据的ADF单位根检验（双对数模型）

| 变量 | 差分次数 | 检验形式 $(c, t, k)$ | DW值 | ADF值 | 1%临界值 | 5%临界值 | 结论 |
| --- | --- | --- | --- | --- | --- | --- | --- |
| $\ln I$ | 1 | $(c, n, 2)$ | 1.94 | −7.39 | −3.55 | −2.91 | $I(1)^*$ |
| $\ln C$ | 1 | $(c, t, 2)$ | 2.03 | −5.23 | −4.12 | −3.49 | $I(1)^*$ |
| $\ln X$ | 1 | $(c, n, 2)$ | 1.95 | −6.87 | −3.55 | −2.91 | $I(1)^*$ |

数据来源：本章附表2。
注：$(c, t, k)$ 表示 ADF 检验是否包含常数项、时间趋势以及滞后期数。
\* 表示变量差分后在1%的显著性水平上通过 ADF 平稳性检验。
$rr$ 为实际国债收益率，$rr$ = 名义十年期国债收益率 − 以消费者物价指数衡量的通货膨胀率。

经 EViews 9.0 的 ADF 单位根检验结果表明，以上变量均为一阶单整，符合协整检验要求。

（2）双对数模型变量协整检验。

经 EViews 9.0 的 JJ 协整检验，结果如表4.6所示。

表4.6 美国时间序列数据的JJ协整检验（双对数模型）

| 特征根 | 迹统计量（P值） | 5%临界值 | $\lambda - \max$ 统计量（P值） | 5%临界值 | 原假设 |
| --- | --- | --- | --- | --- | --- |
| 0.425843 | 45.0291(0.00)\* | 24.2760 | 28.8524(0.00)\* | 17.7973 | 0个协整向量 |
| 0.266732 | 16.1767(0.01)\*\* | 12.3209 | 16.1327(0.01)\*\* | 11.2248 | 最多有1个协整向量 |
| 0.000846 | 0.0440(0.86) | 4.1299 | 0.0440(0.86) | 4.1299 | 最多有2个协整向量 |

数据来源：本章附表2。
注：\* 表示变量差分后在1%的显著性水平上拒绝原假设。
\*\* 表示变量差分后在5%的显著性水平上拒绝原假设。

以上结果表明，美国的各变量时间序列数据取对数后存在协整关系，可以进行最小二乘回归。

（3）双对数回归模型。

经 EViews 9.0 的双对数模型回归结果如下：

$$\ln I = 0.54 \ln C + 0.36 \ln X + AR1 = 0.54 + [MA1 = 0.37]$$
$$(15.54) \quad (7.48) \quad (3.56) \quad (2.16)$$
$$R^2 = 0.9854 \quad \bar{R}^2 = 0.9845 \quad DW = 1.9838$$

去除了利率变量后的模型拟合优度和调整后的拟合优度以及 DW 值均得到提高，每一个变量在5%显著性水平上拒绝原假设，也就意味着，该模型比上一次的拟合效果要好，因此，笔者认为，美国的总投资主要受消费和出口影响，利率的影响可以忽略不计，这也正好可以证明这期间美国的经济增长之迅速得益于其频繁的投资活动，而这一阶段美国的企业投资并不缺乏资金，在进行投资活动时并没有过多考虑融资成本问题。在其科技领先和美元作为世界货币的强势地位支撑下，出口贸易频繁，给国内投资活动提供源源不断的推动力，由模型可见，投资消费弹性为 0.54，即消费增加 1 个百分点，总投资增加 0.54 个百分点；投资出口弹性为 0.36，即出口增加 1 个百分点，总投资增加 0.36 个百分点，不可谓不高。美国的消费对投资的拉动效应是出口对投资的拉动效应的 1.5 倍。

### 三、日本时间序列数据的实证分析

#### （一）单位根检验

由于日本时间序列数据的水平值不符合协整检验要求，我们取双对数模型进行回归分析，EViews 9.0 中的 ADF 单位根检验结果如表 4.7 所示。

表 4.7　日本时间序列数据的单位根检验

| 变量 | 差分次数 | 检验形式 $(c, t, k)$ | DW 值 | ADF 值 | 1% 临界值 | 5% 临界值 | 结论 |
| --- | --- | --- | --- | --- | --- | --- | --- |
| $\ln I$ | 1 | $(n, n, 2)$ | 1.93 | $-2.05$ | $-2.64$ | $-1.95$ | $I(1)^{**}$ |
| $\ln C$ | 1 | $(c, t, 1)$ | 1.80 | $-3.99$ | $-4.26$ | $-3.55$ | $I(1)^{**}$ |
| $\ln X$ | 1 | $(c, n, 1)$ | 2.03 | $-5.25$ | $-3.65$ | $-2.96$ | $I(1)^{*}$ |
| $\ln R$ | 1 | $(n, n, 1)$ | 1.94 | $-2.45$ | $-2.64$ | $-1.95$ | $I(1)^{**}$ |

数据来源：本章附表 3。
注：$(c, t, k)$ 表示 ADF 检验是否包含常数项、时间趋势以及滞后期数。
\* 表示变量差分后在 1% 的显著性水平上通过 ADF 平稳性检验。
\*\* 表示变量差分后在 5% 的显著性水平上通过 ADF 平稳性检验。

由以上 ADF 单位根检验结果可见，日本的时间序列数据变量取对数后均为一阶单整序列，符合协整检验要求。

#### （二）协整检验

经 EViews 9.0 的 JJ 协整检验，结果如表 4.8 所示。

表4.8　日本时间序列数据的 JJ 协整检验（双对数模型）

| 特征根 | 迹统计量（P值） | 5%临界值 | λ–max 统计量（P值） | 5%临界值 | 原假设 |
| --- | --- | --- | --- | --- | --- |
| 0.679765 | 60.6270(0.00)* | 40.1749 | 37.5771(0.00)* | 24.1592 | 0个协整向量 |
| 0.347229 | 23.0500(0.07)*** | 24.2760 | 14.7973(0.17) | 17.7973 | 最多有1个协整向量 |
| 0.198392 | 8.9745(0.17) | 12.3209 | 11.2248(0.22) | 11.2248 | 最多有2个协整向量 |
| 0.049549 | 1.6770(0.23) | 4.1299 | 4.1299(0.23) | 4.1299 | 最多有3个协整向量 |

数据来源：本章附表3。
注：* 表示变量差分后在1%的显著性水平上拒绝原假设。
　　** 表示变量差分后在5%的显著性水平上拒绝原假设。
　　*** 表示变量差分后在10%的显著性水平上拒绝原假设。

经检验，日本时间序列数据变量取对数后存在协整关系，可以进行最小二乘回归。

### （三）双对数回归模型

经 EViews 9.0 的最小二乘回归，模型如下：

$$\ln I = -22.87 + 2.51\ln C + 0.1\ln X - 0.04\ln r + AR1 = 0.97 + [MA1 = 0.94]$$
$$(-3.80)\quad (5.33)\quad (3.61)\quad (-2.10)\quad (49.78)\quad (7.32)$$
$$R^2 = 0.975 \quad \overline{R}^2 = 0.9712 \quad DW = 2.1308 \quad F = 223.6361(0.0000)$$

由 EViews 9.0 回归结果可知，各变量均在5%显著性水平上拒绝"与被解释变量无关"的原假设，从 $t$ 统计量来看，各变量的经济学含义显著，从 $F$ 统计量及其 $P$ 值可知模型总体拟合效果不错。消费每变动1%，投资同向变动2.51%；出口每变动1%，投资同向变动0.1%；利率每变动1%，投资反向变动0.04%。利用 Beta 系数分析法，可以得到 $\beta\ln C = 3.0578$，$\beta\ln X = 0.2739$，$\beta\ln r = -0.1971$，若将 $\beta\ln r$ 的绝对值标准化为1，其余变量的 Beta 系数绝对值分别为 $\beta\ln C^* = 15.51$，$\beta\ln X^* = 1.39$，可见，日本的消费对其投资变化影响最大，是出口对投资变动效应的11倍多，是利率对投资影响程度的15倍多，区别在于利率与投资呈反向变动关系。3个变量中利率对投资的影响最小，这一点同美国情况相似，但是此处笔者保留该变量，因为其 $t$ 统计量表明，对投资的影响相比美国较显著。

通过以上3部分实证分析，笔者发现，凯恩斯投资函数在需求约束型经济中，变成了以消费和出口为主要解释变量的函数，其中，美国在1961—2014年期间的投资函数中，利率并未起到限制总投资的作用，欧洲面板数据分析中，利率的 $t$ 值为0.15，即利率对投资的影响微乎其微。由此，我们的对新投资函数的逻辑推理得到证实。

## 第四节 新投资函数的理论价值和政策含义

### 一、新投资函数的理论价值

凯恩斯在建立投资理论时无意中将投资函数的前提假设还原为供给约束型经济，而将投资函数设定为利率的一元函数，该理论无论是从理论角度还是从实践角度都不能自圆其说，在政策指导方面亦没有有效借鉴意义，甚至会误导政策决定者。通过本文的逻辑推理和实证分析，我们发现，在开放的需求约束型经济条件下，正确的投资函数应该是消费、出口和利率的三元函数。其中消费和出口是从产品需求角度考虑投资的意义所在，利率是从供给角度来考虑投资，这正是一个厂商在做出投资决策时真正应该考虑的投资影响因素所在。

纵观整个经济学的发展，投资函数在宏观经济学的发展中起着举足轻重的作用，是 IS – LM 模型的重要组成部分，这一函数一旦产生逻辑矛盾，必然影响到 IS – LM 模型的整体效果，进而可能会对宏观经济学的逻辑通道产生一定程度的阻塞作用。比如，原先的四部门 IS – LM 模型中：

$$Y = AD = C + I + G + NX \tag{4.3}$$

其中：

$$I = I_0 - bi \tag{4.4}$$

即投资由自发投资和利率项构成，$b$ 为投资利率系数，最后得出的 IS 曲线方程为：

$$Y = \frac{1}{1 - c(1 - t)}(I_0 - b_i) \tag{4.5}$$

现在投资不再是利率的单元函数，而是消费、出口和利率的三元函数，因此 IS 曲线方程必然要发生变动，于是 IS – IM 模型必将发生变化。由于篇幅有限，该部分我们将另作新篇专述。

### 二、新投资函数的政策含义

新投资函数对当下的需求约束型经济国家有关当局宏观经济调控政策

的方向有一定的启示。我们知道，凯恩斯的投资理论源于"大萧条"，他一贯提倡政府干预，目的在于拉动有效需求，进而促进经济增长。比如，凯恩斯时代提倡的政府干预手段中就包括增加政府投资和带动民间投资，其中政府投资通常是逆经济风向调节，因此与利率变动无关，而民间投资则受利率变动影响较大，尤其是房地产投资。在政府投资领域，应重点考虑资本形成之后的产品需求，进而有连续拉动经济的效应，而不是仅对当期GDP有拉动作用而造成后续的产品进一步积压或公共产品的闲置。在民间投资政策方面，不仅应降低融资成本，更重要的是扩大需求，如加大实施消费信贷和出口信贷、改善国民收入分配、转移支付等措施的力度。这对我们当下的经济发展有一定的启示，即我们不应一味地只考虑增加今天的投资，而忽略了投资活动之后的产品消费问题，应从产品流通的整个流程出发考虑，疏通消费渠道，有效扩大产品需求。正如刘涤源所说："一切生产的最终目的，都在满足消费。"

## 本 章 附 录

### 附表1 欧洲面板数据

（单位：十亿美元[①]）

| 国家 | | 投资 | 消费 | 出口 | 长期国债收益率（%） |
| --- | --- | --- | --- | --- | --- |
| 爱尔兰 | AIERLAN – 2001 | 43.38 | 107.27 | 138.73 | 8.98 |
| | AIERLAN – 2002 | 46.15 | 111.95 | 145.49 | 8.23 |
| | AIERLAN – 2003 | 48.22 | 115.10 | 146.50 | 7.58 |
| | AIERLAN – 2004 | 53.18 | 118.65 | 157.55 | 8.43 |
| | AIERLAN – 2005 | 60.82 | 126.13 | 164.82 | 7.43 |
| | AIERLAN – 2006 | 62.78 | 134.06 | 173.43 | 6.44 |
| | AIERLAN – 2007 | 65.68 | 143.02 | 188.74 | 5.07 |
| | AIERLAN – 2008 | 59.67 | 143.26 | 187.04 | 4.51 |
| | AIERLAN – 2009 | 48.39 | 136.23 | 179.58 | 5.53 |
| | AIERLAN – 2010 | 39.85 | 134.64 | 190.66 | 5.09 |

---

① 本书中有部分数据来自国外相关文献，由于数值巨大，为了使数据简洁明了，故沿用外文中的数值单位，如"billion"为"十亿"，"million"为"百万"。

续附表 1

| 国家 | | 投资 | 消费 | 出口 | 长期国债收益率（%） |
|---|---|---|---|---|---|
| 奥地利 | AODILI – 2001 | 71.34 | 216.08 | 126.36 | 5.08 |
| | AODILI – 2002 | 69.25 | 217.78 | 131.54 | 4.96 |
| | AODILI – 2003 | 71.88 | 221.15 | 132.07 | 4.14 |
| | AODILI – 2004 | 72.55 | 225.78 | 143.66 | 4.13 |
| | AODILI – 2005 | 72.72 | 230.70 | 153.02 | 3.39 |
| | AODILI – 2006 | 73.54 | 236.26 | 164.43 | 3.80 |
| | AODILI – 2007 | 76.92 | 238.99 | 176.58 | 4.30 |
| | AODILI – 2008 | 78.01 | 242.80 | 180.56 | 4.36 |
| | AODILI – 2009 | 72.30 | 245.42 | 153.47 | 3.94 |
| | AODILI – 2010 | 70.55 | 248.35 | 173.12 | 3.23 |
| 比利时 | BILISHI – 2001 | 77.32 | 268.09 | 244.03 | 5.13 |
| | BILISHI – 2002 | 74.44 | 270.98 | 251.92 | 4.99 |
| | BILISHI – 2003 | 74.61 | 273.38 | 256.01 | 4.18 |
| | BILISHI – 2004 | 80.80 | 277.63 | 272.39 | 4.15 |
| | BILISHI – 2005 | 86.03 | 280.69 | 285.37 | 3.43 |
| | BILISHI – 2006 | 89.02 | 284.63 | 300.10 | 3.82 |
| | BILISHI – 2007 | 94.65 | 289.78 | 316.80 | 4.33 |
| | BILISHI – 2008 | 97.35 | 295.92 | 321.90 | 4.42 |
| | BILISHI – 2009 | 90.27 | 297.77 | 291.32 | 3.90 |
| | BILISHI – 2010 | 90.15 | 304.49 | 320.48 | 3.46 |
| 德国 | DEGUO – 2001 | 584.50 | 2161.85 | 855.09 | 4.80 |
| | DEGUO – 2002 | 550.97 | 2155.25 | 891.44 | 4.78 |
| | DEGUO – 2003 | 543.27 | 2159.80 | 908.42 | 4.07 |
| | DEGUO – 2004 | 543.16 | 2168.22 | 1012.44 | 4.04 |
| | DEGUO – 2005 | 544.67 | 2177.09 | 1079.83 | 3.35 |
| | DEGUO – 2006 | 582.92 | 2207.59 | 1212.51 | 3.76 |
| | DEGUO – 2007 | 608.64 | 2214.19 | 1325.41 | 4.22 |
| | DEGUO – 2008 | 616.10 | 2241.04 | 1351.15 | 3.98 |
| | DEGUO – 2009 | 554.93 | 2258.11 | 1158.38 | 3.22 |
| | DEGUO – 2010 | 583.10 | 2275.63 | 1326.74 | 2.74 |

续附表1

| 国家 | | 投资 | 消费 | 出口 | 长期国债收益率（%） |
|---|---|---|---|---|---|
| 法国 | FAGUO – 2001 | 445.17 | 1591.17 | 508.30 | 4.94 |
| | FAGUO – 2002 | 441.09 | 1623.03 | 518.15 | 4.86 |
| | FAGUO – 2003 | 449.55 | 1649.57 | 522.77 | 4.13 |
| | FAGUO – 2004 | 465.20 | 1683.51 | 555.13 | 4.10 |
| | FAGUO – 2005 | 478.69 | 1719.68 | 590.20 | 3.41 |
| | FAGUO – 2006 | 496.14 | 1753.31 | 623.16 | 3.80 |
| | FAGUO – 2007 | 523.60 | 1793.57 | 658.97 | 4.30 |
| | FAGUO – 2008 | 528.06 | 1805.13 | 667.43 | 4.23 |
| | FAGUO – 2009 | 480.17 | 1820.43 | 604.72 | 3.65 |
| | FAGUO – 2010 | 490.16 | 1850.86 | 658.33 | 3.12 |
| 芬兰 | FENLAN – 2001 | 43.53 | 129.83 | 69.18 | 5.04 |
| | FENLAN – 2002 | 42.25 | 133.18 | 71.72 | 4.98 |
| | FENLAN – 2003 | 43.43 | 137.66 | 70.85 | 4.13 |
| | FENLAN – 2004 | 45.46 | 141.74 | 76.99 | 4.11 |
| | FENLAN – 2005 | 46.93 | 145.77 | 82.30 | 3.35 |
| | FENLAN – 2006 | 47.55 | 150.41 | 90.63 | 3.78 |
| | FENLAN – 2007 | 52.29 | 154.69 | 98.85 | 4.29 |
| | FENLAN – 2008 | 52.43 | 157.72 | 105.36 | 4.29 |
| | FENLAN – 2009 | 45.85 | 155.50 | 84.19 | 3.74 |
| | FENLAN – 2010 | 46.36 | 158.71 | 89.39 | 3.01 |
| 荷兰 | HELAN – 2001 | 146.16 | 457.31 | 386.07 | 4.96 |
| | HELAN – 2002 | 136.53 | 467.43 | 388.18 | 4.89 |
| | HELAN – 2003 | 134.77 | 471.30 | 391.97 | 4.12 |
| | HELAN – 2004 | 135.82 | 472.90 | 423.12 | 4.10 |
| | HELAN – 2005 | 139.81 | 478.20 | 446.53 | 3.37 |
| | HELAN – 2006 | 150.39 | 491.67 | 479.61 | 3.78 |
| | HELAN – 2007 | 160.27 | 503.99 | 513.53 | 4.29 |
| | HELAN – 2008 | 165.90 | 514.30 | 520.99 | 4.23 |
| | HELAN – 2009 | 147.63 | 515.35 | 479.12 | 3.69 |
| | HELAN – 2010 | 146.54 | 517.04 | 521.68 | 2.99 |

续附表 1

| 国家 | | 投资 | 消费 | 出口 | 长期国债收益率（%） |
|---|---|---|---|---|---|
| 卢森堡 | LUSENBAO - 2001 | 6.75 | 17.55 | 48.81 | 4.86 |
| | LUSENBAO - 2002 | 6.54 | 18.33 | 49.95 | 4.70 |
| | LUSENBAO - 2003 | 6.74 | 18.67 | 51.37 | 3.32 |
| | LUSENBAO - 2004 | 7.26 | 18.90 | 56.90 | 2.84 |
| | LUSENBAO - 2005 | 7.03 | 19.56 | 60.03 | 2.41 |
| | LUSENBAO - 2006 | 7.18 | 20.11 | 67.52 | 3.30 |
| | LUSENBAO - 2007 | 7.78 | 20.55 | 72.71 | 4.46 |
| | LUSENBAO - 2008 | 8.56 | 20.71 | 78.03 | 4.61 |
| | LUSENBAO - 2009 | 7.51 | 21.09 | 68.14 | 4.23 |
| | LUSENBAO - 2010 | 7.50 | 21.59 | 73.70 | 3.17 |
| 葡萄牙 | PUTAOYA - 2001 | 50.77 | 158.46 | 47.19 | 5.16 |
| | PUTAOYA - 2002 | 49.05 | 161.02 | 48.65 | 5.01 |
| | PUTAOYA - 2003 | 45.46 | 161.27 | 50.25 | 4.18 |
| | PUTAOYA - 2004 | 45.53 | 165.53 | 52.49 | 4.14 |
| | PUTAOYA - 2005 | 45.57 | 168.59 | 52.75 | 3.44 |
| | PUTAOYA - 2006 | 45.19 | 170.43 | 59.27 | 3.92 |
| | PUTAOYA - 2007 | 46.59 | 173.98 | 63.61 | 4.43 |
| | PUTAOYA - 2008 | 46.76 | 175.99 | 63.40 | 4.52 |
| | PUTAOYA - 2009 | 43.22 | 173.88 | 56.93 | 4.21 |
| | PUTAOYA - 2010 | 42.81 | 176.51 | 62.35 | 5.40 |
| 瑞典 | RUIDIAN - 2001 | 77.36 | 255.06 | 143.22 | 5.11 |
| | RUIDIAN - 2002 | 75.61 | 261.26 | 145.11 | 5.30 |
| | RUIDIAN - 2003 | 77.47 | 265.79 | 151.15 | 4.64 |
| | RUIDIAN - 2004 | 81.97 | 270.34 | 167.37 | 4.43 |
| | RUIDIAN - 2005 | 86.12 | 275.53 | 178.47 | 3.38 |
| | RUIDIAN - 2006 | 94.17 | 281.87 | 193.93 | 3.71 |
| | RUIDIAN - 2007 | 101.80 | 289.28 | 202.61 | 4.17 |
| | RUIDIAN - 2008 | 102.37 | 291.07 | 206.64 | 3.89 |
| | RUIDIAN - 2009 | 88.69 | 294.06 | 176.70 | 3.25 |
| | RUIDIAN - 2010 | 94.02 | 302.79 | 197.81 | 2.89 |

续附表1

| 国家 | | 投资 | 消费 | 出口 | 长期国债收益率（%） |
|---|---|---|---|---|---|
| 瑞士 | RUISHI – 2001 | 92.69 | 268.15 | 194.10 | 3.38 |
| | RUISHI – 2002 | 92.87 | 269.60 | 190.19 | 3.20 |
| | RUISHI – 2003 | 91.91 | 271.61 | 188.34 | 2.66 |
| | RUISHI – 2004 | 96.58 | 276.08 | 206.32 | 2.74 |
| | RUISHI – 2005 | 99.67 | 279.98 | 219.84 | 2.10 |
| | RUISHI – 2006 | 104.33 | 283.52 | 233.65 | 2.52 |
| | RUISHI – 2007 | 109.49 | 289.12 | 260.20 | 2.93 |
| | RUISHI – 2008 | 110.30 | 291.92 | 270.25 | 2.90 |
| | RUISHI – 2009 | 102.01 | 296.64 | 243.29 | 2.20 |
| | RUISHI – 2010 | 106.48 | 300.78 | 274.54 | 1.63 |
| 西班牙 | XIBANYA – 2001 | 273.55 | 584.99 | 256.66 | 5.12 |
| | XIBANYA – 2002 | 286.19 | 602.54 | 260.17 | 4.96 |
| | XIBANYA – 2003 | 306.14 | 616.89 | 269.07 | 4.12 |
| | XIBANYA – 2004 | 321.85 | 641.76 | 280.51 | 4.10 |
| | XIBANYA – 2005 | 345.93 | 667.43 | 285.47 | 3.39 |
| | XIBANYA – 2006 | 371.37 | 692.78 | 299.56 | 3.79 |
| | XIBANYA – 2007 | 387.61 | 715.39 | 324.29 | 4.31 |
| | XIBANYA – 2008 | 372.39 | 710.72 | 321.54 | 4.37 |
| | XIBANYA – 2009 | 309.56 | 685.02 | 286.10 | 3.98 |
| | XIBANYA – 2010 | 294.49 | 686.74 | 313.06 | 4.25 |
| 意大利 | YIDALI – 2001 | 363.00 | 1420.00 | 434.00 | 5.19 |
| | YIDALI – 2002 | 379.00 | 1420.00 | 422.00 | 5.04 |
| | YIDALI – 2003 | 378.00 | 1430.00 | 416.00 | 4.25 |
| | YIDALI – 2004 | 386.00 | 1450.00 | 442.00 | 4.26 |
| | YIDALI – 2005 | 392.00 | 1460.00 | 457.00 | 3.56 |
| | YIDALI – 2006 | 405.00 | 1480.00 | 494.00 | 4.05 |
| | YIDALI – 2007 | 411.00 | 1490.00 | 525.00 | 4.49 |
| | YIDALI – 2008 | 398.00 | 1480.00 | 509.00 | 4.68 |
| | YIDALI – 2009 | 359.00 | 1470.00 | 417.00 | 4.31 |
| | YIDALI – 2010 | 357.00 | 1480.00 | 466.00 | 4.04 |

续附表1

| | 国家 | 投资 | 消费 | 出口 | 长期国债收益率（%） |
|---|---|---|---|---|---|
| 英国 | YINGGUO – 2001 | 391.81 | 1767.50 | 517.98 | 5.01 |
| | YINGGUO – 2002 | 401.52 | 1839.13 | 532.05 | 4.92 |
| | YINGGUO – 2003 | 413.84 | 1914.28 | 546.93 | 4.58 |
| | YINGGUO – 2004 | 427.22 | 1979.53 | 572.95 | 4.93 |
| | YINGGUO – 2005 | 434.25 | 2035.18 | 621.26 | 4.46 |
| | YINGGUO – 2006 | 448.46 | 2078.13 | 698.02 | 4.37 |
| | YINGGUO – 2007 | 472.03 | 2125.55 | 683.06 | 5.06 |
| | YINGGUO – 2008 | 449.87 | 2128.15 | 694.20 | 4.50 |
| | YINGGUO – 2009 | 385.14 | 2084.89 | 637.08 | 3.36 |
| | YINGGUO – 2010 | 407.96 | 2090.57 | 676.79 | 3.36 |
| 匈牙利 | XIONGYALI – 2001 | 22.03 | 71.20 | 47.21 | 7.96 |
| | XIONGYALI – 2002 | 23.76 | 76.41 | 49.93 | 7.09 |
| | XIONGYALI – 2003 | 24.04 | 82.02 | 53.07 | 6.82 |
| | XIONGYALI – 2004 | 25.83 | 83.65 | 62.60 | 8.19 |
| | XIONGYALI – 2005 | 26.73 | 86.06 | 70.66 | 6.60 |
| | XIONGYALI – 2006 | 26.96 | 87.31 | 84.47 | 7.12 |
| | XIONGYALI – 2007 | 28.12 | 86.25 | 98.08 | 6.74 |
| | XIONGYALI – 2008 | 28.41 | 86.31 | 104.85 | 8.24 |
| | XIONGYALI – 2009 | 26.07 | 82.54 | 92.89 | 9.12 |
| | XIONGYALI – 2010 | 23.59 | 80.79 | 103.41 | 7.28 |
| 希腊 | XILA – 2001 | 48.67 | 182.53 | 46.85 | 5.30 |
| | XILA – 2002 | 48.15 | 190.27 | 43.43 | 5.12 |
| | XILA – 2003 | 55.68 | 198.44 | 43.12 | 4.27 |
| | XILA – 2004 | 58.73 | 206.95 | 51.10 | 4.26 |
| | XILA – 2005 | 51.16 | 216.36 | 52.82 | 3.59 |
| | XILA – 2006 | 60.05 | 223.96 | 55.58 | 4.07 |
| | XILA – 2007 | 70.72 | 232.75 | 61.46 | 4.50 |
| | XILA – 2008 | 66.03 | 236.90 | 63.61 | 4.80 |
| | XILA – 2009 | 57.31 | 235.92 | 51.87 | 5.17 |
| | XILA – 2010 | 45.32 | 220.72 | 54.27 | 9.09 |

续附表 1

| 国家 | | 投资 | 消费 | 出口 | 长期国债收益率（%） |
|---|---|---|---|---|---|
| 斯洛伐克 | SILUOFAKE - 2001 | 14.52 | 39.41 | 26.13 | 8.04 |
| | SILUOFAKE - 2002 | 14.52 | 41.54 | 27.97 | 6.94 |
| | SILUOFAKE - 2003 | 14.05 | 43.06 | 33.11 | 4.99 |
| | SILUOFAKE - 2004 | 14.72 | 44.33 | 40.02 | 5.03 |
| | SILUOFAKE - 2005 | 17.14 | 46.92 | 45.17 | 3.52 |
| | SILUOFAKE - 2006 | 18.70 | 49.98 | 55.52 | 4.41 |
| | SILUOFAKE - 2007 | 20.36 | 52.74 | 63.63 | 4.49 |
| | SILUOFAKE - 2008 | 20.68 | 55.85 | 65.55 | 4.72 |
| | SILUOFAKE - 2009 | 16.82 | 56.53 | 54.40 | 4.71 |
| | SILUOFAKE - 2010 | 18.04 | 56.81 | 62.93 | 3.87 |
| 捷克 | JIEKE - 2001 | 33.46 | 81.09 | 50.32 | 6.31 |
| | JIEKE - 2002 | 34.18 | 84.34 | 50.78 | 4.88 |
| | JIEKE - 2003 | 34.79 | 88.66 | 55.27 | 4.12 |
| | JIEKE - 2004 | 36.16 | 90.63 | 71.70 | 4.82 |
| | JIEKE - 2005 | 38.48 | 93.12 | 84.74 | 3.54 |
| | JIEKE - 2006 | 40.74 | 95.70 | 96.86 | 3.80 |
| | JIEKE - 2007 | 46.25 | 98.45 | 107.54 | 4.30 |
| | JIEKE - 2008 | 47.43 | 100.74 | 112.09 | 4.63 |
| | JIEKE - 2009 | 42.64 | 101.60 | 101.07 | 4.84 |
| | JIEKE - 2010 | 43.20 | 102.23 | 116.07 | 3.88 |
| 波兰 | BOLAN - 2001 | 51.55 | 220.37 | 77.23 | 10.68 |
| | BOLAN - 2002 | 48.31 | 226.98 | 80.95 | 7.36 |
| | BOLAN - 2003 | 48.89 | 231.52 | 92.37 | 5.78 |
| | BOLAN - 2004 | 52.17 | 241.12 | 96.89 | 6.90 |
| | BOLAN - 2005 | 56.71 | 247.52 | 106.31 | 5.22 |
| | BOLAN - 2006 | 64.26 | 259.50 | 122.93 | 5.23 |
| | BOLAN - 2007 | 76.62 | 274.16 | 135.45 | 5.48 |
| | BOLAN - 2008 | 83.01 | 290.23 | 144.95 | 6.07 |
| | BOLAN - 2009 | 81.47 | 300.29 | 135.85 | 6.12 |
| | BOLAN - 2010 | 81.16 | 308.76 | 153.32 | 5.78 |

续附表 1

| 国家 | | 投资 | 消费 | 出口 | 长期国债收益率（%） |
|---|---|---|---|---|---|
| 爱沙尼亚 | AISHANIYA – 2001 | 2.59 | 7.50 | 5.79 | 10.15 |
| | AISHANIYA – 2002 | 3.21 | 8.09 | 5.96 | 8.42 |
| | AISHANIYA – 2003 | 3.79 | 8.73 | 6.56 | 5.25 |
| | AISHANIYA – 2004 | 4.00 | 9.31 | 7.70 | 4.39 |
| | AISHANIYA – 2005 | 4.61 | 10.04 | 9.23 | 4.17 |
| | AISHANIYA – 2006 | 5.66 | 11.14 | 10.11 | 5.01 |
| | AISHANIYA – 2007 | 6.24 | 12.08 | 11.39 | 6.09 |
| | AISHANIYA – 2008 | 5.43 | 11.75 | 11.49 | 8.16 |
| | AISHANIYA – 2009 | 3.43 | 10.32 | 9.16 | 7.98 |
| | AISHANIYA – 2010 | 3.34 | 10.19 | 11.36 | 5.97 |

数据来源：固定资本形成总额 $I$、总消费 $C$、总出口 $X$ 数据均取自 http://data.worldbank.org.cn/country（世界银行数据库），政府债券收益率数据取自 wind 全球宏观数据库。

附表 2　美国时间序列数据

（单位：十亿美元）

| 年份 | 投资 | 消费 | 出口 | 实际国债收益率（%） |
|---|---|---|---|---|
| 1961 | 360.9 | 2990.6 | 105.2 | 2.81 |
| 1962 | 403.8 | 3154.9 | 110.6 | 2.83 |
| 1963 | 431.2 | 3266.0 | 118.5 | 2.79 |
| 1964 | 465.2 | 3420.3 | 132.4 | 2.88 |
| 1965 | 529.6 | 3600.3 | 136.1 | 2.62 |
| 1966 | 577.1 | 3841.6 | 145.5 | 1.93 |
| 1967 | 556.9 | 4022.0 | 148.9 | 2.30 |
| 1968 | 590.2 | 4219.8 | 160.6 | 1.43 |
| 1969 | 623.1 | 4324.3 | 168.4 | 1.26 |
| 1970 | 585.2 | 4360.8 | 186.5 | 1.46 |
| 1971 | 645.5 | 4444.9 | 189.6 | 1.90 |
| 1972 | 718.2 | 4622.9 | 203.9 | 2.90 |
| 1973 | 796.8 | 4776.9 | 242.3 | 0.63 |

续附表 2

| 年份 | 投资 | 消费 | 出口 | 实际国债收益率（%） |
|---|---|---|---|---|
| 1974 | 744.0 | 4781.4 | 261.5 | (3.47) |
| 1975 | 623.5 | 4889.0 | 259.8 | (1.14) |
| 1976 | 742.5 | 5086.7 | 271.1 | 1.88 |
| 1977 | 848.4 | 5255.8 | 277.7 | 0.93 |
| 1978 | 946.6 | 5465.0 | 306.9 | 0.76 |
| 1979 | 979.8 | 5586.8 | 337.4 | (1.83) |
| 1980 | 881.2 | 5604.1 | 373.7 | (2.08) |
| 1981 | 958.7 | 5678.8 | 378.3 | 3.61 |
| 1982 | 833.7 | 5766.4 | 349.4 | 6.84 |
| 1983 | 911.5 | 6064.2 | 340.4 | 7.89 |
| 1984 | 1160.3 | 6354.8 | 368.2 | 8.14 |
| 1985 | 1159.5 | 6716.0 | 380.5 | 7.06 |
| 1986 | 1161.3 | 7021.8 | 409.7 | 5.81 |
| 1987 | 1194.4 | 7250.6 | 454.4 | 4.65 |
| 1988 | 1223.8 | 7495.3 | 528.0 | 4.84 |
| 1989 | 1273.4 | 7713.3 | 589.1 | 3.67 |
| 1990 | 1240.6 | 7897.0 | 641.1 | 3.15 |
| 1991 | 1158.8 | 7936.6 | 683.6 | 3.63 |
| 1992 | 1243.7 | 8158.7 | 730.9 | 3.98 |
| 1993 | 1343.1 | 8344.8 | 754.8 | 2.91 |
| 1994 | 1502.3 | 8583.6 | 821.5 | 4.48 |
| 1995 | 1550.8 | 8785.2 | 905.9 | 3.77 |
| 1996 | 1686.7 | 9034.9 | 980.0 | 3.51 |
| 1997 | 1879.0 | 9332.0 | 1096.8 | 4.02 |
| 1998 | 2058.3 | 9755.3 | 1122.4 | 3.71 |
| 1999 | 2231.4 | 9756.3 | 1174.1 | 3.46 |
| 2000 | 2375.5 | 10180.5 | 1272.4 | 2.65 |
| 2001 | 2231.4 | 10456.6 | 1200.5 | 2.19 |
| 2002 | 2218.2 | 10749.6 | 1178.1 | 3.03 |
| 2003 | 2308.7 | 11054.0 | 1197.2 | 1.74 |

续附表2

| 年份 | 投资 | 消费 | 出口 | 实际国债收益率（%） |
|---|---|---|---|---|
| 2004 | 2511.3 | 11427.3 | 1309.3 | 1.59 |
| 2005 | 2672.6 | 11767.3 | 1388.4 | 0.90 |
| 2006 | 2730.0 | 12079.0 | 1512.4 | 1.57 |
| 2007 | 2644.1 | 12331.2 | 1647.3 | 1.78 |
| 2008 | 2396.0 | 12353.1 | 1741.8 | (0.17) |
| 2009 | 1878.1 | 12285.0 | 1583.8 | 3.62 |
| 2010 | 2120.4 | 12481.2 | 1776.6 | 1.58 |
| 2011 | 2230.4 | 12643.5 | 1898.3 | (0.37) |
| 2012 | 2465.7 | 12772.3 | 1963.2 | (0.27) |
| 2013 | 2577.3 | 12890.7 | 2018.1 | 0.89 |
| 2014 | 2717.7 | 13165.6 | 2086.4 | 0.92 |

数据来源：固定资本形成总额 $I$、总消费 $C$、总出口 $X$ 数据均取自 http://data.worldbank.org.cn/country（世界银行数据库），政府债券收益率数据取自 wind 全球宏观数据库。

实际债券收益率 = 十年期国债收益率 – 以消费物价指数衡量的通货膨胀率，以消费者价格指数衡量的通货膨胀率数据取自世界银行数据库：http://data.worldbank.org.cn/country/united-states。

### 附表3  日本时间序列数据

（单位：十亿日元）

| 年份 | 固定资本形成 | 总消费 | 出口 | 债券收益率（%） |
|---|---|---|---|---|
| 1980 | 77173.80 | 210556.10 | 20273.30 | 8.87 |
| 1981 | 79395.40 | 215875.70 | 22973.80 | 8.30 |
| 1982 | 79358.70 | 225714.60 | 23302.80 | 8.20 |
| 1983 | 78282.40 | 234287.90 | 24461.40 | 7.82 |
| 1984 | 81661.40 | 241326.90 | 28208.90 | 7.22 |
| 1985 | 88406.60 | 249872.50 | 29691.00 | 6.50 |
| 1986 | 93326.80 | 258995.50 | 28170.80 | 5.30 |
| 1987 | 100745.50 | 270051.20 | 28141.70 | 4.53 |
| 1988 | 114159.40 | 283268.50 | 30026.00 | 4.66 |
| 1989 | 124649.00 | 295819.40 | 32870.80 | 5.24 |
| 1990 | 134442.40 | 310040.10 | 35231.80 | 7.04 |

续附表3

| 年份 | 固定资本形成 | 总消费 | 出口 | 债券收益率（%） |
| --- | --- | --- | --- | --- |
| 1991 | 137853.60 | 317993.80 | 37076.90 | 6.33 |
| 1992 | 134780.60 | 325061.40 | 38700.80 | 5.21 |
| 1993 | 131157.40 | 329800.10 | 38841.40 | 4.28 |
| 1994 | 121591.60 | 329175.10 | 39683.20 | 4.29 |
| 1995 | 122578.20 | 336541.00 | 41342.40 | 3.36 |
| 1996 | 128184.30 | 344780.50 | 43772.80 | 3.05 |
| 1997 | 128008.10 | 347734.30 | 48623.50 | 2.32 |
| 1998 | 119188.00 | 346616.50 | 47299.70 | 1.51 |
| 1999 | 118422.40 | 352616.00 | 48151.70 | 1.77 |
| 2000 | 119223.20 | 357355.50 | 54195.80 | 1.77 |
| 2001 | 116715.80 | 365202.30 | 50427.80 | 1.35 |
| 2002 | 110994.00 | 370778.70 | 54409.10 | 1.28 |
| 2003 | 111190.80 | 373842.30 | 59567.40 | 0.99 |
| 2004 | 111630.00 | 378486.00 | 67888.40 | 1.50 |
| 2005 | 112573.90 | 383600.70 | 72121.90 | 1.40 |
| 2006 | 114272.30 | 386837.50 | 79286.60 | 1.75 |
| 2007 | 114631.30 | 390584.70 | 86184.00 | 1.69 |
| 2008 | 109923.40 | 387716.20 | 87405.20 | 1.50 |
| 2009 | 98281.50 | 387866.60 | 66256.90 | 1.35 |
| 2010 | 98043.30 | 397771.10 | 82398.90 | 1.18 |
| 2011 | 99399.10 | 399755.70 | 82106.30 | 1.13 |
| 2012 | 102787.30 | 408252.10 | 82201.00 | 0.86 |
| 2013 | 106050.20 | 416686.20 | 83191.10 | 0.72 |
| 2014 | 108788.20 | 412933.00 | 90216.20 | 0.55 |

数据来源：固定资本形成总额 $I$、总消费 $C$、总出口 $X$ 数据均取自 http://data.worldbank.org.cn/country（世界银行数据库），政府债券收益率数据取自 wind 全球宏观数据库。

# 第五章　对凯恩斯"流动性陷阱"学说的质疑

20世纪30年代,凯恩斯针对美国经济危机时期的经济状况提出了"流动性陷阱"理论,在他本人看来"流动性陷阱"至今还没出现,多数的学者也认为这是一个理论上的假说,因此对其都不太在意。因为满足"流动性陷阱"的条件比较苛刻,从其提出到现今,学者对"流动性陷阱"的证明分析热潮也只有两次:一次是对美国1929—1933年经济"大萧条"的分析热潮,另一次是对日本"失去的十年"的分析热潮。因为在这两次的危机中,政府为摆脱经济衰退的局面,连续降低利率,增加货币供给量,效果都不尽人意,学者面对这种利率相对较低、货币供给量大量增加,而对实体经济无效的情况,多数会想到"流动性陷阱"理论。在其他时间段,学者们很少讨论"流动性陷阱"。直到2008年9月,美国的次贷危机发展为全球性金融危机。针对此次的全球性经济危机,各国经济当局单独或者共同协调推出一系列危机对策,美、日等国家就为应对经济衰退不断下调利率,向市场提供流动性,相继进入零利率时代。这引发了学者对凯恩斯提出的"流动性陷阱"是否在现实经济中存在的又一次热议。看到以降低利率为主的货币政策对实体经济并没有产生实质性影响时,诸多学者就会联想到"流动性陷阱"理论,对其经济是否产生了"流动性陷阱"现象进行探讨。

本章的讨论旨在加深对"流动性陷阱"理论架构的认识。首先,针对这些引发学者讨论的利率和"流动性陷阱"中的利率进行讨论;其次,考察"流动性陷阱"暗含的4个前提,以美国为例分析凯恩斯原汁原味的"流动性陷阱"是否出现过和能否出现。

## 第一节 文献综述

### 一、"流动性陷阱"理论的发展历程

#### （一）"流动性陷阱"理论的提出

凯恩斯在1936年出版的著作《就业、利息和货币通论》中，提出了货币需求的极端情况——"流动性陷阱"。如图5.1所示，当利率降至$r^*$时，货币需求曲线变成与横轴相平行的直线，此直线部分即"流动性陷阱"。该曲线的经济学意义是，当萧条经济一旦落入"流动性陷阱"，利率降至"公认"的最低水平$r^*$时，即货币需求的利率弹性为无限大时，货币当局无论怎样增加货币供应量，新增的货币余额都不会再进入有价证券市场，都会被巨大的货币需求所吞。需要注意的是，凯恩斯理论中的利率指的是放弃流动性的报酬，是资产市场利率，即有价证券收益率，而不是银行存贷款利率。在经济学教科书中，资产市场利率简称市场利率或利率。《就业、利息和货币通论》一书中以国债收益率代表市场利率，因为这是有价证券市场的"龙头"利率，对其他有价证券的收益率有风向标的功能。

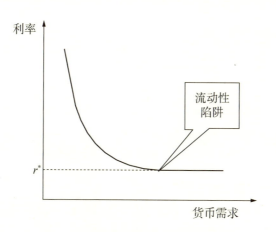

图5.1 凯恩斯"流动性陷阱"的逻辑

## (二)"流动性陷阱"理论的演进

### 1. IS-LM 模型下的"流动性陷阱"

凯恩斯认为在产品市场中,利率主要是通过影响计划投资支出和净出口,进而对总产出水平产生影响;在货币市场中,利率由货币市场的均衡决定。希克斯(1937)引入 IS-LM 模型阐述了凯恩斯的"流动性陷阱"理论。在产品市场中,投资量 $I$ 和利率 $i$ 存在负相关关系,收入水平 $Y$ 和储蓄 $S$ 之间存在正相关关系。当产品市场均衡,表示 $i$ 与均衡产出不同关系的各个交点构成 $IS$ 曲线。在货币市场中,利率与货币需求 $L$ 呈负相关关系,收入和货币需求呈正相关关系,而货币供应量由货币管理当局控制,不受利率影响。当货币市场均衡,货币供给曲线和不同收入水平下的货币需求曲线的交点形成 $LM$ 曲线。

如图 5.2 所示,$IS$ 曲线和 $LM$ 曲线的交点 $E$ 表示产品市场和货币市场同时达到均衡时的利率和收入组合。在名义利率很低时,$LM$ 曲线呈水平状态,此水平部分即为"流动性陷阱"。该曲线的经济学意义是,大众的货币需求利率弹性趋于无限大时,就算央行采用增加货币供给的方式,以此通过降低利率来刺激投资,也是不可能奏效的。

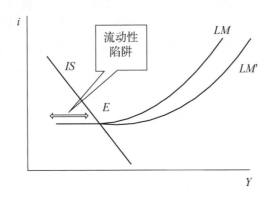

图 5.2 IS-LM 模型中的"流动性陷阱"

### 2. 克鲁格曼"流动性陷阱"理论

克鲁格曼(1998)针对 20 世纪 90 年代日本的萧条经济状况,阐释了广义"流动性陷阱"。他所阐述的"流动性陷阱"不但有超低的名义利率,还存在大众储蓄倾向不减的现象,由增长的储蓄和其他货币性因素(例如扩张性的货币政策)共同推动了广义货币供应量的迅速增加。面对当期消费和投资受到制约的情况,他使用预期来解释,认为由于预防性货币需求的利率弹性无穷大而导致有效需求不足，从而"流动性陷阱"产生。预期的引入，使得对未来通货膨胀的预期导致实际利率为负，在这里，他结合了日本主要是通过银行间接融资的实际情况，用银行利率代替了凯恩斯的证券市场收益率。从"流动性陷阱"理论的发展来看，克鲁格曼的理论中用的是银行利率，这并不符合以证券市场为储蓄-投资枢纽的国家经济特点。因为日本的投资大都是间接融资——银行贷款，而不是直接融资——发行证券，所以本文遵循凯恩斯的"流动性陷阱"思想，采用凯恩斯"流动性陷阱"定义。

## 二、国内外研究现状

### （一）对美国和日本经济研究的成果

国外对"流动性陷阱"的研究，主要是针对两个阶段的研究：一是美国20世纪30年代的"大萧条"，主要代表人物为Tobin、弗里德曼；二是日本20世纪90年代"失去的十年"，主要代表人物为克鲁格曼。国外学者对这类的研究主要分为三种情况：第一种情况是，直接通过证明"货币需求函数的弹性是否会在低利率时变得无限大"来证明"流动性陷阱"是否存在；第二种是接受"流动性陷阱"存在的前提下，研究采取何种货币政策来有效应对"流动性陷阱"；最后一种情况是前两种情况的结合，即是结合美国20世纪30年代、日本20世纪90年代的实证来证明"流动性陷阱"的存在，然后提出货币政策应对"流动性陷阱"是否有效。

（1）证明"流动性陷阱"的方法主要还是直接通过证明"货币需求函数的弹性是否会在低利率时变的无限大"的定义，来证明凯恩斯"流动性陷阱"是否存在。如：Friedman（1959）、Bronfenbrenner 与 Mayer（1960）、Barth 与 Kraft（1976）、Ryuzo Miyao（2002）否定了"流动性陷阱"的存在；Eisner（1963），Youngsoo Bae、Vikas Kakkar 和 Masao Qgaki（2004）认为"流动性陷阱"存在。

其中Friedman（1959）没有采用实证手段，而是通过测试利率与流通速度之间的变动关系，间接地证明了利率变动与货币需求之间的关系不显著，市场利率不可能无限降低，从而否认了"流动性陷阱"的存在。Bronfenbrenner 与 Mayer（1960）则采用Tobin的闲置资金来表示货币需求，但以1926年的闲置资金为零，用4~6个月的商业票据利息来代表短期利率，采用对数模型，得出"在利率较低时，货币需求的利率弹性并不一定比在较高时的利率弹性大"的结论，否定了"流动性陷阱"的存在。在这之后，很多学者都是采用 Bronfenbrenner 与 Mayer 提出的闲置资金来表示货币需求，但是对其的定义进行了各自的补充。Barth 与 Kraft（1976）采用 3 个月的国库券收益率代表短期利率，首次采用样条函数模型，结果表明，货币需求的利率弹性是随着利率的下降而变小，说明"流动性陷阱"假说不存在。Ryuzo Miyao（2002）对日本"失去的十年"进行研究，他从 $M_1$ 货币需求函数的协整性和稳定性进行计量分析，以马歇尔的 $K$ 作为被解释变量，隔夜拆借利率为解释变量，结果表明日本也并未陷入"流动性陷阱"。

Eisner（1963）以 Aaa 级债券的平均利率为长期利率指标，把利率作为闲置余额的函数，证明了"流动性陷阱"的存在。Youngsoo Bae、Vikas Kakkar 和 Masao Qgaki（2004）在 Ryuzo Miyao 的基础上，对货币需求的指标进行改进，把 $M_1$ 扩充到 $M_2+CD$ 的统计口径，并用城市银行贷款利率代替原来的隔夜拆借率，继续以马歇尔 $K$ 为被解释变量，同时使用线性模型和双对数模型一起估计日本长期货币需求函数，实证结果表明非线性货币需求函数比双对数货币需求函数更好地解释了日本陷入了"流动性陷阱"。

（2）一部分学者在承认"流动性陷阱"存在的前提下，认为货币政策有效。Ireland（2001）认为，在"流动性陷阱"中，名义利率为零的稳定状态下，价格不断下跌，应该通过对未来一代征税来减少货币供给，维持实际余额不变，这样货币名义存量的改变就导致价格水平的变动，证明了"实际余额效应"可以消除"流动性陷阱"。欧林宏（2010）认为"流动性陷阱"现象说明了货币政策具有滞后性，同时也是货币政策边际效用最大时的标志，说明货币政策在"流动性陷阱"时期是有效的。

（3）还有一部分学者接受凯恩斯"流动性陷阱"存在的观点，再结合现实来判断在此现实中是否存在"流动性陷阱"，若存在此现象，再一步证明"在经济萧条时，货币政策无效"的观点是否正确，提出逃离"流动性陷阱"的政策。如 Tobin（1947）首次定义闲置资金，发现闲置资金与利率之间呈曲线关系，证实利率存在一个至低点，并在此至低点上货币投机需求为零，证明了"流动性陷阱"的存在。在此阶段货币政策的有效性不及财政政策，同时也证明了货币的交易需求还受到利率变动的影响。Bernanke 和 Blinder（1988）在 IS-LM 模型的基础上加入贷款函数，建立了 CC-LM 模型，认为即使利率渠道失效，只要信贷传导渠道存在，在"流动性陷阱"存在的背景下，货币政策也对实体经济有效。Christina D. Romer（1992）认为美国逃离 20 世纪 30 年代的"流动性陷阱"的原因应该是货币政策，而财政政策作用不大。在面对"流动性陷阱"时，一些学者提倡用一揽子货币政策来解决：克鲁格曼（1998）在接受理性预期和开放经济的前提下，加入对外贸易和资本流动变量，认为日本"流动性陷阱"存在，使用"通胀管制"战略，通过扩张性的货币供应量来完成货币当局对私人部门产生未来高价格预期的引导；而 Svensson（2006）认为日本使用财政政策应对"流动性陷阱"，结果失败的原因是李嘉图等价 - 扩张性的财政政策使得财政赤字挤压了公共开支，通过一个小型凯恩斯模型，说明了一揽子的货币政策也可以治理"流动性陷阱"。继而把日本的货币政策分为低利率政策、零利率政策和数量宽松政策三个阶段，从预期的角度阐述了日本陷入"流动性陷阱"，并提出在开放经济环境下，日本可以通过采用钉住汇率制并维持零利率，使预期通货膨胀目标实现，从而刺激经济复苏。雷国胜（2009）认为通胀预期变动，最终名义利率受非零水平的限制，从而导致真实利率走高，进而导致"流动性陷阱"产生，提出货币当局若长期采用非传统的货币政策——以泰勒规则为代表的反通胀政策——以稳定真实利率，可以逃离"流动性陷阱"。Gartner 和 Jung（2010）选用银行贷款利率为利率指标，并在利率中加入风险变量，用 IS-LM 模型和 M-F 结构模型证明在货币市场和资本市场的风险溢价可以产生正利率的"流动性陷阱"，认为在开放的浮动汇率的经济体系下，国家陷入完全"流动性陷阱"，财政政策与货币政策要同时使用才能治理经济萧条。

（二）对中国经济研究的成果

1996 年 6 月 1 日到 2002 年，中国 8 次下调存贷款利率，两次下调法定准备金比率，并增加利息税，使用一系列积极货币政策来拉动投资、消费、经济和就业增长，不但此政策效果成为研究争论的焦点，而且此阶段中国是否出现"流动性陷阱"也成为研究的焦点。对中国"流动性陷阱"的研究成果，中国学者主要是从克鲁格曼广义"流动性陷阱"定义出发，根据"流动性陷阱"的前提与特征进行论证的，部分学者再结合中国实际经济情况来证明。

（1）分别从"流动性陷阱"的狭义和广义定义出发来研究中国的情况。如刘利（1999）分别从凯恩斯狭义的"流动性陷阱"和克鲁格曼广义的"流动性陷阱"的定义出发，同时证明了中国没有出现"流动性陷阱"，并提出如果中国不能解决储蓄与投资的问题、需求与供给的问题，那么中国经济可能会走向"流动性陷阱"边缘的结论；曾令华（1999）从凯恩斯狭义的"流动性陷阱"定义出发分析，认为我国的企业和居民的货币需求是没有处于"流动性陷阱"，再从克鲁格曼广义的"流动性陷阱"的定义分析，认为我国投资需求、消费需求对利率反应迟钝，得出我国经济存在一定程度的"流动性陷阱"。

（2）从广义定义出发研究。王自力（1999）认为自1993年来中国虽然经济增长下降，但是还未为负增长，在此期间名义利率也没有接近零水平，同时因为金融体制改革，利率变动对投资和消费变动的效应传递机制受到约束，根据克鲁格曼广义的"流动性陷阱"的定义，中国没有陷入"流动性陷阱"，但是经济陷入"流动性约束"；王春峰和康莉（2000）认为"流动性陷阱"是经济运行中的一个低平衡点，其本质是一个信心或预期问题，经济的微观结构也是"流动性陷阱"形成的一个基础性因素，经济陷入"流动性陷阱"时，生产效率和产出水平通常下降，通过对我国1999年1—9月的经济运行状况和货币政策实施效果分析，得出我国经济已出现了广义的"流动性陷阱"的结论；陈湛匀（2001）接受克鲁格曼的广义"流动性陷阱"定义，通过分析我国的降息措施是否对投资、消费和出口有效，得出我国客观存在一些"流动性陷阱"现象；许庆明和孙向光（2002）引入预期因素进行分析，认为公众因为预期而导致有效需求不足是产生"流动性陷阱"的根源，得出我国并未出现"流动性陷阱"的结论，若影响公众预期的经济体制改革不到位，可能使我国经济出现"流动性陷阱"。

（3）从"流动性陷阱"的前提出发研究。肖武标（1994）认为在经济的复苏和繁荣阶段，增加的货币供给主要是被物价吸收，而不是凯恩斯所说的被投机性的货币需求所吸收，而且"流动性陷阱"的投机性货币需求增加与市场利率急剧上升是并存的，不同于凯恩斯所认为的市场利率在此阶段会保持不变，进一步说明"流动性陷阱"是不存在的；赵晓雷（1999）认为凯恩斯"流动性陷阱"理论的前提条件是活期储蓄存款不用支付利息，而我国商业银行系统却对活期存款付息，储蓄反而随着利率的下降而增加，同时我国的实际利率还不是很低，所以我国不存在"流动性陷阱"；陈丰（2009，2010）从凯恩斯对"流动性陷阱"中利率无法下降的原因的假设出发，一一结合现实经济推翻，认为实际利率已经不具备凯恩斯所认为的利率有向下的刚性，从而认为不断降低利率不能刺激投资需求，中国也不会存在"流动性陷阱"，通过理论和实证证明了中国货币政策操作环境与凯恩斯及其西方货币理论的假设条件不同，中国的扩张性货币政策在萧条时期的效果显著。郑湘明（2011）从全口径的角度分析，"流动性陷阱"表明货币政策对证券市场直接有效，对实体经济间接有效。

在对"流动性陷阱"现象是否在经济中出现的证明分析之中，国外学者对此的研究多从货币需求理论的基础出发，主要是通过货币需求函数的利率弹性是否为无穷大来判断经济是否陷入"流动性陷阱"，通过货币需求与利率的建模进行实证分析,但是由于各个学者在货币的统计口径、利率种类和期限选择方面存在不同,从而导致结论不一。对"流动性陷阱"理论的质疑也大多是从"流动性陷阱"理论的资产组合、预期和最低利率水平的前提假设出发,来判断"流动性陷阱"是否产生。而且其中很多学者在利率的选择上并没有尊重凯恩斯的原意,即选择短期的债券到期收益率,而多是选择信贷利率和贴现率。

在研究日本经济情况时,这个问题尤其显著,如以克鲁格曼的"广义陷阱"为代表,他用银行利率代替了凯恩斯的证券收益率,是因为日本的金融是以银行为主的金融机构形成的间接金融(从表5.1可以看出,1965—1984年,在日本的整个资金筹措中,间接融资占85%~90%,直接融资只占5%~10%)。在这里,储蓄向投资转化的枢纽是银行,不再是证券市场了,银行利率是持有$M_2$的收益率,不再是持有货币的机会成本。而凯恩斯所说的储蓄向投资转化的枢纽应是证券市场,利率也应该是证券市场的收益率,是持有货币的机会成本。从银行利率(隔夜拆借利率、存贷款利率等)出发得出的"流动性陷阱"也就不是真正意义的凯恩斯"流动性陷阱"。国内学者的研究多是从"流动性陷阱"的定义或前提出发来判断,多数学者也是借鉴克鲁格曼的思想——采用银行存贷款利率作为利率指标,从逻辑推理上来论证,虽然定义不同和批判的前提不同,但是主要得出的结论是中国不存在"流动性陷阱"。

表5.1 通过广义金融市场的资金供给

(单位:%)

| 年份<br>项目 | 1965—1969<br>年度平均 | 1970—1974<br>年度平均 | 1976—1979<br>年度平均 | 1980—1984<br>年度平均 |
|---|---|---|---|---|
| 金融机构 | 63.1 | 60.7 | 52.7 | 45.4 |
| 【银行】 | 40.5 | 38.0 | 32.2 | 29.5 |
| 【其他民间金融机构】 | 22.6 | 22.7 | 20.5 | 15.9 |
| 信托、保险等 | 12.1 | 12.3 | 11.3 | 16.6 |
| 政府金融 | 17.6 | 18.7 | 25.5 | 27.3 |
| 证券市场 | 5.0 | 5.4 | 8.1 | 7.6 |
| 外资市场 | 2.3 | 2.9 | 2.5 | 3.2 |

资料来源:阎坤:《日本金融研究》,经济管理出版社1996年版,第5页。

凯恩斯认为若"流动性陷阱"存在,货币需求对于利率是完全弹性的,就会出现增加的货币供应量都会被巨大的货币需求所吸收,那么货币供给应该完全富有弹性,才能满足人们对货币持有的需求相应的货币供应量。本文就从"央行是否具有持续投放货币的能力"这个前提出发,结合居民收入摆布形式和是否存在统一的证券收益率临界值点,分两个阶段来考察美国"流动性陷阱"是否能在经济中产生,抑或是理论上的一个假说。

本章是在不同货币制度下,遵守凯恩斯所提出的原味"流动性陷阱"理论,通过定量与定性、实证与规范的研究方法深入分析美国的中央银行是否具有大量投放货币的能力,并对美国现实经济的资产组合进行分析,判断美国是否出现"流动性陷阱"的特征,从新的角度来判断"流动性陷阱"产生的前提是否在现实经济中具备。本文的分析旨在为进一步探讨"流动性陷阱"理论提供理论参考。

## 第二节 对"流动性陷阱"暗含前提假设的讨论

凯恩斯在 1936 年出版的著作《就业、利息和货币通论》中,提出了货币需求的极端情况——"流动性陷阱"的逻辑,萧条经济一旦落入"流动性陷阱",货币需求成了"无底洞",无论新增多少货币都会被巨大的货币需求所吸收。从该书的研究背景来看,"流动性陷阱"学说的货币制度安排应该是金本位制。从"流动性陷阱"的逻辑反推,该学说必有若干个暗含的前提假设。笔者将"流动性陷阱"学说的逻辑起点——暗含的前提假设归纳如下:

第一,短期中人们的收入摆布中只有货币和证券两种资产;
第二,经济处于非常低迷或萧条状态中;
第三,货币当局有能力持续增加货币供给;
第四,公众对证券收益率水平会产生"不能再低"的一致认识。

本部分将讨论经济中是否存在这样的前提,从而推断凯恩斯原汁原味的"流动性陷阱"是否仅为苛刻前提假设下存在的假说,而不涉及后来学界提出的广义"流动性陷阱"和其他内涵的"流动性陷阱"。

如果经济中具备上述 4 个前提,凯恩斯的"流动性陷阱"现象就可以发生。在"流动性陷阱" 4 个前提假设中,"短期中持有 2 种金融资产假设"可以接受,"萧条假设"可以在案例中分析。因此,我们主要讨论后 2 个假设。由于"流动性陷阱"产生的一个前提就是社会公众在公认"至低"的利率下货币需求是无限的,它可以吞噬任何数量的货币供给,因此可以断定，实现"流动性陷阱"状态就必须有一个能持续供给的货币量，否则，从逻辑上无法推出"流动性陷阱"的结论。为此，我们分 2 个阶段来考虑货币当局的货币供给能力：首先考察金本位制时期的货币当局的货币供给能力；其次是货币当局在非兑现的信用货币纸币制度时期的货币供给能力。

## 一、当局货币供给能力的讨论

我们分别从货币乘数和基础货币的影响因素出发，通过货币当局对货币乘数、基础货币的影响及货币数量对经济的影响，进一步讨论货币当局是否具备持续供给货币的能力。从货币供给的角度来说，基础货币 $H$ 和货币乘数 $m$ 两个因素共同决定货币量。在货币统计口径上，凯恩斯认为应该选择狭义货币 $M_1$，于是有：

$$M_1 = m_1 H \tag{5.1}$$

由式（5.1）得：

$$m_1 = \frac{M_1}{H} = \frac{C+D}{C+R} = \frac{(C+D)/D}{C/D+(r+r_e)D/D} = \frac{1+c}{c+r+r_e} \tag{5.2}$$

式（5.2）中，$C$ 为流通中的现金；$D$ 为存款是即期存款和其他可凭支票提取的存款之和；$R$ 为存款准备金；$c$ 为现金比率即现金漏损率；$r$ 为法定存款准备金率；$r_e$ 为超额准备金率。

接下来，我们从中央银行、商业银行体系、公众三个主体出发，分别分析它们对货币供给的影响。

### （一）基础货币

由货币当局控制的政府货币就表现为基础货币，并由央行垄断供给，一国央行通过调整基础货币规模的大小来控制货币数量，主要是通过公开市场业务和贴现贷款来控制基础货币，在发达国家，前者起主导作用。当中央银行要增加经济中的货币供给量时，则通过公开市场买入证券来增加基础货币；反之，通过公开市场卖出证券，减少基础货币来减少货币供给量。

在开放的经济条件下，中央银行又作为货币政策的指导者，它必定要与财政政策相配合，采取适应的货币政策。同时，中央银行的职能还要稳定汇率，所以中央银行在使用公开市场业务时受财政状况和外汇市场情况的影响，加上基础货币存在倒逼机制和主动回笼的特点，使得货币当局对基础货币的控制并不具备完全的控制主导权。

## (二) 货币乘数

从式 (5.2) 可以看出，影响货币乘数的因素主要是：现金漏损率、法定存款准备金率和超额准备金率。其中现金漏损率是由非银行公众决定的，法定存款准备金率是由一国货币当局决定的，而超额准备金率是由银行自行决定的。

### 1. 非银行公众

在影响货币乘数的因素中，现金漏损率是由非银行公众的行为决定的，即：

$$\frac{\partial m_1}{\partial c} = \frac{r + r_e - 1}{(c + r + r_e)^2} \tag{5.3}$$

从式 (5.3) 中可以看出，在法定存款准备金率和超额准备金率之和小于 1 的前提下，现金漏损率是与货币乘数呈反方向变动的。中央银行采取的是与经济周期逆方向调节的政策，虽然可以通过对存款利率的调节来影响非银行公众的现金，但是非银行公众的现金持有率一般是与经济逆风向调节的。当经济繁荣时，非银行公众预期其他资产的选择要比手中持有的现金带来的回报率高时，会相应减少现金的持有率，这使银行存款增加从而使银行可贷款的数量变大，加之银行的放松贷款条件，货币创造力进一步增加；当经济萧条时，非银行公众认为持有现金的回报率是最高的，会尽可能地增加现金的持有率，银行的存款减少，使得可贷款的数量减少，加之银行的惜贷，使得银行的货币创造力下降。所以，中央银行对此并没有完全的控制力。

### 2. 中央银行

法定存款准备金率是由货币当局决定的，即货币当局通过调整货币准备金供给规模（主要是银行利率）和信贷控制来影响银行成本，促使其调整资产负债结构来间接影响银行货币供给。在其他条件不变的前提下，法定存款准备金率与货币乘数是呈反方向变动的，即在不改变基础货币数量的前提下，中央银行可以通过降低法定存款准备金率来增加实际经济中的货币供给。中央银行一般是逆方向调节经济的，当消费市场有能力但消费欲望不够强烈，而且投资盈利期望不高、企业投资欲望萎靡的时候，中央银行通过降低银行的存贷款利率，引导人们把银行的钱拿出来消费，这也使企业因投资成本下降、投资盈利的预期提高而加大投资力度，使得货币乘数变大，在基础货币不变的前提下使得实际的货币供给增加。

### 3. 商业银行体系

虽然货币当局通过调整法定存款准备金率来影响银行借贷的成本，但是银行对货币供给的影响途径却主要是通过对贷款规模的控制，这个贷款规模的控制就是对超额准备金率的调整来实现的。在其他变量不变的前提下，超额存款准备金率是和货币乘数呈反方向变动的，即超额存款准备金率降低，货币乘数扩大，现实的货币供给量则成倍增加。但是这个超额准备金率的调整过程取决于银行的贷款风险评价预期，而银行的贷款风险评价预期通常受到企业状况、经济变化的影响，呈现出一定的周期性特点，即在经济繁荣企业扩张时期，银行预期与企业的预期基本一致，企业贷款风险较小，贷款条件宽松，央行在这个阶段适应需求顺势操作，信贷货币进一步扩张；反之，经济萧条，企业对未来预期悲观、有效需求不足，银行预期不佳、信心不足时，银行偏好流动性，相应提高贷款标准，减少贷款，央行对此显然无能为力。

从总体来说，由非银行公众、商业银行体系和货币当局三者的行为共同决定货币乘数。其中，非银行公众和商业银行体系对货币量的影响是与经济风向一致的，而货币当局对法定存款准备金率的调整应该是逆经济风向的（如果货币当局认为应该调节的话）。货币当局只能通过对法定存款准备金率进行调整来影响其他两个主体的经济行为，并没有直接的控制力。如果货币当局打算扩大货币供应量，最极端的法定准备金率无非是降到0，而无法直接控制商业银行体系的超额准备金率。所以，从货币乘数和基础货币的角度来看，货币当局在货币供给的整个过程中是不能完全控制货币供给的，即没有持续增加货币供给的能力。

由于凯恩斯提出的"流动性陷阱"学说是侧重于金本位制的，我们从另一个角度再对金本位时期货币当局的货币持续的供给能力进行分析。

金本位时期存在2种货币形式：一种是商品货币——金铸币，另外一种是信用货币——存款货币和银行券。商品货币供给在金本位时期内主要是取决于黄金供给量，排除一些特殊情况（如黄金生产的剧增和世界金本位制的建立时期），即使在金本位制的全盛时期，信用货币（主要是活期存款）的增长也大大高于金属货币（表5.2的数据表现了英、法、美金本位时期的货币结构）。信用货币的供给来自商业银行体系，供给量基本走势是顺经济大势变动的，在萧条时，政府无力直接令其扩张。同时，信用货币的发行量也受到黄金货币基数及保持可兑现性的约束，而金铸币供给主要是取决于由金矿开采技术和新金矿的偶然发现决定的黄金供给量。也就是说，商业银行体系也不可以无限派生货币。

表5.2  1816—1913年间英国、美国、法国的货币结构

(单位:%)

| 年代<br>项目 | 1816—1848 | 1849—1872 | 1873—1892 | 1893—1913 |
|---|---|---|---|---|
| 货币增长 | 100 | 100 | 100 | 100 |
| α. 黄金 | -9 | 34 | 2 | 6 |
| β. 白银 | 65 | -6 | 3 | — |
| χ. 信用货币 | 44 | 72 | 95 | 94 |

资料来源:张杰:《货币机制中的金融过程》,社会科学文献出版社1995年版,第47页。

总之,在金本位制度下,货币量的伸缩是在黄金供给量的基础上由商业银行体系创造完成的,币材金属存量是其伸缩的基础。所以,在经济自由化的金本位制时代,货币当局是没有持续增加货币供给的能力的,"大萧条"中各国纷纷放弃金本位制这一事实本身就是最好的反证,所以"流动性陷阱"产生的这一前提是令人怀疑的。

## 二、公众对证券收益率是否存在着"不能再低"的一致认识

在一个完善的金融体系下,凯恩斯假定短期内公众的资产组合中只有货币和债券,这是没有问题的。持有债券有收益,持有货币($M_1$)没有收益,至少没有名义收入。正常情况下,公众会在交易货币需求量以外尽可能地压低投机货币需求量,持有有收益的债券。而在经济低迷、投资萎缩时,一旦利率已经低到了公众一致认为"不能再低"的水平,则公众普遍预期债券的价格将会下降(收益率将上升),于是,会把所有的债券卖出(至少不会再新买入债券),而完全以货币形式持有收入。

### (一)证券收益率不可能存在无限接近于零或等于零的情况

凯恩斯认为:"利率是一种'价格',使得公众原意用现金形式来持有之财富,恰等于现有现金量。"[1]这就说明利率是人们放弃货币流动性的报酬,是持有货币的机会成本。如果这种到期收益率无限接近于零,说明这种投资预期是没有回报的,对于一个不能带来回报的投资,理性人是不可

---

[1] 约翰·梅纳德·凯恩斯:《就业、利息和货币通论》,徐毓枬译,商务印书馆2011年版,第143页。

能对其进行投资的。就算这个证券的回报率没有接近于零,但是在确定的风险下远远小于其他的资产预期回报率,理性人也是不可能把收入的一部分投资到这种证券。凯恩斯所说的利率是一种名义利率,如果这种利率快接近零了,现实经济若存在通货膨胀,那么这种实际利率就为负数,理性人更不会选择这样的投资,所以,投资的证券是不可能无限接近于零或等于零的。

### (二) 不可能存在心理一致的临界值

当利率(有价证券收益率)下降到一定程度时,市场中的全体公众都会预期利率将上升,这说明每个人的主观预期都是一样或相当接近的,即每个人心中的正常利率都是相同的。但是,在市场上每个人掌握的信息在程度上会存在一定的偏差,加之未来的不确定性,对证券主观的预期与评价会使几乎每个人心中都有一个不同的正常利率值,这很难产生一个大致一致的临界值。即使信息披露制度十分完善或其他外在条件完全相同,但基于资产选择偏好、收入等其他主观因素的影响,也会使得众多市场主体各自的风险承受能力和风险偏好不一样,使各主体有不同的证券收益率的预期。因此,从逻辑上判断,很难会有一个公众一致接受的"至低"利率或区间在"凯恩斯短期"中持续存在。

无论是对现实经济是否存在极低的利率临界值的论证,还是对能否产生一个统一的利率临界值的论证,得出的答案都是否定的,即经济中不可能存在一个公众一致认可的"低得不能再低"的证券收益率。

### 三、结论

通过对"流动性陷阱"学说的逻辑起点——暗含的前提假设分析,得出结论:第二个前提假设在现实经济中不具备,即货币供给当局是不具备无限持续增加货币供给的能力;通过第一个前提假设和第二个前提假设相结合讨论,现实经济中也不具备一个公众一致认可的"低得不能再低"的证券收益率,也不具备在此点上收入的摆布形式只有货币形式的证券收益率。在下文中笔者继续以实例分别来论证这四点前提假设是否存在。

## 第三节　迄今最低迷经济的案例分析：美国"大萧条"

前面我们对"流动性陷阱"暗含前提的质疑是从逻辑角度所做的判断，从实证角度看，用金本位制国家的数据做数量分析是比较困难的。笔者选择了一个比较简单又比较可靠的办法，用萧条最为悲惨的1929—1933年美国"大萧条"为例，试图证实"流动性陷阱"暗含前提的不存在，以此断定"流动性陷阱"仅仅是一个逻辑通达的假说，理论正确但理论无效。

### 一、美国在"大萧条"时期的经济状况

"大萧条"开始于工业生产领域，工业生产领域在1927年陷入衰退，虽然在1928年出现短暂的反弹，但在1929年6月又再次大幅度地下降，到1932年，工业生产退回到1905—1906年的水平。同时，财富的分配严重不均，过度的投资和投机引起了泡沫经济，在1929年10月，华尔街股市大崩盘，由此引发了经济全面危机，导致了经济的全面大萧条。在一些行业的衰退尤为明显，如"作为20年代经济繁荣支柱的钢铁、汽车、建筑等行业衰退情况更是惊人。钢、铁产量从1929年到1932年分别骤减了76%、79.4%，分别倒退了28年、37年，美国钢铁公司的开工率也只有19.1%。汽车产量在此期间下降了74.4%，由5358000辆下降到1370000辆"①。从总体上来说，在1929—1933年这个时期，美国真实的GNP（国民生产总值）整整下降了30%，平均每年负增长7%～8%，以当年价格计算的美国的GNP减少了45.56%，以固定价格计算的批发价格指数下降超过30%，1300万人失业，进口和出口都下降超过2/3，$M_1$下降了1/4，共9家银行倒闭，企业利润下降了90%，尤其是1931年和1932年还出现负利润，个人消费支出减少了40.7%，国内私人投资下降了91.36%，股票平均价格下降一半多，特别是在1932年跌到最低价只有68美元（数据见表5.3）。这些数据充分说明了美国在此期间陷入经济严重萧条，满足"流动性陷阱"产生于萧条经济的条件。

---

① 刘绪贻、李存训：《美国通史（第5卷）》，人民出版社2002年版，第14页。

表 5.3　1929—1933 年美国的重要经济指标

| 主要经济指标＼年份 | 1929 | 1930 | 1931 | 1932 | 1933 |
|---|---|---|---|---|---|
| 批发价格（1910—1914 年 = 100） | 139.00 | 126.00 | 107.00 | 95.00 | 96.00 |
| 失业人数（亿人） | 1.55 | 4.34 | 8.02 | 12.06 | 12.83 |
| GNP（现价，亿美元） | 1036.00 | 912.00 | 765.00 | 587.00 | 564.00 |
| 出口（亿美元） | 53.24 | 38.97 | 24.51 | 16.25 | 16.94 |
| 进口（亿美元） | 44.63 | 31.04 | 21.19 | 13.42 | 15.10 |
| $M_1$（亿美元） | 264.34 | 249.22 | 218.49 | 203.41 | 197.59 |
| 破产银行（家） | 659.00 | 1350.00 | 2293.00 | 1453.00 | 4.00 |
| 企业利润（亿美元） | 100.00 | 37.00 | -40.00 | -23.00 | 10.00 |
| 个人消费支出（亿美元） | 774.00 | 701.00 | 607.00 | 487.00 | 459.00 |
| 国内私人总投资（亿美元） | 162.00 | 103.00 | 56.00 | 10.00 | 14.00 |
| 股票平均价格（美元）（1941—1943 年 = 100） | 220.50 | 153.10 | 78.90 | 68.00 | 101.90 |

资料来源：批发价格指数、失业人数、GNP、进出口数据见米切尔：《帕雷格雷夫世界历史统计（美洲卷）》，经济科学出版社第 2 版，第 717 页、第 117 页、第 782 页、第 442 页和第 445 页；$M_1$ 见伯南克：《大萧条》，东北财经大学出版社 2007 年版，第 15 页；破产银行数据见陆甦颖：《经济衰退的历史答案：20 世纪 20 年代美国经济的多维研究与启示》，上海三联书店 2009 年版，第 173 页；企业利润数据见凯文·菲利普斯：《一本读懂美国的财富史》，中信出版社 2010 年版，第 73 页；个人消费支出、国内私人投资和股票平均价格数据见乔纳森·休斯、路易斯·凯恩：《美国经济史》，北京大学出版社 2011 年版，第 495～496 页。

## 二、货币供给能力

在上文中，我们从逻辑角度讨论了一国中央银行在金本位时期不具备无限发行货币的能力，在此具体分析美国的情况。因为美国在 1919 年 6 月重归金本位，并于 1933 年 3 月放弃金本位，文章所选取的是"大萧条"时期，所以在本文中选取 1929 年 1 月至 1933 年 3 月这个期间。货币供给量以 $M_1$、$M_2$ 为代表，分析美国的黄金储备（$G$）与 $M_1$、$M_2$ 之间的关系。美国联邦储备银行的黄金储备 $G_1$ 和联邦储蓄银行以外的黄金储备 $G_2$ 两部分构成美国的黄金储备（详细数据见本章附表 1）。

图 5.3 和图 5.4 显示出，$M_1$ 存量在 1930 年 4 月之前变动的幅度较大，在 1929 年 10 月达到最大值，为 282.64 亿美元，比 9 月的 264.15 亿美元增

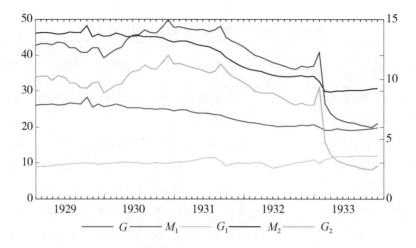

图 5.3　1929—1933 年美国 $G$、$G_1$、$G_2$ 与 $M_1$、$M_2$ 走势图（单位：十亿美元）

数据来源：http://www.nber.org/databases/macrohistory。

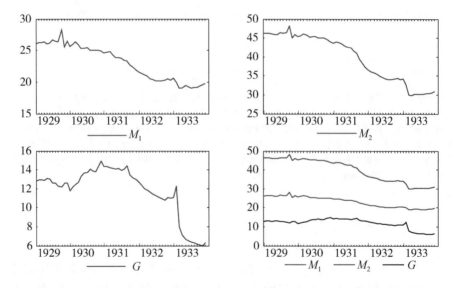

图 5.4　1929—1933 年的 $G$ 和 $M_1$、$M_2$ 月度走势（单位：十亿美元）

数据来源：http://www.nber.org/databases/macrohistory。

加 7%，而 11 月减少到 255.03 亿美元，降低 9.8%。在 1930 年 5 月到 1931 年 3 月的变动幅度不大，每月的减幅都在 0.5% 之内。到 1931 年 4 月之后，$M_1$ 迅速下降，下降幅度最大的是在 1932 年 7 月，相比与 1929 年 1 月降低了 22.82%，$M_1$ 货币存量降低到 201.52 亿美元。之后短暂上升到 1933 年 1 月，直到 1933 年金本位取消之前，均持续下降。在此期间，$M_1$ 存量下降的幅度超过30%。$M_1$ 与 $M_2$ 的变动较为一致，但是 $M_2$ 的变动要比 $M_1$ 的变动平缓。$G$ 在此期间变动分为3个阶段：1929年1月—1930年1月，1930年2月—1933年2月，1933年3月—1933年12月。前2个阶段都是先上升后下降，上升区间较短，下降区间较长。其中，"美国在1929年和1931年每年的黄金流入大约为2亿美元，但是并没有增加联邦储备体系的储备，在此期间的1929年11月至12月联邦当局购买了证券为帮助由于华尔街崩溃导致的危机中的金融制度，黄金短时期流出"①。美国在此期间的黄金流入是因为外国投资者对美国的黄金价值充满信心，从1929年9月至1931年8月，美国黄金储备增加了15%，其中约有37%的黄金增量于1931年5月和6月流入美国，从英国输入的黄金就有8400万英镑，因为欧洲的银行危机促使资本纷纷涌入美国。

　　1931年夏天，一系列货币危机冲击了欧洲国家，澳大利亚最大的银行Credit Anstalt 在5月破产，更是加剧了欧洲各国的金融危机。为了控制资金外流，德国政府通过外汇管理来对德国马克实施控制，并在7月、8月率先放弃金本位制。为了维持现有的银行贴现率，英格兰银行不得不购买大量抛售的英镑，开始是通过向英、美两国借用黄金储备来弥补国内不足的黄金储备，但是借来的黄金储备很快花光，最终不得不在1931年9月20日宣布放弃金本位制。一些国家预期美国也会采取类似的行动，于是这些国家的央行和私人持有者纷纷在纽约货币市场上用大量的美元资产兑换黄金，黄金大量外流使得美国的黄金储备急剧地下降，黄金储备在1931年9月和10就下降11%，"到10月底，损失了约7.22亿美元的黄金，美国黄金储备的数量在一个多月的时间里就回到了1929年的水平"②。尽管美国经济正在快速紧缩，为了阻止黄金流出，美国还是急剧提高了贴现率来提高黄金流入，但是并没有达到理想的效果，从1932年开始，黄金输出和指定交易每个星期达到了1亿美元。由于信贷供应的增加超过了需求，从1932年3月到6月黄金从储备银行流出，特别是在6月净黄金输出达到了2.06亿美元。弗里德曼认为："在1930年10月之前 $M_2$ 存量下降的原因是联邦储蓄银行信贷余额的下降，大大抵消了黄金存量上升和公众从持有通货转向银行存款带来的影响。"③

---

① 斯坦利·L.恩格尔曼、罗伯特·E.高尔曼：《剑桥美国经济史（第二卷）：漫长的19世纪》，高德步、王珏等译，中国人民大学出版社2008年版，第485页。
② 伯南克：《大萧条》，宋芳秀、寇文红译，东北财经大学出版社2009年版，第177页。
③ 米尔顿·弗里德曼、安娜·雅各布森·施瓦茨：《美国货币史》，巴曙松等译，北京大学出版社2009年版，第639页。

在美国放弃金本位之前,通过对这 3 个变量做相关系数分析,分析结果发现 $G$ 和 $M_1$、$M_2$ 的相关系数分别为 0.723 和 0.800,足以见,在此期间美国的黄金储备与货币供给量的相关程度较高。例如,在 1931 年 9 月和 11 月期间,美国的黄金储备下降了 11%,黄金的流失导致了货币供应量的下降,在 8 月和 12 月期间,$M_1$ 下降了 5%,$M_2$ 下降了 8%。

接下来,我们讨论一下美联储对基础货币的控制能力。"自 1913 年以来,美国主要通货是由 12 家联邦储备银行发行的联邦储备券,它大约占美国流通货币的 80%,其余的是由财政部发行的纸币和硬币。"[①] 美国货币当局对货币供给的控制表现在基础货币($H$)上,而基础货币主要由公众手中持有的美国货币($M_0$)、商业银行在央行的准备金($R$)和商业银行的库存现金($C$)三部分构成(数据见本章附表 2)。

对 $H$ 与 $G$ 做相关系数分析,两者之间的相关系数为 -0.653,说明美国在金本位时期的基础货币和黄金储备高度负相关。二者此消彼长的趋势说明,美国基础货币中的金铸币来自黄金储备。图 5.5 反映了这一走势。

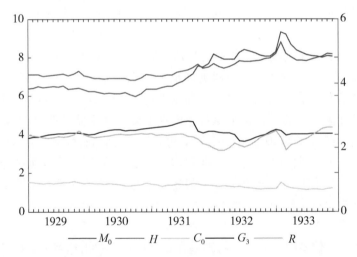

图 5.5　1929—1933 年美国的基础货币和黄金储备的月度走势(单位:十亿美元)
资料来源:http://www.nber.org/databases/macrohistory/contents/。

在 1913 年初,金券的黄金支持率是 100%,但在联邦纸币代替黄金券流通后,美国规定流通环节中所持有的黄金数量至少占联邦储备总额的 40%,占储蓄的 35%,即最小的黄金支持率为 40%(黄金支持率由 $G3/H$

---

① 莫里·罗斯巴德:《银行的秘密——揭开美联储的神秘面纱(第 2 版)》,李文浩、钟帅译,清华大学出版社 2012 年版,第 235 页。

计算得出，$G3$ 为美国所持有的货币黄金储备，所得结果如图 5.6 所示，数据见本章附表 2）。从图 5.6 可知，1929—1933 年 3 月之前的月度黄金支持率都在 51%～73% 之间，这表明美联储在发行基础货币时，是以美国所持有的货币黄金储备为基础的，同时美联储所拥有的黄金储备量在最高时期也只是占全美黄金储备的 29.4%，说明美联储发行基础货币能力有限，对基础货币控制的大部分能力应该在商业银行体系。

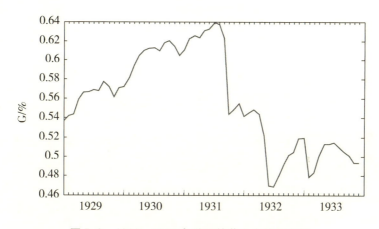

图 5.6　1929—1933 年美国的黄金支持率走势

数据来源：http://www.nber.org/databases/macrohistory。

同时，从伯南克（2007）对 1929—1933 年美国货币存量的决定因素分析，发现基础货币对整个货币存量 $M_1$ 的影响都是较低的，而且基础货币的变动并不能充分解释货币存量的变动情况。从表 5.4 可以看出，在 1930 年第四季度后，基础货币都是增加的，但是货币存量 $M_1$ 并未同方向变动，反而减少。例如在 1931 年 8 月至 1932 年 1 月，贴现量增长了 5.6 亿美元，政府债券增长了 8000 万美元，美联储的其他资产增加了 2.7 亿美元，但是由于在此期间黄金存量下降了 5.8 亿美元，基础货币只增加了 3.3 亿美元，$M_1$ 却减少了 17.22 亿美元；美联储在 1932 年 4 月开始了大规模的政府债券购买，其政府债券持有量到 7 月上升了约 10 亿美元，基础货币增加了 12.63 亿美元，但是货币存量 $M_1$ 下降了 7.3 亿美元，下降的幅度为 3.496%，这是因为黄金存量下降了约 5 亿美元抵消了其他货币量的增长。这些也从侧面说明了黄金储备对货币存量的影响的重要性，同时基础货币受到黄金支持率和黄金储备的制约。这些都说明了美联储并不能通过发行基础货币来完全控制货币存量的变动，进一步说明了从基础货币发行的角度上看，美联储缺乏持续发行货币的能力。

表 5.4　美国货币存量的决定因素

| 年份 | 季度 | $M_1$ | $H$ | $M_1/H$ | $H/RES$ | QGOLD | DISC（%） |
|---|---|---|---|---|---|---|---|
| 1929 | Q1 | 4.24 | 0.88 | 4.83 | -2.75 | 2.16 | 4.87 |
|  | Q2 | 1.65 | 0.71 | 2.32 | -6.50 | 5.82 | 5.00 |
|  | Q3 | 2.65 | 0.49 | 5.44 | -9.92 | 7.13 | 5.08 |
|  | Q4 | 1.70 | 0.21 | 8.26 | -10.97 | 4.41 | 4.80 |
| 1930 | Q1 | 4.43 | 0.58 | 7.70 | -11.71 | 8.43 | 4.26 |
|  | Q2 | -1.83 | -1.14 | 1.61 | -14.72 | 11.28 | 3.81 |
|  | Q3 | -2.69 | -0.74 | 3.64 | -17.17 | 10.84 | 3.40 |
|  | Q4 | -4.19 | -14.96 | 0.28 | -16.89 | 12.41 | 3.37 |
| 1931 | Q1 | -1.75 | 6.03 | -0.29 | -16.63 | 15.16 | 3.08 |
|  | Q2 | -7.57 | 0.78 | -9.67 | -18.65 | 20.75 | 2.81 |
|  | Q3 | -9.60 | 0.76 | -12.62 | -12.64 | 15.65 | 2.81 |
|  | Q4 | -17.15 | 0.82 | -20.88 | -4.48 | 8.21 | 3.58 |
| 1932 | Q1 | -17.69 | 0.79 | -22.37 | -1.91 | 6.58 | 3.45 |
|  | Q2 | -13.76 | 0.43 | -32.32 | -15.95 | -7.40 | 3.45 |
|  | Q3 | -24.12 | 0.75 | -31.96 | 7.77 | 0.43 | 3.36 |
|  | Q4 | -24.51 | 0.64 | -38.22 | -0.59 | 8.04 | 3.36 |
| 1933 | Q4 | -27.41 | 0.73 | -37.55 | 3.58 | 7.23 | 2.92 |

注：$M_1/H$ 表示"货币乘数"，$H/RES$ 表示黄金支持率，QGOLD 表示以吨为单位计算的黄金重量，DISC 表示贴现率。

资料来源：伯南克：《大萧条》，宋芳秀、寇文红等译，东北财经大学出版社 2009 年版，第 168 页。

在前面的部分，笔者通过货币供给理论讨论了一国货币当局对货币乘数的影响力大小的问题，以美联储通过准备金率控制对货币供给量的作用为例，"1913 年，美联储规定所有的商业银行准备金率为 11.6%，但在 1917 年 6 月准备金率降至 9.8%，这使得货币供应量从 1913 年末到 1919 年末翻了一番，银行的活期存款从 1914 年 6 月的 97 亿美元上升到 1920 年的 1 月 191 亿美元"[①]。通过伯南克（2007）对美国季度货币存量的决定因素分析，笔者发现货币乘数对货币存量的影响力非常大，而且他认为银行危

---

① 莫里·罗斯巴德：《银行的秘密——揭开美联储的神秘面纱（第 2 版）》，李文浩、钟帅译，清华大学出版社 2012 年版，第 235～236 页。

机导致的货币乘数急剧下降是"大萧条"期间货币收缩的主要原因。

在此,笔者以美国"大萧条"期间的经验来具体考察美联储对货币乘数的影响力,分析在"大萧条"时期影响货币乘数变动的主要因素。非银行公众、商业银行体系和美联储对货币乘数的影响分别体现在现金漏损率、超额准备金率和法定准备金率上。从货币统计口径 $M_1$ 出发,现金漏损率就表现为美国公众持有的货币 $M_0$ 的多少,法定准备金率主要表现为美联储的准备金 $R$ 在活期存款 $CD$ 中的比重。因为在前面的货币供给函数的理论部分,我们分析得到:相对于货币乘数其他的影响因素,超额准备金率对货币乘数的影响力是最大的。由于难以找到美国"大萧条"时期商业银行的超额准备金数据,因为贷款额是与超额准备金呈反比的,所以用银行的贷款额 $L$ 近似代替超额准备金,其分为其他贷款 $AL$ 和证券贷款 $SL$ 两部分。我们来具体讨论一下商业银行的贷款,图 5.7 反映了银行贷款与 $GDP$ 的关系,图中 $GDP$ 用 $Y$ 表示。

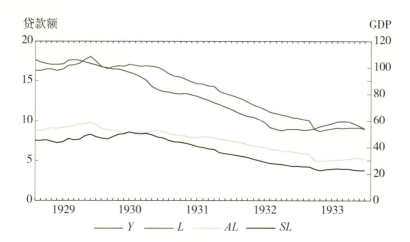

**图 5.7 1929—1933 年美国贷款额度和 GDP 的月度走势**(单位:十亿美元)
数据来源:http://www.nber.org/databases/macrohistory/contents/。

表 5.5 表明,在 1929—1933 年间,贷款的变动主要分为 3 个阶段。第一个阶段是 1929 年 1 月—1930 年 10 月,这段时间,贷款呈波动性上涨趋势,1930 年末相对于 1929 年 1 月增加 5.5 亿美元,货币乘数上涨 1.515%。在"大萧条"爆发的前期,美联储发现股市的投机成分越来越多,银行信贷总量越来越大,担心这些泡沫会影响经济,在 1929 年 5 月通过提高贴现率来限制银行贷款。但由于股市的高涨,贴现率的提高对银行贷款的影响并不明显。1929 年 10 月,股市崩溃后,美联储担心金融的动荡会引起实体

经济的衰退，而又采取了宽松的货币政策，同时人们以为股市会很快恢复，投资热情持续膨胀，银行贷款在 1929 年 10 月增加了 5.2 亿美元，在 1930 年 6 月达到最大值，为 85.6 亿美元。第二个阶段是 1930 年 11 月—1933 年 4 月，贷款呈持续下降趋势，在 1933 年 4 月降到最低值，只有 37.5 亿美元。第三个阶段是在 1933 年 5 月以后，贷款额度变化不大。

表5.5　1929—1933 年美联储实施的干预政策

| 年月 | 放松措施 | 紧缩措施 |
| --- | --- | --- |
| 1929.5 | | 提高贴现率至 5%～6% |
| 1929.10 | 买入 1.2 亿美元，降低贴现率至 5% | |
| 1929.11—1930.12 | 买入 4.4 亿美元 | |
| 1931.1—1931.8 | 买入 1.3 亿美元，降低贴现率至 3% | |
| 1931.10—1931.11 | | 提高贴现率至 4% |
| 1932.1—8 | 买入 111 万美元，降低贴现率至 2.5% | |
| 1933 | | 提高贴现率至 3.5% |

资料来源：陆甦颖：《经济衰退的历史答案：20 世纪 20 年代美国经济的多维研究与启示》，上海三联书店 2009 年版，第 169 页。

在"大萧条"中，贷款额下降的主要原因是 1930 年 10 月之后美国发生了三次银行危机：第一次危机开始于 1930 年 10 月，第二次开始于 1931 年 3 月，最后一次开始于 1933 年 3 月。在第一次银行危机中，大量银行在 1930 年 10 月破产，这促使多数人试图将活期存款和定期存款主要转化为通货，"这种恐慌从农业领域蔓延并扩大，到同年 11 月，256 家银行破产，流失的存款总额为 1.8 亿美元，到同年 12 月，破产银行达到 352 家，流失的存款总额达到 3.7 亿美元"[①]。在 1930 年破产的银行总共有 1350 家，而 11 月和 12 月两个月破产的银行就超过了这一年破产银行的 2/3 以上，破产的银行多为联邦银行体系之外的银行，美联储认为这些银行倒闭是由于它们管理不善和银行业务操作不当导致的，所以对此并不在意，只是在同年 12 月底，将纽约联邦储备银行的贴现率下调至 2%，以此来增强公众信心，但效果甚微。在第一次银行危机中，贷款总额下降 12.8 亿美元，货币乘数在此期间累计降幅为 5.89%。1931 年 1 月到同年 8 月，美联储买入 1.3 亿美元证券资产，降低贴现率至 3%，在 6 月甚至下调到 1.5%，但是贴现率的

---

[①] 米尔顿·弗里德曼、安娜·雅各布森·施瓦茨：《美国货币史》，巴曙松等译，北京大学出版社 2009 年版，第 639 页。

下调并没有刺激借款的增长。

在1931年2月至8月，美国的商业银行体系经历了一场前所未有的破产浪潮（见表5.6）。在此期间，商业银行存款减少了27亿美元，贷款总额下降11.8亿美元，货币乘数下降了0.4，降幅为8.19%。在1931年破产银行达到2293家，为整个"大萧条"时期的最大值。"从商业银行的总数和储蓄总额来看，1929年6月美国的商业银行共有24504家，存款总额为490亿美元，到了1932年，商业银行的数量减少到17802家，储蓄总额为360亿美元，而到了1933年3月，开业银行只有11878家，储蓄存款更是减少到230亿美元。"[①] 银行储蓄存款下降的原因还有一个是不动产价格下降以及抵押借款者延期支付借款，导致许多储蓄者从银行撤离资金，并存放在邮政储蓄系统的保险箱里，"在1929—1933年间，邮政储蓄系统的储蓄额增长了6倍，达到商业银行总额储蓄的10%。在经济萧条时期，储蓄存款的减少直接导致了银行贷款的减少，在1929—1933年间，商业银行的储蓄下降了17%，商业银行削减了50%的抵押贷款"[②]。

表5.6　1929—1933年美国商业银行歇业状况

| 年份 | 歇业数量（家） | 存款（百万美元） | 储户遭受的损失（百万美元） |
| --- | --- | --- | --- |
| 1929 | 659 | 230.643 | 76.659 |
| 1930 | 1350 | 837.096 | 237.359 |
| 1931 | 2293 | 1690.232 | 390.476 |
| 1932 | 1453 | 706.187 | 169.302 |
| 1933 | 4000 | 3596.708 | 450.396 |

资料来源：米尔顿·弗里德曼、安娜·雅各布森·施瓦茨：《美国货币史》，巴曙松等译，北京大学出版社2009年版，第310页。

由于银行危机的产生，大量银行倒闭，同时经济萧条，储蓄存款越来越少，导致可贷款总额越来越小，造成货币乘数急剧下降。笔者将公众手中持有的美国货币、活期存款、贷款、法定存款准备金这4个变量与GDP做了一个相关系数分析，分析结果如表5.7所示。

---

① 斯坦利·L.恩格尔曼、罗伯特·E.高尔曼：《剑桥美国经济史（第二卷）：漫长的19世纪》，高德步、王珏等译，中国人民大学出版社2008年版，第549页。

② 斯坦利·L.恩格尔曼、罗伯特·E.高尔曼：《剑桥美国经济史（第二卷）：漫长的19世纪》，高德步、王珏等译，中国人民大学出版社2008年版，第762页。

表 5.7　1929—1933 年若干经济变量之间的相关系数

|       | $M_0$      | $CD$       | $L$        | $Y$        | $R$        |
|-------|------------|------------|------------|------------|------------|
| $M_0$ | 1.000000   | -0.953395  | -0.939899  | -0.900251  | -0.461664  |
| $CD$  | -0.953395  | 1.000000   | 0.979261   | 0.963276   | 0.353824   |
| $L$   | -0.939899  | 0.979261   | 1.000000   | 0.934451   | 0.260694   |
| $Y$   | -0.900251  | 0.963276   | 0.934451   | 1.000000   | 0.310765   |
| $R$   | -0.461664  | 0.353824   | 0.260694   | 0.310765   | 1.000000   |

资料来源：http://www.nber.org/databases/macrohistory/contents/。

从表 5.7 的结果可以看到，公众手中持有的货币与其他变量是负相关的，其中与活期存款、贷款、GDP 是高度负相关的，与法定准备金的负相关程度是中等，即经济越繁荣，手中持有的货币越少。这说明公众手中持有的货币数量主要是受经济状况的制约，与中央银行的政策并没有很大的关联。而贷款金额与法定存款准备金的相关系数为弱相关，即法定存款准备金对银行的贷款的影响力很弱，说明中央银行对银行的控制力是很小的。银行贷款总额与经济的相关系数为 0.962，法定准备金与经济的相关系数只为 0.311，这说明银行的贷款主要受宏观经济形势影响。于是，商业银行的超额准备金也应该是受宏观经济形势影响的，只不过方向相反。

对 $H$ 与 $Y$ 做相关系数分析，两者之间的相关系数为 -0.895，说明美联储发行基础货币是与经济逆风向调节的，在经济萧条时采取宽松的货币政策，这与银行体系相反。再对 $H$ 与 $L$ 做相关系数分析，两者的相关系数为 -0.958，呈高度的负相关关系，这进一步说明了美联储的基础货币的发行与银行体系的贷款额度是反方向变化的。在 1929 年至 1933 年，美联储采取了许多极端措施扩张信用，其中包括在公开市场购买巨额资产和对银行大量放贷等来调节基础货币，想通过这些措施使基础货币量增加。但是美联储公开市场购买巨额资产也只是增加了银行储备，基础货币的增长被存款-准备金比率的下降所抵消，对货币存量的增长并没有效果。虽然降低了贴现率，但是银行危机的产生，大量银行倒闭，同时经济萧条，银行惜贷，导致货币乘数急剧下降。同时储蓄存款越来越少，也导致可贷款总额越来越小，进一步导致货币乘数下降。所以，无论是从美联储对基础货币的控制来说，还是从其对货币乘数的影响来说，美联储对货币供给的影响都很小，说明了美联储在金本位制度下没有持续增加货币供给的能力。

## 三、有价证券交易量变动、有价证券收益率和 $M_1$ 的变动

### (一) 十年来美国资产市场变化

为简化分析，凯恩斯的资产组合中仅包括货币与债券。但是19世纪20年代以来，美国证券市场发生了重大变化，企业融资更加依赖股市。美国学者文森特就曾写道："20世纪20年代，国内公司年均发行证券总数量增加了3倍多，从1920年的约28亿美元猛增到1929年的90亿美元。除了1921年稍有下降，比前一年减少了5亿美元外，其余年份均持续增长，到1925年之后越发呈现出迅速增长的势头。"① "在1914年，美国的股票持有人的数量不足100万，但在1929年的个人投资就接近900万，家庭投资者将近600万，而当时美国的家庭总数才2900万。"② "由于美国最高法院在20世纪20年代出台了对企业的股票分红不再收税的新规定，更是极大地推动了投资人对普通股的购买，大量的资金流入股市，仅在纽约证券交易所，交易量就从1918年的1.43亿股增长到1929年的11.25亿股"③，表5.8反映了20世纪20年代中期之后股票的增长情况。虽然发行的债券、票据和优先股增多了，但是在1929年普通股票在新发行的证券中所占的份额超出了一半，股票市场的发展大大超过了债券市场的发展，所以把有价证券扩大到债券和股票。我们把凯恩斯"流动性陷阱"的前提假设放宽：收入摆布形式由货币和债券组合扩大到货币和证券组合。

表5.8　1919—1929年间美国公司证券发行情况

（单位：百万美元）

| 年份 | 债券和票据 | 股票 | 总额 |
| --- | --- | --- | --- |
| 1919 | 1122 | 1546 | 2668 |
| 1920 | 1750 | 1038 | 2788 |
| 1921 | 1994 | 275 | 2269 |
| 1922 | 2329 | 621 | 2950 |
| 1923 | 2430 | 736 | 3166 |

---

① 转引自王书丽：《政府干预与1865—1935年间的美国经济转型》，人民出版社2009年版，第164页。
② 凯文·菲利普斯：《一本读懂美国的财富史》，中信出版社2010年版，第67~68页。
③ 凯文·菲利普斯：《一本读懂美国的财富史》，中信出版社2010年版，第67~68页。

续表5.8

| 年份 | 债券和票据 | 股票 | 总额 |
|---|---|---|---|
| 1924 | 2655 | 865 | 3520 |
| 1925 | 2975 | 1247 | 4222 |
| 1926 | 3354 | 1220 | 4574 |
| 1927 | 4769 | 1738 | 6507 |
| 1928 | 3439 | 3491 | 6930 |
| 1929 | 2620 | 6757 | 9377 |

资料来源：王书丽：《政府干预与1865—1935年间的美国经济转型》，人民出版社2009年版，第164页。

### (二)"大萧条"时期有价证券交易量、有价证券收益率和 $M_1$ 的变动

$M_1$ 包括公众持有的美国货币 $M_0$ 和商业活期存款 CD 两部分构成。有价证券的构成主要是股票和债券，对于企业和政府两个主体来说，企业主要是发行股票，政府发行债券。主要选取在纽约证券交易所出售的股份数量（SN）和国库券余额（TB）作为有价证券交易量，以 SN、TB 和 $M_1$ 为资产组合，通过对股份售出数量、短期国债（一年以内）、股票价格和短期国债利率 r（到期收益率）的分析，来判断美国在"大萧条"时期是否出现"流动性陷阱"（其中 SN、TB、r 详细数据见本章附表4）。由于没有短期国债出售的票面价值的相关资料，所以本文中选取的短期国债的到期收益率只是美国国家经济研究局里的3个月和6个月的国债到期收益率，国库券首次发行是在1929年12月，所以 TB 是从1929年12月到1933年3月的数据。

大量的资金流入股市，仅在纽约证券交易所，交易量就从1918年的1.43亿股增长到1929年的11.25亿股，"对证券经纪人贷款从1924年到1929年就增长了4倍"[①]。证券市场的投机活动非常活跃，为抑制投机活动，各联邦储备银行大量抛售政府公债，但效果甚微。"1929年6月，工业与工厂生产指数双双到达最高点，然后开始一路下滑。10月联邦储备工业生产指数由4个月前的126点下降到117点。钢铁生产量从6月份开始一路下滑；10月，铁路运输量减少。而且通常总有高于发行价的溢价出现，在这

---

① 保罗·霍维茨：《美国货币政策与金融制度》，中国财政经济出版社1980年版，第218页。

个月，经纪人贷款增长了将近 6.7 亿美元，是有史以来最大的月增幅，这都说明了投资没有减弱。"① 最后股市终于下跌，但是人们对此情况并不在意，以为股市很快就会反弹，就像 1927 年曾经出现那样的走势。因为在 9 月，新股的发行量甚至超过了 8 月，但是，美国股市在 20 世纪 30 年代出现崩溃，并持续了 3 年多。以道琼斯美国工业股票平均价格指数和标准普尔普通股票价格指数（1935—1939 = 10）为例，对股市的月度数据进行分析，发现两者在 1929—1933 年的整体走势基本一致，都在 1929 年 9 月到达了最高点。"9 月 26 号，由于英格兰银行为停止黄金外流和保护英镑在国际汇兑中的地位，提高再贴现率或银行利率 6.5%；9 月 30 日，伦敦又从纽约撤回数亿美元，使得美国股票市场这次价格下跌比以往的幅度更大、速度更快。短时期的回稳后，股票又开始出现大规模的出售，1929 年 10 月 23 日，股指的下滑引起了恐慌，24 日，大量证券遭到抛售，成交量为 12894650 股，价格迅速下跌，连股票行情自动收录器都赶不上。"② 1929 年 10 月一个月出售的股份数量为 14167 万股，为整个"大萧条"时期出售股份数额最多的月份，道琼斯美国工业股票价格指数和标准普尔普通股票价格指数相较于 9 月跌幅分别为 19.55% 和 10.43%，跌幅在 1929 年并没有达到最大，美国股票市场在这个月损失的资产总额达到了 150 亿美元，而当年的 GDP 总价是 1046 亿美元，它在股票市场的损失超过了 GDP 的 14%。虽然在 1929 年 9—10 月，股市从总体上来说呈下降趋势，但是"纽约证券交易所的日成交量始终保持在 40 万股以上，而且时常超过 50 万股"③。"因为在 9 月，新股的发行量甚至超过了 8 月，而且通常总有高于发行价的溢价出现，在这个月，经纪人贷款增长了将近 6.7 亿美元，是有史以来最大的月增幅，这都说明了投资没有减弱"④。

道琼斯美国工业股票价格指数和标准普尔普通股票价格指数在 1932 年 6 月都跌到了谷底，两者的价格指数分别为 46.85 和 35.9，相较于 1929 年的最高点 10 月，道琼斯美国工业股票价格指数、标准普尔普通股票价格指数和 $M_1$ 分别下降了 87.07%、89.1% 和 16.9%，1932 年股票的年平均收益只有 0.72%，但是这一年的股份交易数量虽然减少，但是远未为零，股票

---

① 约翰·肯尼斯·加尔布雷斯：《1929 年美国大崩盘》，上海财经大学出版社 2006 年版，第 63～66 页。

② 刘绪贻、李存训：《美国通史（第 5 卷）》，人民出版社 2002 年版，第 9 页。

③ 约翰·肯尼斯·加尔布雷斯：《1929 年美国大崩盘》，上海财经大学出版社 2006 年版，第 66 页。

④ 约翰·肯尼斯·加尔布雷斯：《1929 年美国大崩盘》，上海财经大学出版社 2006 年版，第 66 页。

价格指数小幅度波动。图 5.8 和 5.9 分别反映了上述情况。

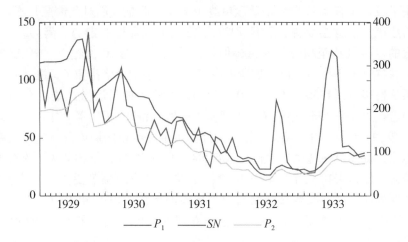

**图 5.8** 1929—1933 年纽约证券交易所出售的股份（百万股）和股票价格指数

数据来源：http://www.nber.org/databases/macrohistory/contents/。

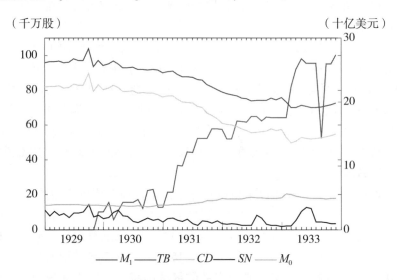

**图 5.9** 1929—1933 年纽约证券交易所出售的股票份数（千万股）、短期国债（千万美元）和 $M_1$、$M_0$、活期存款（十亿美元）的月度走势

数据来源：TB 数据见 http://www.treasurydirect.gov/govt/reports/pd/mspd/mspd.htm，其他数据见 http://www.nber.org/databases/macrohistory/contents/。

证券价格低，还有一个原因是恐慌导致挤提存款和退款，进一步加剧了银行的危机，使得许多银行低价出售证券和抵押品。"在 1933 年 2 月，全国 18568 家银行，库存现金不过 69 亿美元左右，却要应付 410 亿美元提款，而且库存黄金每天减少 2 千万美元，为准备现金应付提款，银行不得不低价出售抵押品和证券。"① "在 1933 年 7 月，股票价格跌到最低点时，大约有 740 亿美元（相当于'一战'全部费用的 3 倍），与 1929 年 9 月相比，价值消失了 5/6。"② "1933 年股票市场的市值损失比 1929 年的最高点（1929 年 9 月）减少约 850 亿美元，大约相当于 1929 年 GDP 的 85%。除了在纽约证券交易所关闭时交易停止之外，股份交易数量并没有为零的情况，比如在 1932 年 6 月股市探底的时候，周平均交易量还有 3047183 股。"③

从 1929 年 10 月股市狂跌开始，公司与外国债券的价格就开始缓缓上升，从 1929 年到 1930 年，新发行的债券净额就增加了 14 亿美元。但是随着 1930 年 10 月银行危机的爆发、商业破产，债券风险提高，使得债券价格又开始下降，这种变化趋势一直持续到 1932 年夏，只是下降的速度很慢。1929 年发行的公司与外国债券为 80 亿美元，但是到 1933 年其发行量只有 1.6 亿美元，商业票据的规模下降的幅度高达 2/3，但是国库券余额的变动形式并不是单一的。在"大萧条"时期，国库券余额在 1930 年 3 月达到整个"大萧条"时期的最小额，为 5610.8 万美元，此时的到期收益率为 2.95%，次低点为 9 月和 12 月，国库券余额分别为 12000 万美元、12745.5 万美元，而到期收益率分别为 1.77%、1.48%。在 1931 年之后，国库券余额都呈上升的趋势，但是其到期收益率并没有相应的反方向运动，在 0.42%～2.41% 间变动，变动幅度较大。这段时间政府债券上升是因为银行追求较好的流动性，所以纷纷抛售较差的公司与外国债券，转而购买政府债券。美联储在 1932 年 4—7 月就增加了约 10 亿美元的政府债券持有量。此外，由于股市的动荡，许多投资者转向了那些安全性更高的、期限更短的资产，政府债券就成为相对较明智的选择。"在股市跌入低谷的时候，1578 种发行的债券的票面价值总额在 1932 年 6 月 1 日为 521.93 亿美元，在纽约证券交易所的市场价值为 368.56 亿美元。债券市场每天的平均交易量约为 1 千万美元，其中有 40% 是美国政府债券。"④ 在 1932 年 10—11 月，国库券到期收益率达到了整个"大萧条"时期的最小值，为 0.01%，这个到期收益率的值虽然快接近于零，但是国库券余额只是从 6.45107 亿美元减少到 6.4256 亿美元，减少的幅度为 0.395%，变动并不明显，与 1930 年 1

---

① 刘绪贻、李存训：《美国通史（第 5 卷）》，人民出版社 2002 年版，第 15 页。
② 刘绪贻、李存训：《美国通史（第 5 卷）》，人民出版社 2002 年版，第 9 页。
③ 乔纳森·休斯、路易斯·P. 凯恩：《美国经济史》，北京大学出版社 2011 年版，第 487 页。
④ 斯坦利·L. 恩格尔曼、罗伯特·E. 高尔曼：《剑桥美国经济史（第二卷）：漫长的 19 世纪》，高德步、王珏等译，中国人民大学出版社 2008 年版，第 222 页。

月的收益率 3.39% 相比，国库券余额更是没有减少，反而分别增加了 5.4256 亿美元。随后至在金本位取消之间，国库券的到期收益率几乎都在 0.01%～0.10% 之间变动，但是国库券余额呈上升的趋势。图 5.10 反映了这种情形。

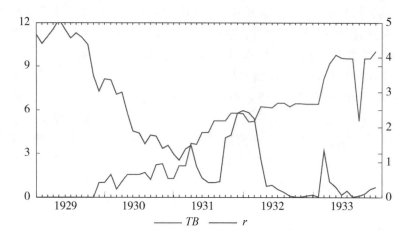

**图 5.10　1929—1933 年短期国债和其到期收益率的月度走势**
（TB 单位为亿美元，r 单位为%）

数据来源：短期国债利率见 http://www.nber.org/databases/macrohistory/contents/，国库券数据见 http://www.treasurydirect.gov/govt/reports/pd/mspd/mspd.htm。

在整个"大萧条"时期，在国库券到期收益率的最低点时没有出现国库券余额骤减的情况，更没有出现国库券余额为零的情况，所以在"大萧条"期间没有出现凯恩斯所说的"至低点"或"至低区间"。

从总体来说，在"大萧条"时期，国库券的持有量并没有减少，反而是随着股市的崩溃而增加，因为在股市崩溃后，公司将其融资的场所从股市转向了债券市场，例如，"在 1929—1930 年之间，新增股票净发行额减少了 25 亿美元，而新发行的债券净额却增加了 14 亿美元"[①]。除了在证券交易所关闭的那几天外，股市的交易量也并没有出现为零的现象，同时公众手中持有的美国货币也没有出现巨额的增长——股票市场和债券市场的资金没有完全流向公众手中（见表 5.9），证券的收益率很低，但没有出现无限接近于零或等于零的情况。资料表明，美国股市的暴跌对人们对资产的选择产生了影响——从股票转向了债券，但无论如何"大萧条"时期的美

---

① 斯坦利·L.恩格尔曼、罗伯特·E.高尔曼：《剑桥美国经济史（第二卷）：漫长的 19 世纪》，高德步、王珏等译，中国人民大学出版社 2008 年版，第 223 页。

国并没有出现一个利率的至低点（或区间），在此点位（或区间）上货币不再进入证券市场。因此，在"大萧条"时期，无论是从美国货币当局的货币供给能力角度看，还是从金融资产组合角度看，美国并没有出现"流动性陷阱"。

表5.9 纽约证券交易所债券和股票的市值

| 年份 | 债券（十亿美元） | 股票（十亿美元） | 股票占总数的百分比（%） |
| --- | --- | --- | --- |
| 1928 | 47.4 | 67.5 | 58.75 |
| 1929 | 46.9 | 64.7 | 57.95 |
| 1930 | 47.4 | 49.0 | 50.83 |
| 1931 | 37.9 | 26.7 | 41.33 |
| 1932 | 32.0 | 22.8 | 41.61 |
| 1933 | 34.9 | 33.1 | 48.68 |

资料来源：拉塞尔·那皮尔：《大熊市启示录——剖析华尔街四次见底》，钱睿、高彩霞译，中国人民大学出版社2009年版，第172页。

## 四、总结

通过逻辑考察和对美国"大萧条"案例的分析，本节的结论为：在金本位时期，经济中不存在凯恩斯"流动性陷阱"暗含的两个重要前提假设。其一，货币当局不具有持续增加货币供给量的能力；其二，有价证券市场上也没有一个"至低"的收益率，在这个收益率水平上公众不再购买有价证券。

从逻辑方面讨论，若第一个前提假设不存在，使"流动性陷阱"出现的可能性消失了——既然当局不能无限供给货币，那么，"货币需求可以吞噬任何数量的货币供给"就成了纯粹的想象。即使存在第一个假设——当局有无限供给货币的能力，如果第二个前提假设不存在，"流动性陷阱"也不会出现。凯恩斯认为，"流动性陷阱"的景象是这样的：市场上有价证券收益率低到了公众一致认为不能再低了，于是市场上无人愿意买入有价证券，短期中收入摆布结构简单到仅仅为货币一种资产的地步。但是，无论收益率低到了什么程度，如果公众不能形成一致的"至低"预期，最多是有价证券交易量下降，而不会出现无人购买的惨状，宏观角度的短期收入摆布结构依然是货币和证券。

从实证角度讨论，"大萧条"时期的美国货币当局不具有无限供给货币的能力,同时,1932年国库券到期收益率在10—11月低到了0.01%时(股票的年平均收益只有0.72%),股票交易量明显下降,国库券交易额却有所上升。也就是说,在经济萧条到如此悲惨的地步,由于前提假设不存在,因此也就未能出现凯恩斯的"流动性陷阱"。

## 第四节 非金本位案例分析:1973—2011年的美国

为了深入地研究"流动性陷阱"理论,我们把其前提产生条件放宽至非金本位制时期——考察在不兑现的货币制度下能否满足"流动性陷阱"产生的前提。在第二次世界大战以后,美国建立了以美元为中心的布雷顿森林体系,这是变相的金汇兑本位制,但由于美元危机的影响,该体系在1971年9月崩溃。1973年之后,美元与黄金彻底脱钩,成了货币符号,所以,1973—2011年期间的数据更有利于分析美国在非金本位时期是否产生"流动性陷阱"。

### 一、实证分析

#### (一)模型设置与数据说明

**1. 模型设置**

在货币需求理论中,凯恩斯认为大众对货币的需求有三种:交易动机需求、谨慎动机需求与投机动机需求。前两者都来自于交易需求,取决于收入,后者来自于资产组合获得收益的需求,通常由持有货币的机会成本——利率来描述,即:

$$M = L_1(Y) + L_2(i) \tag{5.3}$$

关于变量的含义及变量说明参见表5.10。

表5.10 变量的含义与说明

| 变量 | 含义 | 变量说明 |
| --- | --- | --- |
| $M_1$ | 货币需求量 | 年度数据 |
| $Y$ | GDP | 年度数据 |
| $i$ | 一年国库券到期收益率 | 年度数据 |

## 2. 数据说明

我们选择 $M_1$ 作为货币供给量统计口径，选取 GDP 作为收入的统计量，选取 $i$ （一年国库券到期收益率）作为利率统计量。本文采用 1973—2011 年 $M_1$、$Y$、$i$ 年度数据，其中 $M_1$、$Y$ 和 1 年国库券到期收益率来源于 http://www.census.gov/compendia/statab/ （数据见本章附表 5）。以 OLS 模型对美国货币需求函数进行分析。从图 5.11 来看，观察期内利率的走势震荡向下，GDP 持续攀升，货币量走势相对平稳。

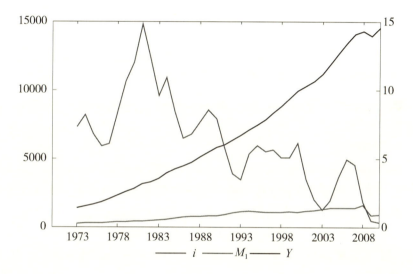

图 5.11　1973—2011 年 $M_1$、$Y$（单位：十亿美元）和 $i$（单位：%）年度趋势图

数据来源：http://www.census.gov/compendia/statab/。

为了使数据和变量属性更好地符合本文的建模要求，消除异方差，分别对货币需求 $M_1$、国民收入 $Y$、利率 $i$ 进行对数处理。

### （二）实证分析

首先在本部分将检验 3 个时间序列的平稳性；其次，在平稳性的基础上采用 OLS 模型，应用 Johansen 协整检验序列之间是否存在协整关系；最后，利用 Bata 系数分析 $\ln Y$、$\ln i$ 对 $\ln M_1$ 的影响力。

### 1. 变量的平稳性检验

因为具有协整关系才可直接利用普通最小二乘法，否则最小二乘法可能是伪回归，所以在回归之前要判断各解释变量之间的协整性。而进行协整关系检验之前应对各变量进行 ADF 单位根检验，因为只有具有同阶单位根才能协整。在建立关于 $\ln M_1$、$\ln Y$、$\ln i$ 之间的长期均衡方程之前，需要先对各序列进行单位根检验,以判断各序列的平稳性。检验序列平稳性的方法比较多,但最为常用的是 Augmented Dickey Fuller(ADF)和 Phillips Person(PP)单位根检验法。本文采用 ADF 对这 3 个序列进行数据生成过程研究,采用 ADF 的单位根检验方法,检验结果如表 5.11 所示。

表 5.11　1973—2011 年各变量的 ADF 单位根检验结果

| 变量 | 差分次数 | $(c, t, k)$ | DW 值 | ADF 值 | 5%临界值 | 1%临界值 | 结论 |
|---|---|---|---|---|---|---|---|
| $\ln M_1$ | 1 | (0, 0, 1) | 1.985 | -1.977 | -1.951 | -2.633 | $I(1)^*$ |
| $\ln i$ | 1 | (0, 0, 1) | 1.799 | -2.879 | -1.950 | -2.631 | $I(1)^*$ |
| $\ln Y$ | 1 | (c, 0, 1) | 1.865 | -4.117 | -2.946 | -3.627 | $I(1)^*$ |

注:检验类型中的 $c$,$t$,$k$ 分别表示单位根检验方程的常数项、时间趋势与滞后阶数。
\*表示变量差分后在 1% 的显著水平上通过 ADF 平稳性检验。

以上检验结果说明,这 3 个序列具有相同的单整阶数——均为 $I(1)$ 过程。

**2. 协整检验**

由 ADF 单位根检验表明 $\ln M_1$、$\ln Y$、$\ln i$ 都是一阶单整变量,那么这 3 个时间序列之间可能存在协整关系。由于传统的 EG 两步法主要使用于对 2 个变量的分析,因此本文采用 Johansen 协整检验法来检验以上 3 个变量的协整关系。因为协整检验对滞后阶数很敏感,选取过大或过小的滞后阶数,都很可能导致伪协整,因此需要一些法则来选取合适的滞后阶数。在本文中,通过赤池信息准则(AIC)和斯瓦茨准则(SC)两个指标进行判断,得出最大滞后期为 2。检验结果如表 5.12 所示。

表 5.12　AIC 和 SC 结果

|  | AIC | SC |
|---|---|---|
| 滞后一期 | 14.689 | 15.212 |
| 滞后二期 | 14.075 | 14.999 |
| 滞后三期 | 14.174 | 15.507 |

根据上面的准则 Johansen 协整检验的最优滞后阶数为 2 期,则 JJ 协整检验结果如表 5.13 所示。协整检验表明以上 3 个非平稳变量存在协整关系,可以进行最小二乘回归,但是不存在模型,运用邹至庄检验,发现有两个断点——1980 年、2007 年,可能是因为 1980 年、2007 年的经济危机打破了正常的经济秩序(在本文不对此产生异常的原因进行详细的分析,如有感兴趣的读者请自行进行深入分析)。在下文中,本文将继续采用文中第三

章的逻辑分析方法对这两个特殊时期进行分析。运用 1981—2006 年的数据重新分析各变量的 ADF 单位根检验结果、协整检验，结果如表 5.14、表 5.15 所示。

表 5.13　1973—2011 年的各变量的协整检验结果

| 特征根 | 迹统计量（$P$ 值） | $\lambda$ - max 统计量（$P$ 值） | 5% 临界值 | 协整个数 |
| --- | --- | --- | --- | --- |
| 0.558 | 52.348（0.000）* | 29.410（0.001）* | 24.276 | 无 |
| 0.313 | 22.938（0.001）* | 13.521（0.019）* | 12.321 | 至少 1 个 |
| 0.230 | 9.417（0.003） | 9.417（0.003） | 4.130 | 至少 2 个 |

注：* 表明在 5% 的显著水平下拒绝原假设，$P$ 值为伴随概率。

表 5.14　1981—2006 年的各变量的 ADF 单位根检验结果

| 变量 | 差分次数 | ($c$, $t$, $k$) | DW 值 | ADF 值 | 5% 临界值 | 1% 临界值 | 结论 |
| --- | --- | --- | --- | --- | --- | --- | --- |
| $\ln M_1$ | 1 | (0, 0, 1) | 1.983 | -1.964 | -1.956 | -2.669 | $I$(1)* |
| $\ln i$ | 1 | (0, 0, 1) | 2.160 | -4.130 | -1.956 | -2.669 | $I$(1)* |
| $\ln Y$ | 1 | ($c$, 0, 1) | 2.280 | -4.066 | -2.998 | -3.752 | $I$(1)* |

注：检验类型中的 $c$, $t$, $k$ 分别表示单位根检验方程的常数项、时间趋势与滞后阶数。
* 表示变量差分后在 5% 的显著水平上通过 ADF 平稳性检验。

表 5.15　1981—2006 年的各变量的协整检验结果

| 特征根 | 迹统计量（$P$ 值） | $\lambda$ - max 统计量（$P$ 值） | 5% 临界值 | 协整个数 |
| --- | --- | --- | --- | --- |
| 0.634 | 39.598（0.027）* | 24.108（0.018）* | 29.797 | 无 |
| 0.449 | 15.489（0.050） | 14.321（0.049） | 15.495 | 至少 1 个 |
| 0.048 | 1.169（0.279） | 1.169（0.279） | 3.841 | 至少 2 个 |

注：* 表明在 5% 的显著水平下拒绝原假设，$P$ 值为伴随概率。

协整检验表明以上 3 个非平稳变量存在协整关系，可以进行最小二乘回归，但是由于常数项未通过 t 检验，删除后，回归结果为：

$$\ln M_1 = 0.79122 \ln Y - 0.1194 \ln i \qquad (5.4)$$
$$(57.9533) \qquad (-3.9819)$$
$$R^2 = 0.9895 \quad S.E = 0.037 \quad T = 26 \quad DW = 1.8534$$
$$[AR(1) = 1.447 \quad AR(2) = -0.5192]$$
$$(7.361) \qquad (-2.5482)$$

通过模型检验，所有统计指标效果均良好。由式（5.4）可以看出，当 $Y$ 变动 1% 时，$M_1$ 同方向变动 0.79%；当 $i$ 变动 1% 时，则 $M_1$ 反方向变动 0.12%。数量分析结论表明，货币需求的利率弹性在 1981—2006 年总是很小的，呈极弱弹性，不存在无穷大的现象，所以在此期间美国不存在"流动性陷阱"。

在经济学分析中，弹性只反映变量的敏感性，并不能依此观察重要性，即变量敏感性强不等于重要性大，而 Beta 系数是反应变量在观察期内相对重要性的数量指标，可以相互比较。把偏回归系数转换为 Beta 系数的公式如下：

$$\bar{\beta}^* = \hat{\beta}\frac{S_{xj}}{S_y}(j = 1,2,3,\cdots,k) \quad (5.5)$$

式（5.5）中，$\bar{\beta}^*$ 为 Beta 系数；$\hat{\beta}$ 为估计参数；$S_{xj}$ 为第 $j$ 个解释变量的标准差；$S_y$ 为因变量的标准差。

通过对模型的 Beta 系数进行计算，结果如下：

$$Beta_{\ln M_1 \ln Y} = \beta_{\ln M_1 \ln Y}\frac{\sigma_{\ln Y}}{\sigma_{\ln M_1}} = 0.79122\frac{0.24386}{0.34239} = 0.56353$$

$$Beta_{I_{\ln M_1 \ln i}} = \beta_{\ln M_1 \ln i}\frac{\sigma_{\ln i}}{\sigma_{\ln M_1}} = -0.1194\frac{0.57389}{0.34239} = -0.20013 \quad (5.6)$$

式（5.6）表明，在货币需求影响因素中，收入变量的重要性（$\beta = 0.56353$）是利率变量重要性（$\beta = 0.20013$）的 2.8 倍之多，即美国货币需求的变动主要是收入变动导致的，利率所起的作用不大。这一结论进一步说明，"流动性陷阱"是不存在的。

## 二、对 1973—1980 年、2007—2011 年美国的讨论

### （一）美国两个时段的经济情况

我们继续采用前面的分析工具来考察美国在 1973—1980 年、2007—2011 年这两个阶段是否存在"流动性陷阱"产生的前提假设。从表 5.16 中看到，在这 2 个区间出现了 4 次经济危机。

表 5.16 1973—2011 年美国历次经济危机衰退情况

| 经济危机 | NBEP 经济周期高峰 | 银行危机 | 股市崩溃 | 房地产萧条 | 紧缩货币政策 | 信贷紧缩 |
| --- | --- | --- | --- | --- | --- | --- |
| 1973 年 12 月—1975 年 3 月 | 1973 年 11 月 | 无 | 1973 年 11 月 | 无 | 有 | 有 |
| 1980 年 1—7 月 | 1980 年 1 月 | 无 | 无 | 无 | 有 | 有 |
| 1981 年 7 月—1982 年 11 月 | 1981 年 7 月 | 无 | 无 | 无 | 有 | 无 |

续表 5.16

| 经济危机 | NBEP 经济周期高峰 | 银行危机 | 股市崩溃 | 房地产萧条 | 紧缩货币政策 | 信贷紧缩 |
|---|---|---|---|---|---|---|
| 2007年12月—2009年 | 2007年12月 | 2007年9月 | 2007年10月 | 有 | 有 | 有 |

资料来源：浦东美国经济研究中心、武汉大学美国加拿大经济研究所：《美国金融危机与中美经贸关系》，上海社会科学出版社2010年版，第56～57页。

从表5.17、表5.18反映的经济总量、股市、私人消费和投资、失业率等经济指标来看，美国经济只有在2007—2009年满足产生"流动性陷阱"的一个前提——经济处于萧条状态中。

表5.17　1973—1980年美国的重要经济指标

| 主要经济指标 \ 年份 | 1973 | 1974 | 1975 | 1976 | 1980 |
|---|---|---|---|---|---|
| 失业人数（百万人） | 4365.00 | 5156.00 | 7929.00 | 7406.00 | 7637.00 |
| GNP（现价，亿美元） | 1359.00 | 1473.00 | 1598.00 | 1783.00 | 2732.00 |
| 出口（亿美元） | 702.46 | 971.44 | 1081.13 | 11154.13 | 2207.66 |
| 进口（亿美元） | 686.58 | 1071.12 | 1058.80 | 1324.98 | 2569.64 |
| $M_1$（亿美元） | 262.90 | 274.20 | 287.10 | 306.20 | 197.59 |
| 企业利润（亿美元） | 124.50 | 115.10 | 133.30 | 161.60 | 201.40 |
| 个人消费支出（亿美元） | 852.00 | 932.90 | 1033.80 | 1151.30 | 1755.80 |
| 国内私人总投资（亿美元） | 153.30 | 169.50 | 173.70 | 192.40 | 362.40 |
| 股票平均价格（美元）（1941—1943年=100） | 107.43 | 82.85 | 86.16 | 102.00 | 118.78 |

数据来源：失业人数、GNP、进出口数据见米切尔：《帕雷格雷夫世界历史统计（美洲卷）》，经济科学出版社2000年版，第119、790、445、447页；$M_1$、企业利润、股票平均价格数据、个人消费支出和国内私人投资分别见 http://data.nber.org/erp/2011economic_report_of_the_president.pdf，第271、293、300、316、317页。

表5.18　2007—2011年美国的美国重要经济指标

| 主要经济指标 \ 年份 | 2007 | 2008 | 2009 | 2010 | 2011 |
|---|---|---|---|---|---|
| 失业率（%） | 4.60 | 5.80 | 9.30 | 9.60 | 8.90 |
| GDP（现价，十亿美元） | 14028.70 | 14291.50 | 13939.00 | 14526.50 | 15087.70 |
| 出口（十亿美元） | 1661.70 | 1846.80 | 1583.00 | 1839.80 | 2087.60 |

续表 5.18

| 年份<br>主要经济指标 | 2007 | 2008 | 2009 | 2010 | 2011 |
| --- | --- | --- | --- | --- | --- |
| 进口（十亿美元） | 2374.80 | 2556.50 | 1974.60 | 2356.70 | 2665.80 |
| $M_1$（十亿美元） | 1373.60 | 1602.70 | 1693.60 | 1832.20 | 2160.40 |
| 企业利润（十亿美元） | 1510.60 | 1248.40 | 1342.30 | 1702.40 | 1827.00 |
| 个人消费支出（十亿美元） | 9772.30 | 10035.50 | 9866.10 | 10245.50 | 10722.60 |
| 国内私人总投资（十亿美元） | 2266.10 | 2128.70 | 1707.60 | 1728.20 | 1866.40 |
| 股票平均价格（美元）<br>（1941—1943 年 = 100） | 1477.19 | 1220.04 | 948.05 | 1139.97 | 1267.64 |

数据来源：失业人数、$M_1$、企业利润、股票平均价格数据、GDP 与进出口数、个人消费支出和国内私人投资分别见 http://data.nber.org/erp/2013_economic_report_of_the_president.pdf，第 233、405、357、300、316、317、317 页。

## （二）货币供给能力

我们继续采用前面的分析工具来考察美国在 2007—2009 年这个阶段是否存在"流动性陷阱"产生的前提假设，即从美联储对基础货币的控制力、货币乘数的影响，来判断美联储在此期间是否具备有无限的货币供给能力，进而来证明美国在相应的阶段是否出现"流动性陷阱"。

**1. 美联储对基础货币的控制力**

从图 5.12（数据见本章附表 5）中可以看出，在 2008 年之前，$M_1$ 的增长率速度大于基础货币的增长率速度。20 世纪 70 年代至 80 年代初，因为美国存在高通货膨胀，利率不再适合作为货币政策的中介目标，于 1979 年 8 月，美联储把货币政策的中介目标改为控制货币供应量 $M_1$ 的增长率。对 1973—2011 年美国的基础货币 $H$、货币供给量 $M_1$ 的年度数据（具体数据见本章附表 5）做一个相关系数分析，分析结果为 0.946474，两者高度正相关，这说明两者的变动趋势基本相同。但在 2007 年之后，不但 $M_1$ 的增长率远远小于基础货币的增长率，而且基础货币的总量与 $M_1$ 之间的差额越来越大。继续对在 2007—2009 年美国的基础货币 $H$、货币供给量 $M_1$ 两者的月度增长率（$H$、$M_1$ 的月度数据见本章附表 6）做一个相关系数分析，分析结果为 0.5504，这表示两者正相关。

在 2007 年 1 月，$M_1$ 的总量为 13725 亿美元，而基础货币为 8136.54 亿美元，到 2007 年 12 月，两者分别为 13665 亿美元、8233.48 亿美元，增长率分别为 -0.437%、1.191%。基础货币在 2008 年之后激增的主要原因是，

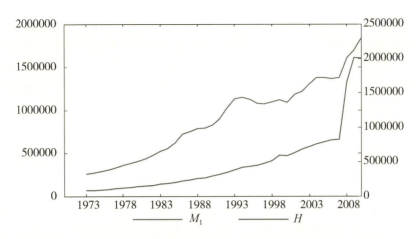

**图 5.12　1973—2011 年美国基础货币 $H$、货币供给量 $M_1$ 的年度走势图**
（单位：百万美元）

数据来源：http://data.nber.org/erp/ERP_2011_Complete.pdf，http://data.nber.org/erp/ERP_2012_Complete.pdf。

美国在次贷危机之后为拉动经济增长而采取了宽松的货币政策。在第一轮量化宽松的货币政策期间（QE1，2008 年 11 月 25 日—2010 年 3 月），美联储分别购买 12500 亿美元的抵押贷款支持证券、3000 亿美元的美国政府证券和 1750 亿美元的机构证券，共增加投放 17250 亿美元的基础货币；在第二轮量化宽松的货币政策期间（QE2，2010 年 11 月 3 日—2011 年中期），美联储以购买美国国债的方式共投放 6730.19 亿美元的基础货币。2008 年 11 月基础货币总额为 14350.13 亿美元，比上月的基础货币总额增加了 3045.69 亿美元，增长率为 26.942%，此时，$M_1$ 增加额、增长率分别为 454 亿美元、3.083%。到 2009 年 12 月，基础货币总额比 2008 年 10 月增加了 8867.63 亿美元，增长率为 78.44%，而 $M_1$ 增加额、增长率分别为 2209 亿美元、15%。到第一轮量化宽松的货币政策结束（2010 年 3 月），相比 2008 年 10 月，基础货币、$M_1$ 分别增加了 9443.59 亿美元、2393 亿美元，增长率分别为 83.539%、16.249%。这两轮量化宽松的货币政策充分表明，美联储主要是通过采用公开市场业务方式来间接调整基础货币，同时，在此期间，QE1 释放了不少基础货币，但 $M_1$ 却不见大幅增长，说明了美联储在经济低迷时根本无法使"货币供给无穷大"，这也说明了在此期间美国不存在"货币需求无穷大"。

**2. 美联储对货币乘数的控制力**

通过对上文的分析，在 2007—2009 年期间，美国的基础货币的增长幅度与 $M_1$ 的增长幅度并不是完全一致，反而在大多数时间，基础货币的环比

增速要快于 $M_1$ 的增速,笔者将从货币乘数来解释其中缘由。

影响货币乘数 $m_1$ ($m_1 = M_1/H$) 的因素主要是:现金漏损率 $c$ ($c = C/D$)、法定存款准备金率 $r_d$ ($r_d = R_D/D$) 和超额准备金率 $r_e$ ($r_e = R_E/D$)(2007—2009 年美国具体月度数据见本章附表 6)。通过相应的公式计算,2007—2009 年美国 $r_d$、$r_e$、$c$ 和 $m_1$ 的月度数据见表 5.19。

表 5.19  2007—2009 年美国 $c$、$r_d$ 和 $r_e$、$m_1$ 的月度数据

| 时间 | $r_d$ | $r_e$ | $c$ | $m_1$ | 时间 | $r_d$ | $r_e$ | $c$ | $m_1$ |
|---|---|---|---|---|---|---|---|---|---|
| 2007 年 1 月 | 0.133 | 0.005 | 2.449 | 1.687 | 2008 年 7 月 | 0.139 | 0.006 | 2.475 | 1.685 |
| 2007 年 2 月 | 0.135 | 0.005 | 2.466 | 1.681 | 2008 年 8 月 | 0.148 | 0.006 | 2.586 | 1.660 |
| 2007 年 3 月 | 0.134 | 0.005 | 2.485 | 1.681 | 2008 年 9 月 | 0.126 | 0.170 | 2.245 | 1.612 |
| 2007 年 4 月 | 0.134 | 0.005 | 2.466 | 1.686 | 2008 年 10 月 | 0.134 | 0.741 | 2.209 | 1.303 |
| 2007 年 5 月 | 0.137 | 0.005 | 2.483 | 1.680 | 2008 年 11 月 | 0.124 | 1.375 | 1.979 | 1.058 |
| 2007 年 6 月 | 0.138 | 0.006 | 2.507 | 1.666 | 2008 年 12 月 | 0.114 | 1.652 | 1.748 | 0.964 |
| 2007 年 7 月 | 0.133 | 0.005 | 2.518 | 1.667 | 2009 年 1 月 | 0.139 | 1.834 | 1.902 | 0.932 |
| 2007 年 8 月 | 0.133 | 0.016 | 2.510 | 1.662 | 2009 年 2 月 | 0.142 | 1.570 | 2.046 | 1.009 |
| 2007 年 9 月 | 0.138 | 0.006 | 2.564 | 1.662 | 2009 年 3 月 | 0.140 | 1.793 | 2.090 | 0.961 |
| 2007 年 10 月 | 0.138 | 0.005 | 2.568 | 1.661 | 2009 年 4 月 | 1.376 | 1.949 | 2.009 | 0.922 |
| 2007 年 11 月 | 0.138 | 0.006 | 2.586 | 1.654 | 2009 年 5 月 | 0.140 | 2.017 | 2.034 | 0.911 |
| 2007 年 12 月 | 0.139 | 0.006 | 2.574 | 1.660 | 2009 年 6 月 | 0.136 | 1.706 | 1.940 | 0.983 |
| 2008 年 1 月 | 0.138 | 0.006 | 2.572 | 1.684 | 2009 年 7 月 | 0.145 | 1.679 | 1.959 | 0.996 |
| 2008 年 2 月 | 0.137 | 0.005 | 2.489 | 1.689 | 2009 年 8 月 | 0.148 | 1.792 | 2.007 | 0.971 |
| 2008 年 3 月 | 0.139 | 0.009 | 2.493 | 1.685 | 2009 年 9 月 | 0.146 | 1.997 | 2.001 | 0.925 |
| 2008 年 4 月 | 0.141 | 0.006 | 2.489 | 1.690 | 2009 年 10 月 | 0.144 | 2.298 | 1.993 | 0.868 |
| 2008 年 5 月 | 0.145 | 0.006 | 2.527 | 1.682 | 2009 年 11 月 | 0.146 | 2.472 | 1.978 | 0.833 |
| 2008 年 6 月 | 0.143 | 0.007 | 2.525 | 1.678 | 2009 年 12 月 | 0.144 | 2.423 | 1.943 | 0.840 |

数据来源:$c$、$d$ 数据见 http://www.federalreserve.gov/releases/h6;其余变量月度数据来源于 http://www.gpo.gov/fdsys/pkg/ERP-2010/content-detail.html。

对现金漏损率、法定存款准备金率、超额准备金率与狭义货币乘数做相关系数分析,分析结果见表 5.20。从表 5.20 中可以看到,2007—2009 年,法定存款准备金率与货币乘数的相关系数只有 -0.1411,即美国的法定准备金率对狭义货币乘数的影响力是微弱的,现金漏损率、超额准备金率与狭义货币乘数的关系是高度相关的,其中超额准备金率对 $M_1$ 的影响力是

最强的，这说明了公众手中持有的通货与银行的超额准备金对狭义货币乘数的大小起主要作用。而且法定存款准备金率与现金漏损率、超额准备金率的相关系数分别为 0.069301、0.194837，这说明公众手中持有的货币数量与中央银行的政策并没有很大的关联，中央银行对银行的控制力是很小的。

表 5.20　相关系数分析结果

|  | $m_1$ | $c$ | $r_d$ | $r_e$ |
| --- | --- | --- | --- | --- |
| $m_1$ | 1.000000 | 0.958081 | −0.141178 | −0.993511 |
| $c$ | 0.958081 | 1.000000 | 0.069301 | −0.939928 |
| $r_d$ | −0.141178 | 0.069301 | 1.000000 | 0.194837 |
| $r_e$ | −0.993511 | −0.939928 | 0.194837 | 1.000000 |

如在 2008 年 10 月，虽然基础货币相较于上月增加了 24.878%，但是货币乘数从 1.612 降低到 1.303，原因是银行的 $r_e$ 从之前的 0.17% 激增到 0.741%，$M_1$ 只增加了 0.9%。虽然现金漏损率 $c$ 有所降低、法定存款准备金率 $r_d$ 基本保持不变，但是超额准备金率 $r_e$ 却一路直升，到 2009 年 12 月，虽然基础货币为 20172.07 亿美元，但是由于 $r_e$ 提高到 2.423%，货币乘数降低为 0.840，$M_1$ 的总额只有 16936 亿美元。到第一轮量化宽松的货币政策结束（2010 年 3 月），相比 2008 年 10 月，基础货币虽然大幅度增加了 9443.59 亿美元，但是 $M_1$ 只增加了 2393 亿美元，两者的增长率分别为 83.539%、16.249%。基础货币的增长幅度快于 $M_1$ 的增长幅度的原因是，货币乘数从原来的 1.66 降低到 0.846。这说明了，在 2007—2009 年期间，货币乘数是影响狭义货币的主导因素。所以，从货币乘数来说，美联储对货币供给的影响都很小，没有持续增加货币供给的能力。

所以，无论是从美联储对基础货币的控制力来看，还是从其对货币乘数的影响力来看，都说明了美联储在非兑现的信用货币制度下，没有无限持续增加货币供给的能力，即美国在 2007—2009 年不具备产生"流动性陷阱"的前提条件。

**3. 有价证券交易量变动、有价证券收益率和 $M_1$ 的变动**

对企业和政府两个市场主体来说，前者主要是通过发行股票来直接融资，后者则是通过发行债券，但是越来越多的企业也选择发行债券的方式来融资。有价证券主要是由股票和债券构成。由于找不到美国有价证券交易量总额的月度数据，笔者以纽约证券交易所的股票成交量（$ST$）和国库券余额总数（$TB$）作为有价证券交易量。以 $SN$、$TB$ 和 $M_1$ 为资产组合，通过对股份售出数量、短期国债（一年以内）、股票价格和短期国债利率 $r$（到期收益率）的分析，股票价格（$P$）和 1 年内国库券到期收益率（$I$）四者变动的分析，来判断美国在 2007—2009 年这段时间是否出现"流动性陷阱"（数据见本章附表 7）。其中一年内国库券到期收益率为 3 个月国库券到期收益率、6 个月国库券到期收益率的平均值，股票价格为纽约证券交易价格指数。

在 2001 年 1 月至 2003 年 6 月，美联储实行了宽松的货币政策（货币量平均每年增加 722.25 亿美元），经过了连续 12 次的降息，联邦基金利率才从 6.5% 降低到 1%，并将这一低利率保持到 2004 年 6 月。同时 30 年期固定利率房屋抵押贷款（不含次级贷款）的合约利率也从 2000 年 5 月的 8.52% 下调到 2004 年 3 月的 5.45%，大量的资金开始从证券市场流入房地产市场。股票的净购买量在 2005—2007 年连续减少，减少的金额从 2005 年的 766 亿美元增加到 2007 年的 4602 亿美元。2007 年 7 月，美国次贷危机爆发，由于住房价格先高估后下跌而诱发与住房相关的证券价格下跌，进而使得整个证券市场受到影响。7 月末，股票成交量就有 3433.561 百万股，成交总额达 34335.61 亿美元，纽约证券交易价格指数为 9985.42 点，$M_1$ 总量为 13685 亿美元。到 2007 年 10 月，美国股市崩溃，但是纽约证券交易所交易的股票交易额为 32687.07 亿美元，比 9 月增长 6.412%，新发行的企业股票也有 1590.87 亿美元，同时股价指数为 9777.59 点，增长 3.904%。2008 年 9 月，股票交易量的环比增长率达到 2007 年以来的峰值——56.206%，股价指数并没有跌到谷底，只是下降了 5.691%。10 月，股价指数出现了 2007 年以来的最大跌幅——22.265%。

2008 年 11 月，美国在次贷危机之后为拉动经济增长，采取了宽松的货币政策，$M_1$ 总量为 15181 亿美元，比 10 月增加 454 亿美元，股票交易额为 59457.99 亿美元，两者的环比增长率分别为 3.083%、-13.584%，而股价跌幅为 5.691%。2007 年末至 2008 年初，股票价格指数开始下跌——除了 4 月、5 月有所涨幅外——直到 2009 年 3 月才停止下跌，纽约证券交易价格指数从 9165.1 点下跌到 4739.72 点，跌幅为 48.285%，股票交易量达到 2003 年以来的峰值——72116.24 亿美元，但其环比增长率并没有达到最大，$M_1$ 总量 15774 亿美元，环比增长率为 0.542%。在 2009 年 3 月之后，股票价格指数上升，股票交易量减少，到 2009 年 12 月，$M_1$ 总量为 16936 亿美元。

在 2009 年 3 月之前，虽然股票价格一直下跌，但债券收益率总体保持下降的趋势，国库券余额的变动却是增加与减少相交替。如在 2007 年 4—6

月，国库券余额持续减少，在7—8月又持续增加，到9—10月，国库券余额又连续降低，从8月的10141亿美元减少到9381亿美元。2008年11月，一年内国债收益率为0.58%，其环比增长率跌到低谷——47.892%，2009年3月，股票价格指数停止下跌，一年内国债收益率、$M_1$总量分别为0.34%、15774亿美元，环比增长率分别为11.688%、0.542%。2009年11月，国库券到期收益率到达整个时期的最小值——0.11%，这个到期收益率的值并没有接近于零，国库券余额也增加到121130亿美元，与上月相比，国库券余额只降低了0.43%，变动不大。从总体上来说，虽然收益率在降低，但债券市场仍在壮大。在2007—2009年之间，虽然国库券到期收益率从4.945%降低到0.125%，国库券余额也没有出现骤减的情况，更没有出现国库券余额为零的情况，所以在此期间没有出现凯恩斯所说的"至低点"或"至低区间"。

从总体来说，在1973—2011年，除了由"9·11"事件引起的证券交易所关闭的那几天外，股市的交易量也并没有出现为零的现象，从1952—2011年美国居民财富分配表中可以看出，个人可支配收入一直在股市都有分配。除了2008年美国政府为了救市而大幅度增加货币供给外，公众手中持有的美国货币也没有出现巨额的增长——股票市场和债券市场的资金没有完全流向公众手中。在这期间，次贷危机引发的危机是最严重的，证券的收益率也是除了"大萧条"以外最低的，收益率最小的时候是3个月到期国债在2008年12月为0.04%，也没有出现无限的接近于零或等于零的情况。虽然存在使用降低基准利率的货币政策并不能促进经济发展的事实，但是并不是从这一点就能得出"流动性陷阱"存在的结论。因此，在2007—2009年的非金本位时期，无论是从美国货币当局的货币供给能力角度看，还是从金融资产组合角度看，美国都没有出现"流动性陷阱"。

### 三、结论

通过对美国1973—2011年案例的分析，本节的结论为：在非金本位时期，美国不存在凯恩斯所说的"流动性陷阱"。

首先，通过凯恩斯的货币需求函数建模，而不讨论经济中是否存在凯恩斯"流动性陷阱"暗含的前提假设。模型结果表明货币需求的利率弹性在1981—2006年总是很小的，这说明利率市场的变动幅度要大于货币需求的变动幅度，这说明利率对于货币需求缺乏弹性，所以在1981—2006年美国不存在"流动性陷阱"。

其次，从经济中是否存在凯恩斯"流动性陷阱"暗含的前提假设出发，来讨论 1973—1980 年、2007—2011 年美国是否产生"流动性陷阱"。从实证角度讨论，这两个阶段只有 2007—2009 年的美国满足"流动性陷阱"产生的第一个前提——萧条，并在此时期美国货币当局也不具有无限供给货币的能力，同时，国库券到期收益率从 4.945% 降低到 0.125%，没有出现一个无限的接近于零或等于零的"至低"收益率，美国更是没有出现一个利率的至低点（或区间），在此低位（或区间）上货币不再进入证券市场。也就是说，虽然美国经济在 2007—2009 年处于萧条，但由于前提假设不存在，因此也就未能出现凯恩斯所说的"流动性陷阱"。

## 第五节　本章结论

通过本文的分析，我们开始从逻辑方面讨论，若第一个前提假设不存在，使"流动性陷阱"出现的可能性消失了——既然当局不能无限供给货币，那么，"货币需求可以吞噬任何数量的货币供给"就成了纯粹的想象。即使存在第一个假设——当局有无限供给货币的能力，如果第二个前提假设不存在，"流动性陷阱"也不会出现。凯恩斯认为，"流动性陷阱"的景象是这样的：市场上有价证券收益率低到了公众一致认为不能再低了的程度，于是市场上无人愿意买入有价证券，短期中收入摆布结构简单到仅仅为货币一种资产的地步。但是，无论收益率低到了什么程度，如果公众不能形成一致的"至低"预期，最多是有价证券交易量下降，而不会出现无人购买的惨状，宏观角度的短期收入摆布结构依然是货币和证券，所以"流动性陷阱"学说产生的第一个前提假设不存在。

从实证角度出发，通过对金本位和非金本位两个时期的讨论，发现在"大萧条"时期的美国货币当局不具有无限供给货币的能力，同时，1932 年国库券到期收益率在 10—11 月低到了 0.01% 时（股票的年平均收益只有 0.72%），股票交易量明显下降，国库券交易额却有所上升。也就是说，在经济萧条到如此悲惨的地步时，由于前提假设不存在，因此也就未能出现凯恩斯所谓的"流动性陷阱"。同时，在非金本位时期——纸币时期的背景下，即使美联储在发行基础货币不受黄金储备的影响，但是由于乘数效应的存在、保护银行流动性的职能、汇率市场等影响，美联储并不能具备有效发行货币的能力，更是不具备无限供给货币的能力。在次贷危机爆发以来，一年内国库券到期平均收益率在2010年末低到了0.17%，到2011年更是持续在0.1%以下，但是却没有出现一个"流动性陷阱"所存在的"低得不能再低"的有价证券收益率；有价证券交易量也存在，宏观角度的短期收入摆布结构也依然是货币和证券。这都说明了"流动性陷阱"的后两个前提假设是不存在的。

在经济学理论研究层面上，无论设定的前提条件多么苛刻，若从前提可以顺畅地推出结论，一般都被称之为理论正确。然而，正确的理论赖以存在的前提在经济史和经济现实中都不曾存在时，这一理论只能是一个假说。只有当前提存在时，这一正确的理论才是有效的，其结论可以演化为经济政策，从而调节宏观经济运行。于是，理论正确和理论有效是两码事，切不可混为一谈。凯恩斯的"流动性陷阱"是建立在两个苛刻的前提假设之上的，逻辑通达理论正确，但由于这些前提不存在，所以"流动性陷阱"还只是一个假说，而不是有效的理论。在凯恩斯理论中，"流动性陷阱"的价值在于从一个极端角度论证在"大萧条"中货币政策启动经济是无效的，即"不可以用绳子推车"，凯恩斯自己也承认在他生活的时代"流动性陷阱"并未出现过。同时"大萧条中货币政策启动经济是无效的"这个理论也一直备受争议。如 Bernanke 和 Blinder（1988）认为在"流动性陷阱"中，只要还有信贷传导渠道的存在，货币政策就能对实体经济有效。Svensson（2006）提出在开放经济环境下，日本应该采用钉住汇率制并维持零利率直到达到预期的通货膨胀目标，从而刺激经济复苏逃离"流动性陷阱"。Gartner 和 Jung（2010）用 IS-LM 模型和 M-F 结构模型得出国家陷入完全"流动性陷阱"，财政政策与货币政策要同时使用才能治理经济萧条的结论。

本章的讨论表明，一个正确的理论只有在其前提假设与现实经济条件一致或相当贴近时才是有效的理论。我们的感悟是，当理解领会经济理论时，必须从前提假设出发，首先区分"理论正确"和"理论有效"这对完全不是一码事的概念。在解释一个经济现象时，不应该只看到现实经济中只是具备某一理论的某个前提条件，而不管其他前提条件是否存在，就匆忙得出"这个理论有效"的结论。

# 本 章 附 录

附表1　$M_1$、$M_2$和黄金储备的月度数据

| 单位 | 十亿美元 | 十亿美元 | 美国黄金储备<br>十亿美元 | 美联储的<br>黄金储备<br>十亿美元 | 美联储以外的<br>黄金储备<br>十亿美元 |
| --- | --- | --- | --- | --- | --- |
| obs | $M_1$ | $M_2$ | $G$ | $G_1$ | $G_2$ |
| 1929M01 | 26.10900 | 46.19000 | 12.83000 | 2.66000 | 10.17000 |
| 1929M02 | 26.25800 | 46.29000 | 12.94000 | 2.68000 | 10.26000 |
| 1929M03 | 26.28600 | 46.21000 | 12.94000 | 2.70000 | 10.24000 |
| 1929M04 | 26.34600 | 46.11000 | 12.88000 | 2.79000 | 9.91000 |
| 1929M05 | 26.06600 | 45.81000 | 13.08000 | 2.81000 | 10.27000 |
| 1929M06 | 26.18900 | 45.92000 | 13.02000 | 2.86000 | 10.16000 |
| 1929M07 | 26.68300 | 46.40000 | 12.59000 | 2.92000 | 9.67000 |
| 1929M08 | 26.47100 | 46.28000 | 12.59000 | 2.94000 | 9.65000 |
| 1929M09 | 26.41500 | 46.33000 | 12.24000 | 2.97000 | 9.27000 |
| 1929M10 | 28.26400 | 48.16000 | 12.22000 | 3.00000 | 9.22000 |
| 1929M11 | 25.50300 | 45.04000 | 12.61000 | 2.95000 | 9.66000 |
| 1929M12 | 26.43400 | 45.87000 | 12.63000 | 2.86000 | 9.77000 |
| 1930M01 | 25.67700 | 45.30000 | 11.79000 | 2.96000 | 8.83000 |
| 1930M02 | 25.93800 | 45.46000 | 12.17000 | 2.96000 | 9.21000 |
| 1930M03 | 26.33600 | 46.15000 | 12.50000 | 3.02000 | 9.48000 |
| 1930M04 | 25.93500 | 45.64000 | 12.66000 | 3.07000 | 9.59000 |
| 1930M05 | 25.32500 | 45.17000 | 13.30000 | 3.04000 | 10.26000 |
| 1930M06 | 25.29300 | 45.30000 | 13.66000 | 3.01000 | 10.65000 |
| 1930M07 | 25.40000 | 45.34000 | 13.70000 | 2.99000 | 10.71000 |
| 1930M08 | 25.06100 | 45.09000 | 14.10000 | 2.93000 | 11.17000 |
| 1930M09 | 25.04200 | 45.08000 | 13.88000 | 2.97000 | 10.91000 |
| 1930M10 | 24.98600 | 45.05000 | 13.83000 | 3.00000 | 10.83000 |
| 1930M11 | 25.02700 | 44.74000 | 14.36000 | 2.98000 | 11.40000 |

续附表 1

| 单位 | 十亿美元 | 十亿美元 | 美国黄金储备<br>十亿美元 | 美联储的<br>黄金储备<br>十亿美元 | 美联储以外的<br>黄金储备<br>十亿美元 |
|---|---|---|---|---|---|
| obs | $M_1$ | $M_2$ | $G$ | $G_1$ | $G_2$ |
| 1930M12 | 24.92200 | 44.05000 | 14.93000 | 2.94000 | 11.99000 |
| 1931M01 | 24.56100 | 43.65000 | 14.33000 | 3.06000 | 11.27000 |
| 1931M02 | 24.71300 | 43.94000 | 14.37000 | 3.07000 | 11.30000 |
| 1931M03 | 24.75800 | 43.88000 | 14.25000 | 3.11000 | 11.14000 |
| 1931M04 | 24.25000 | 43.46000 | 14.16000 | 3.16000 | 11.00000 |
| 1931M05 | 23.89000 | 42.92000 | 14.11000 | 3.25000 | 10.86000 |
| 1931M06 | 23.88300 | 42.60000 | 14.14000 | 3.41000 | 10.73000 |
| 1931M07 | 23.80200 | 42.31000 | 13.95000 | 3.43000 | 10.52000 |
| 1931M08 | 23.42900 | 41.57000 | 14.11000 | 3.46000 | 10.65000 |
| 1931M09 | 23.36900 | 40.93000 | 14.40000 | 3.14000 | 11.26000 |
| 1931M10 | 22.71000 | 39.36000 | 13.47000 | 2.75000 | 10.72000 |
| 1931M11 | 22.35500 | 38.45000 | 13.16000 | 2.92000 | 10.24000 |
| 1931M12 | 21.89400 | 37.34000 | 12.98000 | 2.99000 | 9.99000 |
| 1932M01 | 21.50700 | 36.57000 | 12.68000 | 2.98000 | 9.70000 |
| 1932M02 | 21.31000 | 36.11000 | 12.33000 | 2.94000 | 9.39000 |
| 1932M03 | 21.11000 | 35.76000 | 11.98000 | 3.02000 | 8.96000 |
| 1932M04 | 20.88200 | 35.42000 | 11.82000 | 3.00000 | 8.82000 |
| 1932M05 | 20.53100 | 34.89000 | 11.62000 | 2.79000 | 8.83000 |
| 1932M06 | 20.44900 | 34.48000 | 11.40000 | 2.58000 | 8.82000 |
| 1932M07 | 20.15200 | 34.13000 | 11.25000 | 2.64000 | 8.61000 |
| 1932M08 | 20.18900 | 34.04000 | 11.08000 | 2.77000 | 8.31000 |
| 1932M09 | 20.21100 | 33.96000 | 10.91000 | 2.89000 | 8.02000 |
| 1932M10 | 20.25600 | 34.10000 | 10.82000 | 3.00000 | 7.82000 |
| 1932M11 | 20.55500 | 34.31000 | 11.07000 | 3.05000 | 8.02000 |
| 1932M12 | 20.34100 | 34.03000 | 10.97000 | 3.15000 | 7.82000 |
| 1933M01 | 20.62700 | 34.15000 | 11.09000 | 3.26000 | 7.83000 |
| 1933M02 | 19.98200 | 32.61000 | 12.28000 | 2.95000 | 9.33000 |

续附表1

| 单位 | 十亿美元 | 十亿美元 | 美国黄金储备<br>十亿美元 | 美联储的<br>黄金储备<br>十亿美元 | 美联储以外的<br>黄金储备<br>十亿美元 |
|---|---|---|---|---|---|
| obs | $M_1$ | $M_2$ | $G$ | $G_1$ | $G_2$ |
| 1933M03 | 19.05200 | 29.97000 | 7.98000 | 3.25000 | 4.73000 |
| 1933M04 | 19.03900 | 29.75000 | 7.13000 | 3.42000 | 3.71000 |
| 1933M05 | 19.44900 | 30.10000 | 6.69000 | 3.52000 | 3.17000 |
| 1933M06 | 19.23200 | 30.09000 | 6.53000 | 3.54000 | 2.99000 |
| 1933M07 | 19.08700 | 30.16000 | 6.40000 | 3.55000 | 2.85000 |
| 1933M08 | 19.11500 | 30.19000 | 6.33000 | 3.59000 | 2.74000 |
| 1933M09 | 19.17100 | 30.26000 | 6.16000 | 3.59000 | 2.57000 |
| 1933M10 | 19.31300 | 30.39000 | 6.09000 | 3.59000 | 2.50000 |
| 1933M11 | 19.55800 | 30.56000 | 6.00000 | 3.57000 | 2.43000 |
| 1933M12 | 19.75900 | 30.81000 | 6.30000 | 3.57000 | 2.73000 |

资料来源：http://www.nber.org/databases/macrohistory/contents/。

**附表2  美国1929—1933年的基础货币、黄金储备和黄金支持率走势的月度数据**

| 单位 | 基础货币<br>十亿美元 | 由公众持有<br>的美国货币<br>十亿美元 | 活期存款<br>十亿美元 | 美联储以外银<br>行的库存现金<br>十亿美元 | 黄金<br>支持率<br>% | 美联储的货<br>币黄金储备<br>十亿美元 |
|---|---|---|---|---|---|---|
| obs | $H$ | $M_0$ | $X_0$ | $P$ | $G\%$ | $G_3$ |
| 1929M01 | 7.134000 | 3.828000 | 0.919000 | 2.387000 | 0.536866 | 3.830000 |
| 1929M02 | 7.114000 | 3.849000 | 0.908000 | 2.357000 | 0.542592 | 3.860000 |
| 1929M03 | 7.132000 | 3.902000 | 0.893000 | 2.337000 | 0.544027 | 3.880000 |
| 1929M04 | 7.043000 | 3.866000 | 0.869000 | 2.308000 | 0.559421 | 3.940000 |
| 1929M05 | 7.058000 | 3.883000 | 0.879000 | 2.296000 | 0.566733 | 4.000000 |
| 1929M06 | 7.090000 | 3.911000 | 0.865000 | 2.314000 | 0.566996 | 4.020000 |
| 1929M07 | 7.112000 | 3.887000 | 0.891000 | 2.334000 | 0.569460 | 4.050000 |
| 1929M08 | 7.147000 | 3.919000 | 0.906000 | 2.322000 | 0.568071 | 4.060000 |
| 1929M09 | 7.066000 | 3.822000 | 0.909000 | 2.335000 | 0.577413 | 4.080000 |
| 1929M10 | 7.149000 | 3.832000 | 0.931000 | 2.386000 | 0.572108 | 4.090000 |

续附表 2

| 单位 | 基础货币<br>十亿美元<br>$H$ | 由公众持有<br>的美国货币<br>十亿美元<br>$M_0$ | 活期存款<br>十亿美元<br>$X_0$ | 美联储以外银<br>行的库存现金<br>十亿美元<br>$P$ | 黄金<br>支持率<br>%<br>$G\%$ | 美联储的货<br>币黄金储备<br>十亿美元<br>$G_3$ |
|---|---|---|---|---|---|---|
| obs | | | | | | |
| 1929M11 | 7.282000 | 3.852000 | 0.909000 | 2.521000 | 0.561659 | 4.090000 |
| 1929M12 | 7.069000 | 3.800000 | 0.874000 | 2.395000 | 0.571509 | 4.040000 |
| 1930M01 | 6.989000 | 3.752000 | 0.888000 | 2.349000 | 0.572328 | 4.000000 |
| 1930M02 | 6.928000 | 3.748000 | 0.875000 | 2.305000 | 0.581697 | 4.030000 |
| 1930M03 | 6.908000 | 3.717000 | 0.861000 | 2.330000 | 0.594962 | 4.110000 |
| 1930M04 | 6.878000 | 3.670000 | 0.858000 | 2.350000 | 0.604827 | 4.160000 |
| 1930M05 | 6.916000 | 3.694000 | 0.866000 | 2.356000 | 0.610179 | 4.220000 |
| 1930M06 | 6.923000 | 3.681000 | 0.850000 | 2.392000 | 0.612451 | 4.240000 |
| 1930M07 | 6.917000 | 3.669000 | 0.831000 | 2.417000 | 0.612983 | 4.240000 |
| 1930M08 | 6.903000 | 3.704000 | 0.807000 | 2.392000 | 0.609880 | 4.210000 |
| 1930M09 | 6.824000 | 3.634000 | 0.793000 | 2.397000 | 0.618406 | 4.220000 |
| 1930M10 | 6.817000 | 3.594000 | 0.816000 | 2.407000 | 0.620508 | 4.230000 |
| 1930M11 | 6.948000 | 3.674000 | 0.841000 | 2.433000 | 0.614565 | 4.270000 |
| 1930M12 | 7.107000 | 3.809000 | 0.883000 | 2.415000 | 0.605037 | 4.300000 |
| 1931M01 | 7.103000 | 3.818000 | 0.852000 | 2.433000 | 0.611009 | 4.340000 |
| 1931M02 | 7.020000 | 3.823000 | 0.827000 | 2.370000 | 0.622507 | 4.370000 |
| 1931M03 | 7.036000 | 3.861000 | 0.789000 | 2.386000 | 0.625355 | 4.400000 |
| 1931M04 | 7.090000 | 3.897000 | 0.817000 | 2.376000 | 0.623413 | 4.420000 |
| 1931M05 | 7.103000 | 3.897000 | 0.819000 | 2.387000 | 0.630719 | 4.480000 |
| 1931M06 | 7.245000 | 3.995000 | 0.846000 | 2.404000 | 0.632160 | 4.580000 |
| 1931M07 | 7.304000 | 4.058000 | 0.839000 | 2.407000 | 0.639376 | 4.670000 |
| 1931M08 | 7.363000 | 4.177000 | 0.841000 | 2.345000 | 0.636969 | 4.690000 |
| 1931M09 | 7.484000 | 4.289000 | 0.862000 | 2.333000 | 0.622662 | 4.660000 |
| 1931M10 | 7.649000 | 4.537000 | 0.856000 | 2.256000 | 0.543862 | 4.160000 |
| 1931M11 | 7.436000 | 4.503000 | 0.815000 | 2.118000 | 0.548682 | 4.080000 |
| 1931M12 | 7.492000 | 4.604000 | 0.819000 | 2.069000 | 0.555259 | 4.160000 |
| 1932M01 | 7.681000 | 4.896000 | 0.806000 | 1.979000 | 0.541596 | 4.160000 |

续附表 2

| | 基础货币 | 由公众持有的美国货币 | 活期存款 | 美联储以外银行的库存现金 | 黄金支持率 | 美联储的货币黄金储备 |
|---|---|---|---|---|---|---|
| 单位 | 十亿美元 | 十亿美元 | 十亿美元 | 十亿美元 | % | 十亿美元 |
| obs | $H$ | $M_0$ | $X_0$ | $P$ | $G\%$ | $G_3$ |
| 1932M02 | 7.518000 | 4.824000 | 0.787000 | 1.907000 | 0.545358 | 4.100000 |
| 1932M03 | 7.433000 | 4.743000 | 0.791000 | 1.899000 | 0.548904 | 4.080000 |
| 1932M04 | 7.522000 | 4.751000 | 0.775000 | 1.996000 | 0.543738 | 4.090000 |
| 1932M05 | 7.643000 | 4.746000 | 0.759000 | 2.138000 | 0.522046 | 3.990000 |
| 1932M06 | 7.809000 | 4.959000 | 0.788000 | 2.062000 | 0.469971 | 3.670000 |
| 1932M07 | 7.789000 | 5.048000 | 0.738000 | 2.003000 | 0.468610 | 3.650000 |
| 1932M08 | 7.784000 | 4.988000 | 0.723000 | 2.073000 | 0.480473 | 3.740000 |
| 1932M09 | 7.827000 | 4.941000 | 0.705000 | 2.181000 | 0.491887 | 3.850000 |
| 1932M10 | 7.856000 | 4.863000 | 0.686000 | 2.307000 | 0.501527 | 3.940000 |
| 1932M11 | 7.926000 | 4.842000 | 0.706000 | 2.378000 | 0.504668 | 4.000000 |
| 1932M12 | 7.981000 | 4.830000 | 0.716000 | 2.435000 | 0.518732 | 4.140000 |
| 1933M01 | 8.206000 | 4.979000 | 0.711000 | 2.516000 | 0.519132 | 4.260000 |
| 1933M02 | 8.776000 | 5.588000 | 0.897000 | 2.291000 | 0.478578 | 4.200000 |
| 1933M03 | 8.210000 | 5.509000 | 0.787000 | 1.914000 | 0.483557 | 3.970000 |
| 1933M04 | 8.017000 | 5.202000 | 0.729000 | 2.086000 | 0.500187 | 4.010000 |
| 1933M05 | 7.856000 | 5.019000 | 0.712000 | 2.125000 | 0.512984 | 4.030000 |
| 1933M06 | 7.859000 | 4.949000 | 0.699000 | 2.211000 | 0.512788 | 4.030000 |
| 1933M07 | 7.834000 | 4.886000 | 0.680000 | 2.268000 | 0.514424 | 4.030000 |
| 1933M08 | 7.923000 | 4.850000 | 0.698000 | 2.375000 | 0.509908 | 4.040000 |
| 1933M09 | 8.010000 | 4.830000 | 0.691000 | 2.489000 | 0.504370 | 4.040000 |
| 1933M10 | 8.068000 | 4.803000 | 0.675000 | 2.590000 | 0.500744 | 4.040000 |
| 1933M11 | 8.188000 | 4.844000 | 0.715000 | 2.629000 | 0.493405 | 4.040000 |
| 1933M12 | 8.186000 | 4.839000 | 0.731000 | 2.616000 | 0.493526 | 4.040000 |

资料来源：http://www.nber.org/databases/macrohistory/contents/。

附表 3　1929—1933 年 GDP、L 月度数据

| | GDP | 其他贷款 | 证券贷款 | 贷款总额 | | GDP | 其他贷款 | 证券贷款 | 贷款总额 |
|---|---|---|---|---|---|---|---|---|---|
| 单位 | 十亿美元 | 十亿美元 | 十亿美元 | 十亿美元 | | 十亿美元 | 十亿美元 | 十亿美元 | 十亿美元 |
| obs | Y | AL | SL | L | | Y | AL | SL | L |
| 1929M01 | 105.7259 | 8.79 | 7.51 | 16.30 | 1931M07 | 76.6111 | 7.96 | 6.63 | 14.59 |
| 1929M02 | 104.0148 | 8.74 | 7.52 | 16.26 | 1931M08 | 75.1111 | 7.90 | 6.48 | 14.38 |
| 1929M03 | 102.8593 | 8.91 | 7.58 | 16.49 | 1931M09 | 73.5778 | 7.87 | 6.41 | 14.28 |
| 1929M04 | 102.2593 | 9.07 | 7.39 | 16.46 | 1931M10 | 72.0852 | 7.68 | 5.97 | 13.65 |
| 1929M05 | 102.2148 | 9.06 | 7.22 | 16.28 | 1931M11 | 70.4296 | 7.59 | 5.86 | 13.45 |
| 1929M06 | 102.7259 | 9.15 | 7.33 | 16.48 | 1931M12 | 68.6852 | 7.44 | 5.76 | 13.20 |
| 1929M07 | 105.3926 | 9.23 | 7.72 | 16.95 | 1932M01 | 66.5259 | 7.33 | 5.64 | 12.97 |
| 1929M08 | 105.8148 | 9.39 | 7.58 | 16.97 | 1932M02 | 64.8481 | 7.21 | 5.50 | 12.71 |
| 1929M09 | 105.5926 | 9.54 | 7.65 | 17.19 | 1932M03 | 63.3259 | 6.99 | 5.39 | 12.38 |
| 1929M10 | 103.9704 | 9.61 | 8.10 | 17.71 | 1932M04 | 62.6111 | 6.82 | 5.15 | 11.97 |
| 1929M11 | 103.0259 | 9.79 | 8.25 | 18.04 | 1932M05 | 60.9111 | 6.73 | 4.98 | 11.71 |
| 1929M12 | 102.0037 | 9.48 | 7.97 | 17.45 | 1932M06 | 58.8778 | 6.61 | 4.81 | 11.42 |
| 1930M01 | 100.6370 | 9.03 | 7.79 | 16.82 | 1932M07 | 55.0296 | 6.46 | 4.62 | 11.08 |
| 1930M02 | 99.6593 | 8.87 | 7.67 | 16.54 | 1932M08 | 53.4407 | 6.32 | 4.58 | 10.90 |
| 1930M03 | 98.8037 | 8.78 | 7.96 | 16.74 | 1932M09 | 52.6296 | 6.23 | 4.52 | 10.75 |
| 1930M04 | 98.6333 | 8.63 | 8.27 | 16.90 | 1932M10 | 53.6778 | 6.17 | 4.44 | 10.61 |
| 1930M05 | 97.6000 | 8.51 | 8.31 | 16.82 | 1932M11 | 53.6111 | 6.12 | 4.28 | 10.40 |
| 1930M06 | 96.2667 | 8.49 | 8.56 | 17.05 | 1932M12 | 53.5111 | 6.02 | 4.32 | 10.34 |
| 1930M07 | 94.8259 | 8.52 | 8.39 | 16.91 | 1933M01 | 52.7704 | 5.90 | 4.22 | 10.12 |
| 1930M08 | 92.7481 | 8.49 | 8.35 | 16.84 | 1933M02 | 53.0593 | 5.82 | 4.22 | 10.04 |
| 1930M09 | 90.2259 | 8.48 | 8.38 | 16.86 | 1933M03 | 53.7704 | 4.98 | 3.93 | 8.91 |
| 1930M10 | 85.7926 | 8.60 | 8.24 | 16.84 | 1933M04 | 55.5852 | 4.92 | 3.75 | 8.67 |
| 1930M11 | 83.4815 | 8.78 | 7.90 | 16.68 | 1933M05 | 56.6296 | 5.01 | 3.87 | 8.88 |
| 1930M12 | 81.8259 | 8.56 | 7.78 | 16.34 | 1933M06 | 57.5852 | 5.05 | 3.94 | 8.99 |
| 1931M01 | 81.4333 | 8.40 | 7.50 | 15.90 | 1933M07 | 59.2074 | 5.08 | 4.03 | 9.11 |

续附表 3

| obs | GDP | 其他贷款 | 证券贷款 | 贷款总额 | obs | GDP | 其他贷款 | 证券贷款 | 贷款总额 |
|---|---|---|---|---|---|---|---|---|---|
| 单位 | 十亿美元 | 十亿美元 | 十亿美元 | 十亿美元 | | 十亿美元 | 十亿美元 | 十亿美元 | 十亿美元 |
| | Y | AL | SL | L | | Y | AL | SL | L |
| 1931M02 | 80.6333 | 8.24 | 7.32 | 15.56 | 1933M08 | 76.6111 | 7.96 | 3.97 | 9.06 |
| 1931M03 | 80.0333 | 8.15 | 7.30 | 15.45 | 1933M09 | 75.1111 | 7.90 | 3.92 | 9.08 |
| 1931M04 | 80.3741 | 8.04 | 7.16 | 15.20 | 1933M10 | 73.5778 | 7.87 | 3.84 | 9.11 |
| 1931M05 | 79.6185 | 7.89 | 7.00 | 14.89 | 1933M11 | 72.0852 | 7.68 | 3.77 | 9.09 |

资料来源：http://www.nber.org/databases/macrohistory/contents/。

附表 4　1929—1933 年 TB、R、SN、P1、P2 月度数据

| | 短期国库券 | 短期国库券到期收益率 | 纽约证券交易所出售的股份数量 | 美国所有普通股价格指数标准普尔指数 | 美国工业股价格（指数道琼斯指数） |
|---|---|---|---|---|---|
| 单位 | 亿美元 | % | 百万股 | （1935—1939 年 = 100） | |
| obs | TB | R | SN | P1 | P2 |
| 1929M01 | 0.0000 | 2.387 | 110.8000 | 195.6 | 307.25 |
| 1929M02 | 0.0000 | 2.357 | 77.9700 | 196.9 | 309.00 |
| 1929M03 | 0.0000 | 2.337 | 105.6300 | 199.7 | 308.85 |
| 1929M04 | 0.0000 | 2.308 | 82.5900 | 197.0 | 309.20 |
| 1929M05 | 0.0000 | 2.296 | 91.3100 | 198.3 | 310.25 |
| 1929M06 | 0.0000 | 2.314 | 69.5500 | 201.4 | 316.45 |
| 1929M07 | 0.0000 | 2.334 | 93.3800 | 218.9 | 341.45 |
| 1929M08 | 0.0000 | 2.322 | 95.6000 | 230.3 | 359.15 |
| 1929M09 | 0.0000 | 2.335 | 100.0600 | 237.8 | 362.35 |
| 1929M10 | 0.0000 | 2.386 | 141.6700 | 213.0 | 291.50 |
| 1929M11 | 0.0000 | 2.521 | 72.4600 | 159.6 | 228.20 |
| 1929M12 | 100.0000 | 2.395 | 83.5800 | MA | 247.20 |
| 1930M01 | 100.0000 | 2.349 | 62.3100 | 165.0 | 255.65 |
| 1930M02 | 156.1100 | 2.305 | 68.7200 | 174.8 | 267.40 |
| 1930M03 | 56.1100 | 2.330 | 96.5600 | 182.0 | 278.25 |

续附表 4

| | 短期国库券 | 短期国库券到期收益率 | 纽约证券交易所出售的股份数量 | 美国所有普通股价格指数标准普尔指数 | 美国工业股价格（指数道琼斯指数） |
|---|---|---|---|---|---|
| 单位 | 亿美元 | % | 百万股（1935—1939 年 = 100） | | |
| obs | TB | R | SN | P1 | P2 |
| 1930M04 | 107.4200 | 2.350 | 111.0400 | 191.1 | 285.50 |
| 1930M05 | 155.9200 | 2.356 | 78.0400 | 180.0 | 266.70 |
| 1930M06 | 155.9200 | 2.392 | 76.5900 | 161.4 | 243.15 |
| 1930M07 | 155.5200 | 2.417 | 47.7500 | 157.7 | 229.80 |
| 1930M08 | 170.9200 | 2.392 | 39.8700 | 155.9 | 228.80 |
| 1930M09 | 120.0000 | 2.397 | 53.5500 | 157.1 | 225.00 |
| 1930M10 | 222.5300 | 2.407 | 65.5000 | 134.7 | 198.75 |
| 1930M11 | 230.0000 | 2.433 | 51.9500 | 123.2 | 180.95 |
| 1930M12 | 127.0000 | 2.415 | 58.7600 | 115.5 | 172.15 |
| 1931M01 | 127.4600 | 2.433 | 42.5000 | 118.5 | 167.25 |
| 1931M02 | 214.0000 | 2.370 | 64.1800 | 126.5 | 181.55 |
| 1931M03 | 214.2800 | 2.386 | 65.6600 | 128.4 | 180.05 |
| 1931M04 | 368.6500 | 2.376 | 54.3500 | 115.3 | 158.00 |
| 1931M05 | 364.5670 | 2.387 | 46.6600 | 103.5 | 141.45 |
| 1931M06 | 444.5800 | 2.404 | 58.6400 | 100.4 | 139.30 |
| 1931M07 | 443.2000 | 2.407 | 33.5500 | 103.7 | 145.35 |
| 1931M08 | 523.2400 | 2.345 | 24.8300 | 100.8 | 139.80 |
| 1931M09 | 524.0000 | 2.333 | 51.0400 | 86.3 | 118.35 |
| 1931M10 | 524.0000 | 2.256 | 47.9000 | 73.7 | 98.10 |
| 1931M11 | 575.8200 | 2.118 | 37.3600 | 75.7 | 103.40 |
| 1931M12 | 576.3900 | 2.069 | 50.1100 | 61.0 | 82.80 |
| 1932M01 | 575.0000 | 1.979 | 34.3600 | 61.3 | 78.55 |
| 1932M02 | 517.8700 | 1.907 | 31.7200 | 59.6 | 78.90 |
| 1932M03 | 519.6300 | 1.899 | 33.0300 | 60.0 | 81.05 |
| 1932M04 | 622.0000 | 1.996 | 31.4700 | 46.3 | 64.05 |
| 1932M05 | 619.0000 | 2.138 | 23.1400 | 42.0 | 51.85 |

续附表4

| | 短期国库券 | 短期国库券到期收益率 | 纽约证券交易所出售的股份数量 | 美国所有普通股价格指数标准普尔指数 | 美国工业股价格（指数道琼斯指数） |
|---|---|---|---|---|---|
| 单位 | 亿美元 | % | 百万股 | (1935—1939年=100) | |
| obs | TB | R | SN | P1 | P2 |
| 1932M06 | 615.6300 | 2.062 | 23.0000 | 35.9 | 46.85 |
| 1932M07 | 647.0000 | 2.003 | 23.0600 | 37.9 | 47.75 |
| 1932M08 | 648.0000 | 2.073 | 82.6300 | 56.3 | 64.40 |
| 1932M09 | 623.0000 | 2.181 | 67.3800 | 61.5 | 71.00 |
| 1932M10 | 645.0000 | 2.307 | 29.2000 | 52.7 | 65.30 |
| 1932M11 | 643.0000 | 2.378 | 23.0500 | 50.2 | 62.20 |
| 1932M12 | 641.9340 | 2.435 | 23.2000 | 50.1 | 58.85 |
| 1933M01 | 641.0000 | 2.516 | 18.7200 | 51.8 | 61.85 |
| 1933M02 | 640.6900 | 2.291 | 19.3100 | 47.5 | 55.15 |
| 1933M03 | 817.2020 | 1.914 | 20.1000 | 45.6 | 57.75 |
| 1933M04 | 918.3720 | 2.086 | 52.9000 | 50.2 | 66.70 |
| 1933M05 | 978.8490 | 2.125 | 104.2100 | 66.4 | 83.30 |
| 1933M06 | 954.4930 | 2.211 | 125.6200 | 79.1 | 93.80 |
| 1933M07 | 953.9380 | 2.268 | 120.2700 | 85.0 | 98.55 |
| 1933M08 | 953.0000 | 2.375 | 42.4600 | 79.3 | 98.85 |
| 1933M09 | 523.2400 | 2.489 | 43.3300 | 79.0 | 99.45 |
| 1933M10 | 951.6000 | 2.590 | 39.3700 | 73.3 | 91.65 |
| 1933M11 | 952.0000 | 2.629 | 33.6500 | 73.0 | 95.45 |
| 1933M12 | 1003.0000 | 2.616 | 34.8800 | 74.3 | 99.05 |

资料来源：国库券数据见 http://www.treasurydirect.gov/govt/reports/pd/mspd/mspd.htm；其他数据见 http://www.nber.org/databases/macrohistory/contents/。

附表5　1973—2011年 $M_1$、Y、I 年度数据

| 单位 | 十亿美元 | 基础货币<br>十亿美元 | 国民生产总值<br>十亿美元 | 一年国库券到期收益率<br>% |
|---|---|---|---|---|
| obs | $M_1$ | H | Y | I |
| 1973 | 262.900 | 81.073 | 1382.300 | 7.320 |
| 1974 | 274.200 | 87.535 | 1499.500 | 8.200 |
| 1975 | 287.100 | 93.887 | 1637.700 | 6.780 |
| 1976 | 306.200 | 101.515 | 1824.600 | 5.880 |
| 1977 | 330.900 | 110.324 | 2030.100 | 6.080 |
| 1978 | 357.300 | 120.445 | 2293.800 | 8.340 |
| 1979 | 381.800 | 131.143 | 2562.200 | 10.650 |
| 1980 | 408.500 | 142.004 | 2788.100 | 12.000 |
| 1981 | 436.700 | 149.021 | 3126.800 | 14.800 |
| 1982 | 474.800 | 160.127 | 3253.200 | 12.270 |
| 1983 | 521.400 | 175.467 | 3534.600 | 9.580 |
| 1984 | 551.600 | 187.252 | 3930.900 | 10.910 |
| 1985 | 619.800 | 203.555 | 4217.500 | 8.420 |
| 1986 | 724.700 | 223.416 | 4460.100 | 6.450 |
| 1987 | 750.200 | 239.829 | 4736.400 | 6.770 |
| 1988 | 786.700 | 256.897 | 5100.400 | 7.650 |
| 1989 | 792.900 | 267.774 | 5482.100 | 8.530 |
| 1990 | 824.700 | 293.280 | 5800.500 | 7.890 |
| 1991 | 897.000 | 317.538 | 5992.100 | 5.860 |
| 1992 | 1024.900 | 350.873 | 6342.300 | 3.890 |
| 1993 | 1129.600 | 386.595 | 6667.400 | 3.430 |
| 1994 | 1150.700 | 418.306 | 7085.200 | 5.320 |
| 1995 | 1127.400 | 434.630 | 7414.700 | 5.940 |
| 1996 | 1081.300 | 452.079 | 7838.500 | 5.520 |
| 1997 | 1072.500 | 479.992 | 8332.400 | 5.630 |
| 1998 | 1095.500 | 513.932 | 8793.500 | 5.050 |
| 1999 | 1122.500 | 593.470 | 9353.500 | 5.080 |

续附表 5

| 单位 | 十亿美元 | 基础货币<br>十亿美元 | 国民生产总值<br>十亿美元 | 一年国库券到期收益率<br>% |
|---|---|---|---|---|
| obs | $M_1$ | $H$ | $Y$ | $I$ |
| 2000 | 1087.400 | 584.885 | 9951.500 | 6.110 |
| 2001 | 1181.900 | 635.441 | 10286.200 | 3.490 |
| 2002 | 1219.700 | 681.484 | 10642.300 | 2.000 |
| 2003 | 1306.100 | 720.218 | 11142.100 | 1.240 |
| 2004 | 1376.300 | 759.260 | 11867.800 | 1.890 |
| 2005 | 1374.500 | 787.447 | 12638.400 | 3.620 |
| 2006 | 1367.100 | 812.410 | 13398.900 | 4.940 |
| 2007 | 1364.400 | 824.369 | 14061.800 | 4.530 |
| 2008 | 1603.000 | 1653.876 | 14291.500 | 1.830 |
| 2009 | 1695.400 | 2017.207 | 13939.000 | 0.470 |
| 2010 | 1836.300 | 2008.527 | 14526.500 | 0.320 |
| 2011 | 2160.400 | 2612.059 | 15087.700 | 0.180 |

资料来源：http://www.census.gov/compendia/statab/。

### 附表 6　2007—2009 年货币相关数据

（单位：亿美元）

| obs | $M_1$ | 基础货币<br>$H$ | 公众手中持<br>有的现金<br>$C$ | 活期存款<br>$D$ | 超额存款<br>准备金<br>$R_E$ | 法定存款<br>准备金<br>$R_D$ |
|---|---|---|---|---|---|---|
| 2007M01 | 13725.00 | 8136.54 | 7503.00 | 3064.00 | 15.45 | 407.64 |
| 2007M02 | 13675.00 | 8134.47 | 7510.00 | 3046.00 | 14.53 | 410.01 |
| 2007M03 | 13698.00 | 8148.58 | 7525.00 | 3028.00 | 16.17 | 406.73 |
| 2007M04 | 13777.00 | 8169.73 | 7544.00 | 3059.00 | 15.87 | 409.89 |
| 2007M05 | 13753.00 | 8186.87 | 7554.00 | 3042.00 | 14.53 | 417.34 |
| 2007M06 | 13659.00 | 8198.31 | 7560.00 | 3015.00 | 17.51 | 416.23 |
| 2007M07 | 13685.00 | 8211.29 | 7580.00 | 3010.00 | 16.38 | 401.83 |
| 2007M08 | 13699.00 | 8244.40 | 7581.00 | 3020.00 | 48.26 | 401.96 |
| 2007M09 | 13664.00 | 8219.68 | 7592.00 | 2961.00 | 17.33 | 409.34 |
| 2007M10 | 13695.00 | 8246.47 | 7615.00 | 2965.00 | 14.59 | 409.77 |

续附表6

| obs | $M_1$ | 基础货币 $H$ | 公众手中持有的现金 $C$ | 活期存款 $D$ | 超额存款准备金 $R_E$ | 法定存款准备金 $R_D$ |
|---|---|---|---|---|---|---|
| 2007M11 | 13656.00 | 8254.22 | 7661.00 | 2962.00 | 16.96 | 409.27 |
| 2007M12 | 13665.00 | 8233.48 | 7587.00 | 2948.00 | 17.70 | 409.05 |
| 2008M01 | 13811.00 | 8202.99 | 7578.00 | 2946.00 | 16.48 | 406.41 |
| 2008M02 | 13870.00 | 8209.53 | 7576.00 | 3044.00 | 16.15 | 417.82 |
| 2008M03 | 13897.00 | 8248.24 | 7607.00 | 3051.00 | 26.44 | 424.74 |
| 2008M04 | 13921.00 | 8236.92 | 7601.00 | 3054.00 | 17.37 | 430.52 |
| 2008M05 | 13915.00 | 8274.35 | 7634.00 | 3021.00 | 18.38 | 438.69 |
| 2008M06 | 13981.00 | 8330.59 | 7690.00 | 3045.00 | 22.25 | 434.49 |
| 2008M07 | 14151.00 | 8396.87 | 7744.00 | 3129.00 | 19.13 | 433.61 |
| 2008M08 | 14000.00 | 8432.36 | 7770.00 | 3005.00 | 18.76 | 443.82 |
| 2008M09 | 14595.00 | 9052.25 | 7861.00 | 3501.00 | 594.83 | 441.01 |
| 2008M10 | 14727.00 | 11304.44 | 7965.00 | 3605.00 | 2671.59 | 482.99 |
| 2008M11 | 15181.00 | 14350.13 | 8043.00 | 4065.00 | 5588.21 | 504.84 |
| 2008M12 | 15947.00 | 16540.68 | 8121.00 | 4646.00 | 7673.33 | 529.72 |
| 2009M01 | 15871.00 | 17030.64 | 8263.00 | 4345.00 | 7968.46 | 602.63 |
| 2009M02 | 15689.00 | 15553.60 | 8368.00 | 4090.00 | 6420.85 | 582.64 |
| 2009M03 | 15774.00 | 16405.98 | 8430.00 | 4034.00 | 7231.16 | 563.21 |
| 2009M04 | 16098.00 | 17466.90 | 8479.00 | 4220.00 | 8226.07 | 580.85 |
| 2009M05 | 16105.00 | 17687.30 | 8492.00 | 4176.00 | 8421.43 | 586.60 |
| 2009M06 | 16517.00 | 16803.99 | 8523.00 | 4393.00 | 7494.31 | 599.18 |
| 2009M07 | 16615.00 | 16679.37 | 8542.00 | 4360.00 | 7322.55 | 631.22 |
| 2009M08 | 16553.00 | 17043.17 | 8578.00 | 4273.00 | 7656.25 | 632.39 |
| 2009M09 | 16658.00 | 18010.13 | 8615.00 | 4306.00 | 8598.87 | 627.06 |
| 2009M10 | 16798.00 | 19358.14 | 8627.00 | 4328.00 | 9945.01 | 621.30 |
| 2009M11 | 16799.00 | 20176.99 | 8618.00 | 4356.00 | 10770.12 | 637.70 |
| 2009M12 | 16936.00 | 20172.07 | 8622.00 | 4438.00 | 10752.01 | 637.85 |

资料来源：2007—2008 年的月度数据见 http://www.gpo.gov/fdsys/pkg/ERP-2009content-detail.html；2009 年的月度数据见 http://www.gpo.gov/fdsys/pkg/ERP-2010/content-detail.html。

附表7  2007—2009年美国 $M_1$、SN、TB、P、i 的月度数据

| 单位 | 亿美元 | 国库券持有量 亿美元 | 股票持有量 亿美元 | 纽约证券交易价格指数 | 一年内国库券到期收益率 % |
|---|---|---|---|---|---|
| obs | $M_1$ | TB | SN | P | i |
| 2007M01 | 13725.00 | 28519.92 | 9321.00 | 9132.04 | 4.945 |
| 2007M02 | 13675.00 | 27018.07 | 9821.00 | 9345.98 | 4.990 |
| 2007M03 | 13698.00 | 30679.18 | 10331.00 | 9120.57 | 4.930 |
| 2007M04 | 13777.00 | 28672.25 | 9441.00 | 9555.98 | 4.870 |
| 2007M05 | 13753.00 | 29724.10 | 9191.00 | 9822.99 | 4.785 |
| 2007M06 | 13659.00 | 31036.33 | 8691.00 | 9896.98 | 4.700 |
| 2007M07 | 13685.00 | 34335.61 | 8921.00 | 9985.42 | 4.840 |
| 2007M08 | 13699.00 | 40860.48 | 10141.00 | 9440.44 | 4.450 |
| 2007M09 | 13664.00 | 30717.37 | 9581.00 | 9777.59 | 4.070 |
| 2007M10 | 13695.00 | 32687.07 | 9381.00 | 10159.33 | 4.020 |
| 2007M11 | 13656.00 | 40455.00 | 10350.00 | 9741.15 | 3.560 |
| 2007M12 | 13665.00 | 31458.02 | 10039.00 | 9807.36 | 3.185 |
| 2008M01 | 13811.00 | 48304.60 | 9844.00 | 9165.10 | 2.850 |
| 2008M02 | 13870.00 | 38321.07 | 11254.00 | 9041.52 | 2.150 |
| 2008M03 | 13897.00 | 46016.66 | 11584.00 | 8776.21 | 1.455 |
| 2008M04 | 13921.00 | 38298.75 | 10257.00 | 9174.10 | 1.430 |
| 2008M05 | 13915.00 | 37740.19 | 11192.00 | 9429.04 | 1.765 |
| 2008M06 | 13981.00 | 44826.50 | 10605.00 | 8996.98 | 2.020 |
| 2008M07 | 14151.00 | 55893.70 | 11358.00 | 8427.37 | 1.855 |
| 2008M08 | 14000.00 | 42265.22 | 12272.00 | 8362.20 | 1.875 |
| 2008M09 | 14595.00 | 66020.84 | 14898.00 | 7886.29 | 1.620 |
| 2008M10 | 14727.00 | 68804.51 | 19097.00 | 6130.39 | 1.115 |
| 2008M11 | 15181.00 | 59457.99 | 20037.00 | 5527.63 | 0.580 |
| 2008M12 | 15947.00 | 48056.33 | 18667.00 | 5525.70 | 0.180 |
| 2009M01 | 15871.00 | 52512.15 | 17986.00 | 5477.14 | 0.215 |
| 2009M02 | 15689.00 | 61695.17 | 19856.00 | 5051.42 | 0.385 |

续附表7

| 单位<br>obs | 亿美元<br>$M_1$ | 国库券持有量<br>亿美元<br>$TB$ | 股票持有量<br>亿美元<br>$SN$ | 纽约证券交易<br>价格指数<br>$P$ | 一年内国库券<br>到期收益率<br>%<br>$i$ |
|---|---|---|---|---|---|
| 2009M03 | 15774.00 | 72116.24 | 20336.00 | 4739.72 | 0.340 |
| 2009M04 | 16098.00 | 63546.62 | 19945.00 | 5338.39 | 0.270 |
| 2009M05 | 16105.00 | 63175.17 | 20654.00 | 5823.10 | 0.250 |
| 2009M06 | 16517.00 | 50510.34 | 20065.00 | 5985.64 | 0.245 |
| 2009M07 | 16615.00 | 49573.43 | 20205.00 | 6026.55 | 0.240 |
| 2009M08 | 16553.00 | 57445.76 | 20685.00 | 6577.18 | 0.225 |
| 2009M09 | 16658.00 | 55597.23 | 19925.00 | 6839.88 | 0.175 |
| 2009M10 | 16798.00 | 52827.45 | 18585.00 | 6986.35 | 0.125 |
| 2009M11 | 16799.00 | 43779.20 | 18505.00 | 7079.38 | 0.110 |
| 2009M12 | 16936.00 | 55416.94 | 17935.00 | 7167.51 | 0.120 |

资料来源：2007—2009 年美国 $M_1$、$TB$、$i$ 的月度数据 http://www.gpo.gov/fdsys/pkg/ERP-2010/content-detail.html；$SN$、$P$ 来源于 wind 资讯。

# 第六章　柯布-道格拉斯生产函数之暗含前提研究

柯布-道格拉斯生产函数的前提假设是什么？它是在什么样的经济态势下成立呢？在应用柯布-道格拉斯生产函数时不少学者忽略这一上位前提导致分析失误。弄清一国经济态势是否与使用理论模型之前提假设一致，是经济分析工作中相当重要的环节，不可逾越。正如美国经济学家埃德温·查理所说："任何理论对于经济现实是否具有可用性，取决于这些理论所赖以存在的假设在多大程度上反映了现实情况。如果假设与实际基本相符，则通过对某一'理论'的运用可以帮助我们理解和预测大量复杂的现实经济的变化。但如果所做的假设与实际不一致，那么，依靠这种理论会把我们引入歧途，从而使经济现实更为神秘莫测。"[①]

从变量设置的角度来看，柯布-道格拉斯生产函数暗含的假设应该是供给约束型经济，即需求没有问题，只要投入劳动力和资本，只要提高效率就有了可以卖出去的产出，在既定的生产潜力之下，总需求随时能够消化任何数量的总供给。但是当前的经济社会已经进入需求约束型经济态势，厂商大都是根据订单来生产的，如果没有订单，厂商的劳动力和资本就会闲置甚至停业。我们认为，柯布-道格拉斯生产函数只适用于供给约束型经济态势下，用这一模型分析当下需求约束型经济态势应该是会有较大偏差的。

但是我们发现，有很多研究柯布-道格拉斯生产函数的文献忽略了这一前提假设条件，甚至有些文献根本不讨论前提假设就直接用柯布-道格拉斯生产函数分析任何一个时段的经济运行，其研究结果的可信度大打折扣。如程海森、石磊（2010）就忽略柯布-道格拉斯生产函数的前提假设用1997—2007年的相关数据来检验实证。本章对柯布-道格拉斯生产函数暗含的前提假设提出了一个猜想：供给约束型经济态势。也就是说，如果某一时空的总供求态势是需求约束，那么，该生产函数无效，就不能直接应用这一生产函数来研究经济增长问题和其他衍生的问题。

---

① 埃德温·查理：《发展中国家宏观经济学》，商务印书馆1990年版，第245页。

## 第一节 文献综述

### 一、柯布-道格拉斯生产函数与经济增长

#### (一) 柯布-道格拉斯生产函数的应用

郭庆旺、贾俊雪 (2005) 在分析比较了全要素生产率四种估算方法的基础上，估算出我国 1979—2004 年间的全要素生产率增长率，并对我国全要素生产率增长和经济增长源泉做了简要分析。他们利用柯布-道格拉斯生产函数及 OLS 回归得出这一段时间资本产出弹性为 0.69，劳动产出弹性为 0.31。陈思蓉 (2007) 通过对中国 1980—2005 年及英国 1970—2005 年的国内生产总值、劳动力和资本存量分别进行回归分析。得出的结果为：英国在资本投入保持不变的条件下，劳动投入每增加 1 个百分点，平均产出将增加 1.93%，而在劳动投入保持不变的条件下，资本投入每增加 1 个百分点，产出将平均增加 1.02%；中国在资本投入保持不变的条件下，劳动投入每增加 1 个百分点，平均产出将增加 0.67%，而在劳动投入保持不变的条件下，资本投入每增加 1 个百分点，产出将平均增加 0.77%。李晓钟、张军 (2008) 利用 1996—2006 年的数据和柯布-道格拉斯生产函数，估算了我国 5 个高新技术产业三资企业的全要素生产率、索洛剩余和各要素对产出的贡献率，结果发现在不同高新技术产业三资企业中，劳动力、资本和技术进步对产出增长的贡献份额是有差异的，但我国总体上是属于资本投资驱动型增长。他们详细地分析了技术进步对不同高新技术产业三资企业产出增长贡献份额不同的原因，并探讨了相应的对策建议，为我国进一步提高利用外资的质量和水平提供了有益的思路。杨丽、陈莹 (2009) 应用柯布-道格拉斯生产函数对 1991—2006 年以来我国农村生产要素的贡献率进行测算。研究结果表明：农业增长的诸要素中资本贡献率最大，劳动力贡献率次之，技术进步贡献率最小。技术进步的贡献率虽然不高，但和农业生产总值呈很强的相关性。在今后的发展中，应重视农业技术进步的积极影响，加大科技培训力度提高农民素质，以提高农业增长中的技术进步贡献率。章上峰、许冰 (2009) 利用柯布-道格拉斯生产函数及最小二乘法对 1979—2005 年的劳动力数量、GDP、资本存量、以第三产业劳动力投入

占比表示的技术水平进行分析，得到柯布－道格拉斯生产函数的回归结果：在规模报酬不变的假设条件下，资本投入和劳动力投入的产出弹性分别为0.609和0.391。实证研究发现，时变弹性生产函数估计的产出弹性平均值与柯布－道格拉斯生产函数的回归结果相当接近，这说明利用柯布－道格拉斯生产函数估计整个研究时期的平均贡献率是基本可靠的。但是，由于资本产出弹性和劳动力产出弹性在不同时期存在较大的差异，因此，利用柯布－道格拉斯生产函数估计逐期贡献率很可能是有偏差的甚至是有误的。因此，他们建议利用时变弹性生产函数估计资本、劳动力和全要素生产率的逐期贡献率。张宇（2010）应用柯布－道格拉斯生产函数对1979—2008年中国经济发展相关数据进行了实证建模和数据分析。研究结果表明：中国经济符合规模报酬不变的假设，资本产出弹性的估计为0.57，对劳动产出弹性的估计为0.43左右。程毛林（2010）采用柯布－道格拉斯生产函数、CES生产函数、VES生产函数对1996—2006年的国内生产总值、资本投入量、劳动力数量进行非线性回归分析，最后用三个模型的组合预测得到 $Y = -0.0107Y_{cd} + 0.5460Y_{ces} + 0.4647Y_{ves}$。黄梅波、吕朝凤（2010）通过重新估计我国在1952—2008年间的实际资本存量，推导出我国的潜在产出和GDP缺口，并对"自然率假说"进行了检验。研究结果表明，我国资本弹性约为0.16749，劳动弹性0.3251。杨飞虎（2010）利用索洛余值法及柯布－道格拉斯生产函数，细致地估算了1952—2008年间中国总量生产函数及经济增长中各因素贡献（GDP、资本存量、从业人数、技术因子）。在1952—1977年周期里，中国资本投入的产出弹性为0.398，相应的，劳动力投入的产出弹性为0.239，明显的产出贡献中资本的比重大于劳动比重。而在1978—2008年这个改革开放周期里，中国资本投入的产出弹性迅速上升到0.939，劳动力投入的产出弹性为－0.04，产出贡献中资本的比重远远超过劳动比重。在1993—2008年社会主义市场经济建设周期里，中国资本投入的产出弹性高达0.934，劳动力投入的产出弹性急剧下降到－0.062，劳动的贡献尴尬地不断下降。在1952—2008年这个长周期里，中国资本投入的产出弹性高达0.813，劳动力投入的产出弹性为0.112，充分表明了中国经济的资本驱动型特征。章上峰（2011）采用柯布－道格拉斯生产函数对1978—2008年数据分析后得出结论，从经济增长平均贡献率大小顺序看，依次是资本、中性技术进步、劳动力、偏向技术进步，分别为57.29%、24.43%、15.58%、2.70%。在这一期间，资本弹性、劳动力弹性和相对资本密集度可以粗略地划分为两个阶段：①在第一阶段，1978—1996年，资本弹性从1978年的0.5129逐步下降至1996年的0.4642，劳动力弹性从

1978年的0.4871逐步上升至1996年的0.5358，相对资本密集度从1978年的0.9497逐步上升至1996年的1.1541，说明在这段时期发生了劳动偏向型技术进步。②在第二阶段，1996—2008年，资本弹性从1996年的0.4642快速上升至2008年的0.5570，劳动力弹性从1996年的0.5358快速下降至2008年的0.4430，相对资本密集度从1996年的1.1541快速下降至1996年的0.7954，说明在这段时期发生了资本偏向型技术进步。王丽萍（2012）对1978—2010年实际GDP、实际资本存量、就业人数回归得出资本的产出弹性是0.8273，劳动的产出弹性是0.1727，资本产出弹性远高于劳动产出弹性，在资本和劳动两种要素中，资本对经济增长的贡献远大于劳动的贡献。张伟、范德成、王韶华（2013）采用OLS对1990—2009年国内生产总值、固定资产投资、就业人数进行回归得出：资本的产出弹性是0.62346，劳动的产出弹性是0.37654。Mohammed Abdullah Aljebrin（2013）利用沙特阿拉伯1984—2011年的实际GDP、资本投资、就业量数据做了实证检验，得到的结论为资本的产出弹性为0.67，劳动的产出弹性为0.57，技术进步对产出增长的积极作用为每年8.67%。

（二）柯布-道格拉斯生产函数的发展

Gorti V. L. Narasimham、P. A. V. B. Swamy和R. C. Reed（1988）利用柯布-道格拉斯生产函数传统形式及随机系数形式，估算了1955—1982年美国制造部门的生产变化，得到的结论是：随机系数柯布-道格拉斯函数的估计数值对于所有研究的产业具有正确的代数意义，而固定系数估计数值是错误的。方伟、韩伯棠、王栋（2007）通过分析2000年以来的统计数据，探讨了我国科技人力资源密度与区域经济发展的关系。并应用柯布-道格拉斯生产函数等解释不同地区呈现不同关系的原因，有针对性地提出了一些建议和看法。程海森、石磊（2010）利用多水平模型分析方法建立了多水平柯布-道格拉斯生产函数模型。该模型考虑了层次结构及异质性对柯布-道格拉斯生产函数的影响，并基于中国1997—2007年经济发展相关数据进行了实证建模和数据分析。结果表明：柯布-道格拉斯生产函数模型能够更好地反映中国经济发展规律，同时发现其资本贡献率显著依赖地区对外开放度，从而揭示了生产函数模型的参数异质性特征。宋雅楠（2013）利用2003—2011年季度数据，通过选择外来劳动力较为集中的澳门主要就业分布的制造业、建筑业、旅游业和其他服务业，利用柯布-道格拉斯生产函数建立模型实证分析外来劳动力对澳门经济增长的影响作用。研究结果说明澳门引进外来劳动力确实促进了澳门经济的发展，符合澳门发展的长远利益，澳门政府需要针对不同行业需求制定外来劳动力的政策和澳门整体人力资源政策，以保证澳门的经济长期发展。范柏乃、段忠贤、江蕾（2013）在传统的柯布－道格拉斯生产函数基础上，加入科技投入要素，利用中国 31 个省级行政区 2001—2011 年的面板数据，运用变系数模型，实证考察科技投入对经济发展影响的区域差异。倪超、王颖（2014）在传统的柯布－道格拉斯生产函数基础上，加入战略人才要素，对 1978—2011 年的数据进行回归分析并定量分析了中国的战略人才对经济增长的作用，得出的结论是：物质资本对经济增长具有正向作用，1978—2011 年物质资本对中国经济增长的贡献率达到了 77.2%；普通劳动者对经济增长具有正向作用，并且在样本考察期内，普通劳动者对中国经济增长的贡献率达到了 29.3%；战略人才对经济增长具有正向作用，并且在样本考察期内，战略人才对中国经济增长的贡献率达到 4.6%，而且战略人才可以渗透到其他两个变量中，对它们产生影响。

这些学者应用柯布－道格拉斯生产函数来分析经济增长问题已经有丰富的经验，论文都非常规范，逻辑思路非常清晰，模型设置无可挑剔，回归模型拟合优度极高，对数据分析结论的解释十分到位。但是，他们在应用柯布－道格拉斯生产函数分析经济增长问题时忽视了该函数的适用范围问题，即前提假设。没有考虑柯布－道格拉斯生产函数的前提假设就运用这一理论来研究经济增长问题，得到的分析结论会有偏颇，可信度就会大打折扣，会造成对生产要素贡献程度的误读进而导致生产要素的浪费，生产效率低下。

## 二、柯布－道格拉斯生产函数前提假设的研究

在现有的中英文两大文献数据库中，几乎没有文献对柯布－道格拉斯生产函数的前提假设做过系统研究，仅仅在几篇论文中大略提及了这一问题，既没有分析柯布－道格拉斯生产函数在供给约束型经济中的有效性，也没有证明在需求约束型经济中的无效性。

Professors Brems 和 Blackburn（W. Van Rijckeghem，1964）认为，只有在生产要素能全部利用的情况下，根据柯布－道格拉斯生产函数计算出来的增长率才是有效的。他们指出柯布－道格拉斯生产函数暗含了资源的充分利用、完全竞争市场的前提假设。在完全竞争市场中，要素是能被充分利用的。在完全竞争市场不存在的情况下，假设资本的利用率是 $q$，雇佣工人的利用率是 $u$，这时公式可以转变为 $P = AtuL\alpha [qS] \beta$。他们还提出柯

布-道格拉斯生产函数暗含资源的充分利用和要素投资是无弹性的（由于要素稀缺，不是想投入多少生产要素就能投入多少），但是没有把这一推理上升到理论高度，也没有提出供给约束型经济态势的理论，缺乏一般性。余石、李世兵（1995）利用柯布-道格拉斯生产函数分析1980—1989年山区某乡农村经济发展状况。在文章的第三部分提到了"运用柯布-道格拉斯生产函数做分析研究必须有以下假设条件……在完全充分的市场条件，即劳动和资本的供应是充足的，而且能充分利用……运用柯布-道格拉斯生产函数要注意一定的时段性，并且这一区间中认为经济发展是渐进的、连续的、没有间断的或太大的飞跃，以更接近其建立的理论基础"[①]。笔者并不完全赞同余石和李世兵所提的前提假设，但是他们独到地提出了柯布-道格拉斯生产函数的前提假设及应用该函数需要注意的问题。遗憾的是他们仅仅用一句话提到了柯布-道格拉斯生产函数的前提假设——资源的充分利用，并未深入讨论，也没有引起后来研究者的注意。以下三篇文献均来自广东外语外贸大学中国计量经济史研究中心：①刘威（2010）认为，柯布-道格拉斯生产函数暗含的前提假设是供给约束型经济，即需求没有问题，只要投入资本、劳动力就有实现了的产出。②刘巍（2011）认为，柯布-道格拉斯生产函数的前提假设是供给约束型经济，即需求相对来说没有问题，只要投入资本和劳动力，只要提高效率，就能得到更多可以卖出去的产品。在既定的生产潜力之下，总需求随时能够消化任何数量的总供给，经济增长的瓶颈在于供给一端。③陈昭（2012）指出，柯布-道格拉斯生产函数暗含着供给约束型经济态势这一前提假设，当经济态势转变为需求约束型时，柯布-道格拉斯生产函数已经不再适用。在需求约束型经济态势下，供给不能自动创造需求，资本和劳动不一定有效，资本和劳动有可能闲置。资本劳动和产出不存在必然联系，试想，如果资本和劳动很多，但是市场上的需求不足的话，那么，厂商还是没有动力去生产产品。在运用柯布-道格拉斯生产函数时，应当慎重考察其赖以成立的经济环境和前提假设与该国经济现实是否相符。

### 三、不同经济态势下的经济学理论框架

任何一个国家在其不同的发展阶段上，经济运行都受制于或受益于不同经济背景，会有不同的经济问题，因而会产生不同背景的经济学理论。

---

① 余石、李世兵：《C-D生产函数对山区农村区域经济发展的指导作用》，载《广西经济管理干部学院学报》1995年第2期，第39～40页。

目前，经济理论背景基本上分为供给约束型经济态势与需求约束型经济态势两大类。因而，每一个经济学理论适用其特定的经济背景，该理论是否适用于另一经济背景必须经过严谨的科学研究才能确定。

与供给约束型经济态势相关的经济理论可以追溯到亚当·斯密时代，亚当·斯密强调积累，不重视消费，强调"看不见的手"的作用。这意味着亚当·斯密实际上认为需求不是问题，供给才是最大的问题。价格引导投资，分工产生效率，政府不应该管，要让市场机制自发调节。亚当·斯密之后的经济学家萨伊提出了"供给自动创造需求"，即只要生产出产品就会有人购买，生产创造需求，供给和需求是恒等的。萨伊的观点表明了当时国民财富的增长在于供给而不在于需求。1848年，约翰·穆勒发表了巨著《政治经济学原理》。他指出："对财富的限制永远不是缺少消费者，而是缺少生产者和生产能力。资本的每一次增加给劳动者带来的要么是额外的就业，要么是额外的报酬；要么使整个国家富裕，要么使整个劳动者阶级富裕。"① 可以看出，约翰·穆勒的经济学理论是建立在供给有限而需求无限的供给约束型经济态势上的。目前，有许多研究表明，用约翰·穆勒的贸易条件核算各国的国际贸易绩效都是不理想的，贸易条件理论运用的合理性越来越受到质疑，例如赵玉敏（2002）、张文朗（1998）、刘巍（2009）的论文均对此提出了质疑。根据刘巍（2009）的结论得出，贸易条件理论评价机制暗含了供给约束型经济的前提，它只适用于供给约束型经济态势。故用这一理论来研究处于需求约束型经济态势的经济问题是不会得出正确的结论的。

1929—1933年发生了一场强烈震撼整个西方世界的生产过剩经济危机，整个资本主义经济全面倒退。1936年，凯恩斯的《就业、利息和货币通论》问世，将1929—1933年的"大萧条"归因于"有效需求不足"，这时西方主要国家经济已经处于需求约束型经济态势下。1937年罗宾逊夫人推导出的马勒条件的第二个前提假设是"所有有关产量的供给弹性均为无穷大"，这是罗宾逊夫人对欧洲经济长期观察之后对市场环境的抽象概括。这说明了马勒条件适用的经济态势是需求约束型经济态势。

本章将从总供求经济态势这一角度来研究柯布－道格拉斯生产函数的适用范围，主要思路为：第一，从柯布－道格拉斯生产函数的逻辑分析出发，反推其暗含的大前提——供给约束型经济态势。因为统计数据中的资本 $K$ 必须是100%的有效资本，即所有的 $K$ 必须参与生产，柯布－道格拉斯

---

① John Stuart Mill, Principles of Political Economy, 7$^{th}$ ed. (London: Longmans Green, 1896), 43 [Originally published in 1848].

生产函数才能成立，估计出来的各个参数才可信。什么情况下才会出现 $K$ 100% 为 "有效资本" 呢？显然只有在需求没有问题，完全可以消化既有资本 $K$ 生产出来的全部产品的"短缺经济"或者"供给约束型经济态势"中才会出现。反之，在供给没有问题，而需求不足的需求约束型经济态势中，既有资本 $K$ 生产出来的产品不会被完全消化掉，有些厂商就会出现资本闲置的状况，即开工率不是 100%，在此情况下就不能直接使用统计数据中的资本 $K$。本章将在提出柯布－道格拉斯生产函数适用于供给约束型经济态势而不适用于需求约束型的经济态势之后，首先用中美两国的数据验证柯布－道格拉斯生产函数在供给约束型经济态势下的有效性，再用具有说服力的数据验证该理论与当今需求约束型经济态势是否相符。第二，论述在需求约束型经济态势下，应用柯布－道格拉斯生产函数研究经济产生的不良后果以及学者对柯布－道格拉斯生产函数的修正。第三，采用实际案例及计量方法证实柯布－道格拉斯生产函数不适用于需求约束型经济体。

本章的研究方法基本上遵从现代经济学的研究范式："前提假设—逻辑推理—实证检验"的分析路径。计量经济史所说的"前提假设"是对研究对象所处的宏观经济环境的主要特征所做的简单抽象，换言之，就是要分析清楚我们要考察的问题受到何种经济条件的制约，这是研究的起点。没有任何一个理论是放之四海而皆准的，没有一个理论可以超越千年而有效的。在分析特定时空的经济问题时，为了使我们的理论更正确，我们必须先考察其宏观经济环境，从而抽象出没有太大遗漏的前提假设。在前提假设与历史经济状态一致或贴近时，通过缜密的逻辑推理，一般可以得出较为正确的结论。

## 第二节　柯布－道格拉斯生产函数的暗含假设研究

### 一、对柯布－道格拉斯生产函数逻辑的讨论

柯布－道格拉斯生产函数是由美国数学家 Charles W. Cobb 和经济学家 Paul H. Douglas 合作研究的成果，1928 年发表在 *America Economic Review* 杂志上，题目为 "A Theory of Production"。论文首先描述了美国以 1899 年为基期的 1899—1922 年制造业固定资本、劳动供给和产值。柯布和道格拉斯认为："资本包括以机器和建筑形式存在的固定资本、以原材料和存货形式

存在的流动资本以及土地。但流动资本是生产过程的结果而非原因,土地并非劳动所得,因此应以固定资本来衡量资本投入。"[1] 劳动以每年的雇员人数来衡量,虽然劳动投入的标准小时数、劳动质量或工作强度应该是比较重要的因素,意义在于否定劳动力的同质性,但是,时至今日这些指标仍难以量化。产值数据用的是 E. E. Day 所做的指数(1899 年为 100)。在此基础上,柯布和道格拉斯拟合了产值、劳动和资本投入指数三者之间相互关系的生产函数,将此期间美国制造业的产值、资本和劳动投入的指数关系表示为:

$$P = 1.01 L^{\frac{3}{4}} C^{\frac{1}{4}} \qquad (6.1)$$

式(6.1)中,$P$ 为产出;$L$ 为劳动;$C$ 为资本。他们发现 $P$ 的估计值十分接近这23年间的真实值。柯布和道格拉斯将生产函数一般化为:

$$P = bL^k C^{1-k} \qquad (6.2)$$

式(6.2)中,参数 $k$ 为产出对劳动的弹性;$1-k$ 为产出对资本的弹性;$b$ 为技术进步参数;其他符号同前。

柯布-道格拉斯生产函数的主要贡献是提供了劳动和资本收入份额的理论依据,劳动和资本收入份额应该按照劳动和资本对生产所做的贡献决定。1930年,柯布对马萨诸塞州1890—1928年间的生产函数进行了研究,认为马萨诸塞州生产函数 $k$ 值为 0.743,同样的研究得出新南部威尔士1901—1927 年间的 $k$ 值为 0.65。道格拉斯和其合作者先后研究了美国、澳大利亚、南非、加拿大、新西兰、英国等国家的生产函数,其结果均为资本和劳动的产出弹性数值很好地拟合了劳动和资本所得份额。道格拉斯(1976)选择了澳大利亚制造业7年数据拟合生产函数,将之与劳动者的收入份额进行了对比,通过对比和分析发现期间的 $W/P$ 与 $K$ 的联系十分紧密。美国国家经济调查局发现 1909—1918 年期间产出归于劳动的平均份额为 74.1%,与生产函数的估计值较为一致。自此,由于柯布-道格拉斯生产函数估算值和当时的经济状况很吻合,得到了广泛的应用。

David Durand (1937) 将公式由 $P = bL^k C^{1-k}$ 转变为 $P = bL^k C^j$ (参数 $j$ 为劳动对资本的弹性,其他符号同前),使得 $k+j$ 不仅仅等于1,也可以大于1(此时如果 $L$ 和 $C$ 投入增加1%,$P$ 的增加大于1%),或者小于1(此时如果 $L$ 和 $C$ 投入增加1%,$P$ 的增加小于1%)。

随着经济的发展,技术水平在不断提高,变化不断增快,技术水平由

---

[1] Charles W. Cobb and Paul H. Douglas. *A Theory of Production*. America Economic ReviewVol. 18. No. 1 Supplement. Paper and Proceedings of the Fortieth Annual Meeting of the American Economic Association, 1928, 18: 140.

原来的常数 $b$ 变为 $A(t)$，至此形成了柯布-道格拉斯生产函数目前应用最广泛的生产函数模型表达式：

$$Y = A(t)L^\alpha K^\beta \tag{6.3}$$

式（6.3）中，$Y$ 是总产值；$A(t)$ 是综合技术水平；$L$ 是投入的劳动力数量；$K$ 是投入的资本，一般指固定资产净值；$\alpha$ 是劳动产出的弹性系数；$\beta$ 是资本产出的弹性系数。

从这个模型可以看出，决定产出水平的主要因素是投入的劳动力数量、固定资产和综合技术水平（包括管理水平、劳动者素质、技术创新等）。根据 $\alpha$ 和 $\beta$ 的组合情况，它有三种类型：①$\alpha + \beta > 1$，称为规模报酬递增型，表示按现有技术扩大规模来增加产出是有利的。②$\alpha + \beta < 1$，称为规模报酬递减型，表示按现有技术扩大规模来增加产出是得不偿失的。③$\alpha + \beta = 1$，称为规模报酬不变型，表明生产效率并不会随着生产规模增加而提高，只有提高技术水平，才会提高经济效益。

柯布-道格拉斯生产函数的性质如下：

性质1，生产活动的进行不能缺少任何一项生产要素，即当 $K=0$ 时，或当 $L=0$ 时，或 $A(t)=0$ 时，$Y=0$。

性质2，当 $\alpha + \beta = 1$，$Y = A(t)L^\alpha K^\beta$ 是一个齐次函数。

性质3，产出的劳动弹性，即劳动收入占总收入的比重：$WL = \frac{\partial Y}{\partial L} \times \frac{L}{Y} = \alpha AL^{\alpha-1}K^\beta \times \frac{L}{Y} = \alpha$。产出的资本弹性，即资本收入占总收入的比重：$WK = \frac{\partial Y}{\partial K} \times \frac{K}{Y} = \beta AL^\alpha K^{\beta-1} \times \frac{K}{Y} = \beta$

性质4，当 $\alpha + \beta = 1$ 时为规模报酬不变的生产函数，当 $\alpha + \beta > 1$ 时为规模报酬递增的生产函数，当 $\alpha + \beta < 1$ 时为规模报酬递减的生产函数。

性质5，$\alpha$ 是资本的边际产出与平均产出的比值，$\beta$ 是劳动的边际产出与平均产出的比值，即 $\frac{MP_L}{AP_L} = \alpha$，$\frac{MP_K}{AP_K} = \beta$。

性质6，在技术水平条件一定的情况下，资本的收入占总收入比重为 $\alpha$，劳动的收入占总收入比重为 $\beta$。

劳动的总收益（工资总额）：$\frac{\partial Y}{\partial L}L = \alpha AL^\alpha K^\beta = \alpha Y$，即劳动的收入占总收入比重为 $\alpha$。

资本的总收益（投资收益总额）：$\frac{\partial Y}{\partial K}K = \beta AL^\alpha K^\beta = \beta Y$，即资本的收入占总收入比重为 $\beta$。

性质 7，要素的边际产出递减。

$$\frac{\partial^2 Y}{\partial L^2} = A\beta(\beta - 1)K^\alpha L^{\beta-2} < 0$$

$$\frac{\partial^2 Y}{\partial K^2} = A\alpha(\alpha - 1)k^{\alpha-2}L^\beta < 0$$

## 二、柯布-道格拉斯生产函数暗含前提的讨论

本章要讨论的前提是指总供求态势，即本书导论中所说的上位前提假设。从经济史角度观察，主要发达国家的总供求态势先后经历了"供给约束型"和"需求约束型"。我们先对供给约束型经济态势做个简单定义：总需求被迫适应总供给，经济增长的发动机在总供给一方。也可以这样理解，总需求能够消化任何数量的供给。通俗地说，厂商只要生产出产品，哪怕是残次品，都不愁销路。于是，只要国民经济各部门的厂商投入资本和劳动力，并且不断提高效率，在市场上一定能实现的产量就会增长。

供给约束型经济的基本机理可用图 6.1 说明。

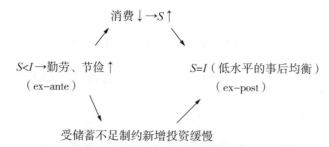

**图 6.1 "供给约束型经济"从事前不均衡到事后均衡**

从柯布-道格拉斯生产函数变量设置的角度来看，该函数暗含的上位前提应该是"供给约束型经济"，即短缺经济——需求没有问题，就看厂商能不能生产出来。只有在事前需求远大于供给的供给约束型经济态势下，才可能保证统计数据中的 K（资本）全部参与生产，即统计数据中的资本可视为百分之百的"有效资本"，除正常保养维修之外，基本上没有闲置的部分。当我们用柯布-道格拉斯生产函数来研究生产总量时，其实暗含了这样一个假设：K 的开工率达到 100%，所有的资本存量都是"有效资本"。只有当这个条件成立时，经济学意义的生产函数方能顺畅运行。那么，什么样的市场条件才能保证所有的存量资本都是有效资本呢？显然，只有在产品出清——都能顺利卖出去（包括厂商合意库存）、不发生积压，也就是

说,潜在供给都能被需求覆盖时才能保证。显然,必须在"短缺经济"或"供给约束型经济"态势下,才有这样的市场条件,即事前总需求大于事前总供给。否则,如果产品卖不出去,理性的厂商势必减产或停产,部分存量资本或全部存量资本就会处于闲置状态,成为"无效资本",统计数据中的资本应付存量数额不等于有效资本,柯布-道格拉斯生产函数的数学逻辑将远离实际市场状态。

柯布-道格拉斯生产函数的"上位前提"——供给约束型经济态势——与亚当·斯密、大卫·李嘉图以及萨伊时代的古典经济学暗含的上位前提是一致的。18 世纪中叶之后,欧洲分工程度加深,市场进一步扩大,为经济增长提供了客观条件。为了获得更多的价值,产量增长和国民财富积累成为全社会关心的问题。但是由于供给不足,亚当·斯密时代的有识之士都在为如何增加资本积累和提高生产效率大伤脑筋。亚当·斯密在《国富论》中首次完整分析了如何选择经济增长最快的路径。他认为,增加地区经济增长和提高居民收入的主要途径是加大劳动者投入、资本投入,通过加强分工和改良机器来提高劳动生产率。亚当·斯密强调积累的作用,认为积累才能产生资本。"资本增加的直接原因是节俭,不是勤劳。诚然,未有节俭以前,须先有勤劳。节俭所积蓄的物,都是由勤劳得来。但是若只有勤劳,无节俭,有所得而无所储,资本决不能增加。"为使有更多的资本用来雇佣生产性劳动,斯密提倡节俭:"资本的增减,自然会增减真实劳动量,增减生产性劳动者的人数,因而,也会促使一国土地和劳动的交换价值增减,以及一国人民的真实财富与收入的增减。""资本增加,由于节俭;资本减少,由于奢侈与妄为。""节省了多少收入,就增加了多少资本。这个增多的资本,他可以亲自抽下来雇佣更多的生产性劳动者,抑或借给别人以获取利息,从而能雇佣更多的生产性劳动者。"① 亚当·斯密之所以提倡节俭,是因为节俭产生储蓄,储蓄可转化为投资。亚当·斯密倡导节俭和资本积累,说明经济增长的发动机在供给一端。亚当·斯密认为:"有两种方法可以增加一国土地和劳动的年产品的价值,一是增加生产性劳动者的数量,二是提高受雇者的生产能力。很明显,要增加生产性劳动者的数量必须先增加资本,增加维持生产性劳动者的资金。要增加同等量受雇者的生产能力必须增加方便劳动、节约劳动的机械和工具,或者对它们改良。不然就是使工作的分配更为合适。但无论如何,都有必要增加资本。"②

---

① 亚当·斯密:《国富论》,唐日松译,华夏出版社 2005 年版,第 247 页。
② 亚当·斯密:《国富论》,唐日松译,华夏出版社 2005 年版,第 251 页。

可见，亚当·斯密几乎用语言表达了柯布－道格拉斯生产函数。足以见，亚当·斯密时代的总供求态势应该是供给约束型的。一般情况下，处于供给约束型经济态势的国家人均收入较低，绝大部分社会公众不可能将大量的收入储蓄起来。中低收入者即使是挣多少花多少，也未必达到了温饱水平。在供给约束型经济态势中，理性的厂商必然满负荷生产，资本存量充分发挥作用，即资本存量都是"有效资本"。一个显著的案例是，在中国计划经济时期大多数工厂都是"三班倒"工作的，资本存量的开工率甚至规律性地大于100%。即使是这样，当时中国的产品还是凭票供应的，物资极度短缺，卖货根本不是问题，而能买到想买的物品是当时的一种大本事。因此，用柯布－道格拉斯生函数研究供给约束型经济态势下经济增长问题是有效的。

当然，19世纪以来欧洲市场也出现过某种结构性的商品滞销，著名经济学家萨伊提出了"供给自动创造需求"的理论命题。这个命题清楚地说明，国民财富的增长在于供给而不在于需求，即使有暂时的商品滞销，也应该是结构性的，换言之是其他商品少了导致的。萨伊认为，市场的实质是产品和产品的交换，一旦其他产品的生产跟上来，积压就会消除。在供给约束型经济态势下，总体生产过剩是不可能的，市场出现问题，要从供给方面治理，而不是需求方面。

## 三、供给约束型经济态势下柯布－道格拉斯生产函数的有效性

（一）模型的建立

众所周知，柯布－道格拉斯生产函数是个指数方程：

$$Y = A(t) L^\alpha K^\beta \tag{6.4}$$

柯布－道格拉斯生产函数有3种类型：

（1）$\alpha + \beta > 1$，称为规模报酬递增型，即按现有技术扩大规模来增加产出是有利的。

（2）$\alpha + \beta < 1$，称为规模报酬递减型，即按现有技术扩大规模来增加产出是得不偿失的。

（3）$\alpha + \beta = 1$，称为规模报酬不变型，即生产效率并不会随着生产规模增加而提高，只有提高技术水平，才会提高经济效益。

笔者尝试从宏观经济层面讨论一下规模报酬的三种情况。规模报酬（returns to scale）是指在其他条件不变的情况下，经济中各种生产要素按相

同比例变化时所带来的产量变化。

当 $\alpha+\beta>1$ 时，净收益的增长速度超过其生产规模的扩大速度。既有的经济学文献都从企业或行业等微观层面探讨原因，但从宏观经济层面讨论，这应该是处于供给约束型经济的发展时期。在这一时期，全社会的各种配套设施不健全，分工协作的基础薄弱，扩大生产规模可以节约各种成本，提高效益。一国若处于规模报酬递增阶段，表明宏观经济的发展空间很大，一些潜在的效能尚待发挥。随着生产规模的扩大，当市场的软硬件建设基本完善时，潜在的效能发挥到了极值，经济效益不再随着生产规模的扩大而提高，$\alpha+\beta=1$，供给约束型经济就基本上成熟了。当 $\alpha+\beta<1$ 时，规模报酬递减。从微观层面探讨，其主要原因是厂商生产规模过大，使得生产的各个方面难以得到有效的协调，从而降低了生产效率。从宏观经济层面讨论，在供给约束型经济态势下似乎不存在这种可能，除非市场经济不完善。如果在市场经济条件下，当经济规模宏大、潜在供给能力远超总需求时，宏观经济态势已转化为需求约束型，柯布－道格拉斯生产函数的解释能力已经不存在了。

在供给约束型经济态势中，经济增长的发动机在总供给一端，当时的学界着力研究如何在生产一端投入，基本上属于新古典主义的研究模式，承认萨伊的"供给可以自动创造需求"的金律。在"大萧条"爆发之前，虽然有些国家进入了需求约束型经济态势，但统治经济学论坛的新古典学派对经济增长的动力发生了转换这一事实基本上视而不见。柯布－道格拉斯生产函数清晰地说明，只要投入资本要素和劳动力要素，就会产生实现了的产品，即总需求是没有问题的，可以吸纳一国资源瓶颈出现之前的所有资本与劳动组合生产的产品。在供给约束型经济态势下，当 $\alpha+\beta>1$ 时，柯布－道格拉斯生产函数的数学形式可用式（6.4），若 $\alpha+\beta=1$，式（6.4）则变为：

$$Y = AL^{\alpha}K^{1-\alpha} \tag{6.5}$$

两边除以 $L$，取对数得：

$$\ln\frac{Y}{L} = \ln A + (1-\alpha)\ln\frac{K}{L} \tag{6.6}$$

$K$ 的弹性系数为 $1-\alpha$；$L$ 的弹性系数为 $\alpha$。

### （二）美国案例

刘巍（2010）曾对美国总供求态势的转变做过初步考察，结论是，美国两种经济态势的转变发生在 1919 年，即 1919 年之前的美国经济是供给约束型的。主要体现在以下 3 个方面：第一，在供给约束型经济态势下美国的资本是不足的。例如,"1846 年,当未来的大型铁路公司宾夕法尼亚铁路公司刚刚成立时,需要大约 1000 万美元的资金。公司组委会成员在费拉德尔菲亚的大街小巷挨家挨户筹集资金并通过当地报纸、公共集会做宣传工作。在征集到的 2600 份股票认购中,有 1800 份都是 5 美元或 5 美元以下的小股份"①。第二,商品短缺,商品的供给往往不能满足需求。在美国殖民地时期及共和国初期,经济主要是自给自足的,没有多余的商品在市场上销售。在工业化初期,美国也面临商品供给不足的问题,例如,19 世纪 20 年代以后,南方地区生产的棉花往往供不应求,市场价格相对稳定,种植棉花有利可图,大量的农场增加棉花种植面积。在 19 世纪,水果对于美国的普通大众来说是比较稀罕的奢侈品或者半奢侈品。第三,美国在 19 世纪人口稀少,劳动力供给不足,工资偏高。例如,"在 19 世纪初,纽约附近的农业雇工,一年的工资为 120 美元加伙食。在新开发的中西部地区,工资为 100~120 美元。按照当时的消费品价格计算,美国农业工人的工资收入远远超过美国和欧洲其他国家农业雇工的收入"②。本节用柯布和道格拉斯提供的数据做实证检验。

表 6.1 美国 1899—1916 年劳动、资本存量、产出指数

(1899 年 = 100)

| 年份 | 资本存量指数($K$) | 劳动力指数($L$) | 产出量指数($Y$) |
| --- | --- | --- | --- |
| 1899 | 100 | 100 | 100 |
| 1900 | 107 | 105 | 101 |
| 1901 | 114 | 110 | 112 |
| 1902 | 122 | 118 | 122 |
| 1903 | 131 | 123 | 124 |
| 1904 | 138 | 116 | 122 |
| 1905 | 149 | 125 | 143 |
| 1906 | 163 | 133 | 152 |
| 1907 | 176 | 138 | 151 |
| 1908 | 185 | 121 | 126 |
| 1909 | 198 | 140 | 155 |

---

① 韩启明:《建设美国》,中国经济出版社 2004 年版,第 35 页。
② 韩启明:《建设美国》,中国经济出版社 2004 年版,第 227 页。

续表 6.1

| 年份 | 资本存量指数（K） | 劳动力指数（L） | 产出量指数（Y） |
|---|---|---|---|
| 1910 | 208 | 144 | 159 |
| 1911 | 216 | 145 | 153 |
| 1912 | 226 | 152 | 177 |
| 1913 | 236 | 154 | 184 |
| 1914 | 244 | 149 | 169 |
| 1915 | 266 | 154 | 189 |
| 1916 | 298 | 182 | 225 |

资料来源：Charles W. Cobb and Paul H. Douglas, A Theory of Production, The American Economic Review, Vol. 18, No. 1, Supplement, Papers and Proceedings of the Fortieth Annual Meeting of the American Economic Association (Mar., 1928), 139–165。资本存量数据见 145 页，劳动数据见 148 页，产量数据见 149 页。

根据表 6.1 的数据得出来的回归函数为：

$$\ln Y = 0.7\ln L + 0.3\ln K \tag{6.7}$$
$$(4.68) \quad (10.35)$$

$$R^2 = 0.9578 \quad DW = 1.604 \quad S.E = 0.047 \quad F = 363.4 \quad T = 18$$

表 6.2 美国 1899—1916 年实际产出和模型预测产出及相对误差

| 年份 | 实际产出（1） | 模型预测产出（2） | 相对误差（3）= 1 −（2）（1） |
|---|---|---|---|
| 1899 | 100 | 100 | 0 |
| 1900 | 101 | 105.6 | 0.045545 |
| 1901 | 112 | 111.2 | −0.007140 |
| 1902 | 122 | 119.2 | −0.022950 |
| 1903 | 124 | 125.3 | 0.010484 |
| 1904 | 122 | 122.2 | 0.001639 |
| 1905 | 143 | 131.8 | −0.078320 |
| 1906 | 152 | 141.4 | −0.069740 |
| 1907 | 151 | 148.4 | −0.017220 |
| 1908 | 126 | 137.4 | 0.090476 |
| 1909 | 155 | 155.3 | 0.001935 |
| 1910 | 159 | 160.8 | 0.011321 |
| 1911 | 153 | 163.4 | 0.067974 |

续表6.2

| 年份 | 实际产出（1） | 模型预测产出（2） | 相对误差（3）＝1－（2）(1) |
|---|---|---|---|
| 1912 | 177 | 171.2 | －0.032770 |
| 1913 | 184 | 175.0 | －0.048910 |
| 1914 | 169 | 172.8 | 0.022485 |
| 1915 | 189 | 181.4 | －0.040210 |
| 1916 | 225 | 211.0 | －0.062220 |

资料来源：实际产出数据来自表6.1，模型预测产出数据根据表6.1和公式（6.7）整理。

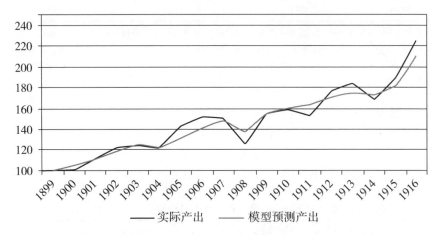

图6.2　美国1899—1916年实际产出和模型预测产出

数据来源：表6.2。

从表6.2和图6.2观察，美国1899—1916年模型预测产出值非常接近这18年的实际值，柯布－道格拉斯生产函数在供给约束型经济态势中有效。同时，由于存量资本全部参与了生产过程，2个变量的产出弹性也应该是真实的。

（三）中国案例

刘巍（2011）先前的一项研究曾有尝试性的结论，中国由供给约束型经济向需求约束型经济的转变发生在1995—1996年这一时段。在此之前，中国经济非常落后，各类商品供给不足，为了确保全国商品供销的平衡，市场物价稳定，经济建设顺利进行，1953年政务院发布了统购统销命令。"1955年8月25日颁布的《市镇粮食定量供应暂行办法》对市镇粮食供应基本原则和各项用粮政策做了明确规定。根据凭票购买制度，粮票印刷使用,各类物资定量供应票证陆续发放。'三年自然灾害'、'文化大革命'时期物资进一步短缺,人口快速增长,物资供应票证发行和使用范围更广泛。票证种类繁多,几乎涉及所有基本消费品和生活必需品,基本涵盖所有社会成员,涉及生活各个层面。大致而言,票证可以分为四大类:①主食类,如粮票、油票、肉票等(见图6.3实物图片——引文者注)。②副食品类,如豆制品票、糖票、烟票、蛋票等。③日杂用品类,如工业制成品票、布票、煤票、燃油票、肥皂票等。④其他票券、证件类,如会议就餐券、乡村'公共食堂'饭票等。"①

图6.3 中国供给约束型经济时期的肉类票证及副食品票证

资料来源:杨盛贤:《肉票、蛋票与凭票供应的年代》,载《档案春秋》2007年3月10日,第55~56页。

由这段时间的史实可以看出,由于经济落后、供给短缺,自改革开放到这一时段,存量资本是满负荷开工的。因此,我们用1980—1995年的数据拟合数量方程。

表6.3 中国1980—1995年实际GDP、资本存量、劳动力

| 年份 | Y(亿元)(1952年不变价格) | K(亿元)(1952年不变价格) | L(万人) | Y/L | K/L |
| --- | --- | --- | --- | --- | --- |
| 1980 | 3786 | 7221 | 41693 | 0.090807 | 0.173195 |
| 1981 | 3985 | 7790 | 43045 | 0.092578 | 0.180973 |
| 1982 | 4346 | 8354 | 44511 | 0.097639 | 0.187684 |
| 1983 | 4817 | 9005 | 45867 | 0.105021 | 0.196329 |
| 1984 | 5549 | 9823 | 47316 | 0.117275 | 0.207604 |
| 1985 | 6296 | 10858 | 49036 | 0.128395 | 0.221429 |
| 1986 | 6853 | 12052 | 50579 | 0.135491 | 0.238281 |

---

① 单芳霞:《建国初期"定量供应制度"与票证设计》,南京艺术学院硕士学位论文,2014年,第1页。

续表6.3

| 年份 | Y（亿元）（1952年不变价格） | K（亿元）（1952年不变价格） | L（万人） | Y/L | K/L |
|---|---|---|---|---|---|
| 1987 | 7646 | 13416 | 52031 | 0.146951 | 0.257846 |
| 1988 | 8508 | 14948 | 53557 | 0.158859 | 0.279105 |
| 1989 | 8855 | 16262 | 54830 | 0.161499 | 0.296589 |
| 1990 | 9194 | 17308 | 60036 | 0.153141 | 0.288294 |
| 1991 | 10039 | 18507 | 65121 | 0.154159 | 0.284194 |
| 1992 | 11468 | 20165 | 65821 | 0.174230 | 0.306361 |
| 1993 | 13069 | 22496 | 66483 | 0.196577 | 0.338372 |
| 1994 | 14778 | 25494 | 67131 | 0.220137 | 0.379765 |
| 1995 | 16393 | 29013 | 67758 | 0.241935 | 0.428186 |

资料来源：章上峰：《时变弹性生产函数生产率分解公式及其政策含义》，载《数量经济技术经济研究》2011年第7期，第106~121页。①

经过 ADF 检验、协整检验后，根据最小二乘法回归得：

$$\ln\frac{Y}{L} = -0.492 + 1.075\ln\frac{K}{L} + [AR1 = 1.17 + AR2 = -0.754] \quad (6.8)$$
$$(-10.12) \quad (31.296) \quad (5.52) \quad (-3.62)$$
$$R^2 = 0.9964 \quad DW = 1.978 \quad S.E = 0.012 \quad F = 1110.952 \quad T = 16$$

表6.4　中国1980—1995年实际产出和模型预测产出及相对误差

| 年份 | 实际GDP（亿元）（1） | 模型预测产出（亿元）（2） | 相对误差（3）= 1 - (2)(1) |
|---|---|---|---|
| 1980 | 3786 | 3868.40 | -0.021760 |
| 1981 | 3985 | 4186.97 | -0.050680 |
| 1982 | 4346 | 4502.40 | -0.035980 |

---

① 原文中，作者对中国1978—2008年的统计数据做了这样的说明："（1）国内生产总值Y（单位：亿元）：以1952年为基期的实际国内生产总值表示；（2）资本存量K（单位：亿元）：1952年资本存量采纳张军（2004）的估算结果为807亿元，经济折旧率采纳张军（2004）方法取9.6%，参考曹吉云（2008）研究方法，法定残值率取4%，以年初固定资本存量和年末固定资本存量的简单算术平均作为资本投入量；（3）劳动力投入L（单位：万人）：以年初和年底就业人员数的平均值表示。以上数据来自《中国统计年鉴2009》、《中国国内生产总值核算历史资料》和《新中国五十五年统计资料汇编》。"

续表6.4

| 年份 | 实际 GDP（亿元）（1） | 模型预测产出（亿元）（2） | 相对误差（3）= 1 - (2)(1) |
| --- | --- | --- | --- |
| 1983 | 4817 | 4869.70 | -0.010930 |
| 1984 | 5549 | 5334.30 | 0.038690 |
| 1985 | 6296 | 5924.90 | 0.058936 |
| 1986 | 6853 | 6612.70 | 0.035058 |
| 1987 | 7646 | 7404.90 | 0.031539 |
| 1988 | 8508 | 8299.60 | 0.024495 |
| 1989 | 8855 | 9070.40 | -0.024330 |
| 1990 | 9194 | 9633.30 | -0.047780 |
| 1991 | 10039 | 10289.60 | -0.024960 |
| 1992 | 11468 | 11274.80 | 0.016851 |
| 1993 | 13069 | 12672.20 | 0.030364 |
| 1994 | 14778 | 14485.80 | 0.019772 |
| 1995 | 16393 | 16634.40 | -0.014720 |

资料来源：实际产出数据来自表6.3，模型预测产出数据根据表6.3和式（6.8）计算得到。

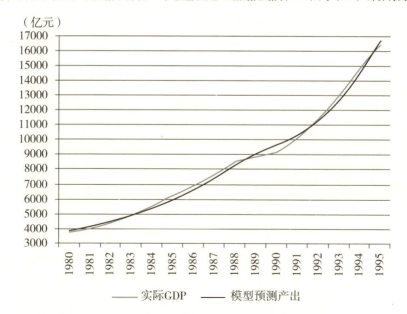

图6.4 中国1980—1995年实际产出和模型预测产出

数据来源：表6.4。

从表 6.4 和图 6.4 中可以看出，中国 1980—1995 年实际产出和模型预测产出相差很小，柯布－道格拉斯生产函数在这一阶段是有效的。显然，中国的劳动产出弹性为负值，说明当时的就业结构存在较大的问题，这是计划经济遗留的问题，亟待改革。由于这一问题与本文关系不大，在此暂不讨论。

美国和中国在供给约束型经济态势下，应用柯布－道格拉斯生产函数解释经济增长，其检验结果是显著的，模型预测产出结果和实际产出数据是比较接近的。因此，证明了柯布－道格拉斯生产函数在供给约束型经济态势下是有效的。

## 第三节　柯布－道格拉斯生产函数失效的条件

随着生产力水平不断提高，科学技术不断进步，劳动效率不断提高，可以生产出来的产品越来越多，越来越快。供给曲线的斜度不断地放缓，宏观经济逐渐从供给约束型态势转变为需求约束型态势。并且随着收入的增长，储蓄所占比例逐渐提高，事前总供给大于事前总需求成为常态，销售成为厂商最重要的问题。刘巍、陈昭（2010）曾从三个实证路径做了相应的数量分析，计算出了一些国家经济态势的时间转折点。中国在 1996 年、日本在 1950 年、美国在 1919 年就进入了需求约束型经济态势，英国则更早，不晚于 19 世纪 70 年代。需求约束型经济态势是指，总供给被迫适应总需求，经济增长的发动机在总需求一端。从宏观经济角度观察，极端的供给弹性为无穷大。通俗地说，只要客户提供有支付能力的订单，厂商就能满足其任何数量的货物，生产的潜力巨大。在这样的经济态势下，厂商们面临的问题已不再是自己的供给能力，而是消费者的有效需求大小。

### 一、需求约束型经济态势下柯布－道格拉斯生产函数的无效性分析

当经济社会已经进入需求约束型经济态势时，绝大多数厂商都是根据订单来生产的，如果订单不足或没有订单——有效需求不足，厂商就会缩减产量甚至停业。于是，在一个时段之内，全社会必有比例不断变化的存

量资本是"无效资本",即统计数据中的 $K$ 和生产中的 $K$ 会发生一定的或较大幅度的偏差——"有效资本"不规律地小于统计资本,因此,在需求约束型经济态势下,用柯布-道格拉斯生产函数解释或预测经济增长应该是有较大偏颇的。换言之,在需求约束型经济态势下柯布-道格拉斯生产函数是不适用的。在需求约束型经济态势中,资本大量闲置。一个极端的案例是,美国"大萧条"最悲惨的 1932 年,钢铁工业的开工率只有 19.1%,即资本存量统计数据的 80.9% 都是"无效资本"。① 如果用柯布-道格拉斯生产函数做数量模型的话,统计资料中的资本存量数据和胡编的数据有什么区别呢?当然,在需求约束型经济常态中,"无效资本"的比例不会像"大萧条"时期那样极端,但也无非是"量"的区别,从"质"的角度看,数量分析结果应该是一样荒谬的。

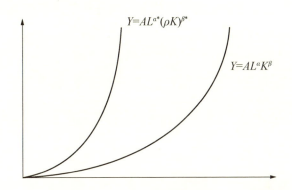

图 6.5　资本完全利用和资本存在闲置率的柯布-道格拉斯生产函数

如图 6.5 所示,$\rho_0 < \rho < 1$ 为资本的利用率,当资本的利用率不是 100% 时,即使产出额一致,$\alpha^*$ 与 $\alpha$ 也是不一样的,$\beta^*$ 与 $\beta$ 也不一样。所以在需求约束型经济态势中,我们必须注意在不同的开工率下,得到的劳动和资本的产出弹性是不一样的。

古典经济学家西斯蒙第似乎先知先觉,在 1819 年出版的《政治经济学新原理》中首次提出普遍生产过剩的必然性。紧接着,马尔萨斯在他的《政治经济学原理》一书中提出了有效需求不足可能造成普遍商品过剩的推论。1936 年,凯恩斯的《就业、利息和货币通论》系统阐述了"大萧条"是有效需求不足的结果,然而,这种危机只发生在需求约束型经济的国家。"大萧条"爆发之前,世界主要国家先后进入了需求约束型经济态势。针对"大萧条",凯恩斯经济学认为,经济增长的发动机不再是总供给而是总需

---

① 威廉·曼彻斯特:《大萧条与罗斯福新政》,朱协译,海南出版社 2009 年版,第 38 页。

求了，宏观经济中的主要问题是有效需求不足，而非有效供给不足，萨伊定律已经失去了发挥作用的前提。随着凯恩斯主义成为主流经济学，各国宏观经济调控的对象基本上都指向了总需求方面的要素，如利率、汇率、税率等。这一思路的经济学意义就是，一国经济的总产出是总需求的函数，只要有足够的订单，就有经济增长。

综上所述，在需求约束型经济的大前提之下，采用柯布－道格拉斯生产函数分析经济增长显然是不合适的，恰好与需求约束型经济的要义南辕北辙。从极端的现象上看，"大萧条"期间，各国当年的资本存量未必少于上年，但产量锐减，主要是需求不足导致的资本大量闲置，相当一部分资本已不是"有效资本"了。但是，在统计数据上却难以反映资本的闲置率，于是，在这种情况下使用柯布－道格拉斯生产函数分析产出显然是有问题的。许多文献在没有对宏观经济态势做任何分析的情况下使用柯布－道格拉斯生产函数分析当代经济增长问题，数量模型拟合得似乎也很显著，但他们的结论是有很大误差的，因为前提如果消失了，结论自然是不成立的。

### （一）中国存量资本不同闲置率的模拟数量分析

虽然中国已经在1995年后由供给约束型转为需求约束型经济态势，但我们还是先按既有文献的做法，先假定在需求约束型经济态势中的资本存量是100%开工的，用1998—2008年的数据，最小二乘法回归得（由于大量研究中国经济增长的文献都做了平稳性检验，所以本文略去检验过程）：

$$\ln \frac{Y}{L} = -0.7875 + 0.788\ln \frac{K}{L} \tag{6.9}$$

$$(-393.17)\quad(134.58)$$

$R^2 = 0.9995 \quad DW = 1.775 \quad S.E = 0.0066 \quad F = 18111.06 \quad T = 11$

表6.5　中国1998—2008年实际GDP、资本存量、劳动力（1952年不变价格）

| 年份 | Y（亿元） | K（亿元） | L（万人） | Y/L |
|---|---|---|---|---|
| 1998 | 21254 | 41328 | 70228 | 0.302643 |
| 1999 | 22875 | 45899 | 71019 | 0.322097 |
| 2000 | 24803 | 50762 | 71740 | 0.345735 |
| 2001 | 26863 | 56129 | 72555 | 0.370243 |
| 2002 | 29302 | 62336 | 73380 | 0.399319 |
| 2003 | 32238 | 69996 | 74087 | 0.435137 |
| 2004 | 35490 | 79229 | 74817 | 0.474357 |

续表6.5

| 年份 | Y（亿元） | K（亿元） | L（万人） | Y/L |
|---|---|---|---|---|
| 2005 | 39191 | 90084 | 75516 | 0.518976 |
| 2006 | 43739 | 102816 | 76115 | 0.574644 |
| 2007 | 49424 | 117231 | 76696 | 0.644414 |
| 2008 | 53874 | 132999 | 77234 | 0.697543 |

资料来源：章上峰：《时变弹性生产函数生产率分解公式及其政策含义》，载《数量经济技术经济研究》2011年第7期，第106～121页。

式（6.9）虽然看似拟合得不错，但是，在需求约束型经济态势下，资本存量的开工率显然不是100%。尤其是在1998年开始的亚洲金融危机过程中和2008年开始的金融海啸过程中，中国企业经历的煎熬是有目共睹的，外贸出口增长率下降，工业企业减产、停产的诸多案例也是人所共知的。亚洲金融危机使中国的出口增长率下降："1998年1月至6月，中国对日本出口比上年同期下降4.3%。1月至4月，对韩国出口下降24.5%。对香港地区出口增长率1998年5月份为-9.8%。1998年1月至3月，中国对泰国、马来西亚、新加坡出口比上年同期分别下降24.2%、8.0%、2.0%；1998年1月至2月，对印度尼西亚出口下降27.9%。"[1]

2008年10月份以后，粗钢、生铁、钢材等工业产品产量出现负增长（见图6.6），这表明了下游工业需求疲弱。汽车产量大幅下滑，表明耐用消费品需求减弱。在2008年的金融海啸中，很多产业都出现了减产甚至停产的现象。

2008年下半年开始，随着经济形式进一步恶化，一些企业难以支撑，纷纷倒闭。10月份，全球最大玩具代表厂商之一——合俊集团旗下两工厂倒闭，被认为是美国金融危机波及中国实体企业的第一案。"据中国企业联合会提供的数据，2008年中国企业500强中有158家企业进行了并购或资产重组，共并购重组了544家企业。另外，国内企业的海外并购值较上年同期增长74%，达到了490亿美元。"[2]

由于无法得到资本存量的闲置率数据，我们做如下虚拟：1998—2001年资本闲置率为20%，2002—2003年资本闲置率为10%，2004—2007年资

---

[1] 王会强：《亚洲金融危机与美国次贷危机对我国出口贸易影响的比较分析》，河北大学博士学位论文，2010年，第24页。

[2] 黄速建、刘建丽、王钦：《国际金融危机对中国工业企业的影响》，载《经济管理》2009年第4期，第10页。

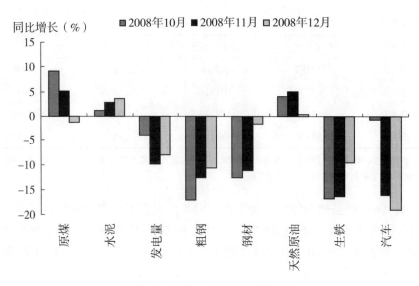

图 6.6　主要工业产品产量增长率

数据来源：国家统计局网站（http://data.stats.gov.cn/easyquery.htm?cn=C01）。

本闲置率为 5%，2008 年资本闲置率为 25%。于是，虚拟的开工生产资本存量数据如表 6.6 所示。

表 6.6　中国 1998—2008 年资本利用率及有效资本

| 年份 | 资本利用率%<br>（1－资本闲置率） | $K_1$（亿元） | $K_1/L$ |
| --- | --- | --- | --- |
| 1998 | 80 | 33062.40 | 0.470787 |
| 1999 | 80 | 36719.20 | 0.517033 |
| 2000 | 80 | 40609.60 | 0.566066 |
| 2001 | 80 | 44903.20 | 0.618885 |
| 2002 | 90 | 56102.40 | 0.764546 |
| 2003 | 90 | 62996.40 | 0.850303 |
| 2004 | 95 | 75267.55 | 1.006022 |
| 2005 | 95 | 85579.80 | 1.133267 |
| 2006 | 95 | 97675.20 | 1.283258 |
| 2007 | 95 | 111369.50 | 1.452089 |
| 2008 | 75 | 99749.25 | 1.291520 |

资料来源：$K_1$ 根据 $K$ 和虚拟的资本利用率计算而得，$K$、$L$ 来自表 6.5。

经过 ADF 检验、协整检验后，最小二乘法回归得：

$$\ln\frac{Y}{L} = -0.691 + 0.686\ln\frac{K_1}{L} \quad (6.10)$$

$$(31.375) \quad (-13.89)$$

$R^2 = 0.956 \quad DW = 0.922 \quad S.E = 0.063 \quad F = 191.93 \quad T = 11$

由式（6.10）得，$K$ 的弹性系数为 0.686，$L$ 的弹性系数为 0.314。显然，这与式（6.9）得出的两个弹性系数显著不同。如果依据式（6.9）的两个弹性做进一步分析，则会与实际经济运行中的真实数量关系渐行渐远。需要说明的是，我们虚拟资本闲置率只是为了讨论资本闲置条件下的柯布－道格拉斯生产函数的数量方程，不是武断地认定在各个时段上就是闲置了那么多存量资本，换个闲置率也可以讨论。

上述讨论表明，中国在需求约束型经济态势下，若不考虑资本闲置率即资本全部被利用，1998—2008 年数据的实证分析可以得到资本的产出弹性为 0.788，劳动的产出弹性为 0.212，$A(t) = 0.455$。考虑资本闲置率后资本的产出弹性为 0.686，劳动的产出弹性为 0.314，$A(t) = 0.500$。可以看出，没有考虑资本闲置率的资本的产出弹性是被高估了，而劳动的产出弹性被低估，$A(t)$ 被低估了。我们用随意给定资本闲置率拟合方程是为了说明如果资本存量不是 100% 参与生产，那么，按统计数据做出的资本产出弹性和劳动产出弹性都是不准确的。

（二）美国存量资本不同闲置率的模拟数量分析

**1. 统计数据平稳性检验**

虽然美国已经在 1919 年后由供给约束型转为需求约束型经济态势，但笔者还是先按既有文献的做法，假定在需求约束型经济态势中的资本存量是 100% 开工的。

表6.7 美国 1948—1979 年实际 GDP、资本存量、劳动力

| 年份 | GDP（1990 年不变价格，十亿美元） | 劳动力 $L$（万人） | 资本存量 $K$（1990 年不变价格，十亿美元） | $Y/L$ | $K/L$ |
| --- | --- | --- | --- | --- | --- |
| 1948 | 1335.896 | 61622 | 730.750 | 0.021679 | 0.011859 |
| 1949 | 1341.076 | 60131 | 771.632 | 0.022303 | 0.012833 |
| 1950 | 1457.624 | 61669 | 829.066 | 0.023636 | 0.013444 |
| 1951 | 1601.107 | 64258 | 949.464 | 0.024917 | 0.014776 |
| 1952 | 1669.482 | 64963 | 1013.656 | 0.025699 | 0.015604 |

续表 6.7

| 年份 | GDP（1990年不变价格，十亿美元） | 劳动力 L（万人） | 资本存量 K（1990年不变价格，十亿美元） | Y/L | K/L |
| --- | --- | --- | --- | --- | --- |
| 1953 | 1731.641 | 65962 | 1054.830 | 0.026252 | 0.015991 |
| 1954 | 1719.727 | 64426 | 1097.737 | 0.026693 | 0.017039 |
| 1955 | 1816.591 | 66144 | 1164.328 | 0.027464 | 0.017603 |
| 1956 | 1852.850 | 67737 | 1289.248 | 0.027354 | 0.019033 |
| 1957 | 1888.592 | 67917 | 1386.912 | 0.027807 | 0.020421 |
| 1958 | 1879.268 | 66331 | 1452.728 | 0.028332 | 0.021901 |
| 1959 | 1981.830 | 67959 | 1519.012 | 0.029162 | 0.022352 |
| 1960 | 2022.233 | 68715 | 1581.384 | 0.029429 | 0.023014 |
| 1961 | 2072.996 | 68796 | 1643.235 | 0.030133 | 0.023886 |
| 1962 | 2200.422 | 70102 | 1711.579 | 0.031389 | 0.024416 |
| 1963 | 2296.768 | 70786 | 1781.738 | 0.032447 | 0.025171 |
| 1964 | 2434.553 | 72269 | 1874.087 | 0.033687 | 0.025932 |
| 1965 | 2587.360 | 74557 | 1987.393 | 0.034703 | 0.026656 |
| 1966 | 2755.189 | 77494 | 2136.130 | 0.035554 | 0.027565 |
| 1967 | 2826.672 | 78978 | 2300.065 | 0.035791 | 0.029123 |
| 1968 | 2954.097 | 81012 | 2488.332 | 0.036465 | 0.030716 |
| 1969 | 3045.781 | 83381 | 2708.225 | 0.036528 | 0.032480 |
| 1970 | 3045.781 | 83476 | 2943.877 | 0.036487 | 0.035266 |
| 1971 | 3147.826 | 83678 | 3164.523 | 0.037618 | 0.037818 |
| 1972 | 3326.014 | 86103 | 3466.490 | 0.038628 | 0.040260 |
| 1973 | 3519.224 | 89587 | 3930.665 | 0.039283 | 0.043875 |
| 1974 | 3499.023 | 91138 | 4622.961 | 0.038393 | 0.050725 |
| 1975 | 3468.461 | 89582 | 5229.177 | 0.038718 | 0.058373 |
| 1976 | 3657.010 | 91855 | 5687.090 | 0.039813 | 0.061914 |
| 1977 | 3845.558 | 95236 | 6334.997 | 0.040379 | 0.066519 |
| 1978 | 4043.948 | 99577 | 7265.061 | 0.040611 | 0.072959 |
| 1979 | 4161.014 | 102540 | 8334.971 | 0.040579 | 0.081285 |

资料来源：游宪生：《经济增长研究》，立信会计出版社 2000 年版，第 152～153 页。

分别对 ln$YL$, ln$KL$ 进行 ADF 检验，检验结果表明对 ln$YL$, ln$KL$ 是二阶单整变量。ADF 检验结果如表 6.8 所示。

表 6.8 ADF 检验结果

| 变量 | 差分次数 | ($c$, $t$, $k$) | DW 值 | ADF 值 | 5%临界值 | 1%临界值 | 结论 |
| --- | --- | --- | --- | --- | --- | --- | --- |
| ln$YL$ | 2 | ($c$, 0, 2) | 2.02 | -5.33 | -1.95 | -2.65 | $I(2)^*$ |
| ln$KL$ | 2 | (0, 0, 1) | 1.91 | -5.58 | -1.95 | -2.65 | $I(2)^*$ |

对 ln$YL$、ln$KL$ 进行协整检验，协整检验的结果如表 6.9 所示。

表 6.9 协整检验的结果

| 特征根 | 迹统计量（$P$ 值） | $\lambda$-max 统计量（$P$ 值） | 5%临界值 | 结论 |
| --- | --- | --- | --- | --- |
| 0.26 | 14.03 (0.026) | 9.20 (0.110) | 12.32 | 无 |
| 0.15 | 4.83 (0.033) | 4.83 (0.033) | 4.13 | 至少1个 |

检验结果表明，ln$YL$、ln$KL$ 之间存在协整关系，因此按照计量经济基本理论可以直接运用最小二乘法回归。

**2. 最小二乘法回归**

$$\ln \frac{Y}{L} = -2.23 + 0.338\ln \frac{K}{L} \quad (6.11)$$

$$(-53.35) \quad (29.22)$$

$R^2 = 0.972 \quad DW = 1.672 \quad S.E = 0.033 \quad F = 327.661 \quad T = 32$
$MA(1) = 1.279 \quad (t = 6.486) \quad MA(2) = 0.621 \quad (t = 3.269)$

由式（6.11）得，$K$ 的弹性系数为 0.338，$L$ 的弹性系数为 0.662。

**3. 虚拟数据分析**

和前面对中国数据的分析一样，我们也对美国该时段的有效资本数据做个虚拟：1948—1965 年资本闲置率为 15%、1966—1973 年资本闲置率为 25%、1974—1979 年资本闲置率为 10%。由此计算的存量资本数据如表 6.10 所示。

表 6.10 美国 1948—1979 年资本利用率及有效资本

| 年份 | 资本利用率<br>（1 - 资本闲置率）（%） | $K_1$（1990 年不变价格，十亿美元） | $K_1/L$ |
| --- | --- | --- | --- |
| 1948 | 85 | 621.13750 | 0.010080 |
| 1949 | 85 | 655.88720 | 0.010908 |
| 1950 | 85 | 704.70610 | 0.011427 |

续表 6.10

| 年份 | 资本利用率（1-资本闲置率）（%） | $K_1$（1990 年不变价格，十亿美元） | $K_1/L$ |
|---|---|---|---|
| 1951 | 85 | 807.04440 | 0.012559 |
| 1952 | 85 | 861.60760 | 0.013263 |
| 1953 | 85 | 896.60550 | 0.013593 |
| 1954 | 85 | 933.07645 | 0.014483 |
| 1955 | 85 | 989.67880 | 0.014962 |
| 1956 | 85 | 1095.86080 | 0.016178 |
| 1957 | 85 | 1178.87520 | 0.017358 |
| 1958 | 85 | 1234.81880 | 0.018616 |
| 1959 | 85 | 1291.16020 | 0.018999 |
| 1960 | 85 | 1344.17640 | 0.019562 |
| 1961 | 85 | 1396.74980 | 0.020303 |
| 1962 | 85 | 1454.84220 | 0.020753 |
| 1963 | 85 | 1514.47730 | 0.021395 |
| 1964 | 85 | 1592.97400 | 0.022042 |
| 1965 | 85 | 1689.28410 | 0.022658 |
| 1966 | 75 | 1602.09750 | 0.020674 |
| 1967 | 75 | 1725.04880 | 0.021842 |
| 1968 | 75 | 1866.24900 | 0.023037 |
| 1969 | 75 | 2031.16880 | 0.024360 |
| 1970 | 75 | 2207.90780 | 0.026450 |
| 1971 | 75 | 2373.39230 | 0.028363 |
| 1972 | 75 | 2599.86750 | 0.030195 |
| 1973 | 75 | 2947.99880 | 0.032907 |
| 1974 | 90 | 4160.66490 | 0.045652 |
| 1975 | 90 | 4706.25930 | 0.052536 |
| 1976 | 90 | 5118.38100 | 0.055722 |
| 1977 | 90 | 5701.49730 | 0.059867 |
| 1978 | 90 | 6538.55490 | 0.065663 |
| 1979 | 90 | 7501.47390 | 0.073157 |

资料来源：$K_1$ 根据表 6.7 和虚拟的资本利用率计算而得，$L$ 来自表 6.7。

分别对 $\ln YL$，$\ln K_1 L$ 进行 ADF 检验，检验结果表明对 $\ln YL$，$\ln K_1 L$ 是二阶单整变量。ADF 检验结果如表 6.11 所示。

表 6.11　ADF 检验结果

| 变量 | 差分次数 | $(c, t, k)$ | DW 值 | ADF 值 | 5%临界值 | 1%临界值 | 结论 |
|---|---|---|---|---|---|---|---|
| $\ln YL$ | 2 | $(c, 0, 2)$ | 2.02 | -5.33 | -1.95 | -2.65 | $I(2)^*$ |
| $\ln K_1 L$ | 2 | $(0, 0, 1)$ | 2.10 | -5.88 | -1.95 | -2.65 | $I(2)^*$ |

对 $\ln YL$、$\ln K1L$ 进行协整检验，协整检验的结果如表 6.12 所示。

表 6.12　协整检验的结果

| 特征根 | 迹统计量（P 值） | $\lambda-\max$ 统计量（P 值） | 5%临界值 | 结论 |
|---|---|---|---|---|
| 0.54 | 26.95（0.037） | 23.18（0.013） | 25.87 | 无 |
| 0.12 | 3.77（0.770） | 3.77（0.770） | 12.52 | 至少 1 个 |

检验结果表明 $\ln YL$、$\ln K_1 L$ 之间存在协整关系，因此按照计量经济基本理论可以直接运用最小二乘法回归。

$$\ln \frac{Y}{L} = -2.248 + 0.318 \ln \frac{K_1}{L} \qquad (6.12)$$
$$(-40.33)\quad(21.78)$$

$R^2 = 0.954 \quad DW = 1.50 \quad S.E = 0.043 \quad F = 194.63 \quad T = 32$

$MA(1) = 0.954 \quad (t = 5.903) \quad MA(2) = 0.514 \quad (t = 2.709)$

由式（6.12）得：$K_1$ 的弹性系数为 0.318，$L$ 的弹性系数为 0.682，这与式（6.11）得出的两个弹性系数显著不同。美国在需求约束经济态势情况下，若不考虑资本闲置率，即资本全部被利用，1948—1979 年的实证分析可以得到资本的产出弹性为 0.338，劳动的产出弹性为 0.662，$A(t) = 0.107$；考虑资本闲置率后资本的产出弹性为 0.318，劳动的产出弹性为 0.682，$A(t) = 0.105$。可以看出没有考虑资本闲置率的资本的产出弹性是被高估了，而劳动的产出弹性被低估，$A(t)$ 被高估。

### （三）日本资本存量不同闲置率的模拟数量分析

**1. 统计数据平稳性检验**

虽然日本已经在 1950 年后由供给约束型转为需求约束型经济态势（陈昭，2012），但我们还是先按既有文献的做法，先假定在需求约束型经济态势中的资本存量是 100% 开工的（见表 6.13）。

表6.13　日本1969—2011年实际GDP、资本存量、劳动力

| 年份 | Y（1990年不变价格，十亿日元） | 劳动力（万人） | 净固定资本存量（1990年不变价格，十亿日元） | Y/L | K/L |
|---|---|---|---|---|---|
| 1969 | 170764.5 | 5040 | 213847.7 | 33.88185 | 42.43010 |
| 1970 | 188323.1 | 5094 | 246356.8 | 36.96959 | 48.36215 |
| 1971 | 196588.9 | 5121 | 284877.3 | 38.38877 | 55.62923 |
| 1972 | 213129.0 | 5126 | 326349.3 | 41.57803 | 63.66549 |
| 1973 | 230248.8 | 5259 | 369926.1 | 43.78186 | 70.34153 |
| 1974 | 227427.7 | 5237 | 405731.1 | 43.42710 | 77.47395 |
| 1975 | 234458.7 | 5223 | 442840.1 | 44.88966 | 84.78654 |
| 1976 | 243778.5 | 5271 | 475746.0 | 46.24900 | 90.25726 |
| 1977 | 254481.2 | 5342 | 507852.6 | 47.63781 | 95.06788 |
| 1978 | 267897.5 | 5408 | 542854.8 | 49.53726 | 100.38000 |
| 1979 | 282588.9 | 5479 | 579499.1 | 51.57673 | 105.76730 |
| 1980 | 290551.1 | 5536 | 611757.5 | 52.48394 | 110.50530 |
| 1981 | 299762.6 | 5581 | 644909.1 | 53.71127 | 115.55440 |
| 1982 | 308927.2 | 5638 | 675422.5 | 54.79376 | 119.79820 |
| 1983 | 316100.7 | 5733 | 702416.6 | 55.13705 | 122.52160 |
| 1984 | 328483.5 | 5766 | 729924.1 | 56.96904 | 126.59110 |
| 1985 | 342950.3 | 5807 | 762917.1 | 59.05809 | 131.37890 |
| 1986 | 352879.9 | 5853 | 793761.3 | 60.29043 | 135.61610 |
| 1987 | 367555.7 | 5911 | 830376.9 | 62.18164 | 140.47990 |
| 1988 | 390325.3 | 6011 | 875141.9 | 64.93517 | 145.59010 |
| 1989 | 409183.5 | 6128 | 925087.7 | 66.77276 | 150.96080 |
| 1990 | 429985.5 | 6249 | 981266.2 | 68.80869 | 157.02770 |
| 1991 | 446315.1 | 6369 | 1035807.9 | 70.07617 | 162.63270 |
| 1992 | 450876.5 | 6436 | 1083291.8 | 70.05539 | 168.31760 |
| 1993 | 452281.5 | 6450 | 1124153.6 | 70.12116 | 174.28540 |
| 1994 | 470926.0 | 6453 | 1161075.8 | 72.97784 | 179.92810 |
| 1995 | 476434.0 | 6457 | 1188051.9 | 73.78566 | 183.99440 |
| 1996 | 486814.2 | 6486 | 1233760.7 | 75.05615 | 190.21900 |

续表 6.13

| 年份 | Y（1990年不变价格，十亿日元） | 劳动力（万人） | 净固定资本存量（1990年不变价格，十亿日元） | Y/L | K/L |
|---|---|---|---|---|---|
| 1997 | 493890.5 | 6557 | 1272872.1 | 75.32263 | 194.12420 |
| 1998 | 483830.7 | 6514 | 1298327.1 | 74.27551 | 199.31330 |
| 1999 | 481488.9 | 6462 | 1326948.1 | 74.51082 | 205.34630 |
| 2000 | 491530.8 | 6446 | 1356859.9 | 76.25361 | 210.49640 |
| 2001 | 493176.8 | 6412 | 1378164.2 | 76.91466 | 214.93520 |
| 2002 | 494175.8 | 6330 | 1389119.9 | 78.06885 | 219.45020 |
| 2003 | 500173.7 | 6316 | 1401348.4 | 79.19153 | 221.87280 |
| 2004 | 510941.1 | 6329 | 1415247.1 | 80.73015 | 223.61310 |
| 2005 | 517898.4 | 6356 | 1428197.1 | 81.48181 | 224.70060 |
| 2006 | 526765.2 | 6389 | 1440102.4 | 82.44877 | 225.40340 |
| 2007 | 538870.9 | 6427 | 1452013.0 | 83.84486 | 225.92390 |
| 2008 | 534373.5 | 6409 | 1458659.0 | 83.37861 | 227.59540 |
| 2009 | 505858.5 | 6314 | 1442843.1 | 80.11696 | 228.51490 |
| 2010 | 539726.7 | 6298 | 1433717.9 | 85.69811 | 227.64650 |
| 2011 | 540770.6 | 6289 | 1424297.2 | 85.98674 | 226.47440 |

资料来源：Y 见日本内阁府网站 http://www.cao.go.jp/《1998 年国民账户》《2011 年国民账户》；K 根据日本内阁府网站发布的《1998 年国民账户》《2009 年国民账户》《2011 年国民账户》整理得出；L 来自日本统计局网站 http://www.stat.go.jp/。

分别对 $\ln\frac{Y}{L}$、$\ln\frac{K}{L}$ 进行 ADF 检验，检验结果表明对 $\ln\frac{Y}{L}$，$\ln\frac{K}{L}$ 是一阶单整变量。ADF 检验结果如表 6.14 所示。

表 6.14  ADF 检验结果

| 变量 | 差分次数 | (c, t, k) | DW 值 | ADF 值 | 5%临界值 | 1%临界值 | 结论 |
|---|---|---|---|---|---|---|---|
| lnYL | 1 | (c, t, 1) | 1.85 | −4.79 | −3.53 | −4.21 | I(1)* |
| lnKL | 1 | (0, 0, 3) | 2.04 | −2.40 | −1.95 | −2.63 | I(1)* |

对 lnYL、lnKL 进行协整检验，协整检验的结果如表 6.15 所示。

表 6.15　协整检验的结果

| 特征根 | 迹统计量（P 值） | λ – max 统计量（P 值） | 5% 临界值 | 结论 |
| --- | --- | --- | --- | --- |
| 0.347 | 21.520（0.001） | 17.440（0.0036） | 12.32 | 无 |
| 0.095 | 4.079（0.050） | 4.079（0.0500） | 4.13 | 至少 1 个 |

检验结果表明 $\ln YL$、$\ln KL$ 之间存在协整关系，因此按照计量经济基本理论可以直接运用最小二乘法回归。

### 2. 最小二乘法回归

$$\ln \frac{Y}{L} = 1.394 + 0.554 \ln \frac{K}{L} \tag{6.13}$$

$$(36.59)\ (72.225)$$

$$R^2 = 0.992 \quad DW = 1.478 \quad S.E = 0.023$$

$$MA(1) = 0.886 \quad (t = 5.616) \quad F = 2632.19 \quad T = 43$$

由式（6.13）得，$K$ 的弹性系数为 0.554，$L$ 的弹性系数为 0.446。

### 3. 虚拟数据分析

设：1969—1973 年资本闲置率为 10%，1974—1978 年资本闲置率为 15%，1979 年闲置率为 20%，1980—1991 年资本闲置率为 30%，1992—1993 年资本闲置率为 25%，1994—1996 年资本闲置率为 30%，1997—1998 年资本闲置率为 35%，1999—2001 年资本闲置率为 30%，2002 年资本闲置率为 20%，2003—2004 年资本闲置率为 15%，2005—2006 年资本闲置率为 14%，2007—2009 年资本闲置率为 30%，2010—2011 年资本闲置率为 20%。由此计算的存量资本数据如表 6.16 所示。

表 6.16　日本 1969—2011 年资本利用率及有效资本

| 年份 | 资本利用率<br>（1 – 资本闲置率）（%） | $K_1$（1990 年不变价格，十亿日元） | $K_1/L$ |
| --- | --- | --- | --- |
| 1969 | 90 | 192462.9 | 38.18709 |
| 1970 | 90 | 221721.1 | 43.52594 |
| 1971 | 90 | 256389.6 | 50.06631 |
| 1972 | 90 | 293714.4 | 57.29894 |
| 1973 | 90 | 332933.5 | 63.30738 |
| 1974 | 85 | 344871.4 | 65.85286 |
| 1975 | 85 | 376414.1 | 72.06856 |

续表 6.16

| 年份 | 资本利用率<br>（1－资本闲置率）（％） | $K_1$（1990 年不变价格，十亿日元） | $K_1/L$ |
| --- | --- | --- | --- |
| 1976 | 85 | 404384.1 | 76.71867 |
| 1977 | 85 | 431674.7 | 80.80770 |
| 1978 | 85 | 461426.6 | 85.32296 |
| 1979 | 80 | 463599.3 | 84.61385 |
| 1980 | 70 | 428230.3 | 77.35373 |
| 1981 | 70 | 451436.4 | 80.88808 |
| 1982 | 70 | 472795.8 | 83.85877 |
| 1983 | 70 | 491691.6 | 85.76515 |
| 1984 | 70 | 510946.9 | 88.61375 |
| 1985 | 70 | 534042.0 | 91.96521 |
| 1986 | 70 | 555632.9 | 94.93130 |
| 1987 | 70 | 581263.8 | 98.33595 |
| 1988 | 70 | 612599.3 | 101.91300 |
| 1989 | 70 | 647561.4 | 105.67260 |
| 1990 | 70 | 686886.3 | 109.91940 |
| 1991 | 70 | 725065.5 | 113.84290 |
| 1992 | 75 | 812468.9 | 126.23820 |
| 1993 | 75 | 843115.2 | 130.71550 |
| 1994 | 70 | 812753.1 | 125.94960 |
| 1995 | 70 | 831636.3 | 128.79610 |
| 1996 | 70 | 863632.5 | 133.15330 |
| 1997 | 65 | 827366.9 | 126.18070 |
| 1998 | 65 | 843912.6 | 129.55370 |
| 1999 | 70 | 928863.7 | 143.74240 |
| 2000 | 70 | 949801.9 | 147.34750 |
| 2001 | 70 | 964714.9 | 150.45460 |
| 2002 | 80 | 1111296.0 | 175.56020 |
| 2003 | 85 | 1191146.0 | 188.59190 |
| 2004 | 85 | 1202960.0 | 190.07110 |

续表 6.16

| 年份 | 资本利用率<br>（1 – 资本闲置率）（%） | $K_1$（1990 年不变价格，十亿日元） | $K_1/L$ |
| --- | --- | --- | --- |
| 2005 | 86 | 1228250.0 | 193.24250 |
| 2006 | 86 | 1238488.0 | 193.84690 |
| 2007 | 70 | 1016409.0 | 158.14680 |
| 2008 | 70 | 1021061.0 | 159.31680 |
| 2009 | 70 | 1009990.0 | 159.96040 |
| 2010 | 80 | 1146974.0 | 182.11720 |
| 2011 | 80 | 1139438.0 | 181.17950 |

资料来源：$K_1$ 根据表 6.13 和虚拟的资本利用率计算而得；$L$ 来自表 6.13。

分别对 $\ln\dfrac{Y}{L}$、$\ln\dfrac{K_1}{L}$ 进行 ADF 检验，检验结果表明对 $\ln\dfrac{Y}{L}$，$\ln\dfrac{K_1}{L}$ 是一阶单整变量。ADF 检验结果如表 6.17 所示。

表 6.17　ADF 检验结果

| 变量 | 差分次数 | $(c, t, k)$ | DW 值 | ADF 值 | 5% 临界值 | 1% 临界值 | 结论 |
| --- | --- | --- | --- | --- | --- | --- | --- |
| ln$YL$ | 1 | $(c, t, 1)$ | 1.85 | -4.79 | -3.53 | -4.21 | $I(1)^*$ |
| ln$K_1L$ | 1 | $(0, 0, 1)$ | 2.08 | -3.33 | -1.95 | -2.63 | $I(1)^*$ |

对 ln$YL$、ln$K_1L$ 进行协整检验，协整检验的结果如表 6.18 所示。

表 6.18　协整检验的结果

| 特征根 | 迹统计量（$P$ 值） | $\lambda$ – max 统计量（$P$ 值） | 5% 临界值 | 结论 |
| --- | --- | --- | --- | --- |
| 0.409 | 24.130 (0.0004) | 21.59 (0.0006) | 12.32 | 无 |
| 0.060 | 2.533 (0.1320) | 2.533 (0.1320) | 4.13 | 至少 1 个 |

检验结果表明 $\ln\dfrac{Y}{L}$、$\ln\dfrac{K_1}{L}$ 之间存在协整关系，因此按照计量经济基本理论可以直接运用最小二乘法回归。

$$\ln\frac{Y}{L} = 1.30 + 0.606\ln\frac{K_1}{L} \qquad (6.14)$$

$$(21.065)\quad (45.932)$$

$$R^2 = 0.9825 \quad DW = 1.904 \quad S.E = 0.036 \quad F = 731.212 \quad T = 43$$

$MA(1) = 1.182$　（$t = 7.354$）　$MA(2) = 0.602$　（$t = 3.767$）

由式（6.14）得，$K$ 的弹性系数为 0.606，$L$ 的弹性系数为 0.394，这与式（6.13）得出的两个弹性系数显著不同。和前面对中国和美国的讨论一样，按资本存量统计数据做出的方程夸大了劳动的产出弹性，低估了资本的产出弹性。日本在需求约束型经济态势下，若不考虑资本闲置率，即资本全部被利用，1969—2011 年的实证分析可以得到资本的产出弹性为 0.554，劳动的产出弹性为 0.446，$A(t) = 4.03$；考虑资本闲置率后资本的产出弹性为 0.606，劳动的产出弹性为 0.394，$A(t) = 3.67$。可以看出没有考虑资本闲置率的话资本的产出弹性是被低估了，而劳动的产出弹性被高估，$A(t)$ 被高估了。

## 二、需求约束型经济态势下柯布－道格拉斯生产函数应用的不良后果

不理睬理论模型的前提假设就进行经济分析，是经济学理论研究进而衍生经济政策的大忌，众所周知，"前提消失了，结论自然就不存在了"。应用柯布－道格拉斯生产函数研究现实的经济问题时，由于对该理论的前提条件没有研究，可能会导致研究出来的结论与现实经济问题的根源等不相符，进而衍生建议的经济政策也不一定有效。

在需求约束型经济态势下研究经济增长因素，会导致对经济增长因素的错误理解，某种生产要素可能并没有应用该生产函数研究出来的那么重要，但经济学家和政府认为该生产要素很重要时就会鼓励对该生产要素进一步投资，其结果可能使得生产越来越偏离最优的生产要素组合，导致生产要素的浪费，生产率低下，偏离帕累托最优状态，全社会的经济福利减少。

对错误的生产要素的投资与购买还会引起生产要素价格的剧烈波动，进而引起物价总体水平的波动，不利于经济健康稳定的发展。

## 三、对柯布－道格拉斯生产函数修正的思路

目前，由于柯布－道格拉斯生产函数分析经济问题存在不足，不少学者对柯布－道格拉斯生产函数提出了修正。胡海波（2004）对柯布－道格拉斯生产函数适用性提出了质疑，并引入了管理要素对其进行了修正。何予平（2006）将企业家精神纳入到柯布－道格拉斯生产函数中，并对其进

行了修正。吴海明（2006）认为现实中还有许多未知的因素以不同的方式左右经济增长，通过引入制度因素对柯布-道格拉斯生产函数进行了修正。但是，这些文献在修正过程中均忽略了柯布-道格拉斯生产函数暗含的前提假设。如前所述，只有在供给约束型经济态势中柯布-道格拉斯生产函数中的资本存量利用率才是100%，在需求约束型经济态势中，由于生产要素不能充分利用，因此，必须先剔除资本要素的闲置部分。在不同的资本闲置率下，有效资本是不一样的，不一样的有效资本导致劳动和资本的弹性系数不一样。在需求约束型经济态势下，要准确地计算这两者的弹性，必须知道有效资本是多少，否则根据统计上的数据算出来的弹性与实际弹性是有差别的。

于是笔者认为，在需求约束型经济大前提下，应该将柯布-道格拉斯生产函数修正如下：

$$Y = AL^{\alpha}(\rho K)^{\beta} \qquad (6.15)$$

式中，$\rho$ 为资本存量的开工率或"资本有效率"。这样一来，模型的逻辑意义或许更为严谨。但是，式（6.15）仍然缺乏实证价值，因为 $\rho$（$0<\rho<1$）的数据实在难以获得。

## 第四节 本章结论

本章从总供求态势这一角度讨论了柯布-道格拉斯生产函数暗含的前提假设，认为该函数在供给约束型经济态势下有效，在需求约束型经济态势下无效。同时，在需求约束型经济态势下使用柯布-道格拉斯生产函数做经济增长要素分析可能会产生一些不良后果。

只有在供给约束型经济态势下，才可能保证统计数据中的 $K$ 全部参与生产，即统计数据中的资本可视为100%的"有效资本"，除正常保养维修之外基本上没有闲置的部分。当我们用柯布-道格拉斯生产函数来研究生产总量时，其实暗含了这样一个假设：$K$ 的开工率达到100%，所有的资本存量都是"有效资本"。只有当这个条件成立时，经济学意义的生产函数才能顺畅运行。显然，必须在"短缺经济"或"供给约束型经济"态势下，才有这样的市场条件。否则，如果产品卖不出去，理性的厂商势必减产或停产，部分存量资本或全部存量资本处于闲置状态，成了"无效资本"，统计数据中的资本存量数额不等于有效资本，柯布-道格拉斯生产函数的数学逻辑将远离实际市场状态。

当经济社会已经进入"需求约束型经济"态势时，绝大多数厂商都是根据订单来生产的，如果订单不足或没有订单——有效需求不足，厂商就会缩减产量甚至停业。于是，在一个时段之内，全社会必有比例不断变化的存量资本是"无效资本"，即统计数据中的 $K$ 和生产中的 $K$ 会发生一定的或较大幅度的偏差——"有效资本"不规律地小于资本的统计数据，因此，在需求约束型经济态势下，用柯布-道格拉斯生产函数解释或预测经济增长应该是有较大偏差的。换言之，在需求约束型经济态势下，柯布-道格拉斯生产函数是不适用的。在需求约束型经济态势下，资本有时会大量闲置，如美国"大萧条"时期。如果用柯布-道格拉斯生产函数做"大萧条"时期的数量分析模型，统计资料中的资本存量数据和胡编乱造的数据几乎没有区别。当然，在需求约束型经济常态中，"无效资本"的比例不会像"大萧条"时期那样极端，但也无非是"量"的区别，从"质"的角度看，数量分析结果应该是一样荒谬的。

至此，我们的结论已经非常清晰，柯布-道格拉斯生产函数只适用于供给约束型经济态势。而在当今需求约束型经济体中用它来分析产出问题是有较大问题的，进而，在此基础上所做的深入分析也是不能正确反映经济现实的。

# 本 章 附 录

**附表 1　中国若干经济数据**

| 年份 | $Y$（亿元）（以 1952 年不变价格） | $K$（亿元）（以 1952 年不变价格） | $L$（万人） |
| --- | --- | --- | --- |
| 1980 | 3786 | 7221 | 41693 |
| 1981 | 3985 | 7790 | 43045 |
| 1982 | 4346 | 8354 | 44511 |
| 1983 | 4817 | 9005 | 45867 |
| 1984 | 5549 | 9823 | 47316 |
| 1985 | 6296 | 10858 | 49036 |
| 1986 | 6853 | 12052 | 50579 |
| 1987 | 7646 | 13416 | 52031 |

续附表 1

| 年份 | Y（亿元）（以1952年不变价格） | K（亿元）（以1952年不变价格） | L（万人） |
|---|---|---|---|
| 1988 | 8508 | 14948 | 53557 |
| 1989 | 8855 | 16262 | 54830 |
| 1990 | 9194 | 17308 | 60036 |
| 1991 | 10039 | 18507 | 65121 |
| 1992 | 11468 | 20165 | 65821 |
| 1993 | 13069 | 22496 | 66483 |
| 1994 | 14778 | 25494 | 67131 |
| 1995 | 16393 | 29013 | 67758 |
| 1998 | 21254 | 41328 | 70228 |
| 1999 | 22875 | 45899 | 71019 |
| 2000 | 24803 | 50762 | 71740 |
| 2001 | 26863 | 56129 | 72555 |
| 2002 | 29302 | 62336 | 73380 |
| 2003 | 32238 | 69996 | 74087 |
| 2004 | 35490 | 79229 | 74817 |
| 2005 | 39191 | 90084 | 75516 |
| 2006 | 43739 | 102816 | 76115 |
| 2007 | 49424 | 117231 | 76696 |
| 2008 | 53874 | 132999 | 77234 |

资料来源：章上峰：《时变弹性生产函数生产率分解公式及其政策含义》，载《数量经济技术经济研究》2011年第7期，第106～121页。

附表 2　美国若干经济数据

| 年份 | 资本存量指数（K） | 劳动力指数（L） | 产出量指数（Y） |
|---|---|---|---|
| 1899 | 100 | 100 | 100 |
| 1900 | 107 | 105 | 101 |
| 1901 | 114 | 110 | 112 |
| 1902 | 122 | 118 | 122 |
| 1903 | 131 | 123 | 124 |
| 1904 | 138 | 116 | 122 |
| 1905 | 149 | 125 | 143 |

续附表2

| 年份 | 资本存量指数（K） | 劳动力指数（L） | 产出量指数（Y） |
| --- | --- | --- | --- |
| 1906 | 163 | 133 | 152 |
| 1907 | 176 | 138 | 151 |
| 1908 | 185 | 121 | 126 |
| 1909 | 198 | 140 | 155 |
| 1910 | 208 | 144 | 159 |
| 1911 | 216 | 145 | 153 |
| 1912 | 226 | 152 | 177 |
| 1913 | 236 | 154 | 184 |
| 1914 | 244 | 149 | 169 |
| 1915 | 266 | 154 | 189 |
| 1916 | 298 | 182 | 225 |

资料来源：Charles W. Cobb and Paul H. Douglas, A Theory of Production, The American Economic Review, Vol. 18, No. 1, Supplement, Papers and Proceedings of the Fortieth Annual Meeting of the American Economic Association (Mar., 1928), 139–165。资本存量数据见第145页，劳动数据见第148页，产量数据见第149页。

**附表3 美国若干经济数据**

| 年份 | GDP（1990年不变价格，十亿美元） | 劳动力L（万人） | 资本存量K（1990年不变价格，十亿美元） |
| --- | --- | --- | --- |
| 1948 | 1335.896 | 61622 | 730.750 |
| 1949 | 1341.076 | 60131 | 771.632 |
| 1950 | 1457.624 | 61669 | 829.066 |
| 1951 | 1601.107 | 64258 | 949.464 |
| 1952 | 1669.482 | 64963 | 1013.656 |
| 1953 | 1731.641 | 65962 | 1054.830 |
| 1954 | 1719.727 | 64426 | 1097.737 |
| 1955 | 1816.591 | 66144 | 1164.328 |
| 1956 | 1852.850 | 67737 | 1289.248 |
| 1957 | 1888.592 | 67917 | 1386.912 |
| 1958 | 1879.268 | 66331 | 1452.728 |
| 1959 | 1981.830 | 67959 | 1519.012 |

续附表3

| 年份 | GDP（1990年不变价格，十亿美元） | 劳动力 L（万人） | 资本存量 K（1990年不变价格，十亿美元） |
| --- | --- | --- | --- |
| 1960 | 2022.233 | 68715 | 1581.384 |
| 1961 | 2072.996 | 68796 | 1643.235 |
| 1962 | 2200.422 | 70102 | 1711.579 |
| 1963 | 2296.768 | 70786 | 1781.738 |
| 1964 | 2434.553 | 72269 | 1874.087 |
| 1965 | 2587.360 | 74557 | 1987.393 |
| 1966 | 2755.189 | 77494 | 2136.130 |
| 1967 | 2826.672 | 78978 | 2300.065 |
| 1968 | 2954.097 | 81012 | 2488.332 |
| 1969 | 3045.781 | 83381 | 2708.225 |
| 1970 | 3045.781 | 83476 | 2943.877 |
| 1971 | 3147.826 | 83678 | 3164.523 |
| 1972 | 3326.014 | 86103 | 3466.490 |
| 1973 | 3519.224 | 89587 | 3930.665 |
| 1974 | 3499.023 | 91138 | 4622.961 |
| 1975 | 3468.461 | 89582 | 5229.177 |
| 1976 | 3657.010 | 91855 | 5687.090 |
| 1977 | 3845.558 | 95236 | 6334.997 |
| 1978 | 4043.948 | 99577 | 7265.061 |
| 1979 | 4161.014 | 102540 | 8334.971 |

资料来源：游宪生：《经济增长研究》，立信会计出版社2000年版，第152～153页。

附表4  日本若干经济数据

| 年份 | Y（1990年不变价格，十亿日元） | 劳动力 L（万人） | 净固定资本存量 K（1990年不变价格，十亿日元） |
| --- | --- | --- | --- |
| 1969 | 170764.5 | 5040 | 213847.7 |
| 1970 | 188323.1 | 5094 | 246356.8 |
| 1971 | 196588.9 | 5121 | 284877.3 |
| 1972 | 213129.0 | 5126 | 326349.3 |

续附表4

| 年份 | Y（1990年不变价格，十亿日元） | 劳动力 L（万人） | 净固定资本存量 K（1990年不变价格，十亿日元） |
| --- | --- | --- | --- |
| 1973 | 230248.8 | 5259 | 369926.1 |
| 1974 | 227427.7 | 5237 | 405731.1 |
| 1975 | 234458.7 | 5223 | 442840.1 |
| 1976 | 243778.5 | 5271 | 475746.0 |
| 1977 | 254481.2 | 5342 | 507852.6 |
| 1978 | 267897.5 | 5408 | 542854.8 |
| 1979 | 282588.9 | 5479 | 579499.1 |
| 1980 | 290551.1 | 5536 | 611757.5 |
| 1981 | 299762.6 | 5581 | 644909.1 |
| 1982 | 308927.2 | 5638 | 675422.5 |
| 1983 | 316100.7 | 5733 | 702416.6 |
| 1984 | 328483.5 | 5766 | 729924.1 |
| 1985 | 342950.3 | 5807 | 762917.1 |
| 1986 | 352879.9 | 5853 | 793761.3 |
| 1987 | 367555.7 | 5911 | 830376.9 |
| 1988 | 390325.3 | 6011 | 875141.9 |
| 1989 | 409183.5 | 6128 | 925087.7 |
| 1990 | 429985.5 | 6249 | 981266.2 |
| 1991 | 446315.1 | 6369 | 1035807.9 |
| 1992 | 450876.5 | 6436 | 1083291.8 |
| 1993 | 452281.5 | 6450 | 1124153.6 |
| 1994 | 470926.0 | 6453 | 1161075.8 |
| 1995 | 476434.0 | 6457 | 1188051.9 |
| 1996 | 486814.2 | 6486 | 1233760.7 |
| 1997 | 493890.5 | 6557 | 1272872.1 |
| 1998 | 483830.7 | 6514 | 1298327.1 |
| 1999 | 481488.9 | 6462 | 1326948.1 |
| 2000 | 491530.8 | 6446 | 1356859.9 |
| 2001 | 493176.8 | 6412 | 1378164.2 |

续附表4

| 年份 | Y（1990年不变价格，十亿日元） | 劳动力L（万人） | 净固定资本存量K（1990年不变价格，十亿日元） |
| --- | --- | --- | --- |
| 2002 | 494175.8 | 6330 | 1389119.9 |
| 2003 | 500173.7 | 6316 | 1401348.4 |
| 2004 | 510941.1 | 6329 | 1415247.1 |
| 2005 | 517898.4 | 6356 | 1428197.1 |
| 2006 | 526765.2 | 6389 | 1440102.4 |
| 2007 | 538870.9 | 6427 | 1452013.1 |
| 2008 | 534373.5 | 6409 | 1458659.0 |
| 2009 | 505858.5 | 6314 | 1442843.1 |
| 2010 | 539726.7 | 6298 | 1433717.9 |
| 2011 | 540770.6 | 6289 | 1424297.2 |

资料来源：Y来自日本内阁府网站http://www.cao.go.jp/《1998年国民账户》《2011年国民账户》；K根据日本内阁府网站发布的《1998年国民账户》《2009年国民账户》《2011年国民账户》整理得出；L来自日本统计局http://www.stat.go.jp/。

# 第七章　新供给约束与凯恩斯经济学：以日本为例

在 20 世纪的最后十年，已经崛起为世界第二位经济大国的日本在面临经济转型的关头，由于宏观经济政策的失误而遭遇经济泡沫，经济和社会陷入长期停滞，经历了所谓的"失去的十年"。1985 年，"广场协议"签署后，美元兑日元汇率迅速下降，从 1985 年 1 美元兑换 238 日元下跌到 1 美元兑换 168 日元，1988 年又跌到 1 美元兑换 128 日元，为了防止日元升值可能带来的通货紧缩，日本央行在 1986—1987 年短短的一年内，4 次调低官方贴现率，由 5% 降至 2.5%，期间货币供给量也大幅度增加。为了防止日元升值可能带来的通货紧缩，同时也为了转变外需主导型经济为内需主导型经济，日本政府出台了一系列积极财政政策和金融政策。在这样的一种宏观背景下，在 20 世纪 80 年代后期，日本的股市和房地产市场异常火爆，股票、土地等资产价格的大幅上升，明显脱离了实体经济并超出其实际价格，过热的泡沫经济在"流动性过剩"推波助澜的作用下不断膨胀。

1989 年，在媒体和社会舆论的压力下，日本政府和金融当局开始实施了一系列的金融紧缩政策和抑制地价政策，日本中央银行从 1989 年 5 月到 1990 年 8 月，连续 5 次将贴现率从 2.5% 提到 6%，紧缩政策以后，日本的股市和土地房地产市场全面崩盘，从此拉开了日本长达十多年经济低迷的序幕。1990—2000 年，日本的实际 GDP 年均增长率只有 1.7%，其中，在 1998 年和 1999 年还出现了连续两年的经济负增长。在经济低迷期间，日本的五届内阁政府采取凯恩斯型景气刺激措施，先后发动实施了 9 次扩张性财政的经济对策，同时伴随一系列宽松的货币政策，日本政府希望把萎靡不振的经济增长拉升到 3% 左右，可经济增长的实际值始终都是在 1% 左右徘徊，甚至是负增长，可谓是屡败屡战。①

为什么"广场协议"之后日本会发生泡沫经济，而泡沫破灭以后，日本为何又迟迟走不出经济低迷呢？日本政府采取了一系列的凯恩斯政策为何无法使日本经济回暖？是日本政府的决策错误，还是凯恩斯政策在治理

---

① 蔡林海、翟锋：《日本的经济泡沫与失去的十年》，经济科学出版社 2007 年版，第 21 页。

日本低迷经济时失效了呢？为了解开这些疑问，本文拟考察日本1985—1990年的泡沫经济期和1990—2003年的低迷经济期，试图探讨凯恩斯政策在解决低迷经济问题时是否必须存在一定的前提条件方可保证其政策的有效性。

## 第一节　文献综述

### 一、日本泡沫经济形成原因综述

20世纪80年代日本的泡沫经济引发了日本学者广泛的关注，众多学者对日本经济泡沫形成的机理做了研究，文献较多，且研究角度各有侧重。衣川惠（2002）系统分析了泡沫经济的背景、特征，形成金融危机、泡沫经济的教训。认为泡沫经济的背景是"广场协议"之后日元汇率暴跌内需扩大战略的失败。三木谷良一（1998）认为，央行采取过度和缓的货币政策、民间金融机构过度的信用供给和海外游资的涌入，是发生泡沫经济比较重要的条件。林华生（1999）认为日本产生泡沫经济的主要原因是从20世纪80年代后半期实行超宽松的金融政策。1985年"广场协议"之后，日本金融自由化速度加快，过剩资金提高了市场的流动性，同时日本大都市开发计划民营化和宽松的管理政策抬高了地价，日本政府在泡沫经济中也负有部分责任。奥村洋彦（2000）强调金融自由化对实体经济影响中消极的一面，对泡沫经济的产生有着不容忽视的影响。他以"金融不稳定假说"为主要理论基点对家庭企业以及金融部门在泡沫经济中的异常行为进行了细致的分析。村上和光（2009）认为产生泡沫经济的原因是宽松的金融政策、扩大内需的财政政策。他认为泡沫经济的特点是企业增加设备投资和资产价格上升及其同时进行性、增加设备投资和资产价格上升相互刺激出现"复合繁荣"，他认为泡沫经济的结果具有投资过剩的必然性、泡沫崩溃内部化的必然性。

国内学界关于日本泡沫经济的研究也有不少，马文秀（2004）认为日本的金融自由化使国内的金融机构的激励机制和约束机制变得更加不平衡，随着20世纪80年代金融自由化的急剧展开，日本的泡沫经济急剧膨胀。李众敏（2008）、周见（2001）等均认为日元升值是日本泡沫经济的导火线，日元升值是资产价格上涨的根本原因。同时，日本政府没有及时有效地缓和日元升值的压力,进一步推进了资产价格上涨。鹿朋(2008)认为,日本产业升级的失败导致日本失去了产业投资渠道,大量资金最终必然流向房地产和股票市场,从而造成泡沫经济。张见和刘力臻(2010)用构建加入汇率的理性泡沫模型的分析方法,得出了"日元升值是泡沫经济形成和扩大的重要原因"的结论。陆静华(1994)认为,持续的超低利率是日本泡沫经济产生的主要原因。谢芳(1999)认为,大量过剩资本的冲击、货币政策不当和金融管制放松是促成经济泡沫的重要原因。

本章拟从日本宏观经济运行的基本数量关系入手,对经济泡沫形成过程中的一些问题做初步的统计分析和大略的逻辑判断。

## 二、日本政策治理萧条经济失效原因综述

20世纪最后的十年,随着日本泡沫经济的破灭,经济和社会陷入"长期停滞"。在此期间,日本政府采取了一系列宏观经济政策试图把日本经济拉出低迷的沼泽,但效果大都不如人意。众多学者对日本政策失败的原因进行了研究。林直道(2003)认为日本政府错误的恢复景气政策——低利率和公共投资是致使日本经济长期停滞的原因。小川一夫、竹中平藏(2001)认为日本大藏省"护送舰队式"的金融行政失败导致了不良债权处理上的拖延,进而对日本经济的复苏产生了极大的消极影响。大田弘子(2000)认为日本政府在20世纪90年代的财政政策曾经出现前后矛盾的非一致性,日本出现了"政策危机",不仅对经济病根判断失误,而且在政策形成能力方面也出现了"病态"。宫川努(2003)认为20世纪90年代的日本,供给端的结构已经不能适应经济环境的变化,而且供给端的结构改革又被推延搁置,这才是90年代日本经济长期停滞低迷的原因。小峰隆夫(2006)认为凯恩斯的扩张性财政政策对20世纪90年代的日本仍然是有效的,多次实施扩张性财政而未能见效是因为"在应该刺激的时候未刺激",也就是说在规模和时机上出现了失误。张季风(2006)认为日本政府对不良贷款问题处理不力以及急于推行金融体制改革加速了经济萎缩的进一步恶化。蔡林海、翟锋(2007)认为日本政府对宏观经济形势判断失误和实施扩张性财政的失败导致了"凯恩斯主义失灵"。陈作章(2011)认为日本货币供应量的增加并没有发挥拉动经济的作用,这是日本货币政策失效的重要原因。江瑞平(2008)认为政府债务过大与民间消费不足是制约日本经济回升的两个主导因素。

国内外学者的研究多是在凯恩斯经济学框架下寻找日本经济长期低迷

的政策原因，而对于日本经济是否具备凯恩斯经济学的前提，文献却很少深入分析，研究结论大都是对日本政府经济调控政策实施的时机、力度、组合结构等技术性原因的批评，或者是对凯恩斯经济学理论给予口号式的批判。我们的疑问是，若日本政府的经济调控政策及时、轻重适度且组合结构得当，日本就可以避免"失去的十年"吗？本文拟从日本经济的总供求态势层面出发，对日本经济长期低迷问题做初步的逻辑判断。

## 第二节 日本泡沫经济的逻辑分析

### 一、战后日本经济发展回顾

第二次世界大战之后，日本在"贸易立国"的口号下，"外需主导型"的经济增长战略获得了巨大的成功，国力明显增强。1955—1972年，日本的实际GDP年均增长率为9.91%，到1968年日本一跃成为资本主义世界仅次于美国的第二经济大国。

第一次石油危机之后，日本经济从高速增长转入低速增长，继而又进入中速增长。在整个20世纪70年代，日本的实际GDP年均增长率达到5.23%，依旧明显高于同期美国的3.2%以及其他一些欧洲发达国家。随着日本经济实力的提升，20世纪70年代后期出现了"疾风骤雨"式的扩大对外出口，80年代初期日本对美贸易顺差迅速扩大，日本的贸易顺差在1984年达到400亿美元，经常收支的顺差达到300亿美元，对外的纯资产总额居于世界第二位，达到700亿美元。特别是汽车大量出口美国，对美国市场造成强烈的冲击，日美之间开始爆发剧烈的贸易摩擦。美国政府的高官曾公开表示："即使美国在经济上还能容忍对日本的庞大的贸易赤字，在政治上则已经忍无可忍了。"[①] 1985年9月22日，G5[②]的财政部长和中央银行总裁汇集到美国纽约中央公园对面的广场饭店，并签署了"广场协议"，其主要内容为：让美元贬值日元升值，同时，日本实施金融缓和的政策以及实施减税来扩大内需。针对美国围绕贸易摩擦进行的批评和要求做出的回答，日本于1986年4月出台了决定经济方向的《前川报告》，具体可以分为以

---

① 蔡林海、翟锋：《日本的经济泡沫与失去的十年》，经济科学出版社2007年版，第10页。
② G5代指五国集团，成员包括美国、德国、英国、法国和日本。

下 5 个方面：一是扩大内需；二是转换产业结构；三是扩大进口并改善市场准入环境；四是加快金融自由化与国际化；五是采取积极的财政金融政策①。随后，日本政府为扩大内需制定了高达数兆日元的"综合经济对策"，包括了社会公共设施建设的追加投资、减税方案、下调利率以及各个官厅所提出的扩大内需和增加进口的措施。同时，日本政府开始实施扩张性的财政，大幅度地缓和金融。

在政策的调整和激励下，日本的 GDP 有所增长，但更为显著的是日本的股市和房地产市场出现了非理性繁荣，也即泡沫经济，在短短四五年内，股价和房地产价格高得离谱。1989 年，在媒体和社会舆论的压力下，日本开始实施紧缩的金融政策和抑制地价的政策，日本股市和房地产市场于是先后应声而跌。经济泡沫的破裂随即加速了实体经济收缩，金融机构被不良债权所困扰甚至导致破产，企业的生产设备投资意欲低迷，生产需求的减少引起大规模裁员，进而又导致了家庭与个人消费的低迷，减少了需求。总之，在一系列恶性循环的作用下，日本经济开始陷入了长期停滞与低迷的沼泽。

本章立足于 1985—2003 年日本的经济发展状况，通过观察日本泡沫经济和低迷经济的表象，寻找隐藏于背后的逻辑线条，并试图从不同的视角去探讨导致此种经济现象的原因，最后得出合理的结论。

## 二、日元升值后日本经济中出现的问题

"广场协议"之后，日本政府实施了一系列宽松的金融政策和扩张性财政政策。在美国要求降低利率和扩大内需的压力下，同时也为了防止日元升值可能带来的通货紧缩，日本中央银行从 1986 年 1 月 30 日起开始降低央行贴现率，到 1987 年 2 月，央行贴现率已经降到 2.5% 这一战后最低的水准，日本商业银行的贷款利率也随之开始下降。同时，日本央行加大货币的发行，1985—1990 年短短的五年内货币存量（$M_2$）增幅达到 64%。在日元一路升值的情况下，日本当局这么做的意图很明显：旨在刺激国内需求，希望能拉动国内企业的投资，继而增加进口需求然后带来贸易顺差的减少。但是日本的经济状况却并不如政府所料。

从图 7.1 中容易看出，1985—1990 年间，企业设备投资指数虽有波动，但总体起伏不大。正常情况下，在低利率和足货币的双重刺激下，不管是

---

① 蔡林海、翟锋：《日本的经济泡沫与失去的十年》，经济科学出版社 2007 年版，第 19 页。

直接融资还是间接融资，企业的融资成本都变小，因此加大设备投资和商品生产才是大趋势，但是从数据上可以看出企业的投资积极性好像没什么大的提高，反而是股市和房地产市场似乎很火，图中市街地价指数和股价指数显著上扬，尤其是股价的变动曲线非常陡峭。为什么在政府实施政策管理经济后，日本的实体经济和虚拟经济的表现差异会如此之大呢？这是疑问之一。

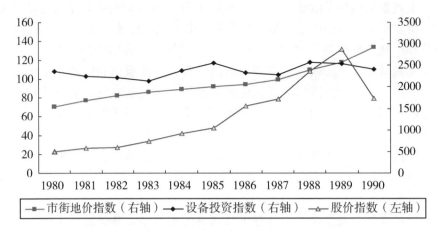

**图 7.1　1980—1990 年日本若干经济指标变动情况**

数据来源：《日本经济蓝皮书》，社会科学文献出版社 2011 年版。

根据支出法的计算，一国国内生产总值＝消费＋投资＋政府购买支出＋净出口。上文讨论了日本的国内投资，接着我们看一下日本的消费和出口情况。

我们通过居民消费价格指数来考察日本普通居民的日常生活支出。从图 7.2 中可以看出，尽管 20 世纪 80 年代中后期日本中央银行向市场投放了数量规模较大的货币，但是日本 CPI 并不像股票和房地产价格一样飞速增长，而只是小幅度地缓慢上升，这说明了在商品市场上，并没有太多的货币追逐商品生产，否则物价会持续上涨，至少物价指数不会如此平缓。这一现象也让人生疑，货币流通量大幅增加，但新增货币中主要部分并没有流向实体生产领域，难道真的全都流向了股市和房地产市场吗？如果是的话，那为什么呢？这是疑问之二。

最后我们再来看日本的进出口变动情况，毫无疑问，一国货币升值必然会带来出口的减少，日本也不例外。

1985 年后，日本的出口受到重创，1986 年日本出口额的增长率为 −16.8%，1987 年为 −6%，直到 1988 年才逐步恢复为正的年增长率，为 2.8%。日元

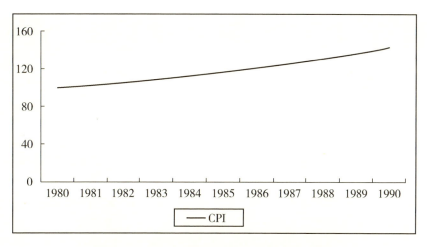

**图 7.2　1980—1990 年日本居民消费价格指数**

数据来源：《日本经济蓝皮书》，社会科学文献出版社 2011 年版。

升值带来日本的出口减少这很容易理解。但让人产生疑问的是日本的进口表现，从图 7.3 中容易发现，日本的进口曲线在 1985 年后与出口曲线同升同降的趋势非常明显，也就是说，在日元大幅升值后，日本的进口量大幅减少，这有悖常理，因为日元大幅升值后，在国际市场上日元购买力相应地大幅提高，日本的进口也应该随之扩大。这是疑问之三。

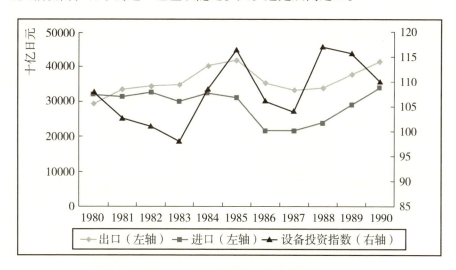

**图 7.3　1980—1990 年日本若干经济指标变动情况**

注：进口和出口数据为当年价格（十亿日元）。

数据来源：《日本经济蓝皮书》，社会科学文献出版社 2011 年版。

我们暂搁问题一和问题二，通过探究日本的经济需求结构尝试先解决第三个问题。

### 三、日本经济结构讨论

#### （一）建立数量模型

为了找到日本的出口和进口同国内企业投资之间的关系，笔者拟合了以下的数量模型。通过计算得到了 2 个关系式：

$$\ln I = 2.55 + 0.23\ln EX + [AR(1) = 1.17] + [AR(3) = -0.29] \quad (7.1)$$
$$(2.10)\ (2.07) \qquad (10.01) \qquad (-2.78)$$
$$R^2 = 0.96 \quad DW = 1.70 \quad F = 128.75$$

式（7.1）中，$I$ 表示投资；$EX$ 表示出口。经计算，实际投资指数与出口物量指数之间的相关系数为 0.8065。

$$\ln IM = 2.07\ln I + [AR(1) = 1.44] + [AR(2) = -0.54] \quad (7.2)$$
$$(46.61) \qquad (7.28) \qquad (-2.56)$$
$$R^2 = 0.79 \quad DW = 2.10 \quad F = 34.62$$

式（7.2）中，$IM$ 表示进口；其他符号意义同前。日本的实际投资指数与进口物量指数之间的相关系数为 0.8155。

探讨日本 GDP 与国内企业投资和政府消费支出之间的关系，得到下式：

$$\ln Y = 0.645 + 0.34\ln I + 0.36\ln C_G + [AR(1) = 0.712] \quad (7.3)$$
$$(-2.86)\ (8.89)\ (12.52) \qquad (3.29)$$
$$R^2 = 0.998 \quad DW = 1.78 \quad F = 4086.6$$

式（7.3）中，$Y$ 表示 GDP；$C_G$ 表示政府消费；其他符号意义同前。式（7.3）的单位根检验和协整检验结果如表 7.1 和表 7.2 所示。

表 7.1 变量的 ADF 单位根检验结果

| 变量 | 检验形式 $(c, t, k)$ | DW | ADF | 1% | 5% | 结论 |
|---|---|---|---|---|---|---|
| $\ln y$ | $(c, n, 0)$ | 1.01 | -2.90 | -3.75 | -2.99 | 非平稳 |
| $\Delta\ln y$ | $(n, n, 0)$ | 1.98 | -1.95 | -2.67 | -1.49 | 平稳 |
| $\ln I$ | $(c, n, 0)$ | 1.72 | -2.94 | -3.81 | -3.02 | 非平稳 |
| $\Delta\ln I$ | $(n, n, 0)$ | 1.62 | -2.22 | -2.67 | -1.95 | 平稳 |
| $\ln c$ | $(c, t, 1)$ | 1.69 | -3.62 | -4.44 | -3.88 | 非平稳 |
| $\Delta\ln c$ | $(c, n, 0)$ | 2.16 | -4.73 | -3.78 | -3.01 | 平稳 |

表 7.2　JJ 协整检验结果

| 特征根 | 似然比统计量 | 5%显著水平临界值 | 原假设 |
|---|---|---|---|
| 0.597 | 34.21 | 29.79 | 0.045 |
| 0.276 | 9.53 | 15.49 | 0.320 |
| 0.104 | 2.42 | 3.84 | 0.120 |

分析这 3 个数量模型，可以得到 3 个结论：

（1）日本国内投资应该是国外对日本产品的需求拉动的。出口需求拉动国内企业投资需求，投资影响经济增长。

（2）日本国内投资是拉动进口的重要因素之一，也就是国内企业有了投资需求后，继而才会有进口需求。

（3）投资和政府调控手段是日本经济增长的主要影响因素。

综合这 3 点结论，可以做一个初步的逻辑推理：日元升值打击了日本的出口，因为日本国内投资在很大的程度上由日本的出口状况决定，所以国内投资也随着出口的变坏而变坏；而日本的进口又受制于国内投资，升值后日元的购买力虽然得以增加，但若没有国内投资需求之源，便没有进口需求之水。

这一连串密切的联动关系可以给上文的第三个问题一些合理的解释，但也并不全面。因为一国需求可以分为内需和外需，GDP = 消费 + 投资 + 政府购买支出 + 净出口，当出口下降时，还可以用刺激居民消费、加大财政支出等办法来弥补。从这一角度讲，日本应该可以通过增加内需来弥补缺失的外需这一部分，这样也能保住 GDP。那么，日本的情况是不是如此呢？我们可以顺着这个思路，对 20 世纪 80 年代日本的国内需求情况进行考察。

（二）日本的内需状况

从表 7.3 和表 7.4 中可以看出，1970—1985 年，日本居民的平均消费强度并无较大波动。战后的日本经济发展迅猛，日本的基尼系数基本维持在 0.2 左右，直到 1993 年，它的基尼系数还是 0.249，2011 年是 0.31 左右，社会贫富差距很小，90% 的人认为自己是中产阶级。从表 7.3 中可以看出，20 世纪 80 年代，主要家庭耐用消费品在日本家庭中基本已经得到普及，这也就意味着在当时的日本，绝大部分家庭该有的生活消费品都有了，就算政府再怎么鼓励他们购买，他们也不需要了。所以在 80 年代的日本，国内居民生活需求几乎就已经达到了饱和。也就是说，在当时既有科技水平的消费品市场上，日本居民不是因为买不起消费品而造成"有效需求不足"，而是缺乏诱人的新科技消费品供给而造成"有效供给不足"——没什么可再买。① 面对这样一种居民消费倾向稳定和家居主要消费品几乎饱和的市场状况，日本企业只需动用其总体生产力中的一小部分便可以满足本国新生消费需求，而其余大部分的生产力就都得依赖外需来消化了。这也正是日本的投资依赖出口的原因。"广场协议"后日元升值，一方面，日本的出口商品价格变高；另一方面，韩国、新加坡、中国大陆、中国台湾和中国香港等国家和地区的出口产品在世界各地不断蚕食着原本属于日本出口品的市场，使得进口国减少对日本商品的购买。这样一来，日本企业能拿到的生产订单越来越少，没有了订单，日本的国内企业投资自然减少。同时这一情况也间接说明了，在日本，消费显然不是经济增长的发动机，国内企业投资才是。

表7.3 职工和农民家庭耐用消费品普及率（%）

| | 年份 | 彩色电视机 | 照相机 | 洗衣机 | 电冰箱 | 吸尘器 | 小汽车 |
|---|---|---|---|---|---|---|---|
| 职工家庭 | 1965 | … | 64.8 | 78.1 | 68.7 | 48.5 | 10.5 |
| | 1970 | 30.4 | 72.1 | 92.1 | 92.5 | 75.4 | 22.6 |
| | 1975 | 90.9 | 82.4 | 97.7 | 97.3 | 93.7 | 37.4 |
| | 1981 | 93.5 | 86.0 | 99.3 | 99.3 | 96.1 | 55.4 |
| | 1985 | 99.2 | 90.7 | 98.2 | 98.5 | 98.0 | 69.3 |
| 农民家庭 | 1965 | … | 29.7 | 58.6 | 25.7 | 10.6 | … |
| | 1970 | 18.1 | 45.3 | 90.6 | 83.1 | 48.3 | 22.4 |
| | 1975 | 88.7 | 62.4 | 93.3 | 97.2 | 80.2 | 55.9 |
| | 1980 | 97.6 | 73.2 | 99.3 | 99.2 | 93.5 | 74.5 |
| | 1985 | 99.8 | 77.5 | 97.7 | 98.1 | 97.6 | 85.4 |

资料来源：《战后日本经济社会统计》，航空工业出版社1988年版，第411～416页。

表7.4 1970—1985年职工生活有关指标

| 年份 | 恩格尔系数 | 收入指数 | 消费支出指数 | 平均消费强度 |
|---|---|---|---|---|
| 1970 | 32.4 | 84.1 | 87.4 | 80.1 |
| 1971 | 31.6 | 87.6 | 91.4 | 80.4 |
| 1972 | 31.3 | 92.2 | 93.9 | 78.7 |

---

① 张乃丽、刘巍：《需求约束掩盖下的新供给约束：日本经济的一个假说》，载《中国计量经济史研究动态》2013年第1期，第1～10页。

续表7.4

| 年份 | 恩格尔系数 | 收入指数 | 消费支出指数 | 平均消费强度 |
| --- | --- | --- | --- | --- |
| 1973 | 30.4 | 99.7 | 99.7 | 77.8 |
| 1974 | 31.0 | 99.1 | 97.4 | 76.2 |
| 1975 | 30.0 | 92.6 | 95.6 | 77.0 |
| 1976 | 30.1 | 92.6 | 95.2 | 77.4 |
| 1977 | 29.3 | 95.0 | 96.5 | 77.2 |
| 1978 | 28.9 | 97.4 | 97.8 | 77.0 |
| 1979 | 27.9 | 100.6 | 100.9 | 77.6 |
| 1980 | 27.8 | 100.0 | 100.0 | 77.9 |
| 1981 | 27.5 | 100.1 | 100.6 | 79.1 |
| 1982 | 26.7 | 104.4 | 103.7 | 79.3 |
| 1983 | 26.5 | 105.7 | 104.2 | 79.1 |
| 1984 | 25.9 | 108.2 | 105.9 | 78.7 |
| 1985 | … | 111.2 | 106.3 | 77.5 |

注：恩格尔系数=饮食费/消费支出×100；平均消费强度=消费支出/可支配收入×100。
资料来源：《战后日本经济社会统计》，航空工业出版社1988年版，第411~416页。

至此，上文第三个问题的脉络就逐渐清晰了。对于日本，我们的感受是，日本"两头在外"的格局显著，即进口原料出口产品，日本俨然是个大株式会社。[①] 在内需基本饱和的情况下，当出口受阻时，投资也会受阻，国内企业对原材料的需求也就会随之出现下降。这样一来，出口、投资、进口就应该有较为显著的同升同降的正相关关系。前文所得数量关系中，投资与出口、投资与进口的相关系数均在0.8以上，笔者推导的逻辑也正好与此相符。

至此，我们可以对日本的经济结构做一个结论性的推测：日本的消费率相当稳定，几乎没有大起大落的余地，显然不是经济增长的动力源，经济增长的动力在于投资，间或伴随着政府的宏观经济调控。而投资这一动力的源头在于出口需求，日本经济增长与否取决于出口增长与否。在需求约束型经济态势下，日本的"有效需求不足"是"有效外需不足"，而非"有效内需不足"。

---

① 张乃丽、刘巍：《外需不足、拉动内需与经济泡沫》，载《中国计量经济史研究动态》2012年第3期，第1~8页。

## 四、日本泡沫经济的发生

### （一）泡沫经济发生的条件

三木谷良一认为[①]，所谓泡沫经济就是资产价格（具体指股票与不动产价格）严重偏离实体经济（生产、流通、雇用、增长率等）暴涨，然后暴跌这一过程。一般来说，泡沫经济的产生需要具备以下几个条件：

（1）作为初期条件，整个宏观经济必须首先处于一种非常好的状态，经济状况不好，绝对不会产生泡沫经济。

（2）人们对于将来普遍抱有极其乐观的、玫瑰色的憧憬和期待，并过度相信经济景气会永久持续下去，整个社会为此陶醉，人们特别是决策者听不进谨慎相反的意见，对于风险处于一种麻木的状态。

（3）泡沫经济的膨胀必须有大量的资金供给做支持。此时固然会有大量的海外投机"游资"涌入，但更多情况是中央银行采取过度缓和的金融政策和民间金融机构过度的信用供给。

（4）在以上3个条件具备的基础上，还需要有起导火索作用的某种契机，这种契机可能是经济环境的变化、政府的某种政策及导向、投机"游资"的涌入，等等。

从表7.5中可以看出，20世纪80代的日本经济恰好处在这样一种"非常好的状态"，不管是GDP指数，还是房地产市场或是股票市场，都呈现良好的发展态势。

表7.5　1980—1990年间日本若干经济指标变动情况

| 年份 | GDP指数 | 居民消费价格指数 | 市街地价格指数 | 设备投资指数 | 东证股价指数 | 国内银行贷款约定平均利率（%） | $M_2$年增率（%） | 马歇尔$K$值 | 日元汇率 | 官方贴现率 |
|---|---|---|---|---|---|---|---|---|---|---|
| 1980 | 102.8 | 78.1 | 70.7 | 107.9 | 494.10 | 8.27 | 9.2 | 0.80 | 226.45 | 5.00 |
| 1981 | 102.9 | 81.2 | 76.9 | 102.7 | 570.31 | 7.56 | 8.9 | 0.81 | 220.83 | 5.00 |
| 1982 | 102.8 | 83.3 | 82.3 | 101.1 | 593.72 | 7.15 | 9.2 | 0.85 | 245.26 | 2.50 |
| 1983 | 101.6 | 84.9 | 86.2 | 97.9 | 731.82 | 6.81 | 7.4 | 0.87 | 237.61 | 2.50 |

---

① 三木谷良一：《日本泡沫经济的产生、崩溃与金融改革》，载《金融研究》1998年第6期，第4页。

续表7.5

| 年份 | GDP指数 | 居民消费价格指数 | 市街地价格指数 | 设备投资指数 | 东证股价指数 | 国内银行贷款约定平均利率(%) | $M_2$年增率(%) | 马歇尔$K$值 | 日元汇率 | 官方贴现率 |
|---|---|---|---|---|---|---|---|---|---|---|
| 1984 | 103.1 | 86.8 | 89.0 | 108.5 | 913.37 | 6.57 | 7.8 | 0.88 | 237.61 | 4.25 |
| 1985 | 105.1 | 88.4 | 91.5 | 116.4 | 1049.40 | 6.47 | 8.4 | 0.89 | 238.05 | 6.00 |
| 1986 | 103.0 | 88.4 | 94.1 | 106.2 | 1556.37 | 5.51 | 8.7 | 0.94 | 168.03 | 3.00 |
| 1987 | 103.8 | 88.9 | 99.0 | 103.9 | 1725.83 | 4.94 | 10.4 | 0.98 | 144.52 | 2.50 |
| 1988 | 106.8 | 89.6 | 109.1 | 117.1 | 2357.03 | 4.94 | 11.2 | 1.02 | 128.20 | 2.50 |
| 1989 | 105.3 | 92.1 | 117.4 | 115.7 | 2881.37 | 5.78 | 9.9 | 1.04 | 138.11 | 4.25 |
| 1990 | 105.2 | 95.0 | 133.9 | 110.1 | 1733.83 | 7.70 | 11.7 | 1.06 | 144.88 | 6.00 |

注：表中GDP指数以上年=100定基、居民消费价格指数以2005年=100定基、市街地价格指数以2000年=100定基、设备投资指数以上年=100定基。

资料来源：《日本经济蓝皮书》，社会科学文献出版社2011年版。

## （二）泡沫经济发生的判断

在出口增速下降的情况下，1985年的经济增长率保持在5.1%的水平上，实属不易。在这个增长率中，出口仅贡献了0.6个百分点（上一年是1.1个百分点），居民消费和企业设备投资都贡献了2.2个百分点。[①] 1985年，日本广义货币供应量适量宽松，银行贷款利率略微下降，金融资产收益率下降不多，股票指数上涨有限。PPI（生产价格指数）轻度下跌，CPI（居民消费价格指数）小幅上涨，市街地价上涨不足3%。总之，主要经济指标大都在可接受的范围内。

1986年，日本的出口进一步下降，受到下降预期的影响，1986年4月，日本出台了决定经济方向的《前川报告》，其主要内容就是扩大内需和转变产业结构，具体来说有住宅对策、城市再开发、开放流通和金融市场等措施。实际上，日本政府实施了一系列扩大内需政策，如扩大公共投资为中心的财政支出，为促进民间投资扩大的规制缓和，以及通过废止小额储蓄优待税制减少储蓄，等等。[②]

---

[①] 张乃丽、刘巍：《外需不足、拉动内需与经济泡沫》，载《中国计量经济史研究动态》2012年第3期，第1~8页。

[②] 浜野洁：《日本经济史1600—2000》，南京大学出版社2010年版，第278页。

政策的出台使得日本国民确信日本将取得新的发展，于是从企业到居民，投资热情都纷纷高涨。1987年以后，日本出口情况有所好转，企业的设备投资也逐渐走出低谷，开始呈上升趋势。1987—1990年间，日本设备投资年平均增长率为12.7%，相当于同期实际经济增长率的2.7倍。而在这期间，日本的股市和房地产市场变动异常剧烈，1986年日本股价比前一年上升了42.6%，这相当于日本当年名义GDP增长率的9倍。日本住宅用地的交易额由742兆日元猛增到1218兆日元，增幅更是高达64%。如果说在经济形势大好的时候，日本的投资增长还是符合经济发展规律的话，那么显然日本股市和房地产市场的火爆程度已经远远背离了实体经济的运行，呈现出了经济泡沫最典型的迹象。我们可以用金融相关比率和马歇尔$K$值这两个指标来判断日本是否进入泡沫经济。

金融相关比率，即金融资产总额对实物资本存量的比率，用金融资产价格与GDP比率来表示，可用来大致观测金融资产偏离实体经济的程度。20世纪80年代末日本的金融相关比率大约为4，美国大约为2。[①] 由此可见，日本金融资产膨胀已经偏离实体经济，经济学家普遍认为其存在非适度金融泡沫。

马歇尔$K$值是货币供应量（$M_2$）与名义GDP的比率，通常用来反映货币供给与实体经济货币需求之间的关系。从图7.4中可以观察到，在1986—1990年间，日本马歇尔$K$值上升速度较快，在1990年达到峰值，这说明1986年以后，日本的货币供给与实体经济运行中的货币需求的差距越来越大。

我们可以对货币的流向进行一些分析。首先对剑桥方程式$M = KPY$进行对数线性化，我们可以得到下式：

$$\dot{M} = \dot{K} + \dot{P} + \dot{Y}$$

即货币供应量的增长率等于物价上涨率加上实际GDP增长率以及马歇尔$K$值的上升率。$K$的上升部分是货币供应量超过了实体经济需求（实际GDP增长率和物价上涨率之和）的部分。该部分货币游离于实体经济活动之外，成为证券市场的资金来源，$K$越大，进入证券市场的资金越多，证券价格越涨。由此可见，"广场协议"之后日本中央银行发行的大量货币绝大部分流入了股票市场和房地产领域，只有小部分进入了实体领域被企业用来进行设备投资。

---

① 黄正新：《关于泡沫经济及其测度问题》，载《世界经济与政治》，2002年第1期，第73～77页。

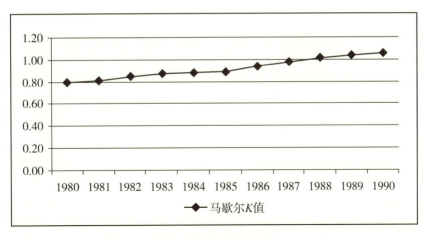

图 7.4　1980—1990 年间日本的马歇尔 k 值

数据来源：《日本经济蓝皮书》，社会科学文献出版社 2011 年版。

由此我们知道，泡沫经济既是对上文中问题一和问题二的解答，又是两个问题发生后导致的结果。正是由于日本的经济结构特点（内需饱和，外需不足），在实体经济缺乏投资机会的情况下，日本企业和居民的大部分资金流向了股市和房地产市场，推高了股价和房价，最后导致了泡沫经济的发生。

（三）泡沫经济发生的直接原因

日本之所以出现泡沫经济，除了有上文论述的经济结构因素以外，资金流向应该是导火索性质的因素。在宽松的货币环境和政策环境下，巨量资金凭借银行业的协助冲击了股票市场和房地产市场，造成了资产价格脱离实体经济的狂涨。笔者从日本的宏观经济背景出发，对资金流向背后的原因进行分析。

第一，受总供求态势的约束。20 世纪 80 年代，日本国内需求基本饱和，即使推行积极财政和货币政策也无法较大幅度地提振内需，同时外需受挫，企业缺乏生产的动力，资金只得另寻出路。

第二，受利率市场化改革的影响。日本从 20 世纪 70 年代末到 80 年代初，开始了金融自由化与国际化的进程，1977 年日本央行放松对银行持有国债的管制，国债的大量发行和交易刺激了债券市场的发展。1978 年实现了短期拆借市场利率、票据利率的自由化。之后，1984 年 6 月又废除了日元转换限制。[1] 金融自由化一方面为欧美以及日本企业从事金融投机创造了

---

[1]　张季风：《挣脱萧条：1990—2006 年的日本经济》，社会科学文献出版社 2006 年版，第 87 页。

时机和条件，日本制造业的大企业将筹措到的资金一部分用于生产设备的投资，更多的是用于投资股市；另一方面催使日本的商业银行进行了更多的高风险、高回报的融资。日本实行利率市场化之后，银行间竞争导致存款利率上升、贷款利率下降，存贷利差收缩使得银行常规的企业投资信贷收益空间变得十分狭小。为了提高收益，商业银行开始将贷款转向风险较高的中小企业和房地产公司，银行及非银行金融机构向"泡沫三产业"（建设业、不动产业、金融中介业）发放的贷款额大幅度增加（见表7.6）。再加上日本央行连续5次下调基准利率，金融环境大为宽松，银行房贷的手笔更是愈发加大。日本银行业本来就有传统的土地担保融资机制，现在这一机制更要大显身手了。人们以持有的土地作为抵押获得贷款，伺机再购买地产和股票，再抵押、再贷款，形成了无限连锁。银行和金融资产、房地产抱成一团，自弹自唱，几乎没有人担心地产和股票会下跌，日本人的经济自信心如此高涨是历史上从来没有过的，就这样，20世纪80年代后期，在疯狂的自我陶醉中，日本的经济泡沫膨胀到了极限。

表7.6 战后日本银行贷款比例

（单位：%）

| 年份 | 制造业 | 房地产业 |
| --- | --- | --- |
| 1951—1960 | 49.0 | 0.6 |
| 1961—1970 | 46.7 | 2.8 |
| 1971—1980 | 35.7 | 5.9 |
| 1981—1985 | 32.0 | 6.5 |
| 1986—1990 | 21.3 | 10.7 |

资料来源：《日本经济与中日经贸关系发展报告》，社会科学文献出版社2008年版，第137页。

至此，笔者对20世纪80年代后期的日本经济表象背后的变量传递机制做出总结：首先，1985年以后日本经济的大前提是外需不足（且由于强烈的日元升值预期而越来越看糟）导致的有效需求不足，而内需基本上是饱和的。其次，日本政府在尚未摸清日本经济的状况下就启动了财政货币双宽松的扩大内需政策和利率市场化政策，为后来泡沫经济的发生创造了可能的环境。再次，资金流入实体经济的效果并不理想，虽有几年增长率达到两位数的企业设备投资，但对于巨大的制造业供给能力而言却远远不够。最后，巨量资金在银行业的协助下，冲击了股票市场和房地产市场，造成了资产价格脱离实体经济的狂涨。简而言之，泡沫发生的逻辑机制可以用图7.5表示。

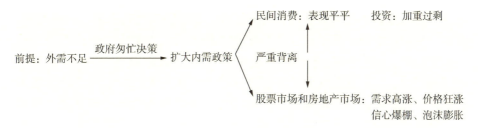

**图 7.5 泡沫发生的逻辑机制**

股市暴涨虽有潜在的危机（反反复复的股票抵押贷款套牢了银行，一旦股价狂跌，抵押品一文不值，银行就有倒闭的危险），但由于股价上涨产生的"财富效应"对公众有利，所以，除去一些专业人士发表了感到忧虑的言论外，大众舆论对此几乎没有敌意。但是，房地产的价格上涨到了没有土地的普通工薪阶层工作一辈子也买不起房子的程度，社会舆论要求必须解决地价畸形暴涨问题的呼声却日益高涨。日本政府受到了来自在野党和新闻界巨大的压力，终于在 1989 年实施金融紧缩政策了。从 1989 年 5 月起，日本央行连续 5 次提高基准利率，对利率非常敏感的股票市场便一头栽下，1990 年的东证股指跌去了 40% 以上。紧接着，大藏省于 1990 年 4 月针对房地产市场开始实施"总量控制"政策，日本市街地价于是便开始了下跌的漫漫旅程。

至此，金融机构、股票和房地产的自弹自唱便曲终人散，参与泡沫的企业无力还贷，银行不良债权堆积无法正常经营。于是，大批的企业和一些大型金融机构纷纷破产。用克鲁格曼教授的话说，就是从"增长型衰退"演变为"增长型萧条"①，经济增长水平长期处于生产能力之下。

## 五、逻辑判断：内需饱和、积极的经济政策与泡沫

经济史研究的意义在于总结历史经济运行中的经验教训，而较高的境界在于修正、补充和完善经济学理论，从而为经济政策的制定和实施提供依据。毋庸置疑，扩大内需的经济政策源自凯恩斯经济学的理论框架。自经济学领域发生凯恩斯革命以来，争论就从未停止过。早期有货币主义领军人物弗里德曼的"反革命"，近期有费尔德斯坦（1982）对凯恩斯经济学的批判，甚至莱德勒认为凯恩斯革命是"捏造的神话"等言论（方福前，2006）。但是，自"大萧条"以来，各国政府几乎从未放弃过使用"看得见

---

① 克鲁格曼：《萧条经济学的回归》，中国人民大学出版社 1999 年版，第 97 页。

的手"拯救危机中的宏观经济,区别仅在于政策的成功或失误。众所周知,任何一种经济学理论都是建立在特定的前提假设之上的,"理论正确"和"理论有效"是两码事。理论正确是指在设定的前提假设下可以顺畅地推导出某种结论,而不管前提假设是否被普遍认可或是否与特定对象的市场条件一致。其实,正确的理论很像一帖药方,是这个病吃这个药有效,不是这个病吃了无效且可能有毒副作用。一个正确理论的前提假设若与某国某时期的宏观经济运行条件一致或相当接近,那么从该理论中衍生的政策就能解决问题,这时该理论对于具体的某一时空有效;否则,该理论即使正确,也是无效的。这很像医生诊断病情后下药的过程,一国经济当局的角色就像医生——诊断和下药,这就要求经济当局必须具备两个本事,第一要能正确判断市场的"病情",第二要非常清楚什么药是治什么病的。

凯恩斯经济学产生于20世纪30年代,时至今日已有八十多年的历史了,虽然有许多批评者,但基本上都是批评凯恩斯经济学理论的效果,鲜有指出其逻辑推理错误的文献,大牌经济学家一般也不会犯逻辑推理方面的错误。凯恩斯从当时的宏观经济运行条件中抽象出来的前提假设,未必与半个世纪之后的日本宏观经济运行条件一致,这一点是确定无疑的,如果对于日本经济来说凯恩斯经济学的前提假设存在某种"盲区"的话,那么,"盲区"就应该隐藏在日本经济运行的基本逻辑关系中。我们从支出法的国民收入恒等式入手,讨论凯恩斯经济学理论框架中"拉动内需"对于日本经济增长的作用。

$$Y = C + I + G + X - M \tag{7.4}$$

其中:

$$C = C_0 + cY_d \tag{7.5}$$

式(7.5)中,$C$为边际消费倾向;$Y_d$为个人可支配收入。

$$Y_d = Y - tY - T_0 + TR \tag{7.6}$$

式(7.6)中,$t$为边际税率;$T_0$为固定税费;$TR$为政府的转移支付。

$$I = I_0 - bi \tag{7.7}$$

式(7.7)中,$I_0$为自发投资;$i$为市场利率,即有价证券收益率;$b$为待定参数。

$$i = a_1Y - a_2M_s \tag{7.8}$$

式(7.8)中,$M_s$为货币供应量;$a$为待定参数。

$$M = M_0 + mY \tag{7.9}$$

式(7.9)中,$m$为边际进口倾向。将式(7.5)、式(7.6)、式(7.7)、式(7.8)和式(7.9)代入式(7.4),则有:

$$Y = C_0 + cY - cT_0 + cTR + I_0 - b(a_1Y - a_2M_s) + G + X - M_0 - mY \quad (7.10)$$

整理可得：

$$Y = \frac{1}{1 - c + ct + m + ba_1}(A + ba_2M_s + G + cTR - cT_0 + X) \quad (7.11)$$

式（7.11）中，$A = C_0 + I_0 - M_0$，短期内比较稳定，$\frac{1}{1 - c + ct + m + ba_1}$ 则为宏观经济乘数。若其他变量不变，新增货币供给为 $\Delta M_s$，则新增产出为：

$$\Delta Y = \frac{1}{1 - c + ct + m + ba_1}\Delta M_s \quad (7.12)$$

若其他变量不变，新增政府购买为 $\Delta G$，则新增产出为：

$$\Delta Y = \frac{1}{1 - c + ct + m + ba_1}\Delta G \quad (7.13)$$

同理，政府减税或增加转移支付也有乘数效应。在一国非充分就业、资源闲置条件下，如果货币供给、政府购买和出口变动，国民收入就会成倍地变动。所以，动用两只"看得见的手"是可以促进经济增长的。通常，一国货币政策和财政政策主要影响的是国内变量，财政政策以国家资源启动经济，货币政策则拉动民间投资和消费。

以上是经典的凯恩斯主义启动内需的"乘数原理"之逻辑传递机制，这一逻辑演化的政策若想在日本取得成功，则首先必须是式（7.5）、式（7.6）、式（7.7）、式（7.8）、式（7.9）与日本的宏观经济运行一致或相当贴近，即乘数原理的前提与日本宏观经济运行条件一致或很贴近才行。笔者将结合前文对日本宏观经济变量之间关系的统计分析结论，从逻辑角度做一个大略的判断。

式（7.5）、式（7.6）两个方程是对消费逻辑的描述，我们暂且认为与日本经济具有一致性。式（7.7）和式（7.8）两个方程是描述投资逻辑关系的方程，这与日本经济有较大差异。前面的统计分析结论指出，20世纪80年代以来，由于日本国内需求已基本饱和，投资基本上是靠出口拉动的。而且，日本长期实行"主办银行"制度，投资资金来自于银行，与有价证券收益率的关系不直接。因此，式（7.7）和式（7.8）不能反映日本投资的逻辑。笔者认为，日本的投资应该分成2个部分：

$$I = I^a + I^b \quad (7.14)$$

式（7.14）中，$I^a$ 表示经济本身要求的投资，根据前面的分析，主要是外需拉动的，即：

$$I^a = I_0^a + a_1X \quad (7.15)$$

式（7.15）中，$I_0^a$ 表示自发的投资；$a_1$ 是出口对投资的拉动程度。$I_b$ 则表示住宅投资和过剩设备投资。这里所说的过剩设备投资是指只能拉动设备制造业的产值,而投资形成生产能力之后,因缺乏对其产品的有效需求而闲置。为什么这样认为呢？因为前面提到丁红卫和加藤弘之（2008）的研究中说过,泡沫崩溃之后困扰日本经济的"三个过剩"中占第一位的就是设备过剩。在预期看好的狂热中,一些企业"哪怕负债也要置备更多的设备,泡沫崩溃之后,导致了设备的过剩和企业的巨额债务"[①]。房地产投资和无效的设备投资应该都是信贷（即货币供给）推动的,所以有：

$$I^a = I_0^b + a_2 M_s' \tag{7.16}$$

式（7.16）中,$I_0^b$ 表示自发的住宅投资和过剩设备投资；$M_s'$ 表示进入实体经济的货币供给；$a_2$ 是进入实体经济的货币供给对这类投资的拉动程度。这里将货币供应量分成 2 个部分讨论——进入实体经济的和进入证券市场的,即：

$$M_s = M_s' + M_s'' \tag{7.17}$$

式（7.17）中,$M_s$ 表示货币供给总量；$M_s''$ 表示进入证券市场的货币供给。

最后,根据前面所做的统计分析,日本进口的主要影响因素是投资而不是国民收入,即：

$$M = M_0 + a_3 I \tag{7.18}$$

现在,把式（7.5）、式（7.6）、式（7.14）、式（7.15）、式（7.16）、式（7.17）、式（7.18）代入式（7.4）,得：

$$Y = \frac{1}{1 - c + ct}[A + a_2(1 - a_3)M_s' + G + cTR - cT_0 + (1 - a_3 a_1)X] \tag{7.19}$$

式（7.19）中,$A = C_0 + (1 - a_3) I_0^a + (1 - a_3) I_0^b - M_0$,$\frac{1}{1 - c + ct}$ 为日本的宏观经济乘数。"广场协议"之后,日本的出口增量下降,甚至出现负增长的局面,通过乘数放大之后,对经济增长的副作用较大。日本政府的财政政策 $G$、$cTR$、$cT_0$ 对经济的作用应该是"启动"性质的,受财政收入的限制,也不可能持续大幅增长。同时,日本的城市化进程已基本结束,大规模的有效公共投资机会不多。于是,当其他条件不变,货币政策放松,新增货币供给为 $\Delta M_s$ 时,则有：

$$\begin{cases} \Delta Y = \dfrac{a_2(1 - a_3)}{1 - c + ct} \Delta M_s' \\ \Delta P_b = k \Delta M_s' \end{cases} \tag{7.20}$$

式（7.20）中,$P_b$ 表示证券价格；$k$ 表示货币量对证券价格的放大程度。

---

[①] 丁红卫、加藤弘之：《日本经济新论》,中国市场出版社 2008 年版,第 19 页。

根据前面的分析，进入实体经济的新增货币量拉动的主要是房地产投资和过剩设备投资，有效的设备投资和消费均无大起色，而进入证券市场的货币量则无疑推高了证券价格。显然，新增货币量越大，日本经济的泡沫就被吹得越大。诚然，当经济泡沫尚未破裂时，经济增长率还是比较可观的——大都是政府投资、政府消费、房地产和过剩设备投资拉动的，这就是泡沫表面五光十色的魅力。成也货币政策，败也货币政策，当社会不能容忍这一泡沫时，经济当局不得不提高利率和实行信贷总量控制政策，于是，资产价格大跌，金融体系备受牵连，经济陷入低迷或萧条就是必然的了。

至此，笔者认为，日本经济当局不是合格的"医生"。第一，他们对日本经济体的诊断有误，日本的"有效需求不足"主要体现在"有效外需不足"方面，这和20世纪30年代的美国是有很大区别的。第二，他们没有真正弄懂凯恩斯药方，凯恩斯药方主治投资需求不足，而投资需求的主要影响因素是有价证券收益率，这和日本的投资函数有重大差异。在凯恩斯的著作中，没有研究投资是出口拉动的这一"未来可能会有的问题"。因此，如果说日本经济酿成了泡沫之错，那么，错不在病人，错不在药，错就错在医术不高明的医生。

通过对20世纪80年代末到90年代初日本经济的统计分析和逻辑讨论，可以大略得出以下几个结论性判断：

（1）日本经济的内需相对稳定，平均消费倾向变动不大，有效的投资增长主要取决于出口，投资是经济增长的主要影响因素。总之，出口是经济增长的发动机。"广场协议"签订后，日元升值阻止了日本出口增长，是外需不足导致了日本经济增长受到威胁。

（2）在凯恩斯经济学理论中，乘数效应实现的重要前提是经济中以投资需求为主的内需不足，且投资的主要影响因素是金融变量——货币量或利率。只有在这一前提下，财政政策和货币政策互相配合，才能有效拉动经济。当时，影响日本有效投资增长的主要因素是出口，投资函数与凯恩斯理论的前提不符，因此，宽松的货币政策导致大增的货币量必须另寻出路，其结果必然会使股市、楼市和过剩设备投资膨胀，造成了有经济增长华丽外表的泡沫。

（3）"广场协议"之后日本实行的"利率市场化"使金融机构在货币量向股市和楼市冲击的过程中起到了关键作用。贷款买股买楼，股票住宅抵押再贷款，再炒股炒楼，资金与资产自弹自唱，与经济基本面渐行渐远。同时，金融机构被抵押品深套在股市和楼市里，一旦资产价格暴跌，银行的抵押品价值大幅缩水，倒闭则在所难免。

（4）日本经济已经走在了发达国家前列，城市化进程基本结束，有效的公共投资空间狭小，如无重大技术进步导致的耐用消费品和生产设备大面积更新换代，就不可能大幅度拉升国内需求以补充外需衰退产生的空白。在"广场协议"之后外需受阻的大背景下，日本政府受美国压力，匆忙决策、仓促实施的"拉动内需"政策是头疼医脚的。日本患上了外需不足症，政府却开出了治疗内需不足的药方。宽松货币政策所释放的大量货币是逐利的，爆炒某种资产而形成的经济泡沫是政府的不当政策吹出来的，应该承担责任的是日本政府而不是市场，更不是凯恩斯经济学。[①]

## 第三节　经济低迷时期的政策调控效果分析

### 一、日本经济长期低迷状况的简要回顾

1989 年，在媒体和社会舆论的压力下，日本政府和金融当局开始联手打出了一套击溃泡沫的"组合拳"，主要有两大招数：其一是由中央银行实施一系列的金融紧缩政策；其二是由日本政府推出一系列抑制地价的政策。

日本央行的紧缩政策是从 1989 年 5 月开始的，仅到 1990 年 8 月，日本的贴现率便由 2.5% 提高到 6%。日本股市在 1990 年初便应声下跌开始崩盘，一年中平均股价下跌了近 40%；而日本房地产市场的崩盘要比股市稍晚一些，1992 年，包括地方城市在内，日本全国的地价全线下跌，土地交易额从 1990 年开始以 20% 的幅度减少。[②] 看到股价、地价不断下跌，日本政府又慌了，急忙开始降低利息，到 1993 年 9 月，日本央行已经把贴现率降低到 1.75% 的水平，但即便如此，仍止不住股价和地价下跌，最终跌到接近泡沫经济以前的水平。最低点和最高点（1992 年 8 月 18 日和 1989 年 12 月）相比，日本股票下降 63.3%[③]。

经济泡沫的破裂随即加速了实体经济收缩。随着股价和地价的暴跌，资产泡沫演变成资产紧缩，金融机构被不良债权所困扰甚至破产，企业的

---

[①] 张乃丽、刘巍：《外需不足、拉动内需与经济泡沫》，载《中国计量经济史研究动态》2012 年第 3 期，第 1~8 页。

[②] 蔡林海、翟锋：《日本的经济泡沫与失去的十年》，经济科学出版社 2007 年版，第 49 页。

[③] 林直道：《怎样看日本经济》，中国对外经济贸易出版社 2003 年版，第 38 页。

生产设备投资意欲低迷,生产需求的减少引起企业大规模裁员,从而使得失业率直线上升,就业危机感又导致了普通家庭"预防性储蓄意向"上升,进而又导致了家庭与个人消费的低迷,继而减少了需求。总之,在一系列恶性循环的作用下,日本经济开始陷入了长期停滞与低迷的沼泽(见表7.7)。

表7.7  1987—2003年日本主要经济指标变化

| 年度 | GDP实际增长率（%） | 工矿业生产指数增减率（%） | CPI增长率（%） | 失业率（%） | 设备投资增长率（%） | 企业倒闭家数 |
|---|---|---|---|---|---|---|
| 1987 | 6.1 | 5.9 | 0.1 | 2.8 | 8.2 | 12655 |
| 1988 | 6.4 | 8.9 | 0.7 | 2.4 | 19.9 | 10122 |
| 1989 | 4.6 | 4.3 | 2.3 | 2.2 | 10.7 | 7234 |
| 1990 | 6.2 | 5.0 | 3.1 | 2.1 | 11.5 | 6468 |
| 1991 | 2.3 | -0.7 | 3.3 | 2.1 | -0.4 | 10723 |
| 1992 | 0.7 | -6.3 | 1.6 | 2.2 | -6.1 | 14069 |
| 1993 | -0.5 | -4.0 | 1.3 | 2.6 | -12.9 | 14564 |
| 1994 | 1.5 | 3.2 | 0.7 | 2.9 | -1.9 | 14061 |
| 1995 | 2.3 | 2.1 | -0.1 | 3.2 | 3.1 | 15108 |
| 1996 | 2.9 | 3.4 | 0.1 | 3.3 | 5.7 | 14834 |
| 1997 | 0 | 1.2 | 1.8 | 5.2 | 4.0 | 16464 |
| 1998 | -1.5 | -7.1 | 0.6 | 4.3 | -8.2 | 18988 |
| 1999 | 0.7 | 3.4 | -0.3 | 4.7 | -0.6 | 15325 |
| 2000 | 2.6 | 4.3 | -0.7 | 4.7 | 7.2 | 18787 |
| 2001 | -0.8 | -9.1 | -0.7 | 5.2 | -2.4 | 20052 |
| 2002 | 1.1 | 2.8 | -0.9 | 5.4 | -2.9 | 18587 |
| 2003 | 2.1 | 3.5 | -0.3 | 5.1 | 6.1 | 15466 |

数据来源:《日本经济蓝皮书》,社会科学文献出版社2011年版。

## 二、财政政策无效的原因分析

在经济泡沫破裂之初,日本政府轻视了泡沫破裂对实体经济造成的影响,直到1992年才意识到经济真的开始萎缩了,于是,一系列救治日本经济的财政政策和金融政策陆续出台（见表7.8）。

表7.8　20世纪90年代以来日本的主要宏观经济政策

| 年份 | 财政政策（事业规模） | 金融政策 | 90年代的主要减税项目 | 公债发行 |
|---|---|---|---|---|
| 1992 | 10.70万亿日元 | 4月：再贴现率（4.50%～3.75%）<br>7月：再贴现（3.25%） | | 2兆日元以上 |
| 1993 | 19.35万亿日元 | 2月：再贴现率（2.50%）<br>9月：再贴现率（1.75%） | | 5兆日元以上 |
| 1994 | 15.25万亿日元 | | 5.5万亿日元的特别减税 | 2兆日元以上 |
| 1995 | 21.22万亿日元 | 4月：再贴现率（1.00%）<br>9月：再贴现率（0.50%） | ①3.5万亿日元的永久性减税，其余的2万亿日元继续进行特别减税<br>②决定从1997年度起提高消费税税率 | 4兆日元以上 |
| 1996 | | | ①继续进行2万亿日元特别减税停止<br>②下调有价证券交易税税率（0.30%～0.21%） | |
| 1997 | | 6月：国会通过《新日本银行法》 | ①2万亿日元特别减税停止<br>②提高消费税（3%～5%）<br>③实施财政结构改革法 | |
| 1998 | 40.55万亿日元 | 3月：向银行注入公共资金<br>10月：稳定金融秩序对策 | ①4万亿日元的特别减税<br>②下调法人税（实效税率49.98%→46.36%）<br>③下调有价证券交易税、交易所税<br>④财政结构改革法冻结 | 18兆日元以上 |
| 1999 | 18万亿日元 | 2月：实行零利率<br>3月：向银行注入公共资金 | ①4万亿日元的特别减税<br>②下调法人税（实效税率46.36%→40.87%）<br>③废除有价证券交易税、交易所税<br>④发行区域振兴券 | 7兆日元以上 |

续表 7.8

| 年份 | 财政政策（事业规模） | 金融政策 | 90 年代的主要减税项目 | 公债发行 |
|---|---|---|---|---|
| 2000 | 11 万亿日元 | 8 月：零利率解除 | | |
| 2001 | 9.9 万亿日元 | 3 月：再贴现率（0.25%），央行备付金 5 万亿日元<br>8 月：央行备付金 6 万亿日元<br>9 月：再贴现率（0.10%）<br>12 月：央行备付金 10 万亿~15 万亿日元 | | |
| 2002 | 4.4 万亿日元 | | | |

资料来源：张季风：《挣脱萧条：1990—2006 年的日本经济》，社会科学文献出版社 2006 年版，第 65 页。

观察表 7.8 中日本政府采用的各种宏观经济政策，不难发现这是一张典型的凯恩斯式医治经济的药方。按照凯恩斯的理论，在萧条经济中，用扩张性财政政策这条"绳子"拉车会非常有效，若再搭配上适合的货币政策，那么解决经济问题的前景将很乐观。但是，本章数据显示，1992—2002 年间，在日本政府不断实施各种宏观政策刺激经济后，日本的主要经济指标数据却不容乐观，这意味着日本经济并未在政府的救治下变好。个中缘由何在，本节尝试从财政政策和货币政策的角度来探究这个问题。

为摆脱经济的长期萧条，20 世纪 90 年代以来，日本投入大量财政资金用于刺激经济，主要表现在 3 个方面：扩大公共投资、减税、发行公债。日本政府从 1992 年到 2000 年实施了 11 次经济景气对策，共动用了 130 兆日元的财力来刺激经济增长，平均每年近 19 兆日元，高达 GDP 的 3.7%。其中用于公共事业投资的预算高达 70 兆日元。①

从图 7.6 中可以看到，日本的税收在 1990 年以后开始逐步下降，之后一直维持降低的趋势；国债的发行很明显从 1991 年起激增，2003 年的国债发行额达到 1991 年国债发行额的 5 倍；1990—2003 年间日本的公共投资虽然处于波动起伏的状态，但是 80 年代十年间公共投资年平均增长率为 0.87%，而 90 年代的十年间其公共投资年平均增长率却达到 2.97%，可见日本政府在公共投资上也是相当下功夫的。

---

① 庞德良：《论日本公共投资困境与经济衰退长期化》，载《财贸经济》2002 年第 2 期，第 54～57 页。

**图 7.6　1980—2003 年间日本若干经济指标变动情况**

注：税收负担率为税收收入与国民收入的比；国债依存度为当年国债发行额占当年中央财政支出的比。

数据来源：《日本经济蓝皮书》，社会科学文献出版社 2011 年版。

随着财政支出规模不断扩大，日本政府负债累累。到 2005 年度末，日本中央政府和地方政府的长期债务余额达 774 万亿日元，与 GDP 之比超过 150%，单年度财政赤字与结构性财政赤字均为 6.4%，基础财政平衡赤字为 4.7%，这在主要发达国家中都是最高的，在日本的债务构成中，主要是普通国债，其中绝大部分是建设国债和赤字国债。[①] 不断增加的财政赤字使得日本仅用于支付国债利息的费用就占到财政预算的 10.6%。其财政状况已经非常严重，可以说日本已经陷入了借新债还旧债，致使债务越滚越多的负债陷阱。

然而，日本政府以债台高筑的代价却没能换来期待的日本经济走出低迷陷阱的结果。整个 20 世纪 90 年代的日本经济景气回升势头极度乏力，步履极其艰难。民间消费和企业投资停滞不前，以往公共投资带动景气回升的主要需求项目大多处于低迷状态。那么这只"看得见的手"在频繁地干涉日本经济后，日本经济为什么没有达到凯恩斯扩张财政政策应该有的效果呢？

---

[①] 张季风：《挣脱萧条：1990—2006 年的日本经济》，社会科学文献出版社 2006 年版，第 110 页。

其实在日本的历史上,除了此次日本政府大规模财政支出刺激景气以外,20世纪70年代日本政府也采用过财政手段来扩大需求,我们可以通过表7.9简单地回顾一下这段时期内日本的经济状况。

表7.9　日本1970—1980年日本的主要经济事件

| 年份 | 主要经济事件 |
| --- | --- |
| 1971 | "尼克松冲击"导致日元升值,美元兑换日元由1:360变为1:308 |
| 1972 | 公布日本列岛改造计划 |
| 1973 | 日元实行浮动汇率(1973年5月);第一次石油危机(1973年10月);物价暴涨(1973—1974年) |
| 1974 | 实行抑制总需求政策,出现战后第一次真正危机,通货膨胀,谷物自给率降到40%以下 |
| 1976 | 超大型集成电路研究成功;日本GNP超过苏联居美国之后第二位 |
| 1978 | 爆发第二次石油危机 |
| 1979 | 金属加工数控化日本为世界第一 |
| 1980 | 日本产业用机器人占世界70%,日本汽车产量居世界第一位 |

资料来源:林直道:《怎样看日本经济》,中国对外经济贸易出版社2003年版,第4页。

"尼克松冲击"之后,日本政府果断采取了扩张政策来抑制日元升值。其具体措施一是由日本银行降低利率;二是由大藏省扩大国债发行,并辅之以减税、编制大量预算等。这种财政金融双松政策的实施导致日本爆发了1971年以来最恶性的通货膨胀。日本著名财政学家和田八束把日本20世纪70年代出现的通货膨胀直言为"财政通货膨胀"。[①]

从表7.10中可以看出,日本国债依存度从1975年开始迅猛增长,这十年间公共投资平均增长率达到5.52%。在此期间日本政府所实施的扩张财政政策一方面着实拉动了日本的GDP,但另一方面也使得日本当时的物价上涨。同一个国度,不同年代里实施相似的扩张财政政策,为什么在70年代政策有效,而在90年代政策实施后日本经济却连回暖的迹象都不明显呢?笔者试图主要从以下3个方面做些探讨。

---

① 高长春:《经济增长与财政政策》,黑龙江人民出版社2003年版,第132页。

表 7.10  1971—1980 年间日本若干经济指标

(单位：%)

| 年份<br>项目 | 1971 | 1972 | 1973 | 1974 | 1975 | 1976 | 1977 | 1978 | 1979 | 1980 |
| --- | --- | --- | --- | --- | --- | --- | --- | --- | --- | --- |
| GDP 实际增长率 | 5.0 | 9.1 | 5.1 | -0.5 | 4.0 | 3.8 | 4.5 | 5.4 | 5.1 | 2.6 |
| 零售物价上涨率 | 6.3 | 4.9 | 11.7 | 23.2 | 11.7 | 9.4 | 8.1 | 4.2 | 3.7 | 7.7 |
| 国债依存度 | 12.4 | 16.3 | 12.0 | 11.3 | 25.3 | 29.4 | 32.9 | 31.3 | 34.7 | 32.6 |
| 公共投资增长率 | 22.2 | 12.0 | -7.3 | 0.1 | 5.6 | -0.4 | 13.5 | 13.0 | -1.8 | -1.7 |

资料来源：《日本经济蓝皮书》，社会科学文献出版社 2011 年版。

### (一) 民间设备投资低迷，公共投资陷入困境

20 世纪 90 年代，在日本政府的扩张财政政策中，有很大一部分的财政支出是投入公共投资中，日本政府的意图是利用公共投资来拉动民间设备投资。在日本经济增长过程中，民间设备投资充当着"引擎"的作用，以往当"引擎"遇到经济萧条而"熄火"时，财政政策的作用就是"打火"。然而在 20 世纪 90 年代，尽管日本财政一而再再而三地增大公共投资，民间设备投资一直在低位徘徊，其结果就是日本政府实施的财政刺激措施最终也未能将"熄火"的"引擎"重新发动起来。这其中的主要原因是日本民间设备投资受制于日本出口状况，除此以外还有一个原因是 90 年代日本民间设备大量过剩。因此，对于政府扩大公共投资带来的需求增加，民间企业只需动用闲置设备或提高设备开工率就可以应付，而不必增加设备投资，因而，增大公共投资是不能激活民间投资的。上述情况表明，在日本由于"外需不足"造成的经济萧条时期，由于扩大公共投资并不能带来外需，所以对诱发民间设备投资没有效果，至少是效果不明显的。

日本陷于公共投资困境，除了上述原因之外，还有一个方面是由于日本政府没有意识到 20 世纪 90 年代的日本公共投资结构与日本经济增长结构已经脱节。在经济运行中，国民消费支出与企业设备投资是驱动经济增长的两大动力，但两者在经济增长中的角色与地位以及作用在不同时期存在差异，表 7.11 是日本经济企划厅的测算。

表 7.11  不同增长时期民间设备投资与个人消费的关系

| 需求项目间的波及关系 | 高速增长期 | 低速增长期 |
| --- | --- | --- |
| 民间最终消费支出→GDP | 3.11 | 4.33 |
| GDP→民间最终消费支出 | 0.13 | 2.57 |

续表 7.11

| 需求项目间的波及关系 | 高速增长期 | 低速增长期 |
|---|---|---|
| 民间设备投资→GDP | 9.80 | 4.29 |
| GDP→民间设备投资 | 1.97 | 4.77 |
| 民间设备投资→民间最终消费支出 | 5.13 | 2.25 |
| 民间最终消费支出→民间设备投资 | 0.67 | 4.78 |
| 出口→GDP | 0.47 | 5.96 |
| GDP→出口 | 3.12 | 2.93 |

资料来源：庞德良：《论日本公共投资困境与经济衰退长期化》，载《财贸经济》2002 年第 2 期，第 54~57 页；转引自《日本经济企划厅·日本经济现状》。

在日本经济高速增长期间，日本大企业的设备投资对 GDP 的影响最大，因此，以基础建设为中心的生产性公共投资作为民间设备投资的补充对经济增长有很大的推动作用。政府加大公共基础设施投资，可使民间蕴含的增长潜力充分发挥出来，在这一阶段，公共投资不仅是景气调节的工具，而且建成的基础设施发挥了巨大的社会效益。但随着经济追赶期的结束，日本的经济结构也在发生着变化，从表 7.11 中可以看出，到了经济低速增长期，民间消费支出对 GDP 的影响已经上升到与民间设备投资几乎同等重要的位置了，而对 GDP 影响最为显著的是出口。在这种经济增长结构下，社会保障、教育等生活型的公共投资作为民间消费的补充对经济增长将会起到更大的作用。R. A. 马斯格雷夫（1960）与 W. W. 罗斯托（1971）在建立政府支出增长的发展模型时也解释到，在一国经济发展初期，政府部门应该为经济提供基础设施，如道路、运输系统、环境卫生系统等投资；一旦经济达到成熟经济后，政府支出结构将发生变化，应由基础设施的支出转向对教育、保健与社会福利等方面的服务性支出。

然而 20 世纪 90 年代日本政府的公共投资依然停留在生产基础建设上面，公共投资增加的主要是对水泥、沙石、钢铁等建筑材料和建筑机械的需求。根据日本建筑业事业公司协会统计，1994 年日本生产型公共投资占公共投资的 49.7%，1998 年增加到 55.6%，1999 年为 55.3%，其中属于产业基础配套的道路投资更是不断增加，由 1994 年的 23.3% 增加到 1998 年的 25.9% 和 1999 年的 26.2%。与此同时，国民生活型的公共投资则由 1994 年的 50.3% 下降到 1998 年的 44.4% 和 1999 年的 44.7%。其结果是日本公共投资乘数不断减小，据日本经济企划厅经济研究所测算，1957—1971 年的公共投资乘数为 2.27，1972—1982 年为 1.47，1983—1992 年为 1.32，到

90年代中期已降为1.21。① 显然，在经济停滞中，日本政府把公共投资的重点继续置于生产扩大型的投资领域从而导致公共投资过剩和公共投资的低效率是90年代日本巨额公共投资难以发挥功效的一个重要原因。

### （二）财政政策难以引致消费的增长

**1. 市场需求不同**

20世纪70年代，日本经济借助出口贸易的力量迅速发展，日本虽然GNP跃居发达资本主义国家的第二位，但在公共基础设施，特别是社会福利等方面，与发达国家还有很大差距，因此经济还是处于追赶期，居民的消费结构和消费水平尚处在较低层次，消费具有巨大的增长潜力。在传统消费品市场趋于饱和，新的更高层次消费品又涌现出来时，市场就在消费结构不断升级中得到扩大。如表7.9中1976年日本超大型集成电路研究成功、1979年金属加工数控化日本成为世界第一以及1980年日本产业用机器人占世界70％、日本汽车产量居世界第一位等等，这些新产品在市场上的投放都会极大地刺激日本居民的购买，消费需求的增长会带动一系列良性的经济增长循环。退一步说，就算在此时经济出现了需求不足也只是暂时而已，只要财政政策稍一刺激，就可以打开需求不足的局面，使经济恢复增长。但随着经济赶超阶段的结束，相比之下居民的市场需求要小得多，同时由于科技创新的约束，消费结构难以像以前一样快速升级。因此，无论政府使出什么招数刺激需求，在边际消费倾向趋于稳定的情况下，居民都不会随意改变自己的消费习惯，除非极具吸引力的新一代高科技产品上市能够刺激居民的购买欲。

**2. 居民收入下降导致消费减少**

财政投资能否拉动民间消费取决于政策的实施能否增加国民的纯收入以及这种收入是否具备持久收入的性质。

从图7.7中，我们可以看到日本居民人均GDP自萧条经济之初开始锐减，在整个20世纪90年代，尽管日本政府投入大量财力，但国民收入并无显著增加，尤其是1992—2003年间人均GDP几乎零增长，有些年份甚至负增长。在这种情况下，家庭未来收入不确定性增大，出于谨慎动机的需要，增加储蓄、减少当期消费成为家庭的首要选择。日本居民这种缩减消费的趋势在图中得到充分反映，日本居民人均GDP和居民消费指数同升同降的变化非常明显。

---

① 庞德良：《论日本公共投资困境与经济衰退长期化》，载《财贸经济》2002年第2期，第54～57页。

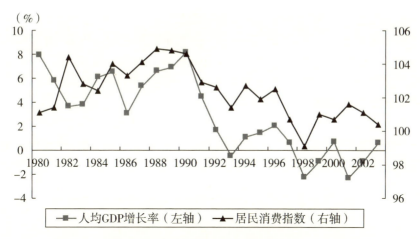

图 7.7　1980—2003 年日本居民消费指数和人均 GDP 增长率

数据来源：《日本经济蓝皮书》，社会科学文献出版社 2011 年版。

**3. 对未来产生的增税预期使得居民减少消费**

根据理性预期学派的理论，作为理性的个人预计以国债作为财源的公共投资的增加必定要导致未来税收的增加。日本政府在萧条经济期间大量发行公债来解决公共投资的资金来源，同时辅以减税政策，在这种情况下，理性的个人无疑会产生一种预期，即在将来的某一时点上政府必然会以征税作为公债本息的偿还财源。这样一来，当期减税的优势将被未来增税所抵消，个人一生的预算收入并没有发生变化。其结果就是居民的消费行为不会发生变化，甚至这种增税预期会使日本国民减少当期消费支出来预防未来的增税损失。从这个意义上讲，以巨额财政赤字来支撑的巨额公共投资从长期看不利于消费支出的增长。

**4. 日本政府不合时宜地进行财政结构改革**

泡沫经济崩溃后，日本政府多次运用刺激景气政策，但是收效甚微。于是日本开始对其财政政策进行反思，并试图参照西方发达国家进行财政结构改革。日本财政重建的长期目标是到 2003 年之前把中央政府和地方政府的财政赤字之和对国内生产总值之比降到 3% 以下，并停止发行特别赤字国债。[①] 为此，1997 年日本政府大幅度提高了消费税并削减政府的各项开支。日本政府期待此次财政结构改革能够恢复日本经济，然而现实却是严峻的。1997 年 11 月以后，日本接连倒闭了几家大型金融机构，当年日本经

---

[①] 张淑英：《从日本的实践看财政调节景气的局限性与副作用》，载《世界经济》2000 年第 9 期，第 51~57 页。

济增长速度也从 1996 年的 3.5% 急剧回落到 -0.7%。在这种情况下，政策主张的分歧便与政治压力结合在一起，使刚颁布不久的《财政结构改革法》被冻结，重新回到了刺激景气的财政政策轨道。桥本内阁于 1997 年实施的不合时宜的财政重整计划对日本经济的回升造成了严重消极影响，使得久病不愈的日本更是难以走出低迷经济。

综上所述，在 20 世纪日本经济低迷期间，日本政府所动用的财政支出并未产生较大的效用。为了进一步检测日本扩张财政政策的有效性，笔者利用日本 1980—2003 年的相关数据拟合了数量模型。

$$\text{GDP} = 0.57C_1 + 0.17I_1 + 0.2C_2 + 0.06I_2 + [MA(1) = -1.81] + [MA(2) = 0.83] \quad (7.21)$$

$$(12.73) \quad (16.98) \quad (7.48) \quad (6.80) \quad (-60.07) \quad (30.09)$$

$$R^2 = 0.98 \quad DW = 2.13$$

式（7.21）中，$C_1$ 表示居民消费；$C_2$ 表示政府消费；$I_1$ 表示民间设备投资；$I_2$ 表示公共投资。变量的单位根检验和协整检验如表 7.12 和表 7.13 所示。

表 7.12　变量的 ADF 单位根检验结果

| 变量 | 检验形式 $(c, t, k)$ | DW | ADF | 1% | 5% | 结论 |
| --- | --- | --- | --- | --- | --- | --- |
| GDP | $(c, n, 0)$ | 1.01 | -2.22 | -3.75 | -2.99 | 非平稳 |
| $\Delta$GDP | $(c, n, 0)$ | 1.84 | -5.36 | -3.79 | -3.01 | 平稳 |
| $C_1$ | $(c, n, 0)$ | 2.14 | -1.86 | -3.75 | -2.99 | 非平稳 |
| $\Delta C_1$ | $(c, n, 0)$ | 1.80 | -5.84 | -3.77 | -3.00 | 平稳 |
| $C_2$ | $(c, n, 0)$ | 2.27 | -2.80 | -3.77 | -3.01 | 非平稳 |
| $\Delta C_2$ | $(c, n, 0)$ | 1.64 | -3.97 | -3.88 | -3.05 | 平稳 |
| $I_1$ | $(c, n, 0)$ | 1.71 | -2.82 | -3.76 | -2.99 | 非平稳 |
| $\Delta I_1$ | $(c, n, 0)$ | 1.97 | -5.01 | -3.78 | -3.01 | 平稳 |
| $I_2$ | $(c, n, 0)$ | 1.89 | -2.91 | -3.76 | -2.99 | 非平稳 |
| $\Delta I_2$ | $(c, n, 0)$ | 1.71 | -5.83 | -3.79 | -3.01 | 平稳 |

表 7.13　JJ 协整检验结果

| 特征根 | 似然比统计量 | 5% 显著水平临界值 | 原假设 |
| --- | --- | --- | --- |
| 0.904204 | 103.366200 | 69.818890 | 0.0000 |
| 0.740281 | 51.764340 | 47.856130 | 0.0205 |
| 0.427829 | 22.104910 | 29.797070 | 0.2927 |

续表7.13

| 特征根 | 似然比统计量 | 5%显著水平临界值 | 原假设 |
| --- | --- | --- | --- |
| 0.286575 | 9.821931 | 15.494710 | 0.2947 |
| 0.103066 | 2.393005 | 3.841466 | 0.1219 |

从式（7.21）中可以看出，在20世纪的后20年里，对日本GDP贡献力量最大的是居民消费，而且同政府消费相比，居民消费对GDP的拉动力度约是政府消费的3倍；而公共投资所起的作用比较微弱，政府用于公共投资的财政支出每增加1个单位，日本GDP只增加0.06个单位。因此，模型结果也从一方面证实了日本财政政策的低效。

### 三、货币政策无效的原因分析

#### （一）货币供给量的变动趋势

我们首先考察1980—2003年间日本货币供给量年增长率的变化情况。

从图7.8中可以看出，1980—1990年，日本货币供给量年增长率几乎是年年攀升，其平均值为10.2%。而泡沫破灭之后的两年里，其货币供给量增长率锐减，从1990年的11.7%下降至1992年的0.6%，虽说之后有所增长，但一直维持在较低水平上，1990—2003年间日本货币供给量的平均增长率仅为3%左右。

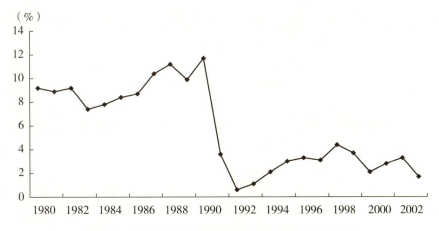

图7.8 1980—2003年间日本货币供应量的年增长率

数据来源：《日本经济蓝皮书》，社会科学文献出版社2011年版。

1991—2001 年，日本的基础货币增长了 95%，但货币供应量（$M_2 + CD$）增长率仅为 30%；2001 年 3 月至 2002 年 6 月，日本基础货币从 1.2% 增至 27.6%，而其货币供应量由同期的 2.5% 仅增加至 3.4%。① 显然，问题出在了货币乘数上面。日本货币乘数在 1991 年 2 月达到 13.2 的最高纪录以后，2002 年末下降到 7.2。② 这说明日本银行采取积极地扩大基础货币的政策，但由于货币乘数的下降使其对货币供应量的增加作用不显著。20 世纪 90 年代后日本银行实施货币政策的经验表明，货币供应量不是一个简单的外生政策变量，货币乘数也不是个常数，甚至连基础货币在一定条件下也不是中央银行所能控制的，特别是中央银行的扩张性货币政策和紧缩性货币政策的控制能力是不对称的。中央银行的货币政策工具在实行紧缩性货币政策时较为有效，而在推行扩张性货币政策时则不一定有效。

### （二）货币政策传导机制分析

#### 1. 利率传导途径

日本在 1980—2003 年时段里，消费率相当稳定，均值是 0.55。泡沫经济时期，收入增长消费率仅微微下降，经济泡沫破裂后，即使是在 1998—1999 年经济负增长期间，为不使生活水平下降，消费率不过有些许提升而已（张乃丽、刘巍，2012b）。日本经济处于发达国家的前列，消费在高水平上达到了稳定状态，加之人口老龄化时代来临，在无重大意外时，消费需求大起大落的可能性几乎不存在。在消费达到高水平稳定的前提下，日本国内投资应该是经济增长的重要影响因素之一。凯恩斯理论认为，投资是利率的函数，二者成反向变动关系，其中，$i$ 表示证券市场有价证券收益率。那么日本的投资利率函数是什么样的呢？笔者试图绘制日本的投资和利率的变化趋势图以观察。图 7.9 中，我们用日本流通国债收益率替代有价证券收益率。

图 7.9 显示，自 1980 年以后，有价证券收益率整体呈下降的趋势，但是投资却并未持续增加，而是呈现出反复波动的情况。同时，在本章第二节中，笔者所求得的数量关系也显示了日本国内的实际投资与出口之间的相关系数为 0.8065。由此，笔者可以推断日本的投资和有价证券收益率二者并不呈绝对的反向变动关系。因此，利率传导这一途径自然会失效，至少效果大打折扣。

从表 7.14 中可以看出，1965—1984 年，在日本的整个资金筹措中，间接融资占 85%～90%，直接融资只占 5%～10%，日本这种以银行为主的金

---

① 陈作章：《日本货币政策问题研究》，复旦大学出版社 2005 年版，第 108 页。
② 陈作章：《日本货币政策问题研究》，复旦大学出版社 2005 年版，第 126 页。

**图 7.9　1980—2003 年日本总投资指数和有价证券收益率**

数据来源：《日本经济蓝皮书》，社会科学文献出版社 2011 年版。

融机构形成的间接金融是由日本的国情和其历史环境所决定的。日本的证券市场并不发达，在日本经济高速增长时期，日本的企业部门在筹资中对银行贷款的依存度非常高，随着日本金融市场的发展，虽然大企业借款正日趋减少，但日本众多中小企业依靠银行贷款的状况却并没有发生改变。日本的中小企业占企业总数的 98% 以上，中小企业工人占整个社会劳动力的 80% 左右，其产值占制造业产值的一半以上，零售额占社会总零售额的 80%，而日本银行对地方中小企业的贷款占到其贷款总额的 70%～80%。①

**表 7.14　通过广义金融市场的资金供给**

| 项目 | 年份 | 1965—1969 年度平均 | 1970—1974 年度平均 | 1976—1979 年度平均 | 1980—1984 年度平均 |
|---|---|---|---|---|---|
| 构成比（%） | 金融机构 | 63.1 | 60.7 | 52.7 | 45.4 |
| | 【银行】 | 40.5 | 38.0 | 32.2 | 29.5 |
| | 【其他民间金融机构】 | 22.6 | 22.7 | 20.5 | 15.9 |
| | 信托、保险等 | 12.1 | 12.3 | 11.3 | 16.6 |
| | 政府金融 | 17.6 | 18.7 | 25.5 | 27.3 |
| | 证券市场 | 5.0 | 5.4 | 8.1 | 7.6 |
| | 外资市场 | 2.3 | 2.9 | 2.5 | 3.2 |

资料来源：阎坤：《日本金融研究》，经济管理出版社 1996 年版，第 5 页。

---

① 阎坤：《日本金融研究》，经济管理出版社 1996 年版，第 41 页。

综上所述,日本的投资需求受出口萎缩影响而产生链式下降,而利率的降低无法解决这一问题,因此,日本投资长期处于低迷状态中。

**2. 信贷途径**

由于日本特殊的"主银行"制度,日本企业的融资方式主要是依赖银行贷款的间接融资,尤其是对资金并不雄厚的日本中小企业而言,银行贷款几乎是它们能得到资金的唯一方式,因此,在经济萧条期间,日本银行对中小企业的贷款态度就显得尤为重要。那么,日本的商业银行体系对企业提供信贷或不提供信贷主要依据何种经济变量呢?从图7.10中我们可以看到,日本出口增长率和企业设备投资增长率的波形变动很相似,二者同升同降的走势表现得非常显著,这与日本经济的特点非常吻合。

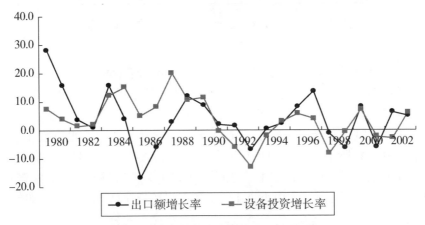

图7.10　1980—2003年日本出口和企业设备投资增长率(%)

数据来源:《日本经济蓝皮书》,社会科学文献出版社2011年版。

从1985年开始,受出口下降影响,日本企业的设备投资需求开始减少,于是企业纷纷开始寻找出路,他们的策略主要是采用合理化措施(包括削减雇佣人员和对关联企业采购物品压低价格)和向海外转移策略以降低生产成本,增加出口。因此,在1988—1997年的十年里,除了1993年出口出现了负增长以外,在其他年份里日本的出口还是保持着缓慢的增长。1997年的亚洲金融危机显然降低了日本贸易伙伴国的进口需求,与此伴随着的是日本的出口再次减少。投资依赖出口的日本,没有了国外的订单,生产需求随之减少,企业的投资需求自然也跟着减少。

国外需求下降导致日本的出口大企业投资不振,同时,对日本国内附属于出口企业的中小企业的投资需求也有较大负面影响。日本以制造业著称,在日本巨大的贸易额中,52%是汽车、电子机械、产业机械、电子设备等30家大型企业生产的产品。而日本制造业普遍的生产方式是大企业（母工厂）将加工、装配型产业的配件大部分委托下属中小企业生产，制成后再交给大企业，因此，在日本，大企业对受委托的下属企业掌握着生存权。20世纪80年代中期，日本的出口遭受打击后，许多日本大企业加速向海外转移生产和订货，这直接导致了日本中小企业失去大量订单。中小企业在日本经济中占有很大的比重，因此，中小企业的大量倒闭无疑带来失业的增加和普通居民工作收入的减少，从而造成消费停滞。根据日本总务厅家庭开支调查，日本家庭实际消费总支出1993年比上年减少0.8%，1994年减少1%，1995年减少1.2%，1996年减少0.2%。①

表7.15　日本1990—1999年银行贷款余额（同比增长额百分比）

|  | 1990 | 1991 | 1992 | 1993 | 1994 | 1995 | 1996 | 1997 | 1998 |
|---|---|---|---|---|---|---|---|---|---|
| 银行贷款余额 | 5.1 | — | — | 0.5 | 0.1 | 1.0 | -0.1 | -0.8 | -1.1 |

资料来源：张捷：《日本的银行不良资产与通货紧缩型经济萧条》，载《日本学刊》2000年第3期，第52～63页。

从表7.15中可以看出，日本银行对于企业的贷款是逐年减少的，至2003年银行贷款达到最低点的-6.5%，直到2006年才开始转变为正增长。在萧条经济中，银行减少信用比利率不降对经济造成的伤害更大。此外，日本银行减少对企业的贷款，拥有国债数量却稳步上升。因此，在零利率政策下，日本银行大量供应资金并不是直接通过银行贷款实现信用供给，而是通过银行购买国债增加财政赤字的方式来增加货币供应量的。② 所以从这个角度看，日本银行实施放松银根的货币政策对扭转日本经济萧条局面没有起到多大的积极作用。

**3. 汇率传导途径**

1985年的"广场协议"后，日元大幅升值，图7.11显示，20世纪90年代以来，日元币值一直处于高位波动中。日本的货币政策对汇率几乎无可奈何，一直没有出现过趋势性的日元贬值。由此，我们可以结合日本十年来的经济走势分析，对日本的汇率传导做一个大致归纳：货币量无法影响币值——日元币值居高不下——抑制出口——抑制国内投资——银行信贷缩减——生产低迷——GDP低位徘徊。在日本20世纪后十年经济低迷期间，一方面由于日元币值居高不下，另一方面由于东亚其他国家生产的质优价廉的商品在国际市场上开始排挤日本商品，致使日本外需长期不振，

---

① 林直道：《怎样看日本经济》，中国对外经济贸易出版社2003年版，第40页。
② 陈作章：《日元升值的命运》，复旦大学出版社2011年版，第120页。

企业的投资需求随之减少。同时,在日本政府实施货币政策治理萧条时,日本银行出于自保而惜贷,进一步削弱了投资带动 GDP 的效应。

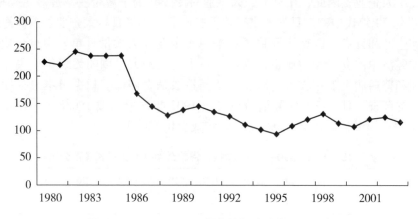

图 7.11　1980—2003 年直接标价法的日元汇率

数据来源:《日本经济蓝皮书》,社会科学文献出版社 2011 年版。

综上所述,20 世纪末日本经济的长期停滞是多种因素综合作用的结果,从货币政策传导机制角度观察,利率传导途径、信贷传导途径以及汇率传导途径的不畅都在不同程度上造成了日本货币政策的失效。

## 第四节　新供给约束条件下日本经济可能的出路

### 一、不同时期日本的经济态势

我们曾在一项研究中按历史的顺序将日本经济态势划分为供给约束型、需求约束型和本章讨论的新供给约束型三个阶段[1]。

#### (一) 供给约束型经济

近代以来,随着新的自由土地的开发和技术进步,对资本利用的可能性迅速增加,工业社会对资本的需求迅速超过了资本供给。工业社会中最

---

[1] 张乃丽、刘巍:《需求约束掩盖下的新供给约束:日本经济的一个假说》,载《中国计量经济史研究动态》2013 年第 1 期,第 1~10 页。

重要的生产要素就是资本,早期工业社会收入偏低导致的储蓄不足,即资本供给不足,使得经济态势呈现了供给约束型特征,即通常所说的短缺经济(见图7.12)。

图7.12 "供给约束型经济"从事前不均衡到事后均衡

从明治维新到1950年左右,日本的公众钱虽不多,但也难以买到足够的商品,经济增长的"瓶颈"在于供给不足。日本近代化起步晚于大多数西方国家,虽有发动战争掠夺来的大量资金和资源,但经济发展水平仍远低于欧美列强,在发动全面侵华战争之前,仍处于供给约束型经济态势中(刘巍,2011;张乃丽、刘巍,2012a)。如图7.13所示,供给曲线 $AS_0$ 是典型的或极端的供给约束型经济(虽有一些新古典理论假设收入不变,但实际经济中应该少有这种极端现象),供给曲线与横轴垂直,当总需求曲线从 $AD_1$ 运动到 $AD_3$ 的位置时,导致价格由 $P_1$ 上升到 $P_3$,而总产出 $y_0$ 纹丝不动。假定日本的总供给曲线为 $AS_1$,即虽不像 $AS_0$ 那样极端,但其斜度也是

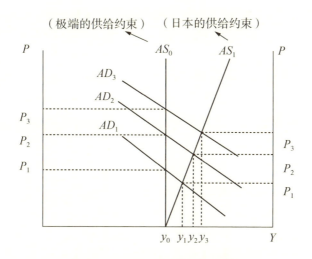

图7.13 供给约束型经济的逻辑

非常陡峭的。在总需求曲线向上移动时，$AS_1$ 释放更多的产出也是比较艰难的（仅从 $y_1$ 增长到 $y_3$），因此对价格上涨的抑制作用不大。

### （二）需求约束型经济

第一次世界大战之后，以美国为首的西方国家收入快速增长，导致储蓄大幅增长，市场经济呈现出需求约束型经济态势（刘巍、陈昭，2010）。在消费需求相对稳定的前提下，投资需求是否能够吞噬不断增长的储蓄成了经济中最为关键的问题（见图 7.14）。

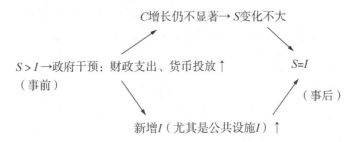

**图 7.14　封闭条件下"有政府干预的需求约束型经济"从事前不均衡到事后均衡**

在 20 世纪 50 年代至 80 年代，日本经济迅速发展，生产能力足够大，最终实现的 GDP 取决于总需求。于是，经济增长的发动机在总需求一端，经济处于需求约束型经济态势中。

据陈昭（2012）的研究结论，日本于 20 世纪 50 年代开始进入需求约束型经济，如图 7.15 所示。在极端的需求约束型经济中，总供给曲线 $AS_0$ 是与横轴平行的，总需求在政策干预下依次由 $AD_1$ 上升到 $AD_3$ 时，价格不变（$P_0$），对应的产出水平为 $y_{11}$、$y_{22}$ 和 $y_{33}$。在日本的需求约束型经济中，总供给曲线 $AS_1$ 的斜度非常平缓，但并不是与横轴平行的。在政策干预下总需求依次由 $AD_1$ 上升到 $AD_3$ 时，价格是小幅上升的，对应的产出水平为 $y_1$、$y_2$ 和 $y_3$，产出的增幅小于极端状态，但远大于价格涨幅。日本经济的总需求中，出口需求占比较大，而且，20 世纪 80 年代之后投资需求在很大程度上是出口需求拉动的（张乃丽、刘巍，2012）。因此，日本总需求中与出口直接和间接联系的数量份额较大。

### （三）新供给约束型经济

在需求约束型经济周期性震荡过程中，政府干预的正效应越来越弱，财政政策和货币政策对储蓄大于投资的局面越来越无可奈何。经济强国在

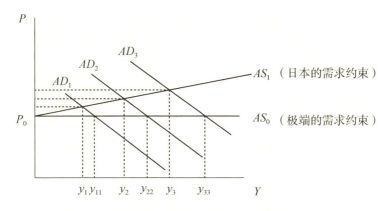

图 7.15　需求约束型经济的逻辑

旧有科技平台上制造的资本品和耐用消费品对内需而言都变成了"无效供给",经济增长越来越依赖于外需。世界经济发展进程表明,革命性的科技创新能创造出前所未见的新产品,于是,新科技拉动新型的投资,新科技造就新的消费热点。同时,新科技还无情地淘汰着老旧的存量生产资本和耐用消费品。由新科技发动的"有效供给"会从消费和投资两个角度消化储蓄,不仅使平均消费倾向大大提高,也会加速资本折旧,从而使投资高速增长。因此,新的经济态势不是传统的生产者主导的供给约束型或消费者主导的需求约束型,而应该是领先科技主导的新供给约束型经济,或称领先科技约束型经济(见图 7.16)。

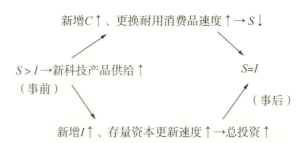

图 7.16　封闭条件下新供给约束型经济从事前不均衡到事后均衡

从图 7.16 来看,若想实现储蓄和投资从事前不均衡到事后均衡,最关键的因素在于"新科技产品的供给",它取代了需求约束型经济态势下政府的干预。与原来国家干预不同的是,新科技产品供给不是将储蓄与投资的矛盾顺延,而是在当期内解决二者的均衡问题。从罗斯福新政以来,国家干预大都是在增加投资上不遗余力,而对促进本期消费无能为力。新科技产品供给在促进消费方面将大有作为,同时,在淘汰旧有存量资本方面的作用也是不可抗拒的。因此，将政府调节的任务转向鼓励、扶持和奖励领先科技的发展上来是最优的选择。

一个国家的经济态势处于新供给约束型经济中，不等于这个国家一定能发动"有效供给"。在开放条件下，若国际环境有利，大量出口在既有科技平台上制造的产品，可以释放远超国内需求的产能和诱发投资需求，同时辅之以对外投资释放储蓄，从而达到经济均衡。因此，这种新供给约束型经济态势就会隐藏在需求约束型经济的表象下，不被当局和学界所认识（见图 7.17）。

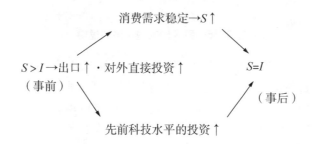

**图 7.17　开放条件下新供给约束型经济从事前不均衡到事后均衡**

至少从 20 世纪 80 年代起，日本经济就应该进入了新供给约束型经济。新供给约束型经济的基本特征有以下几个：第一，经济总量和人均量都位居世界前列，且收入分配没有太大问题；第二，经济高涨主要依赖出口，投资和进口的主要影响因素都是出口；第三，经济低迷主要是出口受阻造成的，且财政政策和货币政策或诱发经济泡沫或基本上无效。根据图 7.17 的逻辑机制，在经济低迷时，总需求必须由总供给引领，方可重拾经济升势。在这样的经济态势下，总供给方面需要重新搭建区别于过去的创新性科技平台，而不是发明一两件无关大局的新产品。

如图 7.18 所示，在新的科技平台上，总供给曲线从 $AS_1$ 下降到 $AS_2$ 的位置，效率高、功能新、价格合理的产品将总需求（投资、消费、出口）从 $AD_1$ 引领到 $AD_2$ 的位置，总供求在合意的产出 $y_2$ 上实现新的均衡。

## 二、日本新供给约束型经济机理的假说

我们将日本的 GDP 实现过程分解为国内和国外两个市场。在图 7.19 中，上图为国外市场，下图为国内市场。在国内市场上，横轴 $A$ 表示国内因素导致的本国产品的实现额：

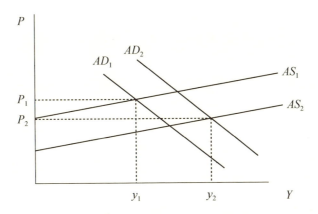

图 7.18 新供给约束型经济的增长

$$A = C + I_1 + G - M \quad (7.22)$$

式（7.22）中，$C$ 表示消费；$I_1$ 表示国内因素促成的投资需求，是总投资的一部分；$G$ 表示政府购买。$C + I_1 + G$ 的和减去进口 $M$ 之后，意即本国公众对本国产品的购买，但这不是全部"内需"，因为投资并不完整，还有一部分投资 $I_2$ 是国外因素导致的。

在国外市场部分中，纵轴表示间接标价法的日元汇率，即日元越是升值就越沿纵轴向上。横轴表示日本 GDP，是国内市场和国外市场因素促成实现的总产出之和：

$$Y = A + X + I_2 \quad (7.23)$$

式（7.23）中，$X$ 表示出口；$I_2$ 表示出口拉动的投资。前面说过，我们将日本总投资分解为两个部分：国内因素拉动的 $I_1$ 和国外因素拉动的 $I_2$。$I_2$ 的投资是出口品制造厂商和为出口品制造厂商服务的其他厂商在出口订单驱动下的投资，显然，这部分投资的趋势应该是和出口同升同降的。$I_2$ 虽在国内实现，但由于是国外因素拉动的，所以算作外需部分。在图 7.19 的国内市场部分中，$S_d$ 表示本国产品的供给，$D_d$ 表示本国产品的需求，两条曲线的交点决定 $A$ 和价格。我们设定的 $S_d$ 曲线开始与横轴平行，到达拐点之后则比较陡峭，意在表明，日本国内在既有科技水平的产品生产平台上，供给弹性相当大，但由于缺乏诱人的领先科技产品，所以，既有科技水平产品需求基本饱和之后，大量供给能力成了"无效供给"，新科技水平产品不足导致供给曲线相当陡峭。因此，国内市场实现的 GDP 只能在 0 增长水平附近徘徊，政府的调控政策最多能使供给曲线小幅右移（$S_{d1}$ 到 $S_{d2}$），而不能使供给曲线的斜度放缓。

在国外市场部分中，$S_f$ 曲线是日本对国外市场的供给曲线，包括出口产

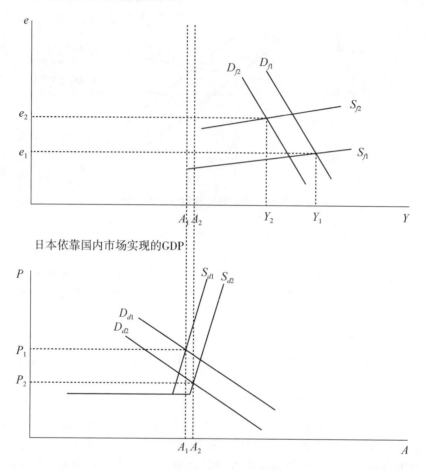

图 7.19　日本的新供给约束型经济

品和国内厂商制造出口产品所需的资本品。我们设定的 $S_f$ 曲线是比较平缓的，这和国内市场供给曲线拐点之前的情形是相似的。日本以既有科技水平生产的产品虽在国内市场基本饱和，但对于国外市场来说，却因日本产品的技术先进而远未到达拐点，只要价格合理，日本产品还有广阔的国际市场。同时，由于日本产业的市场准入、融资、技术革新、劳动力转移、进出口等市场机制都是相当健全的，不存在某种明显的"瓶颈"，所以，在既定的价格上供给满足合理增长的需求不是问题。因此，供给曲线应相当平缓。当汇率从 $e_1$ 上升到 $e_2$ 时（日元升值），对国外进口商来说，折合本币或美元的日本商品价格全面上涨，供给曲线便从 $S_{f1}$ 上升到 $S_{f2}$ 的位置，如果国外进口商的需求曲线 $D_f$ 位置不变（如 $D_{f1}$），则日本的出口量必然会下降,由于出口下降,日本出口品制造商对资本品的购买 $I_2$ 也会下降,进而导致总产出 $Y$ 下降。

20 世纪 90 年代以来,韩国、新加坡、中国大陆、中国台湾和中国香港等国家和地区的出口产品在世界各地不断蚕食着原本属于日本出口品的市场。深入一步思考,日本出口受到亚洲新兴国家排挤的症结,也在于日本领先科技产品的缺失。成为富裕国家之后,日本的劳动力成本上涨是必然的,出口产品的价格劣势迟早会显现,随着新兴国家技术水平的提高,日本出口品的性价比必然下降,日本经济长期依赖的出口平台越来越弱。上述假说的逻辑抽象可用图 7.20 表示。

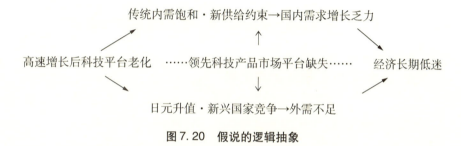

图 7.20　假说的逻辑抽象

图 7.21 中,忽略小幅价格波动后,简化的总供给曲线 $AS$ 在拐点之前是与横轴平行的。$AD_1$、$AD_2$ 和 $AD_3$ 表示高增长时期的总需求,增长幅度很大,体现在横轴上的 $Y$ 值增长率相应地很高。经济泡沫崩溃之后,总需求如图中的 $AD_4$ 和 $AD_5$,向右移动的幅度很小,若在"失去 20 年"中观察,有时还有衰退发生(向左小幅移动),于是,横轴上 $Y_3$ 到 $Y_4$、$Y_4$ 到 $Y_5$ 的增长率和高速增长时期相比便相当低(有时还有负增长)。其实,在 $AD_1$ 到 $AD_2$ 再到 $AD_3$ 的时期(产出从 $Y_1$ 到 $Y_2$ 再到 $Y_3$),高速增长的总需求中已有相当大部分是外需,即出口和出口拉动的投资。从总量数据得来的这个解析几何图大略可以描述日本经济的表面现象,于是,这个"需求约束"的表面现象就掩盖了"新供给约束"的真相。日本政府频繁启动"看得见的手"干预需求,力图将经济重新拉入高增长的轨道,但由于财政政策和货币政策既无力创造新供给,也无力促成日元贬值和阻止亚洲新兴国家的竞争,其政策效果必然是极不显著的。

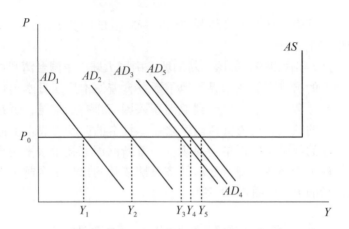

图7.21　日本经济"失去的20年"之"需求约束"表象

## 三、日本经济几种可能的前景

### （一）冲破领先科技约束，构建"有效供给"平台

日本若能成功构建高新科技平台，则可在内需方面有固定资本更新和耐用消费品更新两个方面的持续大动作，有效供给会在较长的时间里引领内需，形成经济增长的新格局。在外需方面，日本的出口也会有质的突破，重新引领技术潮流，再享昔日"产品唯我独精"的辉煌。考虑到日本是一个资源贫乏的国家，若重拾经济高速增长之势，会对世界经济有较大的拉动。然而，日本虽是一个技术强国，但不是科学强国，日本人的强项是"学习—消化—吸收—创新"，却难以在科学层面领导新潮流。因此，率先实现高新科技供给的境界恐力所不及，这一出路比较遥远。

### （二）国际经济环境转向有利，继续大量出口

日本在泡沫经济发生之前，就已经进入了新供给约束型经济时代。由于当时国际经济环境有利，能够以出口消化国内巨大的产能，且在原有的科技平台上不断新增投资。同时，日本必须看着美国的脸色行事，一旦得罪美国和欧洲，出口带动经济的模式便难以为继。"广场协议"之后，日本的本币升值、利率走低和金融自由化进程开始，这一重大变化迅速导致了2个先前不可能看到的事实：第一，日本出口受阻导致了投资受阻，进而使总产出低位徘徊；第二，积极的财政政策和货币政策除了可以造成经济泡沫之外，基本上无效，这说明日本经济已经失去了凯恩斯经济学的"充要

条件"——不是有效内需不足,而是有效外需不足和有效供给不足。解决有效供给不足的途径前面已有所分析,在此路不通的情况下,则势必纠缠于扩大出口的老路。日本如果能在扩大出口方面杀出一条血路,虽不能治病,但可以救命,走出经济低迷也是没有问题的。

然而,日本能够扩大出口的重要前提是要有一个有利的国际经济环境。当前,欧美都陷于经济低迷之中,日元大幅度贬值的可能性不大,日本产品的价格就不可能下降;欧美经济不振,来自日本的进口就不可能大幅增长。更为雪上加霜的是,亚洲新兴国家物美价廉的同类产品大面积地占据了原先属于日本产品的市场,使日本重振出口的难度更大了。因此,日本从出口之路冲出低迷也是不容易的。

(三)忍受长期经济低迷,或爆发深度萧条

从1991年算起,至今日本经济低迷已逾20年,在前面讨论过的2条出路均走不通的情况下,日本经济低迷仍将继续,生产和研发中心逐步外移,产业空心化进程加剧。如果日本有关当局放任不干预,经济低迷的累积效应必将使日本经济发生深度萧条,退回到标准的需求约束型经济中,凯恩斯经济学的前提重现——有效内需不足,积极的财政政策和货币政策有效,日本经济在低谷中借助旧有的科技平台重新增长。但是,日本政府不会放弃凯恩斯主义的干预。正如美联储前主席伯南克所说,1929—1933年时没有凯恩斯,现在人人都是凯恩斯。因此,在日本有关当局的不断干预下,将来一段时间内的日本经济应既无大的起色,也难以发生深度萧条,继续在零增长水平附近徘徊。

# 第五节 本章结论

(1)日本经济在泡沫发生之前就进入了新供给约束型态势,产能对于内需增长而言,大部分属于无效供给,但正常的国内需求仍可消化供给一端在原有产出水平上的产量。经济增长靠外需拉动。外需拉动的含义不仅在于出口量,而且还包括出口拉动的投资。从日本的经济结构推测,出口与出口拉动的投资之和应占日本GDP较大的比重。

(2)新供给约束型经济应该发生在经济总量和人均产量居世界前列的国家,同时,收入分配环节没有大问题。也就是说,不是随便哪一个出口导向型国家外贸出了问题就可以认定是新供给约束时代来临了。如果这个国家的人均收入并不高且收入分配有较大的问题,那么,这个国家的内需是有较大发展空间的,既有科技平台制造的绝大部分产品对该国居民仍属有效供给,这些国家需要做的是理顺国内的收入分配并充分利用"看不见的手"和"看得见的手"来启动内需,内需是有较大提升空间的。总之,新供给约束模型的基本前提可以归纳为 4 个:①总收入和人均收入水平很高;②中产阶层占人口比例很高;③生产平台的科技水平居世界前列;④经济增长率大幅下降并非持续负增长。

(3) 日本的新供给约束型经济处于需求约束型经济表象的掩盖下,其宏观经济运行逻辑与凯恩斯经济学基本前提大相径庭,经济增长的发动机不是内需,而是外需和新供给。"广场协议"之后日元升值,外需增速下降,新供给跟不上,日本经济增速大幅回落。当局和学界对新供给约束型经济态势缺乏正确判断,并在误判的基础上实施拉动内需的财政政策和货币政策,其结果是催生了资产泡沫。泡沫崩溃之后,继续推行拉动内需的积极宏观经济政策,效果极不显著,反而是一度干预汇率的货币政策对出口有所促进。

## 本 章 附 录

附表1 国民经济若干指标(1)

| 年份 | 国债依存度(%) | 租税负担率(%) | 人均GDP增长率(%) | 货币供应量年增长率(%) | 流通国债收益率(%) | 日本汇率(直接标价法) | 出口额增长率(%) | 设备投资增长率(%) |
|---|---|---|---|---|---|---|---|---|
| 1980 | 32.6 | 21.7 | 7.93 | 9.2 | 8.86 | 226.45 | 28.1 | 7.5 |
| 1981 | 27.5 | 22.6 | 5.79 | 8.9 | 8.12 | 220.83 | 15.7 | 3.8 |
| 1982 | 29.7 | 23.0 | 3.65 | 9.2 | 7.67 | 245.26 | 3.7 | 1.4 |
| 1983 | 26.6 | 23.3 | 3.82 | 7.4 | 7.36 | 237.61 | 0.9 | 1.9 |
| 1984 | 24.8 | 24.0 | 6.08 | 7.8 | 6.65 | 237.61 | 15.7 | 12.3 |
| 1985 | 23.2 | 24.0 | 6.51 | 8.4 | 5.87 | 238.05 | 3.9 | 15.1 |
| 1986 | 21.0 | 25.2 | 3.08 | 8.7 | 5.82 | 168.03 | -16.8 | 5.0 |
| 1987 | 16.3 | 26.7 | 5.33 | 10.4 | 5.61 | 144.52 | -6.0 | 8.2 |

续附表1

| 年份 | 国债依存度（%） | 租税负担率（%） | 人均GDP增长率（%） | 货币供应量年增长率（%） | 流通国债收益率（%） | 日本汇率（直接标价法） | 出口额增长率（%） | 设备投资增长率（%） |
|---|---|---|---|---|---|---|---|---|
| 1988 | 11.6 | 27.2 | 6.58 | 11.2 | 4.57 | 128.20 | 2.8 | 19.9 |
| 1989 | 10.1 | 27.7 | 6.90 | 9.9 | 5.75 | 138.11 | 11.9 | 10.7 |
| 1990 | 10.6 | 27.7 | 8.20 | 11.7 | 6.41 | 144.88 | 8.8 | 11.5 |
| 1991 | 9.5 | 26.6 | 4.46 | 3.6 | 5.51 | 134.59 | 1.9 | -0.4 |
| 1992 | 13.5 | 25.1 | 1.70 | 0.6 | 4.77 | 126.62 | 1.5 | -6.1 |
| 1993 | 21.5 | 24.8 | -0.46 | 1.1 | 3.32 | 111.06 | -6.9 | -12.9 |
| 1994 | 22.4 | 23.8 | 1.11 | 2.1 | 4.57 | 102.18 | 0.5 | -1.9 |
| 1995 | 28.0 | 24.0 | 1.46 | 3.0 | 3.19 | 93.97 | 2.3 | 3.1 |
| 1996 | 27.6 | 23.8 | 2.07 | 3.3 | 2.76 | 108.81 | 8.2 | 5.7 |
| 1997 | 23.5 | 24.0 | 0.64 | 3.1 | 1.91 | 120.92 | 13.3 | 4.0 |
| 1998 | 40.3 | 23.6 | -2.26 | 4.4 | 1.97 | 131.02 | -1.3 | -8.2 |
| 1999 | 42.1 | 23.1 | -0.93 | 3.7 | 1.64 | 113.94 | -6.3 | -0.6 |
| 2000 | 36.9 | 23.7 | 0.71 | 2.1 | 1.64 | 107.79 | 8.8 | 7.2 |
| 2001 | 35.4 | 23.7 | -2.32 | 2.8 | 1.36 | 121.58 | -5.9 | -2.4 |
| 2002 | 41.8 | 22.3 | -0.95 | 3.3 | 0.90 | 125.17 | 6.2 | -2.9 |
| 2003 | 42.9 | 21.8 | 0.60 | 1.7 | 1.36 | 115.93 | 5.0 | 6.1 |

资料来源：《日本经济蓝皮书》，社会科学文献出版社2011年版，第333～375页。

附表2　国民经济若干指标（2）

（上年=100，可比价格）

| 年份 | GDP指数 | 居民消费指数 | 政府消费指数 | 总投资指数 | | | |
|---|---|---|---|---|---|---|---|
| | | | | 总投资指数 | 公共投资指数 | 民间投资指数 | |
| | | | | | | 设备投资指数 | 住宅投资指数 |
| 1980 | 102.8 | 101.1 | 103.1 | 99.1 | 95.8 | 107.9 | 90.8 |
| 1981 | 102.9 | 101.4 | 105.0 | 102.4 | 103.8 | 102.7 | 97.4 |
| 1982 | 102.8 | 104.4 | 104.7 | 99.7 | 96.9 | 101.1 | 98.8 |
| 1983 | 101.6 | 102.8 | 104.7 | 97.7 | 97.6 | 97.9 | 95.2 |
| 1984 | 103.1 | 102.4 | 102.8 | 105.0 | 96.8 | 108.5 | 97.0 |
| 1985 | 105.1 | 104.0 | 100.8 | 106.3 | 95.1 | 116.4 | 103.3 |

续附表2

| 年份 | GDP指数 | 居民消费指数 | 政府消费指数 | 总投资指数 | | | |
|---|---|---|---|---|---|---|---|
| | | | | 总投资指数 | 公共投资指数 | 民间投资指数 | |
| | | | | | | 设备投资指数 | 住宅投资指数 |
| 1986 | 103.0 | 103.3 | 103.7 | 104.2 | 102.1 | 106.2 | 119.9 |
| 1987 | 103.8 | 104.1 | 103.7 | 108.2 | 106.0 | 103.9 | 112.8 |
| 1988 | 106.8 | 104.9 | 103.6 | 113.4 | 104.2 | 117.1 | 98.4 |
| 1989 | 105.3 | 104.8 | 102.9 | 108.3 | 99.9 | 115.7 | 104.9 |
| 1990 | 105.2 | 104.6 | 103.2 | 107.7 | 104.4 | 110.1 | 94.6 |
| 1991 | 103.4 | 102.9 | 104.1 | 104.0 | 103.3 | 104.3 | 94.1 |
| 1992 | 101.0 | 102.6 | 102.5 | 97.1 | 114.3 | 92.9 | 98.9 |
| 1993 | 100.2 | 101.4 | 103.0 | 97.6 | 112.9 | 89.7 | 101.1 |
| 1994 | 101.1 | 102.7 | 103.2 | 98.7 | 101.3 | 94.3 | 107.2 |
| 1995 | 102.0 | 101.9 | 103.9 | 103.1 | 100.6 | 103.0 | 95.2 |
| 1996 | 102.7 | 102.5 | 102.9 | 107.3 | 105.7 | 101.6 | 111.8 |
| 1997 | 101.6 | 100.7 | 100.8 | 100.6 | 92.3 | 108.4 | 87.9 |
| 1998 | 98.0 | 99.1 | 101.8 | 94.3 | 95.2 | 93.5 | 85.3 |
| 1999 | 99.9 | 101.0 | 104.2 | 97.5 | 105.7 | 95.7 | 100.2 |
| 2000 | 102.9 | 100.7 | 104.3 | 103.1 | 90.0 | 107.5 | 100.9 |
| 2001 | 100.2 | 101.6 | 103.0 | 98.8 | 97.0 | 101.3 | 94.7 |
| 2002 | 100.3 | 101.1 | 102.4 | 93.4 | 95.2 | 94.8 | 96.0 |
| 2003 | 101.4 | 100.4 | 102.8 | 101.5 | 89.2 | 104.4 | 99.0 |

资料来源：《日本经济蓝皮书》，社会科学文献出版社2011年版，第333～375页。

# 参 考 文 献

[1] 伊曼纽尔 A. 不平等交换［M］. 北京：商务印书馆，1988：18－30，107－123，176－194，269－276.

[2] 米切尔 B R. 帕尔格雷夫世界历史统计·欧洲卷 1750—1993［M］. 4版. 贺力平，译. 北京：经济科学出版社，2002：982.

[3] 迈因特 H. 发展中国家经济学［M］. 北京：商务印书馆，1978：148－149.

[4] 阿瑟·刘易斯. 国际经济新秩序的演变［M］. 北京：商务印书馆，1984：11.

[5] 埃德温·查理. 发展中国家宏观经济学［M］. 北京：商务印书馆，1990：245.

[6] 奥村洋彦. 日本泡沫经济与金融改革［M］. 北京：中国金融出版社，2009.

[7] 白仲林. 面板数据的计量分析［M］. 天津：南开大学出版社，2008.

[8] 浜野洁，等. 日本经济史 1600—2000［M］. 南京：南京大学出版社，2010.

[9] 保罗·霍维茨. 美国货币政策与金融制度［M］. 北京：中国财政经济出版社，1980：218.

[10] 本·S. 伯南克. 大萧条［M］. 宋芳秀，寇文红，译. 大连：东北财经大学出版社，2013.

[11] 蔡林海，翟锋. 前车之鉴：日本的经济泡沫与"失去的十年"［M］. 北京：经济科学出版社，2007.

[12] 曹明福，李树民. 绝对优势和比较优势的利益得失［J］. 中国工业经济，2006（6）：68－74.

[13] 曾令华. 我国经济今年来不存在"流动性陷阱"［J］. 经济学动态，1999（12）：16－18.

[14] 曾铮，胡小环. 我国出口商品结构高度化与贸易条件恶化［J］. 财经科学，2005（4）：162－168.

[15] 陈岱孙，厉以宁. 国际金融学说史［M］. 北京：中国金融出版社，

1997：351 – 353.

[16] 陈飞翔, 郑静, 聂钊. 我国收入贸易条件变动分析 [J]. 经济经纬, 2005 (5)：30 – 33.

[17] 陈丰. 金融危机下中国货币政策是否陷入"流动性陷阱"——基于货币政策非对称性的实证研究 [J]. 经济学动态, 2010 (5)：58 – 64.

[18] 陈丰. "流动性陷阱"与中国货币政策有效性探析 [J]. 经济论坛, 2009 (21)：15 – 17.

[19] 陈思蓉. 基于科布道格拉斯生产函数对我国经济增长的实证检验 [J], 金融经济, 2007 (20)：83 – 84.

[20] 陈湛匀. 由"流动性陷阱"看我国利率杠杆的运用 [J]. 经济研究, 2001 (2)：38 – 42.

[21] 陈昭, 刘巍. 欧洲主要国家宏观经济运行研究 [M]. 北京：高等教育出版社, 2011.

[22] 陈昭, 叶景成. 基于中国经济态势下贸易条件恶化论的适用性研究 [J]. 国际商务（对外经济贸易大学学报）, 2012 (1)：71 – 80.

[23] 陈昭, 张晨曲. 英国宏观经济态势的转折点——供给约束型经济向需求约束型经济的转变 [J]. 广东外语外贸大学学报, 2013 (2)：24 – 28.

[24] 陈昭. 日本从供给约束型经济向需求约束型经济转变研究 [J]. 广东外语外贸大学学报, 2012 (3)：16 – 19.

[25] 陈昭. 英法德意四国消费对经济增长的贡献度研究——基于20世纪60—80年代联立方程模型的分析 [J], 广东外语外贸大学学报, 2011 (1)：10 – 14.

[26] 陈昭. 英国宏观经济态势的转折点——供给约束型经济向需求约束型经济的转变 [J]. 广东外语外贸大学学报, 2013 (24)：24 – 28.

[27] 陈子雷. 关于日本经济长期停滞理论与政策的思考 [J]. 现代日本济, 2008 (3)：1 – 6.

[28] 陈作章. 日本货币政策问题研究 [M]. 上海：复旦大学出版社, 2005.

[29] 陈作章. 日元升值的命运 [M]. 上海：复旦大学出版社, 2011.

[30] 程海森, 石磊. 多水平 C – D 生产函数模型及其参数异质性研究 [J]. 统计与决策, 2010 (9)：4 – 7.

[31] 程毛林. 基于生产函数的我国经济增长预测模型 [J]. 统计与决策, 2010 (20)：34 – 36.

[32] 崔殿超. 自由贸易理论的谬误 [J]. 经济科学, 2001 (2): 56-66.

[33] 崔津渡, 李诚帮. 中国对外贸易条件: 1995—2005 年状况分析 [J]. 国际经济合作, 2006 (4): 27-29.

[34] 村上和光. 泡沫经济的崩溃与景气变动过程——现代日本资本主义的景气变动 [M]. 金泽大学经济论集, 2009.

[35] 大田弘子. 经济财政咨询会议的斗争 [M]. 东京: 日本东洋经济新报社, 2006.

[36] 戴维·L. 韦斯顿. 泡沫、膨胀、破裂——美国股票市场 [M]. 上海: 上海财经大学出版社, 2009: 33.

[37] 单芳霞. 建国初期"定量供应制度"与票证设计 [D]. 南京: 南京艺术学院, 2014.

[38] 丁冰. 原凯恩斯主义经济学 [M]. 北京: 经济日报出版社, 2006.

[39] 丁红卫, 加藤弘之. 日本经济新论 [M]. 北京: 中国市场出版社, 2008.

[40] 范柏乃, 段忠贤, 江蕾. 中国科技投入的经济发展效应区域差异分析 [J]. 经济地理, 2013 (12): 10-15.

[41] 方伟, 韩伯棠, 王栋. 科技人力资源密度与区域经济发展的关系研究 [J]. 科研管理, 2007 (28): 132-136.

[42] 费尔德斯坦. 对凯恩斯经济学的批判 [J]. 现代外国哲学社会科学文摘, 1982 (7): 5-9.

[43] 弗雷德里克·刘易斯·艾伦. 大繁荣时代 [M]. 秦传安, 姚杰, 译. 北京: 新世界出版社, 2009.

[44] 高德步. 世界经济史 [M]. 北京: 中国人民大学出版社, 2011: 13-14.

[45] 高铁梅. 计量分析方法与建模 [M]. 北京: 清华大学出版社, 2013.

[46] 高长春. 经济增长与财政政策 [M]. 哈尔滨: 黑龙江人民出版社, 2001.

[47] 宫川努. 长期停滞的经济学 [M]. 东京: 日本东京大学出版会, 2005.

[48] 龚家友, 钱学峰. 中国对外贸易贫困化增长的实证分析 [J]. 贵州财经学院学报, 2003 (4): 40-44.

[49] 管汉晖. 比较优势理论的有效性: 基于中国历史资料的检验 [J]. 经济研究, 2007 (10): 151-160.

[50] 郭庆旺, 贾俊雪. 中国全要素生产率的估算: 1979—2004 [J]. 经济研究, 2005 (6): 51-60.

［51］韩启明. 建设美国［M］. 北京：中国经济出版社，2004：35.

［52］韩青. 中国的价格贸易条件恶化——基于影响因素的经验分析［J］. 世界经济研究，2007（10）：9-14.

［53］汉森. 凯恩斯学说指南［M］. 徐宗士，译. 北京：商务印书馆，1963.

［54］郝雁. 近代中国出口贸易变动及其影响因素的实证分析（1870—1936）［J］. 中国社会经济史研究，2007（2）：79-85.

［55］郝雁. 近代中国进出口贸易与经济货币化研究［D］. 天津：南开大学，2008.

［56］何予平. 企业家精神与中国经济增长——基于C-D生产函数的实证研究［J］. 当代财经，2006（7）：95-100.

［57］何正斌. 经济学300年（上册）［M］. 长沙：湖南科学技术出版社，2000：151-165.

［58］洪银兴. 从比较优势到竞争优势——兼论国际贸易的比较利益理论的缺陷［J］. 经济研究，1997（6）：20-26.

［59］侯俊军，张冬梅. 我国标准化与价格贸易条件的实证研究［J］. 国际贸易问题，2009（7）：21-25.

［60］胡海波. 对C-D生产函数的修正及再思考［J］. 郑州航空工业管理学院学报：管理科学版，2004（4）：111-112.

［61］黄玲. 多维视角下FDI流入的中国贸易条件效应［J］. 世界经济研究，2010（3）：3-7.

［62］黄满盈，邓晓虹. 贸易条件变动对中国经济增长影响的实证分析［J］. 商业经济与管理，2009（10）：46-52.

［63］黄满盈. 中国贸易条件实证分析［M］. 上海：上海财经大学出版社，2009.

［64］黄满盈. 中国贸易条件实证分析（1981—2004）［D］. 北京：对外经济贸易大学，2006.

［65］黄梅波，吕朝凤. 中国潜在产出的估计与"自然率假说"的检验［J］. 数量经济技术经济研究，2010（7）：3-20.

［66］黄宁. 我国比较优势发展战略的有效性：基于贸易条件的分析［J］. 云南大学学报：社会科学版，2010，9（1）：53-57.

［67］黄速建，刘建丽，王钦. 国际金融危机对中国工业企业的影响［J］. 经济管理，2009（4）：7-10.

［68］黄正新. 关于泡沫经济及其测度的几个理论问题［J］. 世界经济与政

治, 2002 (1): 73-77.

[69] 机械工业信息研究院情报研究所. 贸易救济报告 (2006年版) [R]. 北京: 机械工业出版社, 2007.

[70] 江瑞平. 激变中的日本经济 [M]. 北京: 世界知识出版社, 2008.

[71] 鞠建东, 马弘, 魏自儒. 中美贸易的反比较优势之谜 [J]. 经济学: 季刊, 2007 (11): 806-832.

[72] 凯文·菲利普斯. 一本读懂美国的财富史 [M]. 北京: 中信出版社, 2010: 67-68, 82.

[73] 克莱因. 凯恩斯的革命 [M]. 薛蕃康, 译. 北京: 商务印书馆, 2015.

[74] 克鲁格曼. 萧条经济学的回归 [M]. 北京: 中国人民大学出版社, 1999.

[75] 孔庆峰, 孙旭蕾. 我国贸易条件下降的原因及对策分析 [J]. 国际贸易问题, 2007 (10): 23-29.

[76] 拉塞尔·那皮尔. 大熊市启示录——剖析华尔街四次见底 [M]. 北京: 中国人民大学出版社, 2009: 172.

[77] 赵顺龙, 赖寒. 基于贸易投资一体化的贸易条件研究 [J]. 学术月刊, 2004 (12): 43-49.

[78] 劳尔·普雷维什. 拉丁美洲经济发展及其主要问题 [R]. 拉丁美洲经济公报, 第七卷第一期.

[79] 雷国胜. "流动性陷阱": 现实、产生机理与政策 [J]. 四川大学学报: 哲学社会科学版, 2009 (6): 83-89.

[80] 李钢, 董敏杰. 比较优势和竞争优势是对立的吗——基于中国制造业的实证研究 [J]. 财贸经济, 2009 (9): 95-101.

[81] 李汉君, 孙旭. 中国价格贸易条件变动趋势与出口商品结构——基于1981—2007年的时序数据的研究 [J]. 国际贸易问题, 2009 (3): 37-40.

[82] 李汉君. 人民币汇率变动对贸易条件的影响——基于36个月时序数据的分析 [J]. 国际经贸探索, 2010, 26 (4): 60-64.

[83] 李嘉图. 政治经济学及赋税原理 [M]. 周洁, 译. 北京: 华夏出版社, 2009: 93-95.

[84] 李晓钟, 张军. 我国高新技术产业三资企业全要素生产率的估算和分析 [J]. 国际贸易问题, 2008 (12): 90-95.

[85] 李一文, 王仁才. 近代中国对美国贸易的贸易条件分析 [J]. 南开经

济研究, 2000 (5): 74-78.

[86] 李玉霞, 张昱. 中国—欧盟贸易条件研究 [J]. 国际贸易问题, 2008 (3): 41-43.

[87] 李众敏. 日本泡沫经济崩溃及其启示 [J]. 国际经济评论, 2008 (12): 55-59.

[88] 李柱锡. 投资函数 [J]. 外国经济参考资料, 1982 (Z1): 17-20.

[89] 梁东黎. 投资独立于消费增长现象的理论解释——投资、消费相互影响的分析框架 [J], 当代财经, 2008 (9): 20-24.

[90] 梁琦, 张二震. 比较利益理论再探讨——与杨小凯、张永生先生商榷 [J]. 经济学: 季刊, 2002 (2): 240-250.

[91] 廖发达. 中国外贸贫困化增长原因初探 [J]. 世界经济研究, 1996 (6): 20-23.

[92] 廖涵. 论国际贸易中的国家利益原则 [J]. 对外经济贸易大学学报, 2000 (5): 1-4.

[93] 林德特, 金德尔伯格. 国际经济学 [M]. 上海: 上海译文出版社, 1985.

[94] 林桂军, 张玉芹. 我国贸易条件恶化与贫困化增长 [J]. 国际贸易问题, 2007 (1): 3-9.

[95] 林华生. 日本的泡沫经济与亚洲再生 [J]. 亚洲太平洋研究, 2009 (2): 37-41.

[96] 林丽, 张素芳. 1994—2002 年中国贸易条件的实证研究 [J]. 国际贸易问题, 2005 (11): 17-21.

[97] 林毅夫, 李永军. 比较优势、竞争优势与发展中国家的经济发展 [J]. 管理世界, 2003 (7): 21-28.

[98] 林直道. 怎样看日本经济 [M]. 北京: 中国对外经济贸易出版社, 2003.

[99] 刘涤源. 凯恩斯经济学说评论 [M]. 武汉: 武汉大学出版社, 2012.

[100] 刘涤源. 凯恩斯投资理论批判 [J]. 湘潭大学学报: 哲学社会科学版, 1980 (1): 9-17.

[101] 刘娟. 中国外贸要素交易条件指数与贫困化增长指标数据探析 [J]. 现代财经 (天津财经大学学报), 2005 (1): 52-56.

[102] 刘利. 我国经济是否出现了"流动性陷阱" [J]. 国际金融研究, 1999 (10): 50-55.

[103] 刘威. 世界经济从供给约束型经济到需求约束经济的转变研究 [D].

广州：广东外语外贸大学，2010.

[104] 刘巍，陈建军. 论贸易条件与马勒条件、反倾销之间的矛盾 [J]. 国际经贸探索，2009，25（7）：81-86.

[105] 刘巍，陈昭. 大萧条中的美国、中国、英国与日本 [M]. 北京：经济科学出版社，2010：94，190.

[106] 刘巍，陈昭. 计量经济学软件 EViews 6.0 建模方法与操作技巧 [M]. 北京：机械工业出版社，2011.

[107] 刘巍，龙竞. 对凯恩斯"流动性陷阱"学说的质疑——基于金本位制和美国大萧条的经验 [J]. 国际经贸探索，2013（4）：107-120.

[108] 刘巍. 储蓄不足与供给约束型经济态势 [J]. 财经研究，2010（2）：79-88.

[109] 刘巍. 从供给约束型经济向需求约束型经济的转变——1952年以来中国经济态势初探 [J]. 广东外语外贸大学学报，2011，22（2）：5-9.

[110] 刘巍. 大萧条的经验：货币政策之绳并非不能推车 [J]. 中国计量经济史研究动态，2011（2）：4-14.

[111] 刘巍. 大萧条前后日本的进出口结构与总供求态势 [J]. 国际经贸探索，2011（4）：52-57.

[112] 刘巍. 对1913—1926年中国GDP的估算 [J]. 中国社会经济史研究，2004（3）：90-98.

[113] 刘巍. 汇率与利率——开放经济分析理论与方法 [M]. 广州：中山大学出版社，2002：162-163.

[114] 刘巍. 计量经济史研究中的"上位前提假设"刍议——经济学理论框架应用条件研究 [J]. 广东外语外贸大学学报，2012（23）：5-11.

[115] 刘巍. 近代中国经济增长影响因素初探（1913—1936）[J]. 中国计量经济史研究动态，2010（3）：3-7.

[116] 刘巍. 经济运行史的解释与经济学理论的检验——1996年以来中国近代计量经济史研究评述 [J]. 中国计量经济史研究动态，2012（3）：3-17.

[117] 刘绪贻，李存训. 美国通史：第5卷 [M]. 北京：人民出版社，2002：9，14-15.

[118] 刘渝琳，杨小玲. 外商直接投资、贸易条件与政策选择 [J]. 国际贸易问题，2007（7）：107-112.

[119] 刘志永，孙建中. 我国贸易条件与贸易收益研究——基于"贫困化

增长"理论的思考 [J]. 理论探索, 2009 (1): 81-84.

[120] 刘志永. 对中国贸易条件变动趋势的分析 [J]. 中国物价, 2006 (10): 39-42.

[121] 刘重力, 刘德江. 中国对外贸易比较优势变化实证分析 [J]. 南开经济研究, 2003 (2): 48-51.

[122] 鲁晓东, 李荣林. 中国对外贸易结构、比较优势及其稳定性检验 [J]. 世界经济, 2007 (10): 39-48.

[123] 陆静华. 从金融政策看日本泡沫经济的形成和崩溃 [J]. 国际观察, 1994 (4): 22-26.

[124] 陆甦颖. 经济衰退的历史答案: 20 世纪 20 年代美国经济的多维研究与启示 [M]. 上海: 上海三联书店, 2009: 173.

[125] 鹿朋. 产业升级视角下日本经济泡沫的反思 [J]. 现代日本经济, 2008 (4): 13-17.

[126] 罗伯特·M. 索洛, 等. 经济增长因素分析 [M]. 北京: 商务印书馆, 2003.

[127] 罗璞, 李斌. 再论比较优势、绝对优势与 DFS 模型 [J]. 当代经济科学, 2004 (26): 18-22.

[128] 马文秀, 马秀英. 日本的金融自由化与泡沫经济膨胀 [J]. 日本问题研究, 2004 (3): 13-17.

[129] 梅俊杰. 自由贸易的神话——英美工业化考辨 [M]. 上海: 上海三联书店, 2008: 298-340.

[130] 米尔顿·弗里德曼, 安娜·雅各布森·施瓦茨. 大衰退 [M]. 北京: 中信出版社, 2008: 639.

[131] 米尔顿·弗里德曼, 安娜·J. 施瓦茨. 美国货币史 (1867—1960) [M]. 巴曙松, 王劲松, 等, 译. 北京: 北京大学出版社, 2009.

[132] 米切尔. 帕雷格雷夫世界历史统计 (美洲卷) 1750—1993 [M]. 北京: 经济科学出版社, 2000: 717, 117, 782, 442, 445.

[133] 莫里·罗斯巴德. 银行的秘密——揭开美联储的神秘面纱 [M]. 2 版. 李文浩, 钟帅, 译. 北京: 清华大学出版社, 2012: 235-236.

[134] 默里·罗斯巴德. 美国大萧条 [M]. 谢华育, 译. 上海: 上海人民出版社, 2009.

[135] 南亮进. 日本的经济发展 [M]. 北京: 对外贸易出版社, 1989: 220-221.

[136] 尼古拉斯·韦普肖特. 凯恩斯大战哈耶克 [M]. 闫佳, 译. 北京:

机械工业出版社，2013.

[137] 倪超，王颖. 战略人才与经济增长：基于中国 1978—2011 年时间序列数据的分析 [J]. 经济问题探索，2014（2）：1-8.

[138] 牛勇平. 技术进步对贸易条件变化的影响 [J]. 农村经济，2005（3）：55-58.

[139] 欧林宏. 对凯恩斯"流动性陷阱"理论及其政策主张的全新认识 [J]. 中央财经大学学报，2010（7）：66-70.

[140] 庞德良. 论日本公共投资困境与经济衰退长期化 [J]. 财贸经济，2002（2）：54-57.

[141] 浦东美国经济研究中心，武汉大学美国加拿大经济研究所. 美国金融危机与中美经贸关系 [M]. 上海：上海社会科学出版社，2010：56-57.

[142] 乔宝华，黄坤. 国际初级产品价格对中国贸易条件的传导机制和影响效应 [J]. 世界经济研究，2010（8）：50-56.

[143] 乔纳森·休斯，路易斯·凯恩. 美国经济史 [M]. 北京：北京大学出版社，2011：487，496，495，646.

[144] 任力. 马克思与凯恩斯投资理论的比较 [J]. 当代经济研究，2009（7）：15-18.

[145] 日本经济蓝皮书 [M]. 北京：社会科学文献出版社，2008.

[146] 日本经济蓝皮书 [M]. 北京：社会科学文献出版社，2011.

[147] 萨米尔·阿明. 不平等的发展 [M]. 北京：商务印书馆，1996：113-128，216-219，307-316.

[148] 三木谷良一. 日本泡沫经济的产生、崩溃与金融改革 [J]. 金融研究，1998（6）：4.

[149] 斯拉法. 李嘉图著作和通信集：第 6 卷 [M]. 北京：商务印书馆，1980：154.

[150] 斯坦利·L. 恩格尔曼，罗伯特·E. 高尔曼. 剑桥美国经济史 [M]. 北京：人民大学出版社，2008：222-223，549，762.

[151] 宋雅楠. 外来劳动力对澳门经济增长影响研究——从行业的视角 [J]. 国际经贸探索，2013（3）：72-79.

[152] 隋广军，申明浩，罗晓扬. 贸易条件恶化与我国比较优势分析 [J]. 当代财经，2003（8）：99-101.

[153] 覃剑，冯邦彦. 流域经济增长空间分异研究——基于 2001—2009 年长江流域数据的面板计量分析 [J]. 长江流域资源与环境，2012，21（11）：1308-1313.

[154] 王苍峰，王恬. 对中美贸易条件恶化的经验研究 [J]. 世界经济研究，2009（8）：31-35.

[155] 王春峰，康莉. 从"流动性陷阱"看我国通货紧缩的成因 [J]. 国际金融研究，2000（2）：60-65.

[156] 王军. 中国投资函数的实证分析 [J]. 当代经济科学，2001（3）：19-24.

[157] 王丽萍. 我国经济增长模式转变研究——经济增长源泉的角度 [D]. 天津：南开大学，2012.

[158] 王如忠. 贫困化增长：贸易条件变动中的疑问 [M]. 上海：上海社会科学院出版社，1999：15-24，39-40.

[159] 王书丽. 政府干预与1865—1935年间的美国经济转型 [M]. 北京：人民出版社，2009：164.

[160] 王自力. 是"流动性陷阱"还是流动性约束——再论如何提高货币政策的有效性 [J]. 中国金融，1999（5）：19-20.

[161] 威廉·曼彻斯特. 大萧条与罗斯福新政 [M]. 朱协，译. 海口：海南出版社，2009：38.

[162] 吴海明. 基于新C-D生产函数的广东省经济增长实证研究 [J]. 南方经济，2006（7）：75-86.

[163] 武海峰，牛勇平，黄燕. 贸易条件的改善与技术进步 [J]. 经济问题，2004（6）：68-70.

[164] 向松祚. 不要玩弄汇率 [M]. 北京：北京大学出版社，2006.

[165] 肖武标. 凯恩斯"流动性陷阱"不能成立的原因分析 [J]. 当代财经，1994（6）：39-43.

[166] 小川一夫，竹中平藏. 政策危机和日本经济 [M]. 东京：日本评论社，2001.

[167] 小峰隆夫. 日本经济的新局面 [M]. 东京：日本中央公论新社，2006.

[168] 谢芳. 日本泡沫经济的原因 [J]. 日本问题研究，1999（2）：1-4.

[169] 谢建国. 论汇率变动对贸易条件的影响 [J]. 广西大学学报，1999（2）：6.

[170] 徐建斌，尹翔硕. 贸易条件恶化与比较优势战略的有效性 [J]. 世界经济，2002（1）：31-36.

[171] 许庆明，孙向光. 从预期的角度看中国"流动性陷阱" [J]. 商业研究，2003（20）：44-47.

[172] 亚当·斯密. 国富论 [M]. 北京: 华夏出版社, 2005: 247-251.

[173] 亚当·斯密. 国民财富的性质和原因的研究（下卷）[M]. 郭大力, 王亚南, 译. 北京: 商务印书馆, 1972: 28-29.

[174] 亚当·斯密. 国民财富的性质和原因的研究 [M]. 北京: 华夏出版社, 2005: 94-96.

[175] 严中平. 中国近代经济史统计资料选辑 [M]. 北京: 科学出版社, 1955: 76.

[176] 阎坤. 日本金融研究 [M]. 北京: 经济管理出版社, 1996: 5.

[177] 杨春学. 《就业、利息和货币通论》导读 [M]. 成都: 四川教育出版社, 2002.

[178] 杨飞虎. 国经济增长因素分析: 1952—2008 [J]. 经济问题探索, 2010 (9): 1-7.

[179] 杨国忠. 我国民间资本投资模型及其实证研究 [J]. 经济数学, 200, 9 (3): 70-75.

[180] 杨丽, 陈莹. 我国农村生产要素 C-D 函数分析 [J]. 经济问题探索, 2009 (3): 31-37.

[181] 杨娉. 人民币汇率变动对我国各行业贸易条件的影响 [J]. 经济评论, 2009 (5).

[182] 杨仕辉. 反倾销的国际比较、博弈与我国对策研究 [M]. 北京: 科学出版社, 2005.

[183] 杨小凯, 张永生. 新贸易理论、比较利益理论及其经验研究的新成果: 文献综述 [J]. 经济学: 季刊, 2001 (1): 20-44.

[184] 杨珍增. 对我国贸易条件恶化的解释 [J]. 黑龙江对外经贸, 2005 (3): 12-13.

[185] 游宪生. 经济增长研究 [M]. 上海: 立信会计出版社, 2000: 152-153.

[186] 余石, 李世兵. C-D 生产函数对山区农村区域经济发展的指导作用 [J]. 广西经济管理干部学院学报, 1995 (5): 36-40.

[187] 袁文祺, 戴伦彰, 王林生. 国际分工与我国对外经济关系 [J]. 中国社会科学, 1980 (1): 3-19.

[188] 袁欣, 敬丽. 中国对外经济关系中的贸易条件: 一般趋势与影响因素 [J]. 经济研究导刊, 2010 (1): 162-164.

[189] 袁欣. 对外贸易经济效益研究 [M]. 广州: 中山大学出版社, 2004.

[190] 袁欣. 近代中国的贸易条件: 一般趋势及其与农产品贸易的关系 [J]. 中国农史, 2008 (3): 76-83.

[191] 约翰·肯尼斯·加尔布雷斯. 1929年美国大崩盘 [M]. 上海：上海财经大学出版社, 2006：63-66.

[192] 约翰·梅纳德·凯恩斯. 就业、利息和货币通论 [M]. 重译本. 高鸿业, 译. 北京：商务印书馆, 2011.

[193] 约翰·梅纳德·凯恩斯. 就业、利息和货币通论 [M]. 北京：中国社会科学出版社, 2009.

[194] 约翰·穆勒. 政治经济学原理（下卷）[M]. 赵潜荣, 等, 译. 北京：商务印书馆, 1991：124-135.

[195] 约翰·穆勒. 政治经济学原理 [M]. 北京：华夏出版社, 2009.

[196] 王琥生, 赵军山. 战后日本经济社会统计 [M]. 北京：航空工业出版社, 1988.

[197] 张二震, 马野青, 方勇. 贸易投资一体化和中国的战略 [M]. 北京：人民出版社, 2004.

[198] 张二震, 戴翔. 关于比较成本说几个问题的理论探讨 [J]. 政治经济学评论, 2012（3）：104-119.

[199] 张二震. 国际贸易政策理论的比较研究 [J]. 江苏社会科学, 1993（3）：16-21.

[200] 张根能, 徐丽秋, 徐瑞平. 我国贸易条件变化的综合分析 [J]. 经济与管理研究, 2005（8）：7-76.

[201] 张季风. 凯恩斯主义"复活"与后金融危机时期的日本经济 [J]. 日本学刊, 2009（5）：1-11.

[202] 张季风. 挣脱萧条：1990—2006年的日本经济 [M]. 北京：社会科学文献出版社, 2006.

[203] 张见, 刘力臻. 日元升值对日本泡沫经济的影响分析 [J]. 现代日本经济, 2010（5）：28-34.

[204] 张建华, 刘庆玉. 中国贸易条件影响因素的实证分析 [J]. 国际贸易问题, 2004（6）：20-23.

[205] 张杰. 货币机制中的金融过程 [M]. 北京：社会科学文献出版社, 1995：47.

[206] 张捷. 日本的银行不良资产与通货紧缩型经济萧条 [J]. 日本学刊, 2000（3）：52-63.

[207] 张乃丽, 刘巍. 从国外部门角度对战前日本总供求态势的研究——基于M-L条件和贸易条件学说的分析 [J]. 国际经贸探索, 2012（7）：38-48.

[208] 张乃丽, 刘巍. 外需不足、拉动内需与经济泡沫 [J]. 中国计量经济史研究动态, 2012 (3): 1-8.

[209] 张乃丽, 刘巍. 需求约束掩盖下的新供给约束: 日本经济的一个假说 [J]. 中国计量经济史研究动态, 2013 (1): 1-10.

[210] 张乃丽, 刘巍. 从国外部门角度对战前日本总供求态势的研究——基于 M-L 条件和贸易条件学说的分析 [J]. 中国计量经济史研究动态, 2011 (4).

[211] 张淑娟, 隋广军. 反倾销争端与外国对华的歧视待遇——基于博弈论视角的解析 [J]. 当代财经, 2006 (5): 93-94.

[212] 张淑英. 从日本的实践看财政调节景气的局限性与副作用 [J]. 世界经济, 2000 (9): 51-57.

[213] 张曙霄, 郭沛. 中国价格贸易条件与出口商品结构的关系——基于 2001—2008 年季度数据的分析 [J]. 南开经济研究, 2009 (5): 108-123.

[214] 张伟, 范德成, 王韶华. 提高劳动报酬在初次分配中比重的途径研究——基于 C-D 生产函数的实证分析 [J]. 经济经纬, 2013 (1): 120-124.

[215] 张文朗. 论贸易条件的不确定性与贸易利益 [J]. 世界经济研究, 1998 (2): 70-72.

[216] 张先锋, 刘厚俊. 我国贸易条件与贸易利益关系的再探讨 [J]. 国际贸易问题, 2006 (8): 12-17.

[217] 张亚斌, 车鸣, 易先忠. "合成谬误" 与中国商品贸易条件恶化 [J]. 世界经济研究, 2010 (8): 33-38.

[218] 张烨. 我国贸易条件变动的理论与实证研究 [D]. 西安: 西安交通大学, 2002.

[219] 张宇. 基于 1979—2008 年数据中国经济动态效率研究 [D]. 哈尔滨: 哈尔滨工业大学, 2010.

[220] 章上峰, 许冰. 时变弹性生产函数与全要素生产率 [J]. 经济学: 季刊, 2009 (2): 551-567.

[221] 章上峰. 变弹性生产函数生产率分解公式及其政策含义 [J]. 数量经济技术经济研究, 2011 (7): 106-121.

[222] 赵顺龙, 赖寒. 基于贸易投资一体化的贸易条件研究 [J]. 学术月刊, 2004 (12): 44.

[223] 赵晓雷. 通货紧缩、"流动性陷阱" 及中国宏观经济政策整合研究

[J]. 金融研究, 1999 (10): 14-21.

[224] 赵玉敏, 郭培兴, 王婷. 总体趋于恶化——中国贸易条件变化趋势分析 [J]. 国际贸易, 2002 (7): 18-25.

[225] 郑湘明. 凯恩斯"流动性陷阱"理论乃伪命题之论证: 基于全口径、全过程及"三条龙"规律的分析 [J]. 当代财经, 2011 (12): 16-23.

[226] 郑秀君, 陈建安. 日本泡沫经济研究文献综述: 1993—2010 [J]. 日本研究, 2011 (1): 33-39.

[227] 郑友揆. 中国对外贸易和工业发展 (1840—1949) ——史实的综合分析 [M]. 上海: 上海社会科学院出版社, 1984: 23, 43-44.

[228] 庄芮. FDI流入的贸易条件效应: 发展中国家视角 [M]. 北京: 对外经济贸易大学出版社, 2005.

[229] Alan V. Deardorff. The General Validity of the Law of Comparative Advantage [J]. Journal of Political Economy, 1980, 88 (5): 941-957.

[230] Aljebrin M A. A Production Function Explanation of Saudi Economic Growth 1984—2011 [J]. International Journal of Economics & Finance, 2013, 5 (5): 97-103.

[231] Amoroso N, Chiquiar D, Ramos-Francia M. Technology and Endowments as Determinants of Comparative Advantage: Evidence from Mexico [J]. North American Journal of Economics & Finance, 2011, 22 (2): 164-196.

[232] Anderson M A, Goldsmith A H. Mr. Keynes' theory of Investment: Do Forward Looking Expectations and Weight Really Matter? [J]. Journal of Economic Psychology, 1997, 18 (5): 547-573.

[233] Bae Y, Kakkar V, Ogaki M. Money Demand in Japan and the Liquidity Trap [J]. Working Papers, 2004.

[234] Baiman R. The Infeasibility of Free Trade in Classical Theory: Ricardo's Comparative Advantage Parable has no Solution [J]. Review of Political Economy, 2010, 22 (3): 419-437.

[235] Bar-Ilan A, Strange W C. The Timing and Intensity of Investment [J]. Journal of Macroeconomics, 1999, 21 (1): 57-77.

[236] Barth J, Kraft A, Kraft J. Estimation of the Liquidity Trap Using Spline Functions [J]. Review of Economics & Statistics, 1976, 58 (2): 218-222.

[237] Basu P, Mcleod D. Terms of Trade Fluctuations and Economic Growthin

Developing Economies [J]. Journal of Development Economics, 2004, 37 (1-2): 89-110.

[238] Belloc M. Institutions and International Trade: A Reconsideration of Comparative Advantage [J]. Journal of Economic Surveys, 2006, 20 (1): 3-26.

[239] Bernanke B S, Blinder A S. Credit, Money, and Aggregate Demand [J]. Social Science Electronic Publishing, 2000, 78 (2): 435-439.

[240] Bhagwati J. Immiserizing Growth: A Geometrical Note [J]. Review of Economic Studies, 1958, 25 (3): 201-205.

[241] Blattman C, Hwang J, Williamson J G. Winners and Losers in the Commodity Lottery: The Impact of Terms of Trade Growth and Volatility in the Periphery 1870—1939 [J]. Journal of Development Economics, 2007, 82 (1): 156-179.

[242] Bleaney M F. Manufactured Exports of Developing Countries and Their Terms of Trade Since 1965: A comment [J]. World Development, 1991, 21 (4): 333-340.

[243] Bleany M, Greenway D. Long-Run Trends in the Relative Prices of Primary Commodities and in the Terms of Trade of Less Developed Countries [J]. Oxford Economic Papers, 1993, 45: 349-363.

[244] Blonigen B A, Prusa T J. Antidumping [J]. Nber Working Papers, 2001, 42 (October): 898-900.

[245] Bronfenbrenner M, Mayer T. Another Look at Liquidity Preference: Rejoinder to Professor Eisner [J]. Econometrica, 1963, 31 (3): 539-544.

[246] Cheng W L, Sachs J, Yang X. An Inframarginal Analysis of The Ricardian Model [M]. An Inframarginal Approach To Trade Theory, 2000: 87-107.

[247] Chisasa J. Bank Credit and Agricultural Output in South Africa: A Cobb-Douglas Empirical Analysis [J]. International Journal of Economics & Business Research, 2013, 12 (4): 489-500.

[248] Christopher Blattman, Jason Hwang, Jeffrey G. Williamson. The Terms of Trade and Economic Growth in the Periphery 1870—1938 [J]. Social Science Electronic Publishing, 2003.

[249] Cobb C W, Douglas P H. A Theory of Production [J]. American Economic Review, 1928, 18 (1): 139-165.

[250] Costinot A, Donaldson D. Ricardo's Theory of Comparative Advantage: Old Idea, New Evidence [J]. American Economic Review, 2012, 102 (3): 453 – 458.

[251] Cuddington J T. Long-run Trends in 26 Primary Commodity Prices: A Disaggregated Look at the Prebisch-Singer Gypothesis [J]. Journal of Development Economics, 1992, 39 (2): 207 – 227.

[252] Cypher J M, Dietz J L. Static and Dynamic Comparative Advantage: A Multi-Period Analysis with Declining Terms of Trade [J]. Journal of Economic Issues, 1998, 32 (2): 305 – 314.

[253] Deaton. A. Commodity Prices and Growth in Africa [J]. Journal of Economic Perspectives, 1999 (13): 23 – 40.

[254] Dimitris Diakosavvas, Pasquale L. Scandizzo. Trends in the Terms of Trade of Primary Commodities, 1900 – 1982: The Controversy and Its Origins [J]. Economic Development and Cultural Change, 1991, 39 (2): 231 – 264.

[255] Dornbusch R, Fischer S, Samuelson P A. Comparative Advantage, Trade, and Payments in a Ricardian Model with a Continuum of Goods [J]. American Economic Review, 1977, 67 (5): 823 – 839.

[256] Douglas P H. The Cobb-Douglas Production Function Once Again: Its History, Its Testing, and Some New Empirical Values [J]. Journal of Political Economy, 1976, 84 (5): 903 – 915.

[257] Durand D. Some Thoughts on Marginal Productivity, with Special Reference to Professor Douglas' Analysis [J]. Journal of Political Economy, 1937, 45 (6): 740 – 758.

[258] Eisner R. Another Look at Liquidity Preference [J]. Econometrica, 1963, 31 (3): 531 – 538.

[259] Ellsworth P T. The Terms of Trade between Primary Producing and Industrial Countries [J]. Inter-American economic affairs, 1971, 10 (1): 197 – 221.

[260] F. Milton. The Role of Monetary Policy [J]. The American Economic Review, 1968, 58: 1 – 17.

[261] Faccarello G. A Calm Investigation into Mr Ricardo's Principles of International Trade [J]. European Journal of the History of Economic Thought, 2015, 22 (5): 754 – 790.

[262] Filippo A D. Raúl Prebisch's Ideas on the World Economy [J]. Revista Cepal, 1988: 157.

[263] Findlay R. W. Arthur Lewis lecture: National and Global Perspectives on Economic Development—the Two Models of Arthur Lewis [J]. Review of Black Political Economy, 1989, 18 (1): 17-29.

[264] Friedman M. The Demand for Money: Some Theoretical and Empirical Results [J]. Journal of Political Economy, 1959, 67 (4): 327-351.

[265] Fuller E W. The Marginal Efficiency of Capital: Rejoinder [J]. Quarterly Journal of Austrian Economics, 2015, 18 (1): 56-60.

[266] Grtner M, Jung F. The Macroeconomics of Financial Crises: How Risk Premiums and Liquidity Traps Affect Policy Options [J]. International Advances in Economic Research, 2011, 17 (1): 12-27.

[267] Grilli E R, Yang M C. Primary Commodity Prices, Manufactured Goods Prices, and the Terms of Trade of Developing Countries: What the Long Run Shows [J]. World Bank Economic Review, 1988, 2 (1): 1-47.

[268] Haberler G. A Survey of International Trade Theory by Gottfried Haberler [M]. Princeton: International Finance Section, 1955: 20-21, 30.

[269] Haberler G. Terms of Trade and Economic Development [M]. Economic Development for Latin America. Palgrave Macmillan UK, 1961.

[270] Horwitz S. Contrasting Concepts of Capital: Yet Another Look at the Hayek-Keynes Debate [J]. Social Science Electronic Publishing, 2011, 27 (1): 9-27.

[271] Imlah A H. The Terms of Trade of the United Kingdom, 1798-1913 [J]. Journal of Economic History, 1950, 10 (2): 170-194.

[272] Ireland P N. The Real Balance Effect [J]. Boston College Working Papers in Economics, 2001.

[273] Viner J. International Trade and Economic Development [M]. Oxford: Clarendon Press, 1953: 143.

[274] Johnson H G. The Possibility of Income Losses From Increased Efficiency or Factor Accumulation in the Presence of Tariffs [J]. Economic Journal, 1967, 77 (305): 151-154.

[275] Kempton J, Holmes P and Stevenson C. Globalization of Anti-dumping and the EU [M]. SEI working paper, 1998.

[276] Kindleberger C P. The Terms of Trade : a European Case Study [M].

[S. L.]. Technology Press of Massachusetts Institute of Technology, Wiley, Chapman & Hall, 1956.

[277] King J E. Ricardo on Trade [J]. Economic Papers A Journal of Applied Economics & Policy, 2013, 32 (4): 462 – 469.

[278] Kurz H D. David Ricardo: on the Art of "Elucidating Economic Principles" in the Face of a "Labyrinth of Difficulties" [J]. European Journal of the History of Economic Thought, 2015, 22 (5): 818 – 851.

[279] Babic M, Slobodan M, et al. The Impact of Terms of Trade and Real Exchange Rate Volatility on Investment and Growth in Sub-Saharan Africa [J]. Journal of Development Economics, 2001, 65 (2): 491 – 500.

[280] Maneschi A. The True Meaning of David Ricardo's Four Magic Numbers [J]. Journal of International Economics, 2004, 62 (2): 433 – 443.

[281] Marquez J. Bilateral Trade Elasticities [J]. Review of Economics & Statistics, 1990, 72 (1): 70 – 77.

[282] Marshall A. Money Credit and Commerce [M]. Overstone, Kyokuto, 2003.

[283] Martin Bronfenbrenner, Thomas Mayer. Liquidity Functions in the American Economy [J]. Econometrica, 1960, 28 (4): 810 – 834.

[284] Mendoza E G. Terms-of-trade Uncertainty and Economic Growth [J]. Journal of Development Economics, 1997, 54 (2): 323 – 356.

[285] Mill J S. Principles of Political Economy : with some of Their Applications to Social Philosophy [M]. Collected Works of John Stuart Mill, 1920.

[286] Mill J S. Principles of Political Economy [M]. McMaster University Archive for the History of Economic Thought, 2004.

[287] Miyao R. Liquidity Trap and the Stability of Money Demand: Is Japan Really Trapped at the Zero Bound? [J]. Discussion Paper, 2002, 127.

[288] Mohsen BahmaniOskooee, Massomeh Hajilee. On the Relation Between Currency Depreciation and Domestic Investment [J]. Applied Economics Letters, 2010, 17 (6): 525 – 530.

[289] Narasimham G L, Swamy P A V B, Reed R C. Productivity Analysis of U. S. Manufacturing Using a Stochastic-Coefficients Production Function [J]. Journal of Business & Economic Statistics, 2000, 6 (3): 339 – 349.

[290] Negishi T. The Labor Theory of Value in the Ricardian Theory of International Trade [J]. History of Political Economy, 2012, 14 (2): 199 – 210.

[291] Oberholzer E. Politics and the stages of growth [M]. Cambridge: University Press, 1971.

[292] Paul Davidson. There Are Major Differences between Kalecki's Theory of Employment and Keynes's General Theory of Employment Interest and Money [J]. Journal of Post Keynesian Economics, 2000, 23 (1): 3 – 25.

[293] Paul Stoneman, MyungJoong Kwon. Gross Investment And Technological Change [J]. Economics of Innovation & New Technology, 1998, 7 (3): 221 – 243.

[294] Prebisch R. The Economic Development of Latin America and Its Principal Problems [J]. Geographical Review, 2010 (1): 171 – 173.

[295] R. K. Paul, M. D. Kathryn, R. Kenneth. It's Baaack: Japan's Slump and the Return of the Liquidity Trap [J]. Brookings Papers on Economic Activity, 1998, 2: 137 – 205.

[296] R. A. Musgrave, Fiscal Policy for Industrization and Development in Latin America [M]. University of Florida press, 1960.

[297] Razin A. The Dynamic-Optimizing Approach to the Current Account: Theory and Evidence [J]. Social Science Electronic Publishing, 1995.

[298] Rijckeghem V. Some Further Properties of Cobb-Douglas Growth Models [J]. Southern Economic Journal, 1964 (1): 62 – 63.

[299] Romer C D. What Ended the Great Depression? [J]. Journal of Economic History, 1992, 52 (4): 757 – 784.

[300] Ron Smith, Gylfi Zoega. Keynes, Investment, Unemployment and Expectations [J]. International Review of Applied Economics, 2009, 23 (4): 427 – 444.

[301] Ruffin R J. Quasi-specific Factors: Worker Comparative Advantage in the Two-sector Production Model [J]. Journal of International Economics, 2001, 53 (2): 445 – 461.

[302] Samuelson P A. Paul Douglas's Measurement of Production Functions and Marginal Productivities [J]. Journal of Political Economy, 1979, 87 (5): 923 – 939.

[303] Sapsford D. The Statistical Debate on the Net Barter Terms of Trade Between Primary Commodities and Manufactures: A Comment and Some Additional Evidence [J]. Economic Journal, 1985, 95 (379): 781 – 788.

[304] Sen P. Terms of Trade and Welfare for a Developing Economy with an Im-

perfectly Competitive Sector [J]. Review of Development Economics, 2010, 2 (1): 87 – 93.

[305] Shaikh A M. Real Exchange Rates and the International Mobility of Capital [J]. SSRN Electronic Journal, 1999.

[306] Simpson B P. Needed in the Context of the Renewed Popularity of Keynes's Ideas: An Analysis of his Errors [J]. Journal of Social Political & Economic Studies, 2012, 37 (1): 67 – 93.

[307] Singer H W. The Distribution of Gains between Investing and Borrowing Countries [M] Milestones and Turning Points in Development Thinking. Palgrave Macmillan UK, 2012: 473 – 485.

[308] Svensson L. The Zero Bound in an Open Economy: A Foolproof Way of Escaping from a Liquidity Trap [J]. Social Science Electronic Publishing, 2000, 56 (11): 100 – 130.

[309] Tobin J. Liquidity Preference and Monetary Policy [J]. Review of Economics & Statistics, 1947, 29 (2): 124 – 131.

[310] Turnovsky S J, Chattopadhyay P. Volatility and Growth in Developing Economies: Some Numerical Results and Empirical Evidence [J]. Journal of International Economics, 2003, 59 (2): 267 – 295.

[311] UNCTAD. Trade and Development Report [J]. United Nations Commission on Trade & Development, 2002.

[312] Victoria Chick. Theory, Method and Mode of Thought in Keynes's General Theory [J]. Journal of Economic Methodology, 2003, 10 (3): 307 – 327.

[313] Virlics A. Investment Decision Making and Risk [J]. Procedia Economics & Finance, 2013, 6 (13): 169 – 177.

[314] W. Arthur Lewis. World Production, Prices and Trade, 1870—1960 [J]. Manchester School, 1952, 20 (2): 105 – 138.

[315] Weder R. Linking Absolute and Comparative Advantage to Intra-Industry Trade Theory [J]. Review of International Economics, 1995, 3 (3): 342 – 354.

[316] Weiller J, Schlote W, Henderson W O, et al. British Overseas Trade, from 1700 to the 1930's [J]. Journal of Political Economy, 1955, 5 (1).

[317] Wickens M R. Estimation of the Vintage Cobb-Douglas Production Function for the United States 1900—1960 [J]. Review of Economics & Statistics, 1970, 52 (2): 187 – 193.

# 后　记

　　众所周知,经济学分为理论经济学和应用经济学。由于我们过度地强调"学以致用",理论经济学下所有学科都变成了冷门专业,应用经济学所属各学科则都是热门专业,金融专业更是万众瞩目,高考(考研)报名者蜂拥而至。国内高校中设有经济类学科的学院,无一例外都开设了金融专业。金融原本是储蓄转化为投资的媒介,但在现今社会发展有些超速,以美国为代表,金融的过度发展已经是其社会矛盾的根源之一。金融对其他学科的虹吸效应愈演愈烈,大有"屠龙宝刀,号令天下,倚天不出,谁与争锋"之势。云散皓月当空,水枯明珠出现,同热门学科相比较,经济史则是冷门中的冷门,国内高校中开设这个研究方向的,实属凤毛麟角。"惟草木之零落兮,恐美人之迟暮。"学界悉知,理论经济学是应用经济学的基础,应用经济学大厦如若离开理论基础的支撑,能否建得起来,能建设多久,无一不让人忧心忡忡。纵然大厦建得起来,越是宏伟壮观,其倾颓速度与猛烈程度越是让人不寒而栗。泰山其颓乎,梁木其坏乎,哲人其萎乎。中国科学院院士、清华大学副校长施一公教授一针见血地指出:"当这个国家所有的精英都想往金融上转的时候,我认为出了大问题。"山青灭远树,水绿无寒烟。

　　经济史大家吴承明先生曾经说过:"经济史是经济学的源,而不是经济学的流。"唯有精深广博的经济史基础研究方能提炼出经济学各流派百家争鸣的前提假设,挖掘出其关联和脉络,经济思想方能得以继承和发展。继而,经济学的逻辑演绎也唯有以理论经济学为发端,才能对经济现象进行更广泛和深入的阐释。广东外语外贸大学中国计量经济史研究中心前主任刘巍教授一贯强调"经济史研究的最高境界是修正、补充和发现经济学逻辑",这应该是对经济史作为理论经济学项下二级学科的最好解释吧。一个国家的学术发展,过度注重应用性,热衷于"现实作用和意义",这是学术界的竭泽而渔。学术思想的继承和发展,需要几代人的殚精竭虑和厚积薄发。佩缤纷其繁饰兮,芳菲菲其弥章,长此以往,路幽昧以险隘。不再有"今夜闻君琵琶语,如听仙乐耳暂明","朝饮木兰之坠露兮,夕餐秋菊之落英"成了一种向往，形而上者谓之道，形而下者谓之器。

  中国计量经济史研究中心有幸落户于广东外语外贸大学，并在此生根发芽，临漳水之长流兮，望园果之滋荣。感谢学校领导的高度重视，每年划拨经费予以支持和鼓励，这在争先恐后开设热门专业的高校中，实属一股清流。我和中心各位同仁，披星戴月，竭尽所能，"及年岁之未宴兮，时亦犹其未央"，以不负学校的重托和厚爱。"实迷途其未远，觉今是而昨非；舟遥遥以轻飏，风飘飘而吹衣；问征夫以前路，恨晨光之熹微。"

  感谢中山大学出版社廖丽玲编辑细致热忱的工作，使本书得以顺利与读者见面。

  理想之梦常在，理论之树常青。

中国计量经济史研究中心<br>
陈 昭<br>
2017 年 10 月于广州大学城